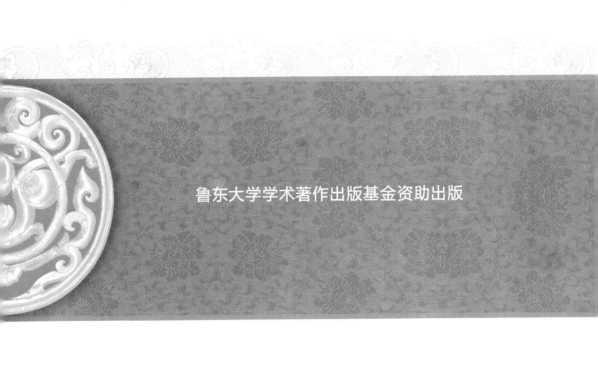

鲁东大学学术著作出版基金资助出版

陇右方言词语疏证

LONGYOU FANGYAN CIYU SHUZHENG

安忠义◎著

人民出版社

责任编辑:詹素娟

封面设计:肖 辉

图书在版编目(CIP)数据

陇右方言词语疏证/安忠义 著. -北京:人民出版社,2011.11

ISBN 978－7－01－010376－1

Ⅰ.①陇… Ⅱ.①安… Ⅲ.①西北方言-词语-方言研究-甘肃省
 Ⅳ.①H172.2

中国版本图书馆 CIP 数据核字(2011)第 221230 号

陇右方言词语疏证

LONGYOU FANGYAN CIYU SHUZHENG

安忠义 著

人民出版社 出版发行

(100706 北京朝阳门内大街 166 号)

北京新魏印刷厂印刷 新华书店经销

2011 年 11 月第 1 版 2011 年 11 月北京第 1 次印刷
开本:710 毫米×1000 毫米 1/16 印张:20
字数:380 千字

ISBN 978－7－01－010376－1 定价:42.00 元

邮购地址 100706 北京朝阳门内大街 166 号
人民东方图书销售中心 电话 (010)65250042 65289539

序

安忠义博士去了鲁东大学之后，我们就只见过一次面。那是我过五十周岁生日，请在读研究生坐船游一趟外秦淮河，又请大家在随园虎踞山庄吃一顿饭。安忠义是我门下已经毕业就职的博士生，我没有邀请他，不过当他听说我要搞个小型聚会时，不远千里自己就跑来了。我很感谢他专程来为我"祝寿"。那次见面的席间，他已经提及正在撰写《陇右方言词语疏证》一书。

五十周岁，以前的学者会举办"五十大寿"庆典，可是现在人们都长寿，至少六十才会祝寿，一般是做"七十大寿"、"八十大寿"乃至"九十大寿"。我的同事沈蔚德教授，去年她就100岁了，我们要去祝寿，她却说"不"，要等到今年一百周岁再祝寿。你看她多牛，果然我们前些日子去祝寿时她精神好得很，声音洪亮，思路清晰，半小时内没有重复过话题。可是以前不同，尤其是从事训诂学研究的人，寿命都短，五十尤其是道门槛。黄侃先生就是五十周岁不到去世的，他生前表示"五十之前不著书"，成了永久的痛；我的导师郭在贻先生也是训诂名家，他更是生前就说"今生活不过五十"，果然五十周岁差一天逝世了。这除了个人身体素质的因素，训诂学研究尤其是疑难字词考释研究的艰苦卓绝，也是重要原因。

郭在贻先生在世时非常鼓励我们撰写论文和专著，并且强调要做高难度的考释，简单的让人去做，不要浪费有限的精力。所以我们当时在导师的引领下尽可能通过高难度项目来提升自己的学术水平，而不是单纯追求"著作等身"。我们努力了，论著也逐渐为世所重，基本达到了导师的期望。

读书大概有两种类型：一种是"博览群书"，什么书都看，但是往往蜻蜓点水，翻阅一下前言后记了解个大概；一种是"穷研细诸问"，找到切入口就深入钻研，非要搞个水落石出。虽然两种类型各有好处，但是郭在贻先生晚年总结经验认为后一种类型更加值得提倡，因为我们精力都有限，要做经史百科样样精通的国学大师太不现实，我们现在的教育制度很难造就这样的大师。我觉得郭先生的看法是很有道理的，至少对我来说是这样。所以我们从导师那里起就不固守"五十之前不著书"的信条，而且相反，越早切入越好，一边读书一边研究，把研究、撰著作为读书的最佳方法，一篇论文、一部专著的完成，就是一批书的精读。

对于训诂来说,书不在多少,要能征引才算有用。有的人书比我多几倍,但是不能征引,成了书橱。

有鉴于此,我也一直鼓励学生早点撰著,在撰著中学习。事实上我们的研究生培养制度也使得学生必须如此,要不然都毕不了业。我们现在的研究生似乎大多数都赶得很。赶什么? 赶毕业论文。一到二年级,就不得不放弃一切来"赶论文",多累,又多没有成就。记得我的硕士论文,都是在已发表或即将发表的论文基础上合成的,根本就没有单独撰写。大概就论文答辩前一个月的功夫,写了个前言后记和参考文献目录。不是不认真,而是觉得没有必要为了毕业论文费心,应该把更多精力投入到切切实实的考证研究中去。平时的训诂实践做得多了,写什么都"信而有征",又加之以"勇猛精进",最终自然就"有所发明"。我们应该把学习与研究融为一体,而不是先"学习",后"研究"。那样的话,等你"学习"完了,也该滚出校门了。对于听课也是这样,不是听课越多越好,听课只是让你结识一下老师,知道谁在研究什么,我需要的时候怎么跟他请教,仅此而已。可是我们的学生太把听课当回事,以为学问都是从课堂上得来的。那是形而上学。我们的学问必须是自己钻研出来的,而不是老师灌输得到的。导师只是起个引领的作用,带你上路,至于路怎么走、走多远,都应该是各人自己的事。

安忠义博士就是属于能够独立研究而且不计得失的人。他基础扎实,硕士阶段师从著名敦煌学家齐陈骏教授,读博期间已经升为博物馆的副研究员。记得他从甘肃省博物馆考入我名下读博的时候,在我不知不觉的情况下就与人合著出版了《佛教艺术》一书,后来又默默撰著起《陇右方言词语疏证》,而毕业论文的事情都抛到了脑后,以至于最后临毕业时学校要求的"先发表两篇权威、核心期刊论文"的任务都差点未能完成。这当然有点傻。不过傻人有傻福,由于他一直以来就钻在自己研究的东西里,日积月累,也就积少成多,慢慢攒就一部砖头书了。所以对于做学问的人来说,有的人有大智慧,有的人只有小聪明;有小聪明的人能取得一时的成绩和利益,而有大智慧的人眼下可能吃亏,长远却获利颇丰。我觉得安忠义博士是属于有大智慧的人,他虽然遭到了一时的窘迫,但是却赢得了长远的利益。做人难,做既有大智慧又不失小利益的人就更难。鱼与熊掌不可兼得也。

说了那么多的废话,也该言归正传了。安忠义的这部《陇右方言词语疏证》,我觉得至少有几点是值得肯定的。

一、收词量大。本书收释了近500条词语,可谓初具规模。方言词汇数量庞大,以往的专业研究者一般都是初列词条,举个例子,就差不多了。有的方言研究者更是只重音系考察，词汇的罗列仅仅是为了说明音系问题。事实上方言的研究，词汇仍然是核心，不抓住核心是不行的。

二、定词形准。方言词汇研究有个难点，就是口语中的某个词语，写下来到底应该是怎样的词形，有时候很难确定。因为汉语史既有时间悠久又有地域广阔的特点，时空一交错，词汇就变得异常复杂。很多词语我们以为写下来是这样，可是一考证原来古人用的是那样的字面。安忠义的这部书，虽然在这个问题上也是无法保证个个准确，但是大部分都通过了认真考证，找出了文献用例，准确不准确读者自能判别。

三、作释义精。作者在每一个词语列举实例之后都作出了释义，使得读者马上能够理解。释义的精准是训诂的关键，不管词语难度高低，要作出精准释义都是相当困难的事情。由于作者本人就是甘肃当地人，他的母语给了他很大的便利，一般来说现实生活中常用的词语一定是能够被精准释义的。

四、举例证广。我们都看到，作者旁征博引，汇集了大量的文献用例以及前人的研究成果。虽然由于这方面的资料数量庞大，要收集齐全非常困难，但是能够收集到现在这个规模，也算是下了真功夫了。

当然，这部书也还有一些条目需要继续考证的，有的可能也还不够精确。我相信作者迟早会发现问题、解决问题的。

江浙散人黄征
2011 年 1 月 27 日

目　录

E

M

绪　论

一、陇右方言的现状

　　"陇右"最早约出现于汉末魏初。《晋书·宣帝纪》记载:司马懿随曹操讨张鲁,曾对曹操说:"刘备以诈力虏刘璋,蜀人未附而远争江陵,此机不可失也。今若曜威汉中,益州震动,进兵临之,势必瓦解。因此之势,易为功力。圣人不能违时,亦不失时矣。"曹操则说:"人苦无足,既得陇右,复欲得蜀!"意思是说人贪心不足,已经得了陇,还想要蜀。言竟不从,下令撤军。但溯其渊源,"陇右"一词则由陕甘界山的陇山而来。古人以西为右,故称陇山以西为陇右。陇山又称陇坂、陇坻,即今之六盘山。

　　陇右之地传说三代属雍、梁二州,旧称"雍梁之地"。秦襄公时为秦地,秦始皇统一中国后,分全国为36郡,以境内东南地区为北地郡和陇西郡。元狩二年(前121)汉武帝令霍去病远征河西,沉重打击了匈奴右部,浑邪王、休屠王率四万余人投降汉朝,河西之地从此归汉。汉朝在此设置河西四郡,元朔三年(前114)汉武帝改雍州为凉州,以其西行,土地寒凉故也。至元封五年(前106),境内先后改置武都、陇西、金城、天水、安定、北地、武威、张掖、酒泉、敦煌10郡。魏分河西为凉州,分陇右为秦州,晋置分置雍州、凉州、秦州。晋愍帝以后,中国历史进入五胡十六国的动乱时代,河东地区由刘聪、石勒、苻坚、姚苌相继据之,河西地区也相继出现五凉一秦等多个少数民族政权。唐太宗贞观元年(687),分全国为10道,以东起陇山、西达沙洲的地域设陇右道。其地域包括今甘肃、新疆大部分地区和青海湖以东地区。唐睿宗景云二年(711),以黄河为界东设陇右道,黄河以西地域设河西道。天宝祸起,陷于吐蕃。大中、咸通中始被收复。宋时陇右东部陷金,收复后属秦凤路,西部属西夏。元代始设甘肃行中书省,辖黄河以西七路二州,黄河以东地区为陕西兴远路。明代废省设司,省境属陕西布政司、陕西都司、陕西行都指挥使司。清代设陕西右布政司,后改甘肃布政司,行政中心从巩昌(今陇西县)迁至兰州市,辖今甘肃、新疆、青海、宁夏省区范围。光绪十年(1884)分出新疆。1912年又划分为宁夏(原朔方)、西宁(原海东)、兰山、泾原(原陇东)、渭川(原陇南)、甘凉(原河西)、安肃(原边关)七道。1927年废道,1929 年分出青海和宁夏两省区。第二次国内革命战争时期,省境陇东地区属陕甘宁边区的陇东和关中两分区。1949 年 8 月 26 日成立甘肃行政公署。1950 年 1 月 8 日,甘肃省人民政府正式成立,甘肃省名相沿至今。

"陇右"作为地域范围,则有广义、狭义之分。广义的"陇右",是一个比较宽泛的地域概念,主要指陇山以西之地,大致上包括今甘肃省全境、宁夏回族自治区、青海省的部分地区和新疆维吾尔自治区东部一带。等同于唐"十道"时期的陇右道辖域,狭义的"陇右"实为甘肃的代名词。本书所指的"陇右"是从广义上来说的。

陇右地区位于青藏高原、内蒙古高原和黄土高原的结合部,是黄河流域华夏文明的发源地之一,南邻四川,与巴蜀文化相互濡染,东与三秦文化唇齿相依,西与属于沙漠、草原类型的西域文化毗邻,少数民族文化、外来文化正是在这里得以与汉文化碰撞、交流、融合。这里是举世闻名的丝绸之路的必经之地,自古以来就是多民族聚居的地区,在丝绸之路上,曾经有过 24 种语言,17 种文字。今天这种多民族聚居仍没改变,陇右地区人口在千人以上的民族有回、藏、东乡、土、裕固、保安、蒙古、撒拉、哈萨克、满等十多个。各地之间发展很不均衡,许多地方交通不便,信息闭塞,经济落后,语言文化与外界接触、交往较少,形成了种类多、语音复杂并且特殊的方言特点。

按照学者的分类,陇右方言可以划分为秦陇方言、兰银官话、陇中方言、西南官话四区。秦陇方言包括陇东的庆阳、合水、正宁、华池、环县、镇原、平凉、泾川、华亭、崇信、灵台,渭河以南的陇西、漳县、武山、甘谷、礼县、西和、岷县、宕昌、舟曲、武都、成县、徽县、康县、两当、文县(除碧口镇)、临潭、卓尼、敦煌、河西走廊东端的景泰,青海省的西宁市、湟中、湟源、门源、互助、贵德、化隆、平安,宁夏固原市、彭阳、隆德。区内的兰银官话细分为 7 片:银川市,石嘴山市—平罗—陶乐—贺兰—永宁—青铜峡—灵武—吴忠市—中宁—同心—中卫,宁夏盐池县,兰州市—榆中—民勤,永登—皋兰,古浪—天祝,河西走廊(除敦煌和景泰)。陇中方言包括青海省大通、乐都、民和、循化、同仁,宁夏海原、西吉、泾源,甘肃省永靖、临夏、和政、广河、康乐、临洮、渭源、定西、会宁、通渭、静宁、庄浪、秦安、张家川、清水、天水市。陇中方言历史上长期受氐羌影响,与关中方言有不同的特点。文县的碧口镇和两当县的广金乡方言属于西南官话,甘肃宁县则属于关中方言。

陇右方言除了汉族使用外,还有一部分少数民族也在使用。但少数民族除回族外,基本都有自己的本民族语言。与普通话相比,既有相似性,又存在差异,这种差异主要表现在语音、词汇、语法三个方面,在语音上的差异表现得最为突出。语音上的差异:在声母、韵母、音调三个方面具有鲜明的地方特色。

(一)陇右方言声母

一般是 23 个声母(不算变体),包括零声母。见下表(括号内的声母少数方言有,可视作前面声母的变体):

p	p′	m	f	v
t	t′	n		l
ts	ts′		s	(z)
tʂ(pf,tʃ)	tʂ′(pf′,tʃ′)		ʂ(ʃ)	z̺(ʒ)
tɕ	tɕ′	(ȵ)	ɕ	z̃e
K	K′	(ŋ)	x	(ɣ)
				(R)

Ø

方言的声母与普通话的声母有着较大的差别,主要有以下几点。

1. 零声母字比普通话多

普通话四呼中都有零声母字。尽管实际发音时,这些零声母音节开头常带有一定的摩擦,但这种摩擦音比较轻微,有时明显,有时不太明显,所以声母位置是个"虚位"。陇右方言将普通话的一部分零声母字读成了有辅音声母的字。大致情况如下:①不少地方将开口呼零声母(a、o、e、ê、ai、ei、ao、ou、en、ang、eng、er)字前加上了声母 n 或 ŋ,如"安"、"换"、"傲"等字,临夏、平凉、庆阳等地加上了 n 声母,在定西、天水、武都等地则加上了 ŋ 声字。还有其他特殊情况,如甘谷人读"爱"、"额"等字,前边加上 g 声母,兰州人在读"饿"字时加上了 v(唇齿浊擦音)声母。②合口呼零声母(u、ua、uo、uai、uei、uan、uen、uang、ueng、ong)字,如"我"、"文"、"屋"、"歪"、"忘"、"翁"等,几乎各地都将音节开头的音读作唇齿浊擦音 v。③部分齐齿呼零声母字,如"牙"、"眼"、"咬"、"硬"、"业"等,在定西、天水、武都等方言中,前边都加了舌面浊鼻音 ȵ。④还有的读[k],有读[r]的(河西区"儿"字的读法),河州话常加舌尖中音 n,爱(ai)发音(nai),熬(ao)发音(nao),恩(en)发音(nen),讴(ou)发音(nou)。

2. 舌尖鼻音与边音混读

普通话中舌尖浊鼻音 n 与舌尖浊边音 l,二者发音部位相同,都是舌尖与上齿龈形成阻碍,但发音方法有别。n 是气流振动声带后从鼻腔流出,l 是气流振动声带后从舌头两边流出。陇右方言中这两个声母有混读现象。大体上分为以下几种情况:①全部混读。如兰州话中 n、l 是两个自由变体,"男、农、怒、牛"与

"兰、龙、路、刘"两组的声母 n 和 l 随便读,不受条件限制,没有辨别意义的作用。②部分相混。如定西、天水等地,这两个声母在与齐齿呼韵母相拼合时,分而不混,如"牛"、"刘"不相混;其他情况下相混。其中大都是将 n 声母字读作 l 声母字,如定西话、天水话等。也有将 l 声母字读作 n 声母字的情况,如武都话。

3. zh 组声母读音比较特殊

普通话以舌尖后音 zh、ch、sh、r 为声母的字,在陇右方言中的读音比较复杂。可以归为两大类。①不少地区,如定西、天水、武都、平凉、庆阳、酒泉等地,将一部分 zh、ch、sh 声母的开口呼韵母字,读作相应的 z、c、s 声母的字。如将"枝"、"抄"、"是"的声母分别读成 z、c、s。但"知"、"超"、"世"等字的声母仍读作 zh、ch、sh。②zh、ch、sh 作声母的合口呼韵母字中,方言读音众多,更趋复杂。如"猪、虫、书、如"这几个字的声母,兰州话中读作唇齿音 pf、pf′、f、v,张掖话中分别读作 g、k、f、v,而定西、天水、武都等地则读作 tʃ、tʃ′、ʃ、ʒ。

4. 普通话 j 组声母的一部分字在甘肃方言中读作 z 组或 g 组声母字

普通话舌面音 j、q、x 的出现是语音史上比较晚的事,它是从 z、c、s 和 g、k、h 两组中分化出来的。分化的条件是齐齿呼和撮口呼韵母的字。①靖远、景泰等地 z 组声母尚未分化,将 j、q、x 读作 z、c、s,如"鸡"、"举"的声母读作 z,"七"、"取"的声母读作 c,"洗"、"虚"等字的声母读成 s。②兰州、天水、平凉、定西等地没有 g 组声母演变分化的遗迹,将一部分 j、q、x 读成 g、k、h,如"街"、"腔"、"鞋"的声母读 g、k、h。解(jie)变为(gai),角(jiao)变为(ge),虹(hong)读作(gang)等。

5. 舌尖中音 d、t 分别为舌面音 j、q

这一点临夏、张家川方言中尤为突出,主要发生在"d"、"t"和所有能与之相拼的齐齿呼韵母的音节中,即"di"、"dian"、"diou"、"die"、"ding"等音节分别被改变为"ji"、"jian"、"jiou"、"jiao"、"jie"、"jing"等音节,从而出现"低—积"、"电—见"、"丢—揪"、"掉—叫"、"爹—阶"、"丁—经"等不分的情形;"ti"、"tian"、"tiao"、"tie"、"ting"等音节则分别被改变为"qi"、"qian"、"qiao"、"qie"、"qing"等音节,因而也相应出现"天—千"、"挑—敲"、"贴—切"、"梯—七"、"听—清"等不分的情形。这一点反映了古代端透定与见溪群对应的规律。

6. 将一部分不送气音读作了送气音

普通话塞音、塞擦音中有送气音和不送气音的对立:b—p、d—t、g—k、j—q、zh—ch、z—c。如天水、平凉、武都、定西等地将一部分不送气音的字读作送气塞音、塞擦音,如"病"、"动"、"跪"、"净"、"赵"、"在"等字的声母 b、d、g、j、zh、z 分别读作 p、t、k、g、ch、c。常见的是"辨"（bian）、"辫"（bian）变为（pian）。

（二）陇右方言韵母

陇右方言韵母一般是 32 个（不算变体）。见下表（括号内的声母少数方言有，可视作前面声母的变体）：

ʅ	i	u	y
ɿ			
ɚ(ɯ)			
a	ia	ua	
ə(ɤ、o)	iə(iɤ、io、ie、iɛ)	uə(uv、uo)	yə(yɤ、yo、ye、yɛ)
ɛ		uɛ	
ei(e、ɪ)		uei(ue、ui)	
ɔ	iɔ		
ou(ɯ、nɐu、ω)	iou(iɯ、nɯu、ieu、iω)		
æ̃	iæ̃	uæ̃	yæ̃(yÃ、yɔ̃)
ã(Ã、ɔ̃)	iã(iÃ、iɔ̃)	uã(uÃ、uɔ̃)	
əŋ(ən)	iəŋ(iən)	ueŋ(uən)	yəŋ(yən)

1. 鼻音韵尾趋于简化和消失

普通话的两套鼻音尾韵母，在陇右方言中大多分不清楚，混读为一套，甚至丢失鼻音韵尾，成为鼻化韵。如兰州话将 eng、ing、ong、iong 这几个后鼻尾韵读作前鼻尾韵 en、in、un 等，而武威话则把 an、ian、uan、üan、en、in、uen、ün 这些前鼻尾韵读作相应的后鼻尾韵。于是，"班"和"帮"、"烟"和"秧"、"玩"和"王"、"跟"和"耕"、"今"和"京"、"春"和"冲"、"熏"和"凶"等不分。在陇右方言中将"鼻尾音"发成"鼻化音"，也是一个带有普遍性的问题。鼻尾音是指音节中的鼻音韵尾，它是跟在元音后边，它前边的元音在发音的主要过程中并不携带鼻音，只是在元音和韵尾相接的时候才有一个短暂的带有鼻音色彩的阶段。而鼻化音是在元音发音的整个过程中，软腭都是下垂的，口腔、鼻腔同时有气流呼出。陇右方言往往发鼻韵母时，整个元音鼻化，并丢失韵尾，即末尾口腔没有闭塞阶段。如：兰州话将 an、in、un、ün 这组前鼻尾韵读作鼻化韵 ɛ̃、iɛ̃、uɛ̃、yɛ̃，将 ang、ing、ung 后鼻尾韵读作鼻化韵ã、iã、uã。

2. 复韵母的舌位动程不足

构成复韵母的复元音在发音过程中，舌位、唇形都有变化。这种舌位的高低前后、唇形的圆展等滑动变化过程，就是"动程"。陇右方音复韵母大都舌位动程不足,有三种情况:①将复元音读作单元音,没有动程,常常将复元音韵母读作单元音韵母。如将"ai"、"ao"读作ʒ、ɤ,部分地区将"楼"、"谋"等字的韵母"ou"读作"u","多"、"落"等字的韵母"uo"读作"e"。②将韵腹舌位读得过高,整个复韵母舌位高低起伏不大,动程明显不足。如定西、天水一些地方将"白"、"外"等字的韵母"ai"、"ui"读作"ei"、"uei"。甘谷话读"华夏"一词,韵母分别于"uo"、"io"。③少数地方,如天水、平凉,将普通话中的单韵母字读作复韵母字,也即将动程小的读作动程较大的,如将"割"、"克"、"喝"等的韵母"e"读作"uo"。又如,甘谷话将"ei"、"uei"两韵母的字读作"ɑi"、"uɑi"韵母字:"玫瑰"读作"mɑi guɑi"。

3. 将普通话的一部分圆唇音读作了不圆唇音

陇右方言把普通话"o"韵母的字,全部读成了"e"韵母,例如"播"、"馍"等字的韵母。"o"和"e"都是舌面后半高元音,区别在于"o"是圆唇音,"e"是不圆唇音。又如有些地方将"ün"韵母的字读作"ie"韵母字。此外,还有部分地方将一些"üe"韵母的字,如"学"、"约"、"脚儿",读作"ie"韵母字。问题就在将圆唇的起点音"ü"读作了不圆唇的起点音"i",唇形没有一个从圆到展的变化过程。复韵母(ei)变成单韵母(i)。复韵母(ui)(ei)读为单韵母(u),鼻韵母(ong)变为复韵母(ui),如虫(chōng)、空(kòng)笼(lòng),在河州话中读为(chuì)、(kuì)、(luì)。复韵母(ui)(ei)读为单韵母(u),鼻韵母(an)变为复韵母(ai)或(uan)变成(uai)。

4. n、l声母后有 uei 韵母,而无 ei 韵母

普通话声母 n、l 后有 ei 韵母,而没有 uei 韵母,而陇右方言恰好相反,n、l声母后有 uei 韵母,无 ei 韵母。如:"雷"、"擂"、"泪"、"累"、"类"、"内"等字的韵母都是 uei。

5."儿"、"耳"、"二"读音与普通话有别

"儿"、"耳"、"二"等字在普通话中是零声母字,读卷舌元音 er。这些字在陇右方言中一般也是零声母字,但有些地区读音与普通话不同。例如,临夏地区读 ei,定西、天水一些地区读作"ê[ɛ]"。

(三)声调

陇右方言的调值和普通话差别较大,有 4 个调类的,如兰州、平凉、庆阳;有 3 个调类的,如定西、天水、武都、临夏及河西地区。4 个调类的与普通话调类基本相同,即阴平、阳平、上声、去声。只是入声字的归属与普通话不同,各地之间也有差异。普通话的入声字是分归阴平、阳平、上声、去声的,而兰州话归入阳

平、去声,平凉、庆阳等地则归入阴平、阳平之中。所以在调类基本相同的情况下,各类所包含的字不完全一致,如"竹"字,在普通话是阳平字,在甘肃平凉、庆阳话中是阴平字,在兰州话中是去声字。

3 个调类的情况不完全一致。有的是平声不分阴阳,加上声、去声,如定西、天水、临夏等地方言。有的平分阴阳,但阳平并入了上声或去声,如河西地区是将阳平字并入了上声字,武都话是将阳平字并入了去声字。入声字归属也不完全相同:定西、临夏、天水大体上归入了平声,武都分归阴平、去声,河西各地区都是分归阳平、去声。

兰州话声调虽然跟普通话一样是 4 个调类,但兰州话的阴平不是高平调55,而是中降调31,阳平调不是中升调35,而是高降调53,上声调不是降升调214,而是平降调442,去声调不是全降调51,而是低升调13。临卓方言中把读44、51、55 的字分别读为 55、214、51 即可,阳平字依然如故,只需配合其他字调的相应音高,合作、夏河方言还得先"平分阴阳",注重阴平字和阳平字的归属。

此外,甘肃话普遍有轻声、变调现象,有儿尾,大多无儿化韵。轻声有时亦有词汇、语法作用,如兰州话中"看头","头"不轻读,则是动宾短语,表示提醒别人"别碰了脑袋"。"头"若轻读,"看头"是一个名词,表示"可看的事物"或"值得看的价值"。轻声、变调规则与普通话不完全相同,且省内各地亦有差别。

二、研究陇右方言词语的意义

方言是文化信息的载体,包含着丰富的内容,可供民俗、历史、政治、经济等领域研究,一些已经消亡的东西,往往在方言中保留下来。为今语寻求古语之源或为古语列举今语之证,是中国古代语言学传统研究项目之一。所以从汉代开始,训诂学家早就利用方言词语进行训诂,如郑玄《三礼注》、何休《公羊注》,魏晋以后,郭璞注《尔雅》、唐陆德明《经典释文》、颜师古《汉书注》都利用方言进行词语训诂。但是汉代之后的语文学,以书面语为正,以古代语为雅,方言口语不过是粗鄙的俚俗,自不足论;以王朝政治中心的强势方言为正,歧视其他方言是带有普遍性的观念。数百年的历史中,洛阳话一直被人们推崇。《颜氏家训·音辞篇》在谈到韵书之作时说:"共以帝王都邑,参校方俗;考核古今,为之折衷。榷而量之,独金陵与洛下耳。"这里的洛下指洛阳。唐李涪在抨击《切韵》时说:"凡中华音切,莫过东都,盖居天下之中,秉气特正。"(《李涪刊误》)这里的东都指洛阳。五代的梁、晋、汉、周和北宋定都于开封(汴京),所以普遍以汴京方言为标准语。陶宗仪《说郛》卷五记载:"寇莱公与丁晋公同在政事堂,日闲论及天下语音何处为正。寇言惟西洛人得天下之中。丁曰:不然,四远各有方言,唯读书人然后为正。"寇莱公即北宋前期大臣寇准。他是华州下邽(今陕西渭南)人,因而他指出的他那个时代共同语的标准音是洛阳音显然是当时语言社会的共识。南宋定都临安,但仍以洛阳语音作标准音。南宋陆游在《老学庵笔记》卷六中批评各地方音不合规范后说:"中原惟洛阳得天地之中,语音最正。"陆游是浙江山阴人,他出生于北宋灭亡之际——出生后洛阳即陷落,因此他不可能在洛阳生活而对洛阳语音有感情,他对洛阳语音的推崇反映出以洛阳音为标准音是南宋时期人们的共识。又如陈鹄在《耆旧续闻》卷七中说:"乡音是处不同,惟京师天朝得其正。"陈鹄所说的"京师天朝"是指北宋都城汴京(开封),而不是指南宋偏安的都城临安。清代顾炎武《日知录》卷二十九说:"五方之言,虽各不同,然使友天下之士而操一乡之音,亦君子之所不取也,故仲由之喭,夫子病之躄舌之人,孟子所斥。""若乃讲授经学,弥重文言。"他们或坚持以一地方言为正,以其他方言为谬,或坚持以并不反映当时语言实际的"韵书"、"文言"为正方,以各地实际口语为谬。直到清末这种观念才发生转变,对方言俗语重要性的认识越来越强,指出不应当轻视当世方言俗语的语言学观念。如黄承吉说:"各方之音,皆有精蕴,而人动辄以俗语土音鄙之,何怪声音不同以致文字不明。"(《字诂义府合按》)邓廷桢说:"古今代谢,声韵既殊,楚夏离,歧旁更甚,然方言土语,亦颇有不谬于古者。乃知振古元音自在天壤,未可一概而非之。"(《双砚斋笔记》)章太炎认为"当知今之殊言不违姬汉",并说:"知古音可以证今音,而今言亦可通古语。"(《新方言序》)"今世方言……其宝贵过雨天球九鼎。"(《太炎文录》)刘师培(光汉)也曾说:"僻壤遐陬之间,田夫野老,宥于乡音,而语不失转,与雅记故书相合。或其音稍稍异古,亦与古音为双声,虽其韵部变迁,而不逾其大剂。可以得会通者,往往而有。""古语可以证今言,而今言亦可通古语。"(《章太炎新方言后序》)黄侃说过:"大抵今日方言,无不可征于小学六书者,次则《三仓》《急就》《通俗文》《玉篇》《广韵》《一切经音义》《集韵》必有其文。"运用传统小学知识对方言古语词进行历史考证一向是传统方言研究的主要内容。段玉裁《说文解字注》、王念孙《广雅疏证》、朱骏声《说文通训定声》都利用方言材料解释古语,章太炎作《新方言》、《岭外三州语》,黄侃先生作《蕲春语》(《黄侃论学杂著》),杨树达先生作《长沙方言考》、《长沙方言续考》(《积微居小学金石论丛》),姜亮夫作《昭通方言疏证》,蒋礼鸿《嘉兴方言征故》(《蒋礼鸿语言文字学论丛》),可谓总结近代求方言词语的巨著。此外还有徐嘉瑞的《金元戏曲方言考》,朱居易的《元剧俗语方言例释》,都是专门考释方言词语的专著。

三、陇右方言研究小史

对陇右方言的研究最早可以追溯到清代,地方志中屡见方言之零星记录,多附于"风俗"之后。如乾隆三十九年(1775)抄本《西和县志》、成书于1892年的《重修皋兰县志》、民国十五年抄本《渭源县志》和重修手抄本《崇信县志》、民国十九年手抄本《和政县志》、民国三十三年铅印本《临泽县志》等地方志"风俗"篇之后就附有零星的方言词语及释义。专门记录秦陇地区方言词汇的著作,先有清代甘肃学者张澍著有《秦音》,后又有武威李鼎超的《陇右方言》和甘谷李恭的《陇右方言发微》。《秦音》是从五十多种文献中辑录有关"秦人"的方言词语三百多条,最后部分辑录了陕西《临潼县志》《延绥县志》等志书中的方言词语。按方言而言,"陇音"与"秦音"相去不远,"陇音"蕴含在"秦音"之中。《陇右方言》虽冠以"陇右"之名的方言研究著作,但实际上它只是一部武威地区的方言志,所涉猎的地域不广。作者自序说:"初名《武威方言》,然言不可以县域,因更名《陇右方言》,盖李唐之初,武威隶属陇右道故也。"此书撰写于民国十八年,体例依章太炎先生《新方言》。自谓:"其中亦多见道之谈,英辞眇议,亦时时有。虽未足上疑大雅,而侧诸今学者之林,亦未有。"全书分为释词、释言、释亲、释形体、释器、释宫、释天、释地、释动物、释植物十部分。从所释内容的分类看,既有传统的继承,又有新内容的发展。其所据古籍多为《说文》。《陇右方言发微》,作于民国三十七年(1948),作者李恭,甘肃甘谷人,1932年毕业于北平中国大学国学系,1935年在苏州章氏国学讲习会从章太炎先生学,次年章先生病逝,返回兰州。《陇右方言发微》全书分为"释言"、"释训"、"附编"三个部分。"释言"部分是对单音节实词的考证,"释训"部分是对双音节语气词和连绵词的考证,二者各有五百六十七条;"附编"是对"其所易了,不凡疏通证明者"的考证,有一百五十四条。谈及的地域上比较广,有甘谷、武山、陇南、皋兰等甘肃中南部大部分地区。所涉猎引证的古代典籍有《说文》、《说文段注》、《诗经》、《尔雅》、《玉篇》、《史记》、《左传》、《礼记》等二十余种,引证十分详实。这两本书虽然写作时代较早,但直到20世纪80年代才出版,两本书研究主要在词汇,用中国传统的小学方法。此外,镇远人慕少堂(1875—1948)《甘宁青方言录》(民国稿本)收皋兰县方言词语88条,旅人《甘语举例》(《兰州杂志》10、11期合刊,1945)收录兰州、榆中一带方言词62个。

20世纪音韵学家用欧洲语言学方法调查陇右方言,肇始于瑞典汉学家高本汉 20 世纪初的《中国音韵学研究》,书中考察了包括今甘肃兰州、平凉、泾川在内的 33 种方言的语音现象。此后有卢铨书《兰州市方音字谱》(20 世纪 40 年代后期稿本),这些调查的重点都在语音,词汇调查只能充当音韵比较的依托。在 60 年代初的全国方言普查工作中,兰州大学和甘肃师范大学共同调查编写了《甘肃方言概况》(当时只有铅印本,2005 年方才出版),此后又有黄伯荣、赵浚的《兰州方言概说》(《甘肃师范大学学报》1960 年第 1 期)和赵浚《甘肃音略》(《甘肃师范大学学报》1960 年第 5 期)。80 年代以后才有高葆泰的《兰州方言音系》(1985)、刘伶的《敦煌方言志》(1988)、王森等的《兰州话音档》(1997)和莫超《白龙江流域汉语方言语法研究》(2004)等专著以及一系列的论文。甘肃各县、市、区编修的地方志中也有方言部分,但质量参差不齐,而且跟前面所列的著作一样也是以语音、语法为主,多词汇的研究不太重视。刘又辛先生曾经说过:"从当前的情况来看,中国新语言学的几个方面,发展的步子很不一致,音韵学的步子快一些,其次是语法学,词汇学最落后。在词汇研究中,方言词汇的研究更为落后。"(蒋宗福:《四川方言词语考释》刘又辛《序》)就甘肃方言词语的研究而言,更为落后。几十年来没有出版一部系统研究方言词语的书,李荣先生《现代汉语方言大词典》陇右方言区只有西宁、银川,甘肃一个也没有。这无疑引不起外界对陇右方言的重视。

四、方言词的考释

本书是以仍活跃在现代陇右中的方言词为研究对象。什么是方言词?方言词是指流行在方言地区而没有在普通话里普遍通行的词。方言的地区有大有小,很狭小的地区所使用的方言词也叫土语词。方言词语的来源,不外乎两个方面,一是来自于古代汉语,即方言古词,二是以古代汉语为基础新造的词。

方言古语词研究中最重要的工作就是考求方言本字。词是汉语音、形、义的结合体。在长期的语言演变过程中,特别是在分化为不同方言的过程中,词的音、形、义可能发生变化,一般人已不一定知道口语中的某一个词语是古语词了,在书写方言词时或采用同音字,或写训读字,或造俗字。这就涉及方言的本字问题。本字考证是指考证出汉语方言中部分由于音义变化或字形变化而失去与字形联系的词语的原字形。证明"字"本来是存在的,只不过是我们不认识它而已。考证本字就是要恢复词语和字形的联系,找回本字。

考本字对方言研究具有重要意义。考订方言词的本字便可以看到方言词与古代汉语的关系;把许多方言点的材料对齐之后再考出本字,可以从方言之间词汇和语音的异同看到不同方言在演变过程中不同的历史地位;经过字义的比较还可以看到古今字义的引申和转移,体察词义转移的种种规律;本字考证可以加深我们对该方言语音层次和音韵史的认识;本字考证可以加深我们对该方言词汇史的认识。

对于本字,人们总是不太重视,容易主观臆测,滥用"一音之转",有比较大的随意性。因此找回本字,要从音义两个方面入手,要设法恢复词语和字形的联系,即音义两方面都必须符合,还要尽可能利用文献材料作为证明。既要寻找语源,以察其流变及发展脉络,也要理清方言同古汉语及共同语的关系,通过音韵、词义、历史文献用例与鲜活的方言事实相互论证,追溯其最初书写形式。因此从传统来看,方言本字的研究是附属于训诂学,像方言学"本字"说法,也是源于训诂学。梅祖麟也曾说:"方言本字研究长久以来是附属在《广韵》学、《尔雅》学、《说文》学底下的一门学科,也就是传统的训诂学。"(《方言本字研究的两种方法》、《吴语和闽语的比较研究》,上海教育出版社 1995 年版)

音韵论证是考本字的根基,用方言词考求本字,一方面是运用音韵学原理来加深理解方言现象,另一方面又是运用方言事实来论证音韵现象,论证方言词的实际读音和本字的音韵地位之间的对应关系,考出来的本字应符合语音演变规律和语义的关联性原则。这是音韵和方言学相互为用的集中表现。黄侃在《论学杂著·求本字捷术》一文里说明了求本字有音同、音转、音近三例,并提出了"大抵见一字,而不了本义,需先就《切韵》同音字求之,不得,则就古韵同音求之,不得者盖已鲜。如更不可得,更就异韵同声之字求之。更不可得,更就同韵、同类,或异韵、同类之字求之。终不能得,乃计较此字元音所衍之字,衍为几声,如有转入他类之音,可就同韵异类之字求之。若乃异韵异类,非有至切至明之证据,不可率尔妄说。"虽然不尽为方言求本字而设,但其原则完全可以用以研究方言。因此,本字的音韵应以该字在广韵音系中的声韵调为准,一般以《广韵》或《集韵》所注反切为依据,《广韵》的音类和现代方音之间有一定的对应关系,一个字在韵书上的反切与方言词的语音形式必须符合中古音系与方言音系的对应规律,才能推断为方言词的本字。如果《广韵》音系无法提供一定的对应关系,可以肯定有些方言词汇来源更早,要考证它们的语源,必须要从上古音入手,按照上古音变规律寻找本字。因此,确定本字的关键是文言词和本字在语音上相对应,在词义上相同或相近。声韵调都能用古今音对应关系解释,经得起姊妹方言的验证,不能在声韵调三项对应中留下空项,或用"音近"、"一音之转"之类的借口搪塞了事,这种缺项往往就是音韵论证无法成立的隐患。

　　语言是时代积累的,汉语方言中往往有多个历史层次的叠加,有方言借用造成,也有词汇扩散造成。我们要从多个历史层次视角来断定本字。梅祖麟在《方言本字研究的两种方法》(同上)中说道:"过去研究方言本字的方法可以分成两种。第一种是增加历史词汇学的知识,也就是去查《广韵》、《集韵》、《玉篇》以及其他古文献。""第二种是增加方言音韵史的知识,这就要分辨方言中的音韵层次,在各个音韵层次中找出演变规律。"梅先生把第一种方法叫"觅字",第二种方法叫"寻音"。觅字法就是应用语音对应规律去发掘其他语音演变符合规律、词义相关但并不完全一致的口语词的"本字",其理论基础就是新语法学派假设,认为一个方言只有一套演变规律。寻音则是通过一组方言口语词与书面语词的词义一致性建立起另一层次的语音对应规律,其理论基础就是王士元的词汇扩散理论,认为一类音可能有不同的音变规则,从而形成不同的历史层次。也许"觅字"的结果又发现了更深一层的语音对应规律,如此循环反复,使研究逐步深入。

　　考本字的词义论证,就是解说方言词的实际含义和本字字义之间的承继或变异的关系,有些方言词的本字不但见于古代字书,而且在古代文献中也能找到旁证。有了文献材料的证明,考证的本字就能释然无疑,所考本字就会有更大的说服力。要从古韵书找"本字",从古诗文中找"书证",要从音义两方面入手,结合文献材料来进行。本字与其对应的方言中的字,其字义必须与方言词在语义上有着相同或密切相关的义项,不要求词类、义项全部相同。由于语音变化可能比较复杂,方言词与本字之间的语音可能并不完全一致。因为语言在发展演变中会有一个变异和整合的交替过程,发展到今天的方言,在本字的基础上多少有点变化。

　　不过方言本字考证并不只是一个文献的利用问题,文献材料本身存在局限性,文献并非一定完备。有些本字的某一音读有可能不见于文献材料,因为一般的古代文献所用的是标准的书面语,不用或很少用方言词。大量的方言本字只是收录在古代的字书或韵书之类工具书里。又因为各地方言词汇并未普遍深入调查,考证某一地方言本字的时候往往难以顾及跟其他方言的全面比较。方言本字考证应该是一门牵涉多方面的语言学,寻找本字还需与其他方言参酌比较,方言词只是在一个方言内部研究,往往难以确定它的本字或词源,而分化前的某个语言现象在这个方言中也许已经消失,在另一方言中却可能仍然存在。而且不同地区的方言即使原来不存在相同的或类似的某个语言现象,也有可能按同一规律平行发展,分头产生出来。因此,与不同方言的比较是考证本字的有效手段。如果与别的方言比较，则有可能豁然而解。

方言研究中的"考本字"的涵意已经不限于破除方言假借字，实际上是在古代文献中为方言词寻找词源。词源研究和本字考证多数实例中是一回事，词源研究是追溯词义的源头，考证本字只是追索某一个词见于文献的最初书面形式。本字研究是一种基于语言历时演变规律、探寻语言要素的历史源头的研究，有时本字和词源并不是一回事。为了追索词源，需要另作考证。追索词源为方言词的发展起正本清源的作用。王力先生将同源字定义为："凡音义皆近，音近义同，或义近音同的字，叫做同源字。"（《同源字典》卷首《同源字论》，商务印书馆1982年版）同源字的基本特征既然是音义皆近，音同义近、或音近义同，那么，研究同源字尤应从音义两方面着手。蒋礼鸿先生云："分析同源词，当然应该以声韵为经，以词义为纬。"（《怀任斋文集》，第91页）对不同方言中的词汇见异易，求同难。语音形式和书面形式的差异往往掩盖了同源的本质。如果不加深究，就容易为表面现象所误导，误认同源词为特征词。所以在研究的程序上应该先求同，后求异，这样才能得出比较可靠的结论。

同一个方言词有时候允许有两个或多个与之匹配的方言本字，在这种情况下，本字不同并不能说明词源也一定不同。同一概念对应于义同音异的几个词；这几个词在书面上用不同的字（本字）记录，而每一个字都有各自的适用地域（方言点）；对于各方言点来说，由于各自适用的本字不同，故称"各有所本"。

方言词并非"字字有来历"，不可能都考出本字来的。汉语社会历史长、地域广、人口多，方言差异古来就很大，文献里所能反映的是很有限的。再者，方言俚语历来就不登大雅之堂，不入经传，是考不出本字来的。有的词的今音跟《广韵》音系难以联系，也不容易推求本字。另一个就是方言自造字，有的方言中有一些特有字音和字义无法用通语表达出来，就出现一些方言自造字，这些就没有本字；还有兄弟民族语言的底层和外族语言的借用，本来无本字问题，如果硬给它考出个本字，那也是没有多大意义的，只会弄巧成拙。要避免这类情况的出现，除了要细心严谨以外，充分占有材料和注意比较是至关重要的。如历史、文化、民间文学常识等，因为不同的方言，是与社会的发展、政治的变动、人民活动的范围、社会经济的往来等各方面相联系的。此外还要结合语言外部的原因，如行政区划变动、政治经济发展、移民与战乱、地形与交通等，把语音的变迁线索明晰化，才能求得正确的方言用字。

A

【阿家】 (ā′jiā),是方言对婆婆的称呼。从汉代以来,各地普遍在姓、名、排行次第和亲属称谓前冠以"阿"用作口头称呼。宋赵彦卫《云麓漫钞》卷十:"古人多言阿字,如……汉武阿娇金屋。晋尤甚,阿戎、阿莲等语极多,唐人号武后为阿武婆。妇人无名,第以姓加阿字,今之官府妇人供伏,皆云阿王,阿张,盖是承袭之旧云。"清翟灏《通俗编·语辞》对此解释:"盖'阿'者发语辞,语未出口,自然有此一音。古人以'谁'为'阿谁',亦犹此也。"这个"阿"并无实意,有亲昵的意味。"家"本音近"姑"。《释名·释亲戚》:"夫之母曰姑。"《尔雅·释亲》:"妇称夫之母曰姑。""家""姑"二字上古同属见纽鱼部,姑为一等模韵,家为二等麻韵,在不同的方言中鱼部有一等"姑"与二等"麻"的交替形式,因此这两个字古音很近。根据汪荣宝《歌戈鱼虞模古读考》上古鱼部读开口音 ɑ。今湖北孝感等地方言称外祖母为[kɑkɑ],写作"家家"。北方方言谓张家庄、李家庄等地名中的"家"(有的写作"各"),读音则为[kɑ],可证上古"家""姑"均为[kɑ]。东汉史学家班昭,嫁曹世叔,早年守寡。汉和帝时,屡受召入宫,为皇后及诸贵人教师,号曰"大家"。《释名·释首饰》引俚语云:"不瘖不聋,不成姑公。"《晋书·列女传》孟昶妻周氏说:"当于奚官中奉养大家","大家"即指婆婆。马令《南唐书·李家明传》注:"江浙谓舅为官,姑为家。"宋王楙《野客丛书》卷十二也说:"吴人称翁为官,称姑为家。"这都可证"家"与"姑"古代相通。清人黄生《义府》说:"郭汾阳子暧尚升平公主,琴瑟不调。汾阳拘暧诣朝堂待罪。上召而慰之曰:'谚云:不疾不聋,不作阿家阿翁。小儿女子闺帏之言,大臣安用听。'右见唐赵璘《因话录》。'家'即'曹大家'之'家'。阿家、阿翁,谓公姥二人。温公《通鉴》去一'阿'字,作'阿家翁',失古人口语矣。"俞樾《春在堂随笔》卷九说此称谓是唐宋间妇人所称,不确。《颜氏家训·治家》引谚云:"落索阿姑餐。"阿姑即阿家。《宋书·范晔传》:"晔所生母泣曰:母'主上念汝无极,汝曾不能感恩,又不念我老,今日奈何?'仍以手击晔颈及颊,晔颜色不怍。妻云:'罪人,阿家莫念。'"史籍中称婆婆为阿家的例子还有不少。《北齐书·崔暹传》:"天保时,显祖尝问乐安公主:'达拏于汝何似?'答曰:'甚相敬重,唯阿家憎儿。'显祖召达拏母入内,杀之。"这里的"阿家",就是北齐口语中的"婆婆"。

《敦煌变文集·孝子传》：“新妇闻之方割股，阿家吃了得疾平。”徐震堮校：“‘家’同‘姑’。”《五灯会元》卷十七《黄龙慧南禅师》：“……乃说偈曰：‘得不得，传不传，归根得旨复何言？忆得首山曾漏泄，新妇骑驴阿家牵。’”这些都是唐宋时期的例子，至于“家”和“姑”发音何时分开，可能到了南宋以后。由于古鱼部一等字到中古转入模韵，二等字则转佳、麻韵，家、姑两字读音分开了。南宋杨简《慈湖诗传》说：“家本音姑，‘为阿家’，家即姑也。未详。按：‘华’有胡瓜切，‘家’有居牙切，宜从有两读例。而诗八用华韵，七用家韵，无叶此二音者。”居牙切，即今“家”字就说到了这个变化。

【阿公】（ā′gōng），方言指公公。古代用“公”称父亲。《战国策·魏策》：“张仪欲穷陈轸……（轸）将行，其子陈应止其公之行。”《南史·颜延之传》：“（颜延之）尝与何偃同从上南郊，偃于路中遥呼延之曰：‘颜公！’延之以其轻脱，怪之，答曰：‘身非三公之公，又非田舍之公，又非君家阿公，何以见呼为公？’偃差而退。”赵璘《因话录》卷四：“衢州视事际，有妇人姓翁，陈牒论田产，称‘阿公阿翁在日’，坐客笑之。因征其类。余尝目睹者，王屋有梓人女曰阿家，京中有阿辅，洪州有阿姑，蜀中有阿母，洛中有阿伯、阿郎，皆因其姓，亦堪笑也。”这些例子中的“公”都指父亲。也作“翁”，“公”“翁”古通。“公主”在《汉书》中也写作“翁主”。明代方以智《通雅·称谓》中有说：“方言：秦晋陇谓父为翁；今人作书于子，自称阿翁；称人之父曰乃翁。”按：方氏此说有失允当，陆游的《示儿》诗中有“家祭无忘告乃翁”之句，“乃翁”是陆游自指，而非称呼他人之父。《喻世明言》卷三十八：“这周得一向去那里来往，被瞎阿公识破，去那里不得了。”又作“伀”，另造“妐”。《释名·释亲属》：“俗或谓舅曰章又曰伀。”《集韵·平声·锺韵》：“妐，诸容切，音锺。夫之兄也。又关中人呼夫之父曰妐。”慧琳《一切经音义》卷五十七：“《方言》云：关中人呼夫之父曰妐。《考声》云：妐亦夫之兄也，从女从公声也。《玉篇》：‘或为公字，亦音钟’。”吴文英《吴下方言考》卷一：“吴中新妇称翁为妐，亦曰妐妐。”《吕氏春秋·孝行览》：“姑妐知之，曰：为我妇而有外心，不可畜。”

【欸】（èi），叹词，表示答应或同意。《说文·欠部》：“欸，訾也。一曰然也。”《方言》卷十：“欸，然也。南楚凡言然者，或曰欸，或曰譍。”《广雅·释诂》：“欸、譍、然，膺也。”膺、应古通用。《广韵·上声·海韵》：“欸，相然应也。于改切。”另有一读。《集韵·平声·之韵》：“欸，于其切，音医。相然应也。或作唉。”《蜀语》：“应声曰欸○欸音蔼。”《新方言·释词》：“今应人及然许人皆曰欸。”陶元明《答庞参军》诗序：“欸然良对，忽成旧游。”“欸”也作“唉”。《说文·

口部》："唉，应也。从口矣声，读若埃。乌开切。"朱骏声曰："今苏俗尚有此语。"（《说文通训定声·颐部》）杨树达《长沙方言考》："今长沙应声曰唉。"《庄子·知北游》："唉，予知之。"《释文》："唉，麤应声。"《敦煌变文集·八相变》："数次叫问，都没麤挨，推筑再三，方始回答。""挨"应为"欸"。李调元《勸说》卷四："今广东土语，谓是曰唉。"也表示叹息。《楚辞·九章·涉江》："唉秋冬之绪风。"王逸曰："欸，叹也。"《管子·桓公问》："禹立谏鼓于朝，而备讯唉。"尹知章注："唉，惊问声。"《文选·韦孟〈讽谏诗〉》："在予小子，勤唉厥生。"颜师古曰："唉，叹声。"李善曰："《方言》曰：'唉，叹辞也！许其切。'"直到今天，"欸"仍是一个常用的词，表示应答或叹息。

【渜】 (ǎn)，秦陇方言谓水开为渜。如说：水渜了，赶快灌到壶里。渜本指温水。《说文·水部》："渜，澳水也。从水安声。乌旰切。"段注："《日部》曰：'安暥，温也。'然则渜澳，犹安暥也，皆迭韵字。"朱骏声《说文通训定声》："渜，与澳略同，犹言安暥。苏俗谓之温暾也。"《玉篇·水部》："渜，于旦切，澳水也。"《仪礼·士丧礼》："澳濯弃于坎。"贾疏："潘水既经温煮，名之为澳。"也就是说"澳水"是经过温煮的水。又《说文·水部》："澳，汤也。"汤即沸水，方言则称渜水为开水。又称水烧开后再继续烧为"渜"，如"水快渜干了"。这种水叫"渜锡子水"或"渜底子"（朱正义：《关中方言古词论稿》"渜"条，上海古籍出版社2004年版），水中钙、镁等重金属和亚硝酸盐因浓缩而含量很高，已经不能再喝了。

【揜】 (ǎn)，庵上声，以手蔽物。《方言》卷六："揜……藏也。荆楚曰揜，吴扬曰揿。"《广雅·释诂》："揜，藏也。"王念孙疏证："揜犹揿也，方俗有侈敛耳。《广韵》：'揜，手覆也。'覆亦藏也，今俗语犹谓手覆物为揜矣。"《玉篇·手部》："揜，藏也，于感切。"《广韵》感韵，乌感切："揜，手覆。"《集韵》："于咸切。掩也。又藏也、手覆也。"孙楼《吴门奇字》："揜，庵，上声，手揜物。"清史梦兰吉《燕说》卷三："卷以手掩物曰揜，乌感切，庵上声。"屈大均《广东新语·土言》："以手覆物曰揜。"元乔吉《南吕一枝花·私情》："攒科，斗喊，风声儿惹起如何揜，从那遍再谁敢？""风声儿惹起如何揜"是说事情败露，怎能掩盖？清张南庄《何典》第一回："形容鬼忽觉一阵肠肚痛，放出一个热屁来，连忙揜住屁股。"刘复注："读如暗上声，掩也。"例如："揜住眼睛""揜住耳朵"。也指用手把药粉或其他粉末敷在伤口上。如："手上破了一小块，用点牙粉把伤口揜上揜""用手指把药面按在伤口上：快在伤口上揜些消炎粉"。俗字也作"按"。《王老九诗选·张老汉卖余粮》："光明的前途看不见，你好比曳砲戴按眼。"按眼：套在牲口眼睛上的眼罩，用来遮住光线，以防牲口不转圈拉磨。"按"本字应作"揜"。

【唵】（ǎn），把粒状或粉末状的食物，放在掌心，急匆匆地一次塞进嘴里。《玉篇·口部》："唵，含也。"《广韵·敢韵》乌感切："手进食也。"慧琳《一切经音义》卷四十三引《字林》："唵，啖也，谓向口唵也。以掌进食曰唵。"敦煌文书 S.617《俗务要名林》："唵，以掌进食，乌感切。"《百喻经·唵米决口喻》："见其捣米便往其所偷米唵之。妇来见夫欲共其语。满口中米都不应和。"吴支谦译《菩萨本缘经善吉王品第四》："犹如田夫愚痴无智，远至妻家，道路饥渴。既入其舍复值无人，即盗粳米满口而唵，未咽之顷家人即至，是人惭愧复不得咽惜不吐弃。家人见已即问之言：'君患何等乃如是乎。是人闻已默然无言。'"敦煌遗书北图新 866 号《李陵变文》："人执一根车辐棒，着者从头面唵沙。"《敦煌变文集·捉季布传文》："上厅抱膝而呼足，唵土又灰乞命频。"蒋冀骋《敦煌文书校读研究》释："唵土，脸亲土也。又灰，手至地也。唵土又灰，五体投地的形象描写。"（蒋冀骋：《敦煌文书校读研究》，台北文津出版社 1993 年版，第 9 页）按：蒋说近似而不确。此词形容嘴啃泥的狼狈样子。《五灯会元》卷十一《临济义玄禅师》："师半夏上黄檗山，见檗看经。师曰：'我将谓是个人，元来是唵（或作暗）黑豆老和尚。'"蒲松龄《日用俗字·农庄章》："儿童大把唵青麦、麦芒龂着叫谨谨。"今西北方言常说：唵了一口炒米；唵了两口雪。来不及吃饭了，唵上两口炒面先走吧。北京方言也有此语。如："唵了一口豆面儿糖"（爱新觉罗·瀛生：《满语杂识》，学苑出版社 2004 年版），"唵"即"唵"。也作"喃"（nǎn）。《金瓶梅》第六十七回："伯爵把汗巾儿掠与西门庆，将瓜仁两把两把喃在口里都吃了，比及西门庆用手拿时，只剩下没多些儿。"陶慕宁《校注》："以手掌或器物将颗粒状食物送入口中。"光绪十年《玉田县志》："喃，以口拾物也。"也借用"馆"。五代何光远《鉴诫录》卷十引陈裕《过旧居》云："不闻吟秀句，只见馆油麻。""馆"字，字书所无，当为"喃"的变形字。"油麻"即芝麻，芝麻颗粒细小，所以用"喃"字。也借用"罨"（yǎn）。《金瓶梅》第五十三回："先将符药一把罨在口内，急把酒来大呷半碗，几乎呕将出来，眼都忍红了，又连忙把酒过下去。"也作"唅"。《广雅·释诂》："唅，唵也。"王念孙疏证："《众经音义》卷十一引《埤苍》：'唵、唅也，谓掌进食也。'"罗翙云《客方言》："州俗以掌进小儿食亦曰唅。"

【鏊】（ào），烙饼用的平底铁锅，俗称鏊子或鏊盘。《玉篇·金部》："鏊，饼鏊也。"慧琳《一切经音义》卷四十一："鏊，作饼烧器也。"《集韵·去声·号韵》五到切："鏊，釜属。"《正字通·金部》："鏊，今烙饼平锅曰饼鏊，亦曰烙锅鏊。"王筠《说文句读·金部》："鏊，面圆而扁，三足，高二寸许，饼鏊也。"鏊是一种很古老的炊具。河南省荥阳市青台村仰韶文化遗址出土的夹砂褐陶鏊是我国最早鏊子实物,陶土加砂,上为圆形平面,下附三足或四足,底面遗有烟炱(陈彦堂:《人间的烟火——炊餐具》,上海文艺出版社 2002 年版,第 40 页)。《山海经·大荒西经》:"大荒之中,有山曰鏖鏊钜,日月所入者。"唐张鷟《朝野金载》卷四中就有"杨仲嗣燥急,号热鏊上猢狲"的说法。敦煌文献中记载了不少鏊子。S.0367《沙州伊州地志残卷》:"有平铁为鏊,冬夏常食饼,无釜甑之具,杯碗匙箸皆不蓄,渴则渠踞地而饮。"在寺庙财产移交文件中,也记载了不少鏊子。P.2613《唐咸通十四年(873)正月四日沙州某寺交割常住物等点检历》:"生铁鏊子一,三片。""贰尺五寸鏊壹面,烈。"P.3067《庚子年(940 或 1000 年)后某寺交割常住什物点检历》:"薄铁鏊壹,重肆斤……新铸大铁鏊贰,在库,内伊有烈。"《五灯会元》卷十二:"石佛显忠禅师越州石佛寺显忠祖印禅师,僧问:'如何是不动尊?'师曰:'热鏊上猢狲。'曰:'如何是千百亿化身?'师曰:'添香换水,点灯扫地。'"宋王得臣《麈史》卷上:"永熙讨河东刘氏,既下并州,欲领师乘胜收复钞本作复收。蓟门。始咨于众,参知政事赵昌言对曰:'自此取幽州,犹热鏊翻饼耳。'殿前都指挥使呼延赞争曰:'书生之言,不足尽信。此饼难翻。'永熙竟趋幽燕,卷甲而还,卒如赞言。"《景德传灯录》卷二十九:"但欲傍鏊求饼。"《水浒传》一百〇四回:"范全在那里叫苦叫屈,如热鏊上蚂蚁,没走一头处。"今陇右许多地方仍将烙饼的平底锅叫鏊锅。也作"𰀋"。黎锦熙《同官谣谚志·方言分类词汇》:"平底浅锅曰𰀋,音 ao 去声,烙食物用"(黎锦熙:《黎锦熙语言学论文集》,商务印书馆 2004 年版)。

B

【巴】 (bā),"巴"有"攀""附"之义。方言谓登山曰巴山。《水浒传》第一百一十六回:"只见解珍、解宝便道:'我兄弟两个,原是猎户出身,巴山度岭得惯。'"《西游记》第七十回:"行者笑道:'陛下说得是巴山转岭步行之话。我老孙不瞒你说,似这三千里路,斟酒在锺不冷,就打个往回。'""巴山"者,"攀爬"山也。又"巴山虎"是一种藤本植物,卷须长有吸盘,能吸附岩石、墙壁、树木而上。杨慎《丹铅总录》卷四:"薜荔,又曰扶芳藤。今京师人家假山上种巴山虎是也。"康熙《历城县志》云:"薜荔俗名'巴山虎',枝柔叶密,附壁耳生。"今北京叫"扒(爬)山虎",南方人则叫"巴山虎"。是可证"巴""扒""爬"可通转。《敦煌变文集·伍子胥变文》:"独步恒山、石膏难渡。披岩巴戟、数值狼胡。""巴戟"表面为药名,实指爬上山脊,"巴"通"爬","戟"通"脊"。蒋冀骋先生在《〈敦煌变文集〉校读记》中认为"巴"谐音"把",持也。则"戟"字无着落,不能为确诂。又"巴高枝儿"即攀高枝。《儿女英雄传》第三十二回:"我也不怕人笑话我奴才亲戚混巴高枝儿,我今日可算认定了干娘咧!"还有"巴高望上",犹高攀,向上爬。《红楼梦》第四十六回:"别说是鸳鸯,凭他是谁,那一个不想巴高望上,不想出头的。"《红楼梦》第九十九回:"巴着窗户眼儿一瞧,原来宝妹妹坐在炕沿上,宝兄弟站在地下。"今陇右方言说"爬"多用"巴"。如上山巴吅,好上难下;巴得高,跌得重;巴树、巴墙等。

巴也指盼望,等待。明顾起元《客座赘语》卷一:"巴,象形字,蛇也。巴,水曲折三回象之。今人之盱衡望远曰'巴',不足而营营曰'巴'……凡此皆习而用之,与本义乖者也。"钱大昕《恒言录》云:"今人盱衡盼望曰巴。"黎锦熙先生说:"'巴'与'盼'亦一声之转也。然语意较'盼'为急迫。且非徒盼而已,故起义与'附'有缘。"(黎锦熙:《"巴"字+义及其复合词和成语》,载《黎锦熙语言学论文集》,商务印书馆 2004 年版)《全宋词》卷四九陈著《卜算子·嘲二十八兄》:"望得眼儿穿,巴得心头热。"杨万里《过沙头》:"暗潮巴到无人会,只有篙师识水痕。"吴潜《水调歌头》:"巴得西风起,吾亦问前程。"《东堂老》第二折:"一会儿无钱呵!冻刺刺窖中巴不到那明,痛亲眷敲门没个应。"李好古《竹坞听琴》第三折:"我巴你到黄昏,盼你到天明。"明初贾仲明《对玉梳》第三折:"盼邮亭、巴堠子,一步捱一步。"这两例中"巴"与"盼"互文见义。《红楼梦》第四十六回:"别说是鸳鸯,凭他是谁,那一个不想巴高望上、不想出头的?"这里"巴"与"望"互文见义,"高""上"都含有"攀援"之义。清天花才子编《快心编》三集第一回:"但与白子相密地商量,朝巴夜望,巴到初四日,绝早即便梳洗打扮。"酒泉谚语:羊盼清明驴巴夏,老牛巴的四月八。

【巴望】 迫切盼望。黎锦熙说:"'巴''望'互训,故得连文,同义并行的复合动词也。"《何典》第五回:"我虽不为吃着两字招你归来,也巴望挡一爿风水。"清天花才子编《快心编》三集第四回:"褚愚等竟稳捏定一个举人,日日巴望,凌驾山口虽不说,心上也是巴不到的念头。"《官场现形记》第五回:"怎么你们都巴望我多拿出去一个,你们才乐?"《二十年目睹之怪现状》第七十回:"辅成听了,也巴望这门亲定了,好得个内助。"周而复《上海的早晨》第一部25:"汤富海头一次听到这些谣言,心里想:日日巴、夜夜巴,好容易巴望到共产党来了,国民党反动派真的又要回来?"

【巴不得】　迫切要求，希望。黎锦熙说："巴得（巴的）、巴不得（巴不的，巴不能勾），谓切盼其成也。""否定而云'巴不得'，则以反辞极述其'切盼'与甚愿也。"（见前揭文）可见，"巴不得"比"巴"义更切。《京本通俗小说·错斩崔宁》："那边王老员外与女儿并一干邻佑人等，口口声声咬他二人；府尹也巴不得了结这段公案。"马致远《黄粱梦》第一折："我巴不得的选场中去哩。"《水浒传》第五十九回："宋江饮酒到晚，巴不得天明，要去看城。"《石点头》卷五："其父莫考，考了一世童生，巴不得着一领蓝衫挂体。"《金瓶梅》第五回："这妇人巴不得他出去，便趱过王婆茶房来等西门庆。"《红楼梦》第二回："封肃喜得屁滚尿流，巴不得去奉承，便在女儿前一力撺掇成了，乘夜只用一乘小轿，便把娇杏送进去了。"第八十五回："惟有宝玉素日仰慕北静王的容貌威仪，巴不得常见才好。"

【巴结】　方言形容奔走有权势的门下，讨好有钱有势的人叫巴结。《新方言·释言》："《小尔雅》：'傅，近也。'《广雅》：'傅，就也。'古之傅者，犹今言附。今人谓黏近在上面曰附在上，音如巴，若迆转巴矣。常言趋附结纳，故今谓以谄事人为傅结，音如巴结。"黎锦熙先生说："'巴'者攀附，'结'者结托：'巴结'连文，遂成同义的并行复合词。"（见前揭文）此语殆起于金元间，又写成"巴劫""巴竭"。关汉卿《救风尘》第二折【集贤宾】："他每待强巴劫深宅大院，便侍折摧了舞榭歌楼。"明冯惟敏《折桂令·阅报除名》散曲四："岂不知这样儿清高，那样儿巴竭。"又《仙桂引·思归》："好功名少了半截，早抽身省去巴竭。"（《海浮山堂词稿》卷二，上海古籍出版社1981年版）《儿女英雄传》第二十四回："凭你怎的巴结他，他怎肯忍心害理的违天行事？"《官场现形记》第六回："亏得这位本府，自从王梦梅到任以来，他会巴结，心里还同他说得来。"今陇右方言"巴结"仍是此意。

【巴巴】　（bābā），也作把把，小儿呼粪便之称。元无名氏《岳飞精忠》楔子："大傻瓜、小傻瓜，好吃川炒癞虾蟆。临上阵不披甲，精脊梁去厮杀。得胜的着他帅府里就挂元帅印，输了的都罚去史家胡同吃把把。"陈以仁《存孝打虎》第二折白："我若杀的过，则管杀；我若杀不过，我便走了，看你怎生刺巴巴。"《魏征改诏》第一折白："看那弟子孩儿每怎么拉把把。"《西游记》第四十回："也罢，我驮着你，若要尿尿把把，须和我说。"《醒世姻缘传》第二十一回："晁夫人一只手拿着他两条腿替他擦把把，他乌楼楼的睁着眼，东一眼西一眼的看人。"第三十三回："被窝中自己放个屁熏得还要恶心头疼，撞见一个粪担还要跑不及的回避，如今自己挑了黄葱葱的一担把把，这臭气怎生受得！"抗日战争时期的童谣：天不怕、地不怕，只怕飞机拉巴巴（投炸弹）。有人专造"屄"字，不过不太常用。

陇右方言常说：狗不咬巴屎的,官不打送礼的;吃屎的把巴屎的估住了(意为"求人的反而比被求的人厉害")。

【把】 (bà),把守,占有。《敦煌变文集·张义潮变文》："忽闻犬戎起狼心,叛逆西同把险林。"又："其吐浑王怕急,突围便走,登涉高山,把险而住。""回鹘大败,走投入纳职城,把劳(牢)而守。"《元曲选·灰阑记》第三折【古神丈儿】："他道我将男儿药杀,又道我将家私来尽把,又道我要混赖他孩儿,拖我去州衙中告发。"陇右方言说某人在家独揽大权为把家,骂把食物不给别人吃的人为把食狗儿,说占着茅坑不拉屎为"把着茅坑不拉屎",守着大门不让人进的为"把门的"。

【把势】 (bǎshì),《牡丹亭》第十三出："牵弓射弩做人儿,把势;一连十个偌来回,漏地。"1996年人民文学出版社校本注："把势,这里是装样子。"按："把势"(又作把式)是蒙古语bakxi(音译为"八合识""八哈失""巴合失""巴合赤""巴黑石"等)的借词,有"老师""擅长某种技艺的人""内行"等义。进入古代维吾尔语作"巴何色",满语作"榜式"或"巴克什"等。"牵弓射弩"是郭驼自夸其技艺娴熟,而不是"装样子"。蒙古语的bakxi又是汉语"博士"的音译(张清常:《漫谈汉语中的蒙古借词》,《中国语文》1978年第3期)。秦汉时期,诸子、诗赋、术数、方伎皆立博士。汉文帝时置一经博士,武帝时置五经博士,职责是教授、课试或奉使、议政。晋置国子博士,唐代有太学博士,太常博士、太医博士、律学博士、书学博士、算学博士、按摩博士等,这些官职较为卑微,官品最高为从八品上,多数为从九品下,且限于有技艺者,由此,这一官名便被用来指称民间有某技艺或从事某种职业的人。《敦煌变文集·韩朋赋》："开书问卜,怪其所以。博士答曰:'今日甲子,明日乙丑,诸臣聚集,王得好妇。'"这里博士显然是占卜术士。北图咸字59号《寅年僧慈灯雇工契》："寅年八月七日,僧慈灯于河东庄造佛堂一所。□无博士,遂共悉东萨部落百姓氾英振□,造前佛堂。断作麦捌硕。"其后有"博士氾英振年卅二"的署名。这个"博士"分明是个泥工。《摩利支天经》称造佛像工匠为博士。这些人都是多才多艺的手艺人,犹如现在称师傅一样。后被借入蒙古语又再搬回来,就成了把势。"博"是入声字,读为"把"则成为上声字;"士"是上声字,读为"式"则为入声字。这一现象说明元明时期汉语已没有入声字,所以这几个字读音互混。武汉臣《玉壶春》第二折："若是我老把势,展旗旛,立马停骖。"《西游记》第三十二回："那魔是几年之魔,怪是几年之怪? 还是个把势,还是个雏儿?"第七十七回："不要怕,等我看他是雏儿妖精,是把势妖精。"《韩湘子全传》第二十五回："妈妈是个老把势,那个不让你的? 我是雏儿,有怎么好计较?"《姑妄言》第二回:"两三个老把势同他下场,一夜就赢了他七八百两,立逼着将房产地土都写了卖契。"也作"把式",时下仍很流行。陇右方言也有此语,如临夏花儿:尕妹是唱花的老把(耶)式,阿哥是才学的离家。也多称秦腔名演员为"把式",许多人喜欢看把式的戏,或直接叫看把式。

【泼】(bā),本义是人感到寒冷。《说文·仌部》:"泼,《诗》一之日泙泼。从仌友声。分勿切。"段注:"泼,泙也,从仌友声。""泙,泙泼,风寒也。"段注:"《豳风·七月》:'一之日觱发。'传曰:'觱发,风寒也。'按:觱发皆假借字,泙泼乃本字。"《六书正讹》:"泙泼,俗用觱发,非。"《玉篇·仌部》:"泼,寒冰貌。"《类篇·仌部》:"泼,寒也。又,冰寒也。一曰风寒也。""泼"今读 fā,古无轻唇音,《广韵·入声·月韵》帮母方伐切,故当读 bā。方言保留重唇音,读若拔,引申为把东西放到凉水里使冷却。元明时字作"拔",义为冷却。《老乞大》:"火伴,你将料捞出来,冰水里拔着。"《醒世姻缘传》第六十四回:"使凉水拔肉菜的厨子。"意谓厨子理应做热饭菜给人吃,而此等人却故意让人吃冷。黄肃秋注:"拔——用凉水泡,做买卖掺假的一种方法;从加水中增加销售的重量。"按:黄注误。第八十二回:"相主事即时差了相旺前去,正见狄希陈递了诉状,正从南城来家,走的通身是汗,坐着吃冰拔的窝儿酒。"又:"这天热,旺官儿,你也到前头厅上脱了衣裳,吃碗冰拔白酒,凉快会子,可合你狄大爷同走。"许宝华、官田一郎《汉语方言大词典》第三卷释"拔凉"为"把实物放在冷水中使其变凉,或除去杂质、异味等",另一义项为"使变寒冷"。也有用"湃"的。《辞源》中有"湃"(pài)字,指"用冰或凉水镇物使冷"。《金瓶梅》第二十七回中,就有三处用到这个"湃"字。潘金莲对西门庆说:"把这梅汤放在冰内湃着你吃。"还指使春梅说:"有梅汤提一壶来,放在这冰盘内湃着。"丫环"秋菊掇着果盒,盒子上一碗水湃的果子"。《儿女英雄传》第十六回:"那老头儿把那将及二尺长的白胡子,放在凉水里湃了又湃,汕(涮)了又汕(涮)。"《红楼梦》第三十一回:"才鸳鸯送了好些果子来,湃在那水晶缸里呢。"不过这个"湃"人们都念作"拔"(bá)音,这个读音在北京话中现在还仍然使用。电视剧《渴望》第四集中,王亚茹也把"湃"念作(bá)音:"(牛)奶在那儿用凉水湃着呐,吃的时候用开水烫一下就可以了。"《上海市区方言志》《上海方言词汇》"湃"的读音为 pā,可见读 bā 为方言读音。今陇右方言兼有《方言大词典》所说的两个义项,如将春天采摘的柳树芽在温水中拔几天就可以使苦味减轻,人就可以食用了;还有臭椿也可以在温水中拔过后食用。另一个就是在凉水中冷却,如把凉粉放到凉水里泼一下;手被开水烫了,放到凉水里泼着哩。拔也指因接触到冷东西而感到寒冷。《金瓶梅》第二十九回:"于是春梅向冰盆内倒了一瓯儿梅汤,与西门庆呷了一口,湃骨之凉,透心沁齿,如甘露洒心一般。"赵本山、范伟演的小品《心病》:"我这心拔凉拔凉的。"

【白生生】　(báishēngshēng),形容颜色很白而且鲜嫩。元无名氏《朝天子·嘲妓家匾食》:"白生生面皮,软溶溶肚皮,抄手儿得人意。"《金瓶梅》第二回:"浓浓的白脐肚儿,窄多多尖翘脚儿,肉肉奶奶胸儿,白生生腿儿。"第二十七回:"西门庆睡了一个时辰,睁开眼,醒来看见妇人还吊在架下,两只白生生腿儿,跷在两边,兴不可遏。"《徐霞客游记·滇游日记六》:"菌之类,鸡葼之外,有白生香蕈,白生生于木,如半蕈,形不圆而薄,脆而不坚。"清贪梦道人《彭公案》第三百二十六回:"边位坐着一个老道,白生生的脸膛,头戴九梁道冠,身穿蓝道袍,白袜云鞋,背插宝剑,正是周百灵。"贺敬之《回延安》:"白生生的窗纸红窗花,娃娃们争抢来把手拉。"西北方言在说"白"的时候,就用"白生生"。庆阳民歌:白生生的面皮花棱棱眼,跟上个穷汉你受熬煎。陕北信天游:牙儿白生生两眼花蓬蓬,谁不说你是个好后生。《汉语大词典》将"白生生"附见"白森森",显误。"白森森"含有令人恐怖的色彩,与"白生生"的白而带有酥脆不同。如《西游记》第五十回:"(老魔王)即忙袖中取出一个亮灼灼白森森的圈子来望空抛起。"茅盾《过封锁线》:"又走了若干时,便见白森森地横在前面的,像是一条河。"

【百岁礼】　所谓百岁礼即"百日礼"。又称"百禄",流行于全国各地,"百","含"有"圆满","完全"之意,也有长命百岁之意,也叫过百晬,晬音zuì,古代称婴儿满一百天或一周岁。《说文新附·日部》:"晬,周年也。从日、卒,卒亦声。子内切。"郑珍《新附考》:"《尔雅》:'卒,尽也。'四时周则岁尽,故《诗》曰:'何以卒岁?'俗加曰为周年之称,至《广韵》始训为周年子,今皆名子周岁为晬,盖非古矣。"《广韵·去声·对韵》子对切:"晬,周年子也。"《类篇》:"晬,子生一岁也。一曰晬时者周时也。"《辽史·太祖纪上》:"三月能行,晬而能言。"在小孩满一岁这一天要举行抓周仪式。《颜氏家训·风操》记载:"江南风俗,儿生一期(一周岁),为制新衣,盥浴装饰,并加饮食之物及珍宝服玩,置儿之前,观其发意所取,以验贪、廉、智、愚,名之为试儿。"颜真卿《茅山玄靖先生广陵李君碑铭》记载:"先生孩提则有殊异,晬日独取《孝经》如捧读焉。"(见《全唐文》卷三百四十)宋释文莹《玉壶清话》卷一:"曹武惠彬,始生周晬日,父母以百玩之具罗于席,观其所取。武惠左手提干戈,右手取俎豆,斯须取一印,余无所视。后果为枢密使相。"但是,民间普遍在生子一百天后举行"百晬"仪式。"晬"与"岁"音近,遂讹为"百岁"。宋孟元老《东京梦华录·育子》云:"生子百日置会,谓之百晬。至来岁生日,谓之周晬,罗列盘盏于地,盛果木、饮食、官诰、笔砚、筹秤、经卷、针线应用之物,观其所先拈者以为征兆,谓之试晬。"明沈榜《宛署杂记·土俗》云:"一百日,曰婴儿百岁。"百日礼民俗又叫"过百岁",亲友聚集。这一天小孩子要试晬(也叫抓周)、穿"百家衣"、戴"百岁锁"(即"长命锁")。"百家衣"由五颜六色的各种小布块缀成,状如僧衲。各种布条、布块是由亲朋邻居各家凑成。在许多颜色中以紫色布条最贵重,也最难寻,因为"紫"与"子"同音。一般不愿把"子"送给别家。小孩子穿"百家衣"一是象征百岁长寿,二是象征先苦后甜。陇右方言谓之过百岁,不仅汉族有此习俗,回族等许多少数民族都有此习俗。

【摆子】　指鱼在水中产卵。鱼产卵的时候,尾巴要摆动,所以叫摆子,也叫鱼溜子。宋梅尧臣《绝句五首》:"船头拍翅野鸭浴,水上摆子狞鱼跳。"又《和韩钦圣学士襄阳闻喜亭》:"日脚穿云射洲影,槎头摆子出潭声。"闻一多《神话与诗》:"大河涨水沙浪沙,一对鲤鱼一对虾,只见鲤鱼来摆子,不见小妹来探花。"四川方言称把鱼在水中产卵叫做"摆子"(林昭德:《诗词曲词语杂释》,四川人民出版社1986年版),陇右方言也是如此。《大词典》失收"摆子:鱼在水中产卵"义。

【拍】　(bāi,也可读 pāi),分开、掰开。即擘(俗作掰)字。在现代方言里"擘"字可读送气音,也可不读送气音。不送气即写作"拍"。道光《金华县志·风俗》:"邑人质剂书,分出若干曰拍。"《水浒传》第十回:"武松取一个拍开看了,叫道:'酒家,这馒头是人肉的? 是狗肉的?'"第二十七回:"武松取一(馒头)拍开看了。"容与堂本"拍"作"擘"。《绣榻野史》卷上:"竟骑在东门生身上,把屄拍开含住龟头儿,连搓几搓,才有些硬挣起来,插得进去。"又:"就推金氏到床边,替他解了裙儿,扯去了裤儿。把两腿着实拍开,就把鸟儿插进屄里去。""拍"也作"攤"。《金瓶梅》第七十三回:"两手攤着牝户往里放。"第七十八回:"两个也无闲话,走到里间,脱衣解带就干起来。原来老婆好并着腿干,两只手攤着,只教西门庆攮他心子。"第八十一回:"贼林林小厮,仰攤着挣了,合蓬着去。"李申先生解释"攤"为"(腿)向两边分开。仰攤,是行淫时女子的姿势"(李申:《金瓶梅方言俗语汇释》,北京师范学院出版社1992年版,第720页),这个词在《醒世姻缘传》中作"仰拍"。《醒世姻缘传》第六十八回:"只是往下下可是倒坐着轿子,女人就和那抬轿的人对着脸,女人仰拍着,那脚差不多就在那轿夫肩膀上。"第七十二回:"断然要把两只腿紧紧夹拢,不可拍开。""仰摆"是济南人过去常说的一个词,为"两腿外分,仰面而躺"的意思,带有贬义色彩。过去,大人们看见孩子仰躺在床上不学习时就斥责说:"你仰摆着干么咧?!""仰摆"就是"仰摣(音 pāi)。"拍"也作"脈"。玄应《一切经音义》卷十三:"《说文》:'擗、撝也;撝,裂破也,'谓于擗开也。经文作'拍',非也。"《广韵·入声·陌韵》:"脈,脈破物也。"《集韵·入声·麦韵》:"脈,分也,匹麦切。或作劈。"《越谚》卷下:"分也。两脚大开亦曰'脈'。"《沪谚外编·三百六十五行营业谣》:"踏布司务武艺精,两脚脈成八字形。"《昭通方言疏证》(1265):"昭人言分两手两脚而开之曰脈,音如'派'(上声)。""拍"也作"劈拉",即成八字分开。《醒世姻缘传》第六十七回:"没眼色的淡嘴贼私窠子!你劈拉着腿去坐崖头挣不的钱吗?"第七十八回:"把个小司花打的鼻青眼肿,嚷到相主事跟前,追论前事,二罪并举,三十个板子,把腿打的劈拉着待了好几日。""劈拉(音 pǐla)",劈读上声,如在济南话中:"她走路劈拉着个腿,可难看咧!"今西北方言常说把腿分开为[p'ia53]开,如大人对小孩说:尿尿的时候要把腿[p'ia53],不要尿到裤子上了。[p'ia53]就是"劈拉"的合音字。

【掰】　(bàn),跌倒、摔倒。《集韵·去声·裥韵》博幻切,班去声:"掰,绊也,又引击也。"《蜀方言》卷上:"行路有所碍曰掰。""掰"是俗字。也有作"跘"的。《蜀籁》卷三:"爬得高跘得响。""跘"的本义为"交足坐也"(《集韵》),与"行路有所碍"无涉。其本字当作"绊"。《说文·糸部》:"绊,马絷也。从糸半声。博幔切。"段注:"《小雅》:'絷之维之。'传曰:'絷,绊;维,系也。'按:絷谓绳,用此绳亦谓之絷。……引申为凡止之称。"《急就篇》颜注:"在足曰鞯。"本义是驾车时套在牲口后部的皮带,引申为走路或跑步时被物件绊住脚而摔倒。《诗·周颂·有客》:"言授之絷,以絷其马。"郑玄注:"絷,绊也。"《释名·释车》:"鞯,半也,拘使半行不得自纵也。"《水浒传》第九十七回:"一声炮响,两边伏兵齐出,孙安措手不及,被两边抛出绊马索,将孙安绊倒,众军赶上,连人和马,生擒活捉。"《红楼梦》第二十四回:"那小红臊的转身一跑,却被门槛子绊倒。"在陇右方言中,主动的跌倒和被动的被摔倒都用"绊",读音也一样。如说:绊了一绊。

【扳】　(bān),方言有两个意思。①用力抓住使不动弹。《广韵·平声·删韵》普班切:"扳,挽也。"《蜀方言》卷上:"手挽曰扳。"清胡文英《吴下方言考》卷五:"扳,不肯就而强援之也。吴谚谓植则曰扳倒,卧物则曰扳起。"《公羊传·隐公元年》:"诸大夫扳隐公而立之。"谓援引隐公而立之也。元尚仲贤《三夺槊》第四折【倘秀才】:"我接住枪待使些儿控便,是谁扳住手不能动?"关汉卿《五侯宴》第一折【金盏儿】:"我哭啼啼搬住臂膊,泪漫漫的扯住衣服。"《红楼梦》第六十八回："凤姐儿听说这话，哭着，两手搬着尤氏的脸紧对相问道：'你发昏了？'""搬"同"扳"。字亦作掰。如：掰住栏杆（用力抓住栏杆）。②拉住、扯。《集韵·平声·删韵》："扳，皮班切，与攀同。"又曰："引也。"元武汉臣《玉壶春》第三折【上小楼】："扳下颏，撞脑袋，自行残害。"方言常用此义，如，扳苞谷。

【拨浪鼓】　古代叫做鼗或播鼗。鼗，音 táo。《周礼·春官·小师》："小师掌教鼓、鼗、柷敔、埙、箫、管、弦、歌。"郑玄注："鼗如鼓而小，持其柄摇之，旁耳还自击。"《大射礼》"鼗倚于颂磬西纮"注："鼗，如鼓而小，有柄，宾至摇之，以奏乐。"慧琳《一切经音义》卷三十三："播鼗，鼗如鼓而小，持其柄摇之者也，旁还自击。"《论语·微子》："播鼗武入于汉少师阳、击磬襄入于海。"朱熹集注："鼗，徒刀反。播，摇也。鼗，小鼓。两旁有耳，持其柄而摇之，则旁耳还自击。""播"通"簸"，义为摇动、簸扬。《庄子·人间世》："鼓筴播精，足以食十人。"注："简米曰精。播，摇动也。"此谓鼗与击奏鼓之别。近代以来，又叫拨浪，盖由其声响儿而得名。《现代汉语词典》是这样描述拨浪鼓的："带把的小鼓，来回转动时，两旁系在短绳上的鼓槌击鼓作声。"《金瓶梅》第三十二回："追金沥粉彩画寿星博郎鼓儿一个，银八宝贰两。"《红楼梦》第四十七回："只见薛蟠骑着一匹马，远远的赶了来，张着嘴，瞪着眼，头似拨浪鼓一般，不住左右乱瞧。"李准《耕云记》："俺哥挑着小桶，像摇拨浪鼓一样跑回来了。"王愿坚《赶队》："她把头摇得像个拨浪鼓：'不累，不累！'"亦作"不琅鼓""不郎鼓儿"。关汉卿《四春园》第三折："自家是个货郎儿，来到这街市上，我摇动不郎鼓儿，看有甚么人来。"无名氏《渔樵记》第三折："这里是刘二公家门首，摇动这不琅鼓儿。"陇右方言音讹作"帮浪"，把拨浪鼓叫"帮浪儿"。"播"读"帮"，是由"浪"后鼻音 ng 类化而来，帮、播声母相同，韵母阴阳对转。

【褒弹】　（bāotān），又作包弹、驳弹、弹包、弹剥、弹驳，义为指摘、批评的意思。宋王楙《野客丛书》卷二十载："包拯为台官，严毅不恕，朝列有过，必须弹击，故言事无瑕疵者曰没包弹。"此说实误。徐嘉瑞《金元戏曲方言考·补遗》："徐文长《南词叙录》云：包拯善弹劾，故世谓物有可议者曰包弹。此望文生训也。""包弹"是当时的熟语，遇到批评指责时用之，与包拯无关。郭在贻先生认为就是"弹驳"的倒文（郭在贻：《古代汉语词义札记（二）》，载《中国语文》1984年 4 期），魏晋时期即已出现。如《三国志·魏书·诸夏侯曹传》裴注引《魏略》："谧为人外似疏略，而内多忌。其在台阁，数有所弹驳，台中患之，事不得行。"《魏书·李顺传》："同性鲠烈，敢直言，常面折孝文，弹驳公卿，无所回避，百寮皆惮之。"《朝野佥载》卷四："小人在位，君子驳弹。""驳"之本义为提出异议，批评指正。《文选》卷三十七"表"李善注:"四曰驳,推覆平论,有异事进之曰驳。"《蜀方言》卷下:"改正文书曰驳。"《广韵》:"弹,纠也。"《增韵》:"弹,劾也。"(《康熙字典》引)"驳""弹"同义连文,又作"包弹""褒弹"。李商隐《杂纂》卷上《不达时宜》条:"筵上包弹品味。"宋罗大经《鹤林玉露》卷五:"夫松石无知之物,一为二朝名宠所点染,犹不免万世之包弹,矧士大夫其于进退辞受之际,可苟乎哉?"刘克庄《溪庵》诗:"包弹靡靡萧萧制,指责深深款款诗。"王之道《浪淘沙》:"馀馥尚能消酒恶,谁敢包弹。"元人汤式的《夜行船·送景贤回武林》套曲中也有"品藻杜司空,褒弹张殿员"的句子。又如贾仲明《萧淑兰情》第四折【古寨儿】:"我这里偷看,不由人心欢,没褒弹,忒丰韵,表正形端。"张国宝《罗李郎》第三折【幺篇】:"彩画的红近着白青间着紫,无褒弹无破绽没瑕疵。"《金钱记》第一折【金盏儿】:"这娇娃是谁家,寻包弹觅破绽敢则无纤掐,似轴美人图画。"明高明《琵琶记·牛氏规奴》:"看他仪容娇媚,一个没包弹的俊脸,似一片美玉无瑕。"《牡丹亭》第二十七出【宜春令】:"奴年二八,没包弹风藏叶里花。为春归惹嗟呀,瞥见你风神俊雅。"《朴通事》卷中:"怕甚么?驳弹的是卖主。"赵树理《登记》:"不论说人,不论说家,都没有什么包弹的。"细细品味词意,"褒弹""包弹"都有批评、指摘的意思。陇右山丹话方言:这么好的东西还有啥褒弹头。合水方言"没啥弹剥的,姑娘长得嫽得很"亦即此义。

【菢】　(bào),菢鸡仔(孵小鸡)。《方言》卷八:"北燕、朝鲜、洌水之间谓伏鸡曰抱。"钱绎笺疏引《淮南子》"虽天地覆育,亦不与之珍抱矣"云:"珍抱,妪伏之意,抱与伏,语之转。"按:抱,《广韵》薄浩切,上古属并母幽韵;伏,《广韵》房六切,奉母屋韵入声,古无轻唇音,奉母字入并母,幽屋旁对转,故可通。玄应《一切经音义》卷十八引《通俗文》曰:"伏鸡卵,北燕谓之菢。"《集韵·去声·号韵》:"菢,薄报切,鸟伏卵。"《蜀语》:"鸡伏卵曰菢○菢音抱。"按:孚、伏、菢、孵皆通。《说文·爪部》:"孚,卵孚也。"古"孚"同"抱"。清蒋超伯《南漘楛语·读〈管子〉》:"孚之为字,像鸡爪伏鸡卵之形。"古代"孚"与"包"通。《左传》"浮来",《公羊》《谷梁》作"包来"。浮丘子即包丘子。其他如罦通罞,枹通桴,庖通烰等。后出"菢",或作"抱"。《吴子·图国》:"不择其人而用之,譬犹伏鸡之搏狸,乳狗之犯虎,虽有斗心,随之死矣。"《汉书·五行志》:"元帝初元中,丞相府史家雌鸡伏子,渐化为雄,冠距鸣将。"杨万里《翠樾亭前莺巢》:"啄菢双双子,经营寸寸茅。"《渔樵记》第二折:"投到你做官,直等的炕点头,人摆尾,老鼠跌脚笑,骆驼上架儿,麻雀抱鹅蛋,木伴哥生娃娃,那其间你还不得做官哩!"《五侯宴》第四折:"王员外将鸭蛋拿到家中,不期有一雌鸡正是暖蛋之时,王员外将此鸭蛋与雌鸡伏抱数日,个个抱成鸭子。"《醒世姻缘传》第五十二回:"自己腌的鸭蛋,抱的鸡雏。两个老人家虽是贫生夫妇,竟是文王手下食肉的耆民。"《聊斋俚曲集·慈悲曲》第一段:"那小燕子方才抱出,那母燕子被猫咬去。"

【爆仗】　(bàozhāng),陇右方言多称爆竹为爆仗。是在前代燃竹而爆的基础上,纸卷装火药而形成。宋高承《事物纪原》:"魏马钧制爆仗,隋炀帝益以火药为杂戏。"明陈士元《俚言解》卷二:"爆竹俗称爆仗,宋时已有此名。"钱大昕《恒言录》卷五引施宿《会稽志》:"除夕爆竹相闻,亦或以硫黄作爆药,声尤震厉,谓之爆仗。"宋孟元老《东京梦华录·诸军呈百戏》:"驾登宝津楼,诸军百戏呈于楼下,忽作霹雳一声,谓之爆仗,则烟火大起。"《武林旧事·岁除》:"至于爆仗……内藏药线,一热连百余不绝。"联串而放,后来的所谓"鞭炮"之名,大约就是这样来的,声如鞭脆,形如编鞭。还有大者,别名"雷"。《朱子语类》卷七十二:"雷如今之爆仗,盖郁积之极而迸发者也。"又叫"炮仗"或"炮"。丁惟汾《俚语证古》卷八:"炮章,爆竹也。雷子谓之炮章。炮字当作爆。章为竹之双声音转。炮章即爆竹。古者祭岁,烧竹作爆炸声以惊恶鬼,谓之爆竹。"《七修类稿·诗文二·除夕元旦词》引明沉宣《蝶恋花·除夕》词:"炮仗满街惊耗鬼,松柴烧在乌盆里。"《三遂平妖传》第十八回:"楼房好似破灯笼,土库浑如铁炮杖。"《红楼梦》第五十四回:"这抬炮仗的人抱怨卖炮仗的捍的不结实,没等放就散了。"《官场现形记》第五十五回:"我自小被炮仗吓坏了,往常听见放鞭炮总是护着耳朵的。"今陇右方言仍多谓炮仗。

【龅牙】　(bāo),突出唇外的牙齿。常见的有:下前牙咬在上前牙外侧,方言俗称"地包天",医学上称之为"前平反";还有上前牙前突,俗称"包牙",医学上称为"上颌前突"。"包"的本字当为"龅"。《玉篇·齿部》:"龅,步交切,齿露也。"《集韵·平声·爻韵》:"龅,露齿也。"《蜀语》:"露牙曰龅○龅音报。"《蜀方言》卷上:"露齿曰龅。"《资治通鉴·后梁均王乾化三年》:"蜀太子元膺,猳喙龅齿,目视不正,而警敏知书,善骑射,性狷急猜忍。"俗多写作"包"。《董西厢》卷七:"觑了他家举止行为,真个百种村。行一似栲栳,坐一似猢狲。甚娘身分,驼腰与龟胸,包牙缺上边唇。这般物类,教我怎不阴哂?"《儿女英雄传》第七回:"只见他打半截子黑炭头也似价的鬓角子,擦一层石灰墙也似价的粉脸,点一张猪血盆也似价的嘴唇,一双肉胞眼,两道扫帚眉,鼻孔撩天,包牙外露;戴一头黄块块的簪子,穿一件元青扣绉的衣裳,卷着大宽的桃红袖子,妖气妖声、怪模怪样的问了那女子一声。"老舍《残雾》第三幕:"你是不大注意大官们的太太,嘿!真有难看的!前天我看见一个,倒倒脚,大包牙,脸和铁锅似的,还戴着黑眼睛。"

也转作"齔",bā。《集韵·平声·麻部》:"齔,邦加切。齔齫,齿出也。"《去声·祃韵》:"齔,步化切,齿出貌。"《醒世恒言》第一卷:"萧雅一脸麻子,眼眍齿齔,好似飞天夜叉模样。"

【玭】 (bèi),《银川方言词典》:"沿河防水的建筑。"其本字应为"墈"。《集韵》:"墈,薄卖切。小堤也。"《玉篇·土部》:"小堤也。"今陇右普遍说墈渠、墈水、墈塄岸等。

【幡】 (fèn,方言读重唇音 bèn),《说文·巾部》:"幡,以囊盛谷,太满而裂也。从巾,奋声,方吻切。"徐锴曰:"囊谷满颈即涨而幡也,房粉反。"《玉篇·巾部》:"以囊盛谷太满坼裂也。"引申为衣服破裂。王筠《说文句读》:"今亦谓衣缔缝坼裂为幡。"今通作绷。姜亮夫《昭通方言疏证》(1553):"今昭人言如奔或绷,如曰'绷破了'或'奔裂了'。"陇右方言也说"裤子绷破了"或"袋子绷裂了"。

【弸】 (bēng),两手将弦、绳、布等拉开、拉紧。《集韵·平声·耕韵》披耕切:"弸,张弦也。"《玉篇·弓部》:"一作絣。""絣"的本义是振墨绳。《广韵·平声·耕韵》:"絣,振绳墨也。亦作弸。"也作张弦解。《集韵·平声·庚韵》:"披庚切,音磅。弸或从糸,张弦也。"也与绷通。《越谚》卷下:"絣,同绷,以疏布蒙物曰绷。《墨子》:葛以绷之。'绷鼓'、'绷琴'从此。"《太平广记》卷第二百一十四"黄荃":"别絣绢素,画一钟馗,以拇指掐鬼眼睛。"(出《野人闲话》)《元史·礼乐志》载,火不思制"如琵琶,直颈,无品,有小槽,圆腹如半瓶榼,以皮为面,四弦,皮絣同一孤柱"。引申为双手用力向两边支撑或拉开物体。《何典》第四回:"雌鬼绷开两条软腿,只管低着头看。"陆文夫《有人敲门》第三章:"里面有人蹬着铜叫炉在绣花,母女两个伏在绷架上。"陇右方言如:"你把线绷好,我来绕。""弸"也同"绷",本指弓强劲有力,多作形容词用。《太玄·止》:"绝弸破车终不偨。"《广雅》:"弸,满也。"章太炎《新方言》:"《说文》:'弸,弓强貌。'今人状物之坚硬曰弸硬。读如崩。"现常说紧绷绷,绷当为弸。

【滗】 (bì),挡住容器中的固体物将液体倒出来。《广雅·释诂》:"浚、濎、滗、笮,盠也。"王念孙疏证:"滗之言逼也,谓逼取其汁。《玉篇》:'滗,笮去汁也。'《众经音义》卷五引《通俗文》:'去汁曰滗。'又云'江南言逼'。义同也,今俗语犹云滗米汤也。"《俗书刊误·俗用杂字》:"去渣曰滗,音必。""去渣"也就是倒出液体。杨树达《长沙方言考》:"今长沙正谓去水曰滗。"字又作"渒"。《集韵·入声·质韵》:"滗,逼密切,《博雅》:'盠也。'一曰去滓,或从皂。"《蜀语》:"笮去汁曰滗〇滗音必,渒同。"也作"泌""韠""逼"。胡文英《吴下方言考》卷八:"泌,滴尽水也。吴中谓缓泻水以存物曰泌(音秘)。"《越谚》卷下:"留渣取汁也。'泌药',出《广韵》。"《新方言·释言》:"古无滗字,医经但作分泌。今人谓去汁曰泌。引伸之谓甚清曰泌清,皆读鄙密。"《型世言》第三十三回:"劳氏每日只煮粥,先饆几碗饭与阮大吃,好等他田里做生活。"《黄绣球》第七回:"黄绣球忙又另开了一个西瓜,逼了一碗瓜汁送去。"《醒世姻缘传》第二十六回:"水饭要吃那精硬的生米,两个碗扣住,逼得一点汤也没有才吃。"今天"滗"在各地口语中使用比较普遍,如滗茶、滗药、滗汤汁等。

【壁虱】　臭虫。对这一名称的来源有两种说法,一种认为因藏于壁中而得名。慧琳《一切经音义》卷四十五:"顾野王云:虱啮人虫也。按:壁虱者,如草蝇隐于壁隙床缝之间,夜唼食人。"《太平广记》卷四百七十九引前蜀杜光庭《录异记·壁虱》:"壁虱者,土虫之类,化生壁间,暑月啮人。"姜亮夫《昭通方言疏证》(2023):"昭人谓虱曰壁虱,即蝇虱,俗以壁为之者,谓其生息壁中。"另一种认为从"蜚"而得名。章太炎《新方言·释动物》:"《说文》:蜚,臭虫,负蠜也。今淮南谓之蠜,山西谓之蜚虱。蜚读如比,古音无轻唇,蜚本读比。江南转入如毕。通言曰臭虫。"罗翙云《客方言》:"今所在称臭虫,此方俗谓之干毗。"毗音如披,毗者蜚之古音,古无轻唇音,蜚正读毗。"1930年《嘉定县续志》:"壁虱,俗呼床虱也。《尔雅疏》:'蜚,臭恶之虫,俗读如'壁'。"宋庄季裕《鸡肋编·姜苗狗食草等作用》:"生姜苗铺荐席下去壁虱。"宋陈师道《后山诗话》:"鲁直有痴弟,畜漆琴而不御,虫虱入焉。鲁直嘲之曰:'龙池生壁虱。'而未有对。鲁直之兄大临,且见床下以溺器畜生鱼,问知其弟也,大呼曰:"我有对矣。乃'虎子养溪鱼'也。"元无名氏《延安府》第三折:"俺两个是葛监军的小军儿,一个是疙疸头,一个是壁虱脸。"刘庭信《寨儿令·戒漂荡》散曲:"呆小姐,悔难迭,正撞着有钱的壁虱佅。屎蚵蜋推车,饿老鸱拿蛇。"《农政全书·制造·营室杂附》:"治壁虱,荞麦秆作荐可除,或蜈蚣萍晒干,烧烟熏之。"今陇右方言也谓臭虫为壁虱。方言"虱"音 sěi。"虱"中古生母质韵,所栉切,王力拟音[ʃiet]。中古庄组一部分字转入精组,清代人裕恩写的《音韵逢源》中庄组读精组字中就有"虱",折合今音虱[ʂʅ白]、[ʂɛ文](高晓虹:《北京话庄组字分化现象试析》,《中国语文》2002年第3期)。

【匾食】　对饺子的称呼。"扁食"一名,宋徐梦莘《三朝北盟会编》卷七十一引石茂良《避戎夜话》云:"金人供送上左右寝食皆如法,并吃馄饨扁食,乃金人御膳也。"因此有人认为扁食源于女真人,此说有误。新疆吐鲁番阿斯塔那发掘的唐代墓葬中发现的最早实物,一起出土的还有贞观十七年契约。此外,维吾尔语称饺子为 bənəx 或 benxir,而吐鲁番方言则称为 bänši,图瓦语为 biŋsi,蒙古语为bangsi,保安语为biansr,因此有人认为扁食是从维吾尔语或蒙古语中借来的,即扁食一词源于维吾尔语。此说也未确。北方少数民族语言中的"扁食"一词实为汉语北方话"扁食"的音译。馄饨是饺子最早的称谓,《方言》卷十三:"饼谓之饦,或谓之饦馄。"钱绎笺疏:"《众经音义》卷十五引《广雅》:'馄饨,饼也。'"北魏贾思勰《齐民要术》中有"水引馄饨法"。唐段公路《北户录·食目》"浑沌饼"崔龟图注:"《广雅》:'馄饨也。'《字苑》作䭏。颜之推云:'今之馄饨,形如偃月,天下通食也。'"这种半月形的馄饨就是后来的饺子。李匡乂《资暇集》称"馄饨以其象混沌之形"而得名。当时民间多于冬至日吃馄饨的习俗,朋友之间也多以馄饨相邀。敦煌文书S.2200《冬至日相迎书》:"长至初开,三冬正中,佳节膺期,聊堪展思。竞无珍异,只待明公,空酒馄饨,幸垂过访。"韦巨源的《烧尾食单》有一道"生进二十四气馄饨",即二十四种馄饨的花形、馅料不同样。宋代人承袭了这一风俗。《乾淳岁时记》曰:"都人最重一阳……享先则以馄饨,有冬馄饨,年馎饦之谚。贵家求奇,一器凡十余色,谓之百味馄饨。"从宋代起半月形的馄饨又被叫做"角"儿,《东京梦华录》中记载有"水晶角儿",《武林旧事》"蒸作从食"中有"诸色角儿"。《燕京岁时记》中便有"初一,无论贫困富贵皆以白面做角而食之"。又称作"匾食"。明李实的《蜀语》:"馄饨曰匾食,射洪县绝品。"沈榜的《宛署杂记》记载:"元旦拜年……作匾食。"刘若愚的《酌中志》也载:"初一日正旦节……吃水点心,即匾食也。"汲古书院《明清俗语辞书集成》"匾食":"凡饵之属,水饺锅贴之属统称为匾食。"《西游记》第四十六回:"确就似人家包匾食,一捻一个就囫囵。"《金瓶梅》第十六回:"李瓶儿亲自洗手剔指甲,做了些葱花羊肉一寸的匾食儿。""匾食"的"匾"后通作"扁"。汤显祖《邯郸记·骄宴》:"这开元帝最喜我葱花灌肠,太真娘娘喜我椒风扁食。"《清平山堂话本·快嘴李翠莲记》:"烧卖、匾食有何难,三汤两割我也会。"《醒世姻缘传》第九回:"这几年,吃是俺的米,穿是俺的棉花,做酒是俺的黄米,年下蒸馍馍、包扁食,是俺的麦子,差补房子是俺的稻草。"徐珂《清稗类钞·饮食篇》:"扁食,北方俗语,凡饵之属,水饺、锅贴之属,统称扁饵。"但饺子这个词出现得相当晚,明末张自烈《正字通》说:"水饺饵,即段成式食品汤中牢丸。或谓粉角,北人读角为矫,因呼饺饵,讹为饺儿。"即"角"由入声转为舒声,读如交。《江南志书·嘉定县》:"脍肉里面作匾食……俗呼馄饨。"至今甘肃陇东仍称饺子为"扁食"。

　　【搹】(biǎn),打、揍的意思。《说文·手部》:"搹,抚也。从手,扁声。"王筠《说文句读》卷二十三:"今本皆作搏也。"《玉篇·手部》:"搹,搏也,击也。"《广韵·平声·仙韵》卑连切:"搹,击也。"《集韵》卑缅切:"搹,击也。"《燕说》卷二:"以夏楚扑人曰搧。搧音扁,又音辡,又音鞭。《唐韵》:'击也'。按:北音于此字平上为多。"今方言常说:搧你一顿。

【膘】 (biāo),陇右方言谓肥肉为膘,本字当为臕。《广韵·平声·宵韵》:"臕,脂臕,肥貌。甫娇切。"《集韵·平声·宵韵》:"臕,悲娇切,肥臕脂兒。"《六书故》:"臕,肥盛也。"《俗书刊误·日用俗字》:"肥脂曰臕。"《蜀语》:"肥脂曰臕〇臕音膘。"《蜀方言》也说:"肥脂曰臕。"常借"膘"字为之。膘本指牛马小腹下两边。《说文·肉部》:"膘,牛胁后髀前合革肉也。从肉,票声。"徐锴《系传》曰:"按诗传:下杀射中膘。今谓马肥为膘肥也,言最薄处合革肉,言皮肉相合也。"《三苍》曰:"小腹两边肉也。"由于这些地方最容易长肥肉,故借"膘"代"臕"。《说文》段注:"今俗谓牲肥者为膘壮。"北朝民歌《企喻歌》:"放马大泽中,草好马着膘。"杨树达《长沙方言考》:"今长沙言牲畜肥腴曰有膘。"

【秕】 (bǐ),谷物不饱满者。《说文·禾部》:"秕,不成粟也。从禾比声。卑履切。"段注:"不成粟之字从禾,恶米之字从米,而皆比声,此其别也。今俗呼谷之不充者曰瘪,补结切,即'秕'之俗音俗字。"朱骏声《说文通训定声》:"今苏俗呼谷不充者曰瘪谷,盖即此字。字亦以粃为之。"《书·仲虺之诰》:"肇我邦于有夏,若苗之有莠,若粟之有秕。"《左传·定公十年》:"夹谷之会,孔丘曰:若其不具用秕稗也。"杜注:"秕,谷不成者。"又作"粃"。《玉篇·米部》:"粃,俗秕字。"《庄子·逍遥游》:"是其尘垢粃糠,将犹陶铸尧舜者也。"鲁迅《准风月谈·由聋而哑》:"用秕谷来养青年,是决不会壮大的,将来的成就,且要更渺小。"今秦陇方言也谓粮食不饱满为秕子麦、秕谷,也引申到人,如说"她肚子很秕,不像临产的"。也作"瘪"。《新方言·释植物》:"今谓谷不成者为秕谷,俗字作瘪。"《玉篇·疒部》:"瘪,枯病也。"非本字。

【觱篥】 吹管乐器,与筚管同类,故也叫做管子,有8孔(前7后1),以软芦为舌。《说文·角部》:"觱,羌人所吹角者觱,以惊马也。"《说文系传》曰:"今之觱栗,其声然也。俗作觱篥。"《史记·乐书》:"觱篥,以竹为管,以芦为首,状类胡笳而九窍,所法者角音而已。"《龙龛手鉴》:"觱篥,上音必,下音栗;上正作觱,胡乐也。"又叫悲篥。《旧唐书·音乐志》:"觱篥,本名悲篥,出于胡中,其声悲。"《通典》卷一百四十四《乐典四》曰:"觱篥,本名悲篥。后乃以篥为首,以竹为管也。其字亦作觱篥、悲栗。"《集韵·入声·质韵》:"篥,觱篥,胡人吹葭管也。"宋陈旸《乐书》卷一百三十:"觱篥一名悲篥,一名笳管。羌胡龟兹之乐也,以竹为管,以芦为首,状类胡笳。所法者角音而已,其声悲栗。胡人吹之以惊中国马焉,今鼓吹乐坊以为头管,胡部有双觱篥,唐乐图所传也。"以上说法都认为以其发音悲烈,因此得名。这种说法不确,筚篥是龟兹语 vallaki 的音译,也可能是突厥语 bäri/beri 的音译。筚篥流传到各邻国,或称为筚篥,如朝鲜、日本;或称为筚,如越南、泰国。陇右在筚篥传入中原的过程起过十分重要的"二传手"作用。唐李颀《听安万善吹筚篥歌》:"南山截竹为筚篥,此乐本自龟兹出。流传汉地曲转奇,凉州胡人为我吹。"安万善是当时著名的筚篥名手,是凉州胡人。今陇右方言讹作"鳖勒",把可以吹响的牛角也叫"鳖勒",叫做"牛角鳖勒",凉州则谓之"别列"(李鼎超:《陇右方言》,兰州大学出版社 1988 年版)。

【箅】　(bi),蒸锅中的竹屉。《说文·竹部》:"箅蔽也,所以蔽甑底,从竹,畀声。"段注曰:"甑底有七穿,必以竹席蔽之,米乃不漏。《雷公炮炙论》云:'常用之甑,中箅能淡盐味。煮昆布,用蔽箅。'"《玉篇·竹部》:"箅,甑箅也。补计切。"《蜀语》:"甑底篾笆曰箅〇箅音闭。"杨树达《长沙方言考》:"今长沙犹谓箅甑底者为甑箅子,箅读平声。"《世说新语·夙慧》:"陈元方、季方窃听父太丘与客语。炊忘着箅,饭落釜中成糜。太丘令二子俱说,更相夺易,言无遗失。太丘说:'如此糜自可,何必饭也。'""甑"和"箅"常连用。《五灯会元》卷二十《东林道颜禅师》:"筋笼不乱搋匙,老鼠不咬甑箅。"《指月录》卷二十三《并州承天院三交智嵩禅师》:"果熟树枝垂,鹅肥甑箅破。"也用箅。《玉篇·竹部》:"箅,必匙,必是二切,江东呼小笼为箅。"陇右方言也有此语,如兰州人叫蒸箅子。甑《唐韵》子孕切,增去声。又音净。传郭璞《尔雅音图·释器》"甑谓之鬵"注"甑音净"。《新华字典》:"甑今音 zēng,旧音 jìng。"如西安名吃甑糕,甑就读 jìng,因此又叫镜糕。陇右有的地方则进一步音转读甑如 yìng,把甑箅子叫做硬笆子,笆义略同箅。《字汇》:"笆,竹篱。编竹围之,即俗所谓笆篱。"《俗书刊误·俗用杂字》:"竹篱曰笆,音吧。"

【被卧】　被子、铺盖。如酒泉方言:花花被卧绿挡头(民歌《马五哥》)。元无名氏《鸳鸯被》第四折:"投至我回来,你将这被卧儿铺陈下,则怕我醉了呵要歇息。"《水浒传》第九回:"只说林冲就床上放了包裹被卧,就坐下生些焰火起来。"第二十七回:"一个便来收拾行李被卧;一个引着武松离了单身房里,来到前面一个去处。"第三十一回:"那后槽上了草料,挂起灯笼,铺开被卧,脱了衣裳,上床便睡。"《牡丹亭》第十出:"小姐,熏了被窝睡罢。"《喻世明言》卷三十六:"宋四公安排行李,还了房钱,脊背上背着一包被卧,手里提着包裹,便是觅得禁魂张员外的细软,离了客店。"《二刻拍案惊奇》卷四:"当时只说送张贡生主仆到那里歇宿,到得庄上,五个人多是醉的,看着被卧,倒头便睡,鼾声如雷,也不管天南地北了。"清佚名《玉双鱼》第四回:"宋脱天在舱口一张,只见舱内空空,只剩得一床被卧,那里有个人影儿在内!"鲁迅《彷徨·弟兄》:"照着他在病人的脸上端详一回;又叫揭去被卧,解开衣服来给他看。看过之后,就伸出手指在肚子上去一摩。"方言"被"音"闭"。

【并】　"并"有"比"之义。《敦煌变文集·燕子赋》:"燕雀既和,行至(东)邻并,乃有一多事鸿鹤,借问(二子),比来争竞。"《破魔变文》:"若将外道并如来,状似嘉禾而比莠。"《叶净能诗》:"净能奏曰:'与陛下相随游戏,甚是仙莘,不并下方。'"P.3656《王梵志诗》:"邻并须来往,借取其交通。"蒋礼鸿《敦煌变文字义通释》:"'邻并'犹如说'比邻','比'和'并'是一声之转。"《广韵·旨部》:"比,并也。"按"并"为帮母耕部字,"比"为帮母脂部字,双声,耕脂通转。又可组成同义复词"比并",义为并列、比试。韩愈《代张籍与李浙东书》:"夫盲者业专。于艺必精,故乐工皆盲,籍党可与此辈比并也。"《敦煌变文集·破魔变》:"不念自是邪神类,比并天中大世尊。"《敦煌曲子词·苏莫遮》:"聪明儿,禀天性,莫把潘安才貌相比并。"《五灯会元》卷十八《云岩天游禅师》:"丫鬟女子画蛾眉,鸾镜台前语似痴。自说玉颜难比并,却来架上着罗衣。"柳永《昼夜乐》词之二:"秀香家住桃源径,算神仙,才堪并。"刘时中《端正好·上高监司》之一:"可与萧曹比并,伊傅齐肩,周召班行。"关汉卿《调风月》第三折【紫花儿序】:"咱两个堪为比并:我为那包髻白身,你为这灯火青荧。"尚仲贤《三夺槊》第二折【牧羊关】:"当日我和胡敬德两个初相见,正在美良川厮撞着,咱两个比并一个好弱低高。"无名氏《集贤宾》:"这女娘行恩情在等秤上称。称了时和咱比并,十分情重全无有半星儿轻。"元无名氏《延安府》第一折:"我姓庞,你说道七手八脚,你比并我是螃蟹。"今陇右方言常把"比"说成"并",如说两人比着吃饭为"并着吃",比着干为"并着干",俩人比试为"两个人并一下","并"就是"比"的意思。

【鳖】　(biē),指女阴。在元曲中用"别"。元南戏剧本《宦门子弟错立身》:"相公若知道……妇人剜了别,舍人割了卵。"顾学颉、王学奇《元曲释词》提及"妇人剜了别",并说"别"即"女阴",是错别字。"卵"当指男阴,与"别"对举。其实,"别"并非错别字,而是禁忌字,人们为了回避女阴"屄"这个发音而读成"别"。也作"鳖"。《野叟曝言》第九十一回:"若在路上,猝被男子捉住,也把衣服盖过头面,凭他行奸,总不与他做嘴讲话。故此峒里有句口号是:输嘴不输鳖;输鳖不输嘴。"《醒世姻缘传》第七十二回:"程思仁仍开材铺,孙氏、程大姐各卖鳖鸡,弄得那条街上渐又不稳上来,这行生意毕竟有些低歹,两老口撺掇程大姐择主嫁人。"《姑妄言》第二回:"不意那屠四竟有一具好阳物,不但他人会戳鳖,此道更善戳虾。"第十三回:"我孤身一人,穿吃有限,况且这戳鳖一事也非正经买卖,不如搬来我家同住,现成衣食,不过相帮走动,又没费力的生活做,你心下如何?"今秦陇方言仍称女阴为鳖。杨争光《黄尘》一:"这时候,那两个崽坐在地头上,他们正骂仗。'你妈鳖。'一个说。'日你妈。'另一个说。'妈鳖妈鳖。''日你妈日你妈。'……他们比赛谁的气长。"客家语系,"屄"的发音读作"鳖"。

【鳖子】　(biē),民间对扁形大腹小口容器的俗称。本字应为甓。陆容《菽园杂记》卷九:"'大甓子中消白日,小车儿上看青天。'此邵康节先生诗,今人呼盛茶酒器为甓,有自来矣然。"方以智《通雅·谚原》:"匾瓯谓之甓,匹结切。"姜亮夫《昭通方言疏证》(1869)谓"甓"字即是古代的"畐"字,"甲骨文中的畐字,是一种扁平形的酒器,古人饮以求福,故福字从之。此如尊字从酋。昭通乡人有曰酒福子"。俗称装酒的叫酒鳖子。《蜀方言》卷下:"酒器可携者曰酒鳖。"宋代也叫偏体,更早又称执壶、注壶或偏提,其形状似今日之酒壶,既能盛酒,又可注酒于酒杯中,因而取代了以前盛酒的樽、勺。南宋林洪《山家清事·酒具》:"旧有偏提,犹今酒鳖,长可五尺而匾(扁),容斗余;上窍出入,犹小钱大、长可五分、用塞,设两环,带以革唯调为之。"《武林旧事》卷二:"御教仪卫次第有大小酒鳖子。"还有尿鳖子,即尿壶。元无名氏《刘弘嫁婢》第一折白:"一个做饭的锅,就把那尿鳖子放在锅里罢。一家儿好干净人家!"施惠《幽闺记》第二十二出:"打扫两间房,铺下两张床,两个短枕头,一个马子,一个尿鳖。"《牡丹亭》第六出:"这陆贾秀才,端然带了四方巾,深衣水摆,去见汉高皇。那高皇望见,这又是个掉尿鳖子的来了。"《聊斋俚曲集·禳妒咒》第三回:"包起你为人的那蓝绢袄,我还有撒脚的鞋一双,尿鳖儿还没处放。"《聊斋俚曲集·墙头记》第三回:"我等着爹爹眠,盖盖被把灯端,尿鳖儿拿来我可散。"今陇右方言仍把扁圆形的容器叫做鳖子。歇后语:老太太的尿甓子——挨呲没够!尿鳖子打酒——满不在乎(壶)。装水的叫水鳖子,今宁夏银川、灵武,当地人至今把扁壶叫鳖子,装水的叫水鳖子,装酒的叫酒鳖子,把热水袋叫做热水鳖子。

【幅】　(bì,方言音bié),义为吃饱了,肚子胀。《广雅·释诂》:"幅,满也。"《方言》卷六:"桶,幅,满也。凡以器盛而满谓之桶,腹满曰幅。"(幅字据周祖谟校笺)郭璞注:妨逼反,"言敕幅也"。《集韵·入声·职韵》有拍逼、弼力二切。也作"馆"。《广韵·入声·职韵》芳逼切:"饱貌。"《康熙字典》:"馆,《玉篇》:饱也。"也作"畐"。《说文·畐部》:"畐,满也。从高省,象高厚之形,读若伏。"《玉篇·畐部》:"畐,腹满谓之涌,肠满谓之畐。"《广韵·入声·屋韵》:"畐,满也。房六切。"秦陇方言常说:今天吃得肚子太馆了,不吃了;看把你吃得肚子馆的。也指气满。《广雅·释诂》："臆,满也。"王念孙疏证:"凡怒而气满谓之愊臆。"《广韵·入声·职韵》:"膈臆,意不泄也。"《方言》卷十三:"臆,满也。"郭注:"愊臆,气满也。"《汉书·陈汤传》"策虑愊臆",颜注:"愊臆,愤怒之貌。"愊上古属职韵滂纽入声字,拟音当[piak],今方言读 bié 阴平声。

【盋】　(bō),一种食器。《说文新附》:"盋,食器也,盂属。"又作钵。《广韵·入声·未韵》:"钵,器也;亦作盋。"《六书正讹》:"从皿友声。别作钵,非。"宋程大昌《演繁露·盋盂》:"盋,音拨。今僧家名其食器为钵,则中国古有此名,而佛徒用之耳。"误以"钵"为汉语固有词。钵是梵文 Pātra 的音译,汉义应量器。谓食应其量,勿过大以制贪。圆形略扁,随佛教传入中国。源顺《倭名类聚抄》卷四引《四声字苑》云:"钵,学佛道者食器也,胡人谓之盂也。"狩谷棭斋笺注:"按:钵,胡语,具云跋多罗。《玄应音义》云钵多罗,又云波多罗,钵,近字也。《南海寄归传》云:'波呾罗,钵也。'皆对译少异耳。《慧琳音义》云:'钵,俗用字也。《说文》中无,服子慎《通俗文》中从友从皿作盋,古字也。'则知盋字始见《通俗文》,盖节略梵言跋陀罗云跋,或谐声作盋也,犹磨罗作魔,𨐌婆作塔,曾伽作僧之类。"(狩谷棭斋:《笺注倭名类聚抄》,全国书房 1943 年版,第 217 页)可见"盋"是从梵文转译过来的,最早见于东汉末年服虔所撰《通俗文》。北魏杨衒之《洛阳伽蓝记·城西·法云寺》:"(河间王)琛常会宗室,陈诸宝器……自余酒器,有水晶钵、玛瑙杯、琉璃碗、赤玉卮数十枚,作工奇妙,中土所无,皆从西域而来。"后来民间也用钵作为食器,其形状像碗,底平、口略内收。《蜀方言》卷下:"食器曰蠱曰盋。"陇右方言称这种陶制或木制食器为钵,今天普通话中仍用多钵字,如:饭钵、乳钵、擂钵等。

【脖项】　(bōhāng),即脖子。"脖"古本指肚脐,与"颈"全无关系。《玉篇·肉部》:"脖,胦。"即肚脐。《广韵·入声·没韵》:"脖,胅脐。"《类篇》:"脖,薄没切,脖胦齐也。"《正字通》:"《灵枢经》盲之原,出于脖胦。""项"则指脖子的后部。《说文·页部》:"项,头后也。从页工声。胡讲切。"段注:"头后者,在头之后,后、项双声,故项橐亦曰后橐。"桂馥《说文义证》卷二十七:"'头后也'者,头当为颈。《玉篇》:'项,颈后也。'《广韵》:'颈在前,项在后。'颜注《急就篇》:'项谓颈后头下也。'《释名》:'项,确也,坚确受枕之处也。'"《医宗金鉴》卷八十:"项者,茎之后也。"《史记·魏其武安侯列传》:"籍福起为谢,案灌夫项令谢。"从元代开始,脖被借来表示颈。"脖"字在现存元代杂剧最早刊本《古本戏曲丛刊·元刊杂剧三十种》中出现了 6 次,但是字形不统一,有许多异体形式,有孛、胈、頦、𬴂等形。如《博望烧屯》第三折【燕儿落】:"将军! 你早则不鞭敲金镗响,可不将得胜歌齐声唱,见紧邦邦剪了臂膀,直停停舒着字项。"《遇上皇》第一折【寄生草】:"愿情云阳闹市伸着胈项。"《三夺槊》第一折【尾】:"这厮则除了铁天灵,铜钹项,铜脑袋,石镌就的脊梁。"《紫云庭》第一折【金盏儿】:"嘴尖颎子,爪快撮天灵。"也有作"膊"字的。无名氏散曲《梧叶儿·嘲女人身长》:"身材大,膊项长,难匹配怎成双只道是巨无霸的女,原来是显道神的娘。"王大学士散曲《点绛唇》:"一个膊项上瘿疙疸,一个唇缺丑势煞。"这种情况反映出"脖"是一个俗字,字形尚未固定。又作"颎"。《水浒传》第十五回:"阮小五和阮小七把手拍着颎项道:'这腔热血,只要卖与识货的。'"在《老乞大》中也作"颎"。清代以后才作"脖"。《红楼梦》第八十回:"金桂听了,将脖项一扭,嘴唇一撇,鼻孔里哧了两声。""脖"之本字当为"襮"。《说文·衣部》:"襮,黼领也。从衣暴声。"段注:"领者颈项也,因以为衣在颈之号。"《尔雅·释器》:"黼领谓之襮。"《诗·唐风·扬之水》:"素衣朱襮。"朱传:"襮领也。"襮,《广韵·入声·铎韵》布各切,《集韵·入声·铎韵》迫各切,并音博。"领"从"颈"转指"衣领"和"襮"从"衣领"转指"颈",都是同类变化。"脖""项"都指脖子,遂成同义复词"脖项"。桂馥《札朴·乡音正字·身体》中说:"项曰脖。"今秦陇方言仍多用脖项表示脖子。项,音 hāng,读舌根音。

【不晓得】　不知道、不记得。也作"晓不得"。《朱子语类》卷一百二十一《训门人九》:"若晓不得,又记不得,更不消读书矣!"又:"古人记得,故晓得;今人卤莽,记不得,故晓不得。"卷一百一十四《训门人二》:"他凡所说底话,今世俗人往往有全晓不得者。"又:"如昔人赋梅云:'疏影横斜水清浅,暗香浮动月黄昏。'这十四个字,谁人不晓得。"宋陈耆卿《筼窗集》卷十:"私意谓先祖八十有馀,必是老拙,晓不得文字。"《儒林外史》第三十四回:"做官的时候,全不晓得敬重上司,只是一味希图着百姓说好。"今陇右天水一带常谓"不知道"为"不晓得"或"晓不得"。

【不消】　不须要,不用。"消"即"需要"的合音。《新方言·释言》:"今人从双声谓不须曰不消。"《昭通方言疏证》(61):"昭人谓曰不须、何须、只须,音变为消……须、消双声之变也。"《敦煌变文集·庐山远公话》:"奉亲随唤来,缘此个生口,不敢将别处货卖,特来将与相公宅内消得此口。"又:"相公曰:'身上有何伎艺,消得五百贯文。'"《古尊宿语录》卷四十三《住宝峰禅院语录》:"清净本然,周遍法界。若也如是,万两黄金亦消得。若不如是,滴水难消。"苏轼《六月乞会稽将去》诗:"断送一生消底物,三年光景六篇诗。"刘克庄《清平乐·五月十五夜翫月》词:"消得几多风露,变教人世清凉。"《水浒传》第七十二回:"你不带我去便了,何消得许多推故!"《警世通言》第二十卷:"那里消半碗饭时,那小官人命归泉世。""不消"即"不须"。《祖堂集》卷十三"报慈和尚":"(僧)问:'诸余则不问,请师尽其机。'师云:'不消汝三拜。对众道却。'"苏轼《赠包安静先生》诗之三:"便须起来和热喫,不消洗面裹头巾。"晏几道《六么令》:"不消红蜡,闲云归后,月在庭花旧阑角。"《水浒传》第四回:"鲁达道:'不消多事,随分便好。'"《儒林外史》第二十一回:"若情愿时,一个钱也不消费得。"秦腔《斩秦英》:"詹妃:参见皇姐。皇后:不肖。詹妃:不肖就不肖。""肖"应为"消",即不须。也借"销"为之。《太平广记》卷二百六十二"三妄人"条引《北梦琐言》:"阎公止于都头已来,只销呼貔狸。"

C

【苴】(chā,方言读 cā),修补之义。本义为鞋里垫的草。《说文·草部》:"苴,履中草也。从草,且声。"段玉裁注:"且,荐也。此形声包会意。"《广韵·上声·鱼韵》子余切,音沮:"履中草。"《汉书·郊祀志》:"扫地而祠,席用苴秸。"后引申为"补、填塞"。《蜀语》:"补漏曰苴○苴音查。"《里语征实》:"补漏曰苴。"《新序·刺奢》:"民衣弊不补,履决不苴。"韩愈《进学解》:"补苴罅漏,张皇幽眇。"明黄华秀《预防倭寇患疏》:"亡羊葺牢,中流苴漏,悔之晚矣。"清陈学泗《纪事》诗:"漫议补苴停转运,最怜剜肉赐全租。"李大钊《警告全国父老书》:"民国肇造,邦基未安,方期举我全国刚毅强国之人心,尝胆卧薪之志气,艰难缔造,补苴弥缝。"陇右以前多用木桶、木盆,如果桶底或盆底有罅隙而漏水时,就用木屑或木片填塞修补,这样的工作叫做"苴",音"察"是"扎"的方言音转。如:要点锯末,把下井(方言称木桶为下井)苴一苴。苴"子鱼切",上古属精纽鱼韵,王力拟音 tsiɑ 与方言 cā 音近。

【馇】(chā),制做糊状饭食时一边加热一边不停地搅动的过程称之为"馇",原作"插","馇"为后起字,也作"煔"。宋灌圃耐得翁《都城纪胜·食店》:"素签、头羹、面食、乳玺、河鲲、脯煔元鱼。"《西厢记》第二本楔子:"浮煔羹,宽片粉,添些杂糁。"《篇海》:"煔,火烧残也。"则"煔"非本字,而是借字。《雍熙乐府》卷六散套《粉蝶儿·悭吝》:"早饭白粥才食过,到晚来又插和和。""馒头皮晒作酱,黄叶馅插和和。"顾学颉、王学奇《元曲释词》:"北语谓以菜、饭同煮为插。”此说不确。“和和饭”是用菜等与米同煮之粥状饭，因而叫插和和。插还可用于制作其他饭菜。《金瓶梅》第一百回：“一大锅稗稻插豆子干饭，又切了两大盘生菜，撮上一把盐。”《金瓶梅词典》解释为“搀和”。吴士勋主编《宋元明清百部小说词语大词典》：“插：煮；或将几种食物掺和在一起煮。”也不确。“插”也指用单一原料煮成的。《醒世姻缘传》第四十九回：“俺插着麦仁，你成三四碗家攘额你，你送的是甚么布合钱？”又：“老魏炕上坐着，他媳妇在灶火里插豆腐。”第五十四回：“试了试手段，煎豆腐也有滋味；擀薄饼也能圆泛；做水饭，插粘粥，烙水烧，都也通路。”黄肃秋注：“插：偎，煮，烧。”也是失之含糊。《汉语大词典》虽然列出“插”条目，也只是简单解释为“熬煮”。上述引文里的“插”如今作“馇”，今西北方言多说馇凉粉、馇浆糊、馇菜、馇猪食等。“插”是一个将一种或多种菜饭放在一起，以小火边搅边煮的动作。马可《夫妻识字》：“刘二：‘我问你，你把咱猪食馇上没有？’刘妻：‘早馇上了。’”张贤亮《绿化树》：“把稗子米先泡泡，再馇稀饭，越馇越稠。”插腊八，以大米或黄米为主料，蒸成米饭样，再加入炒熟的碎肉丁，搅匀即成，不撒面。“馇”的本字，似应为“㸅”。《方言》卷七：“熬、㸅，火干也，凡以火而干五谷之类。秦晋之间或谓㸅。”㸅，《集韵》上声巧韵初绞切：“《说文》熬也”，音义同“炒”；又《广韵》入声洽韵初洽切，“火干也”，与“插”义同。“火干”即后来“炒”。“炒”菜时需要不断搅拌，与“插”有相似之处。上引文献中的“插”就是“㸅”的同音借字。馇，方言音 cā。

【蹅】　踏，踩，引伸为糟蹋；侮辱。元无名氏《连环计》第三折白：“有劳太师贵脚来蹅贱地。王允不及远迎，乞恕死罪。”马致远《青杏子·司迷》套曲：“柳户花门从潇洒，不再蹅，一任教人道情分寡。”石德玉《紫云亭》第二折【菩萨梁州】：“他见一日三万场魑焦到不得哩，咱正蹅着他泛子消息。”关汉卿《绯衣梦》第一折：“蹅断线脚，也就罢了这门亲事。”“我今蹅着脚踪儿，直到李庆安家。”《西游记》第九十八回：“维河架海还容易，独木单梁人怎蹅？”也作“跋”“蹉”。《五灯会元》卷十八《子陵自瑜禅师》：“赤脚跋冷似冰。”《西游记》第三十八回：“行者先举步跋入，忍不住跳将起来，大呼小叫。”《金瓶梅》第二十一回：“我搊你去，倒把我一只脚蹉在雪里，把人的鞋儿也踹泥了。”也作蹉。《董西厢》卷二：“墙壁若石垒，铁裹山门破后硋。待蹉踏怎地蹉踏？待奔吊如何奔吊？”又：“不幸蒲州太守浑瑊卒，你便欺民叛国，劫人财产行粗鲁，更蹉踏寺宇。”宋端仪《立斋闲录》二：“以其奏本掷于地，用脚蹉踏，怒骂上天，言：‘我如此念佛好善，天不护我到去护他？’”《中州音韵》：“蹅，足踏声也。”《篇海类编》：“跋，行难进貌。”则蹅、跋似俱为借音字。在作糟蹋、侮辱时，常与“踏”组成同义复词。郑光祖《周公摄政》第三折【络丝娘】："蹅踏东土,震动京畿,怎奈何四五处烟尘并起。"关汉卿《鲁斋郎》楔子【端正好幺篇】："他为臣不守法,将官府敢欺压,将妻女敢夺拿,将百姓敢蹅踏,赤紧的他官职大的忒稀诧!"关汉卿《风云会》第一折【醉中天】："平白地相惊唬,到大来厮蹅踏,早则么话不投机一句差。"无名氏《货郎旦》第一折："你蹅踏的我忒太过,这妮子欺负的我没奈何。""蹅"普通话读作 chǎ,而西北方言读 cā,如蹅泥、蹅水;蹅着泥走;鞋都蹅湿了。

【锸】　(chā),用锹铲。《释名·释用器》:"锸,插也。插地起土也。"作名词又通作臿。《汉书·沟洫志》:"举臿为云。"又通锹。《方言》卷五:"臿,鍫也。江淮南楚之间谓之臿,沅湘之间谓之畚。"《玉篇·金部》:"鍫,臿也。"鍫字即锹。慧琳《一切经音义》卷四十二"持锹"条:"俗字也,亦作鍫,正作鏰,古文作斳,《仓颉篇》作槀,皆古字,今废不行。《尔雅》:'鍫谓之臿。'《方言》云:'赵魏之间谓臿为鍫。'颜氏《证俗音》云:'今江南人呼为铧锹,巴蜀之间谓鍫为锸。'"《史记·秦始皇本纪》:"身自持筑臿。"正义:"臿,锹也。"《汉书·沟洫志》"举臿为云"注:"臿,锹也,所以开渠者也。"《王祯农书》卷十三说:"盖古谓臿,今谓锹,一器二名,宜通用。""臿"在洽韵,"鍫"在萧韵,另一字"桃"在豪韵,萧、豪韵近,洽、萧属阴入对转,这三个字同源。《释名》以"插"释"臿",云"插地起土也"。以"刳"训"铧",云"刳地为坎也"。又或作䦟。《说文·甾部》:"䦟,臿也,古田器。从甾疌声。楚洽切。"《尔雅·释器》:"疀谓之䦟。"今陇右谓用铁锹翻地为锸地,音 cà,读去声,当是沿用古意;谓铲土为 cǎi,读上声,当为锸的音转。也用疀,如疀渠,即铲上土后往上扔。

【臿】　本义为舂去麦皮。《说文·臼部》:"臿。舂出麦皮也。从臼,干所以臿之。楚洽切。"《广雅·释诂四》:"臿,舂也。"字从臼,从干,干乃杵之形,会意,与舂同意。清吴景旭《历代诗话·唐诗·红莲》:"红莲米新臿。"今陇右方言谓小石臼为臿窝、石杵为臿锤,正是此意。"臿"普通话读作 chā,方言口语读作 cá(擦)。

【牐】　(zhā,方言 cà),本指城门上控制出入的悬门。《广韵·入声·洽韵》:"牐,土洽切,下牐闭城门也。"《集韵·入声·洽韵》:"牐,实洽切,闭城门具也。一曰以版有所蔽也。"朱骏声《说文通训定声·谦部》:"牐,字亦作闸。"用为水闸。《宋史·河渠志》:"每百里置木牐一,以限水势。"元揭傒斯《建都水分监记》:"地下迆则水疾洇,故为防以节之水溢则绳起悬版,以通舟之往来,谓之牐。"《札朴·乡言正字·名称》:"遏水曰牐。"而"闸"的本义并不是水闸。《说文·门部》:"闸,开闭门也。从门,甲声,乌甲切。"即根据枢转轧轧有声而造字,读 yā 声,后音转才有了 zhā 的读音。《篇海》注"闸"同"牐"。《正字通》:"《字汇》同牐。"均以"牐"为"闸"的异体字。方言义为杜塞、封闭。如:把门用墼子牐住;河牐住了(冰封了)。农村架子车前后有三块联在一起的板用来围成车框叫做牐板。也作"叉"。无名氏《博望烧屯》第二折【贺新郎】:"你向那博望城多准备着火葫芦,等他入的城来,着鹿角叉住巷口,当住城门。"《现代汉语词典》:"路很窄,动不动就叉住了。"也用躠,河里的冰块躠住了。牐,士洽切,今音 zhá,方言音转为 cà,读去声。

【擦黑】　也作插黑,义为天刚黑或接近天黑之时;黄昏。《跻春台》卷二《审豺狼》:"因那日史正纲赶山嘴铺未回,去问王挑水,说昨夜未来;往山嘴铺去问,有人说他回去了,插黑出场。于是四处访问,并无踪影。"老舍《牛天赐传》十八:"一擦黑大家就去睡,天赐和老头儿在一炕上。"柳青《铜墙铁壁》第九章:"天擦黑时,巩家沟乡政府派人送来了信。"

【囋】　多言,好表现。《集韵·入声·末韵》:"囋,子末切,音拶。声多也。"又书作囐。《康熙字典》:"按各韵书或作囋囐,皆重文。囋字从欠作,不从夫。"《新方言·释言》:"今蕲州谓不问而告为囋,杭州意为多言无节为囋,通语为多声为嘈囋,音并作才曷反。"《荀子·劝学篇》:"故不问而告谓之傲,问一而告二谓之囋。"杨倞注:"囋即赞字,谓以言强赞助之。"《敦煌变文集·燕子赋》:"雀儿自隐欺负,面孔终是攒沅。请乞设誓,口舌多端。"又一篇:"雀儿实囋念,变弄别浮沉,知他窠窟好,乃即横来侵。"蒋礼鸿先生认为"攒沅"和"囋念"是同一个词,义为狡猾(《敦煌变文字义通释》,上海古籍出版社 1997 年版,第 216 页)。项楚先生则认为"囋念:能说会道,喋喋不休"(项楚:《敦煌变文选注》,巴蜀书社 1989 年版,第 414 页)。笔者以为这两种说法其实并不矛盾,能言善辩者内心必然想法多,巧言善变,说他狡猾也不为过。也作"嘈"。方以智《通雅·谚原》:"周密曰:俗以人语烦数曰嘈。盖囋也。智以为从口从言本通嘈。"明惠康野叟《识余》:"俗谚以人语烦数者曰嘈,盖囋也(音赞)。"今陇右兰州一带谓说闲话为囋帮子,音 zàn;甘谷一带音转为 càn,如说小孩为表现自己而多嘴多舌时,大人就说他干 càn 实厌,càn 应为"囋"字。

【残】　有余、剩之义,而非残缺、不完全。《玉篇·歹部》:"残,昨安切。贼义也,恶也,食余也。"《广韵·平声·寒韵》昨于切:"残,余也。"现代辞书都注"残"的引申义即"剩余"。此义起源很早。《三国志·蜀志·后主传》注引《诸葛亮集》:"残类余丑,又支天祸,恣睢河、洛,阻兵未弭。"元魏凉州沙门慧觉等译《贤愚经·须阇提品》:"父母不违,即作三分,二分自食余有一分,并残肌肉眼舌之等悉以施之,于是别去。"《散檀宁品》:"尔时山中,有辟支佛二千余人。恒止其中。……长者即请千辟支佛,饭食供养。彼残千人,复诣其家,亦求供养。"北周庾信《舞媚娘》:"少年唯有欢乐,饮酒那得留残。"《吐鲁番出土文书·翟强辞为负麦被拽牛事》:"已偿负麦□□,残负麦一斛五斗。"钱钟书《管锥编》(中华书局1986年版,第825页)释"残":"'残'字倘意谓剩、余,唐代后只作形容词用,又仅限于'残兵''残食''残骸''残年'之类,未尝泛施,复少用作动词者。前此则不然。如北魏译《贤愚经·须达起精舍品》第四一记金布事:'八十顷中,须臾即满,残有少地。'敦煌《降魔变文》亦作:'须臾向州,余残数步已来,大段欲满。……须达布金欲了,残功计数非多。'杜审言《经行岚州》:'往来花不发,新旧雪仍残。'即'仍余'。白居易诗用'残'字最多,殊耐寻味。《睡觉》:'老眠早觉常残夜,病力先衰不待年。'《庾楼晓望》:'子城阴处犹残雪,衙鼓声前未有尘。''残雪''残夜'之'残',均动词而非形容词。""残"的"剩余"义在口语中仍在大量使用。如残汤剩饭、残羹剩炙等。陇右方言也常说"残饭""热残饭"(既指热剩饭,也指重复别人或以前的东西,没什么新鲜玩意)。用作动词,如:残了半锅(饭)、残下就残下吧。"残"的本字,似为"飧"。《说文·歺部》:"飧,禽兽所食余也。从歺从月。昨干切。"段注:"引申为凡物之余,凡残余字当作飧。"

【鏨】 一种凿石头、金属的工具,本是名词。《说文·金部》:"鏨,小凿也。从金,从斩,斩亦声。"《太平御览》卷七百六十三引《通俗文》曰:"石凿曰鏨,作澹切。"明焦竑《俗书刊误·俗用杂字》:"斩金之小凿曰鏨。音暂,又上声音揝,俗讹音宰。"黄侃《蕲春语》:"吾乡谓凿石之鏨,曰鏨子,镌字于石,曰鏨子;音如服虔同。"用为动词是开凿、雕刻。《广雅·释器》:"镌谓之鏨。"《水经注·江水》:"山道广丈余,深三四丈,其鏨凿之迹犹存。"宋李诫《营造法式》:"用鏨揭剥高处。"《蜀方言》卷下:"凿金曰鏨。"《红楼梦》第六十六回:"又将鸳鸯剑取出,……一把上面鏨一'鸳'字,一把上面鏨一个'鸯'字。"《说岳全传》第十回:"罗延庆力大无穷,使一杆鏨金枪,犹如天神一般。"鏨,《广韵》去声阚韵藏滥切,《集韵》去声阚韵昨滥切,并音zàn;在陇右方言中"鏨"读càn。

【硶】 (chěn),食物里夹杂的沙子所带给人的不舒服的感觉。《玉篇·石部》:"硶,初甚切,食有沙。"《集韵·上声·寝韵》:"硶,物杂砂也。"元稹《送岭南崔侍御》:"桄榔面硶槟榔涩,海气常昏海日微。"梅尧臣《雨中宿谢胥裴三君书堂诗》:"夜短竟无寝,困瞳剧尘硶。"又作"墋"。《广韵·上声·寝韵》:"硶,食有沙硶。""墋,土地。"《广韵》二字异释,其实二字通用。《文选·陆机〈汉高祖功臣颂〉》:"上墋下黩",亦别作"硶"。玄应《一切经音义》卷四十八卷"硶毒":

"又作墋,恶也。《通俗文》:'沙土入食中曰磣。'"说明"墋"即"磣"字,有初朕、楚锦二切,均指食物中杂有沙屑。《齐民要术》卷九《饼法》有"治面砂墋法""墋"即"磣"。现在称食物中有沙屑咯牙为"磣牙""牙磣"或"口磣"。老舍《骆驼祥子》二十二:"他买了十个煎包儿,里边全是白菜帮子,外边又'皮'又'牙磣'。"也指令人不舒服或难堪的感觉。如:寒磣(丑陋、难看)、磣事(丑事)、磣眼(丑陋)、害磣。张文成《游仙窟》:"入穹崇之室宇,步步心惊;见傥阆之门庭,看看眼磣。"元无名氏《渔樵记》第二折白:"你砂子地里放屁,不害你那口磣。"曾瑞《四块玉·嘲俗子》曲:"倦逢狂客天生沁,扭死鹤,劈碎琴,不害磣。"《金瓶梅》第八十二回:"你这贼才料,说来的牙疼誓,亏你口内不害磣!"今陇右方言仍谓饭里沙土咯牙为"磣",如:粮食簸得不干净,磨出来的面吃起来很磣。谓人长得难看为"磣眼",犹如东北人所说"磕磣眼",方言磣音 cèn,去声。

【哕】 (chǎn,方言音 chàn),是和乐、安舒的样子。《说文·口部》:"哕,喘息也。一曰喜也。从口单声。"《字汇·口部》:"哕,……又齿善切,音阐,与阐同。"《礼记·乐记》:"其乐心感者,其声哕以缓。"注:"宽绰貌。"《诗·大雅·崧高》:"申伯番番,既入于谢,徒御哕哕,周邦咸喜。"毛传:"徒行者、御车者,哕哕喜乐也。"郑玄笺:"哕哕,安舒,言得礼也,入国不驰。"秦陇方言常用其表示舒坦,把生活舒适美好、事情办的恰到好处,用"哕"来表达。如"日子过得哕哕和和"。也叫"哕和",如"事情办的哕和"。指恰到好处,也可以说成一个字"哕"。

【馋獠】 骂人嘴馋好吃,也作为对贪欲者的恶称。《六书故》:"馋,鉏咸切。贪羡也。"《俗书刊误·日用杂字》:"欲食曰馋。""獠"也作"獠""牢"。"獠",《广韵·上声·皓韵》卢皓切、《集韵·上声·皓韵》鲁皓切,并读为 lǎo,古时北方人骂南方人为"獠"。《集韵·上声·巧韵》獠是"戎夷别名"。清屈大均《广东新语》卷十一《土言》:"广州谓平人曰佬,亦曰獠,贱称也。《北史》:周文帝讨诸獠,以其生口为贱隶,谓之压獠。威压之也。"唐刘肃《大唐新语·酷忍》记褚遂良尝得罪朝廷,"高宗大怒,命引出。则天隔帘大声曰:'何不扑杀此獠!'""馋獠"一词则是人们对老饕的贬咒。柴萼《梵天庐丛录·馋獠》:"吾乡谓贪食而垂涎者曰馋獠。《宣和画谱》:'袁山义善画鱼,穷其变态,得噞喁游泳之状,非若世俗所画作庖中物,特使馋獠生涎耳。'《越谚》曰:'馋獠,谓贪口腹者。'"明赵南星《笑赞·甘蔗渣》:"一人拾甘遮渣而嗫之,恨其无味,乃骂曰:'那个馋牢,吃的这等尽情。'""馋牢"即"馋獠"。作为书面语,"馋獠"之"獠"略显生僻,字音字义均不易识记,后世遂将"馋獠"写作"馋痨"。"獠"与"痨"读音相似,只是"馋痨"偏重于指出贪吃是一种"毛病",相对于"獠"而言,"痨"字表音表义更为显豁,因而更能为人们所接受。《金瓶梅》第八回:"好娇态淫妇奴才,你害馋痨馋痞,心里要想这个角儿吃!"《儒林外史》第六回:"那掌舵驾长害馋痨,左手把着舵,右手拈来,一片片的送在嘴里。"《红楼梦》第八十回:"安歇之时,金桂便故意的撺掇薛蟠:'别处去睡,省的得了馋痨似的。'"《何典》第七回:"谁料那赶茶娘不知犯了甚么年灾月晦,忽然生起馋痨病来,见了吃食物事就眼黄珠腾腾的。"如今,随着时代和社会的发展,"馋痨"一词又增加了贪婪、觊觎等意义。如钱钟书《围城》:"褚哲学家害馋痨地看着苏小姐,大眼珠仿佛哲学家谢林的'绝对观念',像'手枪里弹出的子药',险的突破眼眶,迸碎眼镜。"方言也读说"馋痞"。"痞"也是一种病态。《玉篇·疒部》:"痞,腹内结病。"《广韵·上声·旨韵》:"痞,腹内结痛。"现代中医学释为"阻塞",如"心不痞""腔腹痞闷"等,"痞"也指不好的事物或行为。《朱子语类》卷一百三十八:"先生曰:塞后却划地气痞。"即是以"痞"形容不利人的气候。《西游记》第二十四回,孙悟空受八戒唆使偷吃人生果,唐僧道:"就是害了馋痞,也不敢干这贼事。""馋"方言读平舌音,音如 cán。

【骣】（chǎn）,骑马不加鞍辔。《正字通》:"骣,鉏版切,栈上声。马不施鞍辔为骣。"《吹万集》:"骣,不鞍而骑也。"翟灏《通俗编》:"不鞍而骑曰骣,初限切,音产。"唐令狐楚《少年行》:"少小边州惯放狂,骣骑蕃马射黄羊。如今老大无筋力,独倚营门数雁行。"京剧《御果园》:"赤身骣马难交战,活活冻坏了将魁元。"骣马无鞍,故此剧中尉迟敬德上马时不可有踏马蹬的动作。本作"俴"。《诗·秦风·小戎》:"俴驷孔群。"郑笺:"俴,浅也,谓以薄金为介之札。介,甲也。"《释文》引《韩诗》云:"驷马不着甲曰俴驷。"《管子·参患》:"甲不坚密,与俴者同实。"尹知章注:"俴,谓无甲单衣者。"《盐铁论·散不足篇》:"古者,庶人贱骑绳控,革鞮皮荐而已。"王利器注:"孙诒让曰:案'贱'疑当作'俴'……'俴骑'盖谓不施鞍勒而徒骑,故用绳控也,与俴驷义略同。""俴"《广韵》慈演切。字亦作"划"。刘客庄《再和》:"划骑犊子不施鞯,老退犹堪学力田。"尚仲贤《三夺槊》第二折【斗鹌鹑】:"那将军划马骑,单鞭搭,论英雄半勇跃。"杨梓《不伏老》第一折白:"这尉迟老将军御科园划马单鞭,这一功论起来,此酒还该尉迟老将请,不可多逊了。"《西游记》第十五回:"三藏无奈,只得依言,跨了划马。"《儿女英雄传》第十八回:"他便带了一群家丁,聚在箭道大空地里,拉了一匹划马,着个人拉着,都教那些小厮骟马作耍。"也作"撺马"。《水浒传》第五回:"再看时,原来心慌,不曾解得缰绳,连忙扯断了,骑着撺马飞走。"划袜,只穿着袜子着地。南唐李煜《菩萨蛮·花明月暗》:"划袜步香阶,手提金缕鞋。"无名氏《醉公子》："门外猧儿吠,知是萧郎至。划袜下香阶,冤家今夜醉。"李清照《点绛唇》："见有人来,划袜金钗溜,和羞走。"俞正燮《癸巳存稿》卷四："以手提鞋语证之,则划袜是大脚不履,仅有袜耳。划如骑马之划。"余怀《香艳丛书·妇人鞋袜考》："古有底之袜,不必着鞋,皆可行地。今无底之袜,非着鞋,则寸步不能行矣。"今陇右方言"骣"与"俴""划"音同,都读如"càn",谓骑无鞍鞯的马为"骑骣马";穿袜不穿鞋为"划袜"。也作为光的后缀,形容没有。如:光划划。输了个光划划,啥也没留下。"骣"古读舌上音,则曰诞马。《宋书·江夏文献王义恭传》："平乘诞马不得过二匹。"《新唐书·仪卫志下》："一品卤簿……诞马六。"程大昌《演繁露·诞马》："宣和卤簿图有诞马。其制用色帛周裹一方毡盖覆马脊,更不施鞍……案:《通典》宋江夏王义恭为孝武所忌,忧惧,故奏革诸侯国制,但马不得过二。其字则书为但,不书为诞也。但者,徒也;徒马者,有马无鞍,如人袒裼之袒也……但马盖散马,备用而不施辔者也。"

【缠缴】　(chǎnjiǎo),有二义。①:纠缠,缠扰。《尔雅·释器》："有缘者谓之弓。"郭璞注："缘者,缴缠之,即今宛转也。"郝懿行义疏："宛转,绳也。"其缠扰之义由缠捆之义而引申。如酒泉方言:事情缠缴不清干。唐于阗国三藏沙门实叉难陀译《地藏菩萨本愿经》(地狱名号品第五)："地狱铁蛇或吐火吐毒,以伤害众生;或缠缴罪人身颈,而治其刑。"《全唐文》卷四百九十一权德舆《送韦起居老舅假满归嵩阳旧居序》："故左史得以聪明为骈枝,以名声为缠缴。无耗气,无焚和。退然荷真,独与道往,鸥鸟不动,家人忘贫。"元吴昌龄《张天师》第三折："你引诱嫦娥,辄入五姓之家,缠缴良家子弟,勾到坛前,有何理说?"石君宝《紫云亭》第三折："我想世上这一点情缘,百般缠缴,有几人识破。"白朴《墙头马上》第二折【南吕一枝花】："睡魔缠缴得慌,别恨禁持得煞。离魂随梦去,几时得好事奔人来。"②:花费、花销。《金钗凤》第三折【隔尾】："从今后除了家私缴缠外,拴衣做鞋,籴米买柴,(旦云)我也要置些衣服哩。"《西游记》第九十一回："还有杂项缠缴使用,将有五万余两,只点得三夜。"《醒世姻缘传》第五十回："如今新开了这准贡的恩例,这附学援纳缠缴四百多金,说比监生优选,上好的可以选得通判,与秀才一样优免。"也作"绞缠"。《西游记》第四十七回："拚了五十两银子,可买一个童男;拚了一百两银子,可买一个童女,连绞缠不过二百两之数,可就留下自己儿女后代,却不是好?"又作"搅缠"。《金瓶梅》第六回："一面又忖道:'这两日倒要些银子搅缠,且落得用了,到其间再做理会便了。'"第六十七回:"伯爵道:'有甚多少?'西门庆道:'也够你搅缠是的。到其间不够了,又拿衣服当去。'"《醒世姻缘传》第六回:"晁书二人得了喜信,收拾了行李,将带来的二百两路费银内留下五十两与胡旦在京搅缠,辞谢了苏绵衣,雇了长骡,合了同伴回南去讫。"陕西人至今还说:三十早上吃搅团,一年到头够搅缠。"搅团"是一种西北地区面食,吃了这一顿搅团,这一年将不愁生活过于艰难。

【长】(cháng),多出,剩余之义。《玉篇·长部》:"长,多也。"《广韵·去声·漾韵》:"长,多也,冗也,剩也。"《集韵·去声·漾韵》:"长,度长短日长,一日余。"《吕氏春秋·先识览》:"此治世之所以短,而乱世之所以长也。"高诱注:"短,少;长,多也。"长、剩声近义通。长《广韵》直亮切,剩《广韵》实证切。长为知纽,剩为船纽,同为舌上音;长为阳韵,剩为蒸韵,阳蒸合韵,因此长、剩音近可通。《后汉书·桓荣传》:"荣受朱普学章句四十万言,浮辞繁长,多过其实。"章怀注:"长,音直亮反。"繁长犹冗长也。又《宋均传》:"时府下记,禁人丧葬不得侈长。"注:"长,音直亮反,禁之不得奢侈有余。"《三国志·诸葛亮传》:"今臣家成都有桑八百株,薄田十五顷,子孙衣食,自有馀饶。臣身在外,无别调度,随时衣食,悉仰于官,不别治生,以长尺寸。(若)臣死之日,不使内有馀帛,外有盈财,以负陛下也。""长尺寸"即剩余一尺一寸。《西京杂记》卷四:"安定嵩真元菟曹元理,并明算术,皆成帝时人。真尝自算其年寿七十三,真绥和元年正月二十五日晡死。书其壁以记之,至二十四日晡时死。其妻曰:'见真算时,长下一算,欲以告之,虑脱真旨,故不敢言,今果后一日。'""长下一算"即多了一算。《世说新语·德行》载王恭语:"丈人不悉恭,恭作人无长物。""无长物",指除必备之物事,别无多余物品。白居易《把酒》:"夕寝止求安,一衾而已矣。此外皆长物,于我云相似。"钟嵘《诗品》卷中称赞陶诗"文体省净,殆无长语,笃意高古,辞兴婉惬"。"长语"即冗长之语。《齐民要术·造神曲并酒第六十四》:"勿令人泼水,水长亦可泻却,莫令人用。"唐杜甫《秋雨叹》诗之二:"阑风长雨秋纷纷,四海八荒同一云。""阑风长雨",即指夏秋之际绵绵不断的风雨,后亦泛指风雨不已。唐高彦休《阙史》卷下"杨尚书补吏"条:"有夕道于丛林间者,聆群跖评穷赇之数,且曰:'人六匹则长五匹,人七匹则短八匹。不知几人复几匹?'"这里长余短对文,长者多也,短者欠也。陆游《初夏杂咏》诗:"踽踽飘零客,悠悠剩长身。"《寓叹》诗:"事外痴顽老,人中剩长身。"《病小减复作》诗:"一身真剩长,两月抱沉绵。"剩长同义连文,均谓多余,犹言累赘。柳青《创业史》第七章:"长余的稻种有限,要的人太多,得商量着办。""长余的"也就是剩余的、多出来的。"长"的这一含义在西北方言中仍在使用,如说多出来的为"长出来的",赚钱了说"长钱了"。陕北信天游:擦一根洋火点上个灯,长下个枕头短下个人;长下个枕头短下个人,一个人睡觉好灰心;长下个枕头短下块被,一个人睡觉好灰气。

"长"方言音 cháng,由中古去声变为阳平。

【厂】 (chàng),没有墙壁的简易房屋。慧琳《一切经音义》卷八十四引《考声》云:"屋无壁曰厂。"《玉篇·广部》:"厂,马屋也。"唐写本孙愐《唐韵》漾韵"厂":"《字林》云'路舍',尺亮反。"《广韵·去声·漾韵》尺亮切:"露舍。"可见"路"当为"露"。《广韵》之后,《集韵》《古今韵会举要》《五音集韵》《韵略易通》《洪武正韵》《字汇》《正字通》等都收《广韵》这一音义。《蜀方言》卷上:"屋无壁曰厂。"李实《蜀语》:"厂曰行房。"最早用例见于《齐民要术》卷六《养羊》:"架北墙为厂。"自注:"为屋即伤热,热则生疥癣。"《养猪篇》:"圈不厌小,处不厌秽,亦须小厂,以避雨雪。"《养鸡》:"别筑墙匡,开小门;作小厂,令鸡避雨日。"孟浩然《夏日南亭怀辛大》:"散发乘夕凉,开轩卧闲厂。"《刘知远诸宫调》第一卷:"但见院后披牛厂,柴门向阳开。""屋无壁也"与"厂"的今义大致相同。可见,历代韵书字书逐渐不把该字看作方言词了。现代"工厂"义当从此而来。《明史·食货志》:"正德十四年广州置铁厂。"少见单用,然在某些方言中仍有单用者。现代西南官话,吴语区江苏启东吕四话,湘语区长沙话呼"无壁屋,在室外临时搭起来的棚子为厂"。今陇右谓房有顶无墙者为厂排,乃"厂"之本义。

【场伙】 指各种场合。随着语境的不同,含义也有所不同。《跻春台》卷三《香莲配》:"匪友曰:'常言"不怕输得苦,就怕断了赌。"就打主意,也要把场伙圆起,才能翻梢。"《阴阳帽》:"那知道遇你来剿捕,我带的原是乌合徒。上场伙各把性命顾,闻鼓声回首奔程途。"前一例指赌场,后一例指战场。"伙"也作"货"。黄侃先生谓:"今江南人称地方曰场货,货即许之音变。"(黄侃:《说文段注小笺》,中华书局 2006 年版)陇右方言也有此语,不过常读"火"为"户",如谓"社火"为"社呼","货郎"读成了"虎郎","场伙"便说成"场户"。"货"读"虎"为古音。如《论语》中的"阳货"又作"阳虎"。文献中也有"场户"一词,义同场合。《东京梦华录》卷七《三月一日开金明池琼林苑》:"街东皆酒食店舍,博易场户,艺人勾肆。"按照黄先生的说法,本字当为"许",表示处所。陶渊明《五柳先生传》:"先生不知何许人也,亦不详其姓字。"宋梅尧臣《鲁山山行》:"人家在何许,云处一声鸡。"这两个"许"都表示处所。许《集韵》《韵会》火五切,可音虎。蒋礼鸿《嘉兴方言徵故》:"嘉兴言几许曰几几许许,许读如 ho,平湖则曰多多许许,读亦同。""许"也通"所"。《汉书·张良传》:"父去里所,复还。"注:"里所,犹里许。"《疏广传》:"问金余尚有几所?"注:"几所犹几许也。"古音"所"也通"许"。《通雅》卷五:"几所,犹几许也。里所,犹里许也。古许所声近。"按:《说文·斤部》:"所,伐木声。从斤,户声。诗曰:伐木所所。"《诗·小雅·伐木》本作"伐木许许"。

【潮虫】　古称蚚威,又名鼠妇、潮虫。南方也叫"西瓜虫""团子虫",属无脊椎动物节肢动物门甲壳纲潮虫亚目。体形椭圆,胸部有环节七,每节有足一对,栖于阴湿壁角之间。《说文·虫部》:"蚚,蚚威,委黍。委黍,鼠妇也。从虫,伊省声。"也作"蟠"。《虫部》又:"蟠,鼠妇也。从虫番声。"段注:"此湿生虫也,今苏州所谓鞋底虫。"《尔雅·释虫》:"蟠,鼠负。"郭璞注:"此瓮器底虫也。旧说伊威鼠妇别名,未详也。"郝懿行义疏:"长半寸许,色如蚯蚓,背有横文,腹下多足。生水缸底或墙根湿处。"《诗·豳风·东山》:"伊威在室,蠨蛸在户。"传云:"伊威,委黍也。"陆玑疏:"伊威,一名委黍,一名鼠妇,在壁根下瓮底土中生,似白鱼者也。"陶弘景《本草经》注:"鼠妇,一名蟠负,一名伊威,一名委人。俗言鼠多在坎中,背则负之。今作'妇'字,如似乖理。又一名鼠姑。"《搜神记》卷十九:"出东门,入园中覆船下,就视之,皆是鼠妇。"《初学记》卷十九引南朝梁刘思真《丑妇赋》:"朱唇如踏血,画眉如鼠负。"韩愈、孟郊《城南联句》:"暮堂蝙蝠沸,破灶伊威盈。"《封氏闻见记·窃虫》:"余曾覩此虫,大如半胡麻,形如鼠妇。"明高启《送林谟秀才东归谒松江守》诗:"长年旅舍破毡冷,坐厌蟋蟀愁伊威。"陇右方言或叫潮虫,或叫麻鞋底,或鞋底板。"板"应即"蟠"的借音字,古无轻唇音,奉母与并母同,所以蟠读如板。本字当为"番"。《说文·采部》:"兽足谓之番。从采,田象其掌。"章太炎《新方言·释形体》:"《说文》:'兽足谓之番。从采,田象其掌。'移以言人,今谓脚掌曰脚番。"

【㿜】　(cāo,方言读 chāo),中医学病症名。症状多表现为似饥非饥,似痛非痛,并伴有烧心、泛酸、翻腾等症状,多见于胃炎及溃疡等。在空腹时吃水果时产生或增加饥饿的感觉也叫"㿜"。《字汇补·疒部》:"㿜,从陶切,音曹。《博雅》:病也。"清张慎仪《蜀方言》卷下:"痟饥者腹内常如饥曰㿜。"原注:"《广雅》:㿜,病名,音曹。"民国《崇明县志》:"㿜,音曹,俗谓腹如常饥曰心似。"也作"嘈人""心嘈"。《医学正传·心腹痛》:"胃脘疼痛、吞酸、嗳气,嘈杂、恶心、皆膈壹反胃之渐也。"元郑廷玉《忍字记》第一折【鹊踏枝】:"你端的便不疲乏,世不害心嘈。""世不害心嘈"即永世不会染上心嘈的毛病。《西游记》第二十八回:"桃子吃多了,也有些嘈人,又有些下坠。"《金瓶梅》第三十回:"姐姐,卖萝卜的拉盐担子,攘咸嘈心。""嘈"暗指"操"。《女仙外史》第七十回:"柳烟道:'奇得紧,把我看饱了,竟不饿。'女秀才道:'我却看饿了,觉心嘈。'柳儿道:'这是虚火动了。'"《天雨花》第十三回:"顿觉心嘈难得过,虚气冲来火尽升。"也用"蟇"。《跻春台》卷一《哑女配》:"乳腥尚臭无味道,吃了肚子要发蟇。"今陇右也常说

"瘹人"，瘹音潮。古代也作"潮"。《诗·周南·汝坟》："未见君子，惄如调饥。"郑笺："未见君子之时，如朝饥之思食。"释文曰："调，张留反，朝也。又作輖，音同。""朝""调""輖"均为今之"潮"，义即为瘹。旧时南京童谣《肚里饿》："肚里饿，肚里饿，心里潮，瓜州买米镇江淘，扬子江心挑担水，紫金山上打柴烧。"

【潮】（chǎo），嘲、潮、伣、桃都指傻。《聊斋俚曲集·墙头记》第二回："家里财神不供养，把他简慢又蹬开，这是嘲呀可是怪？"《聊斋俚曲集·姑妇曲》第一回："又不傻，又不潮，好媳妇你休去了，指出件不是还可笑。"《禳妒咒》第六回："你问问这伣行子，他每日嫌这家子，嫌那家子，他是待咋？"《蒲松龄集·日用杂字·赌博章》："赌博真是伀（耸 sǒng）呆（代）桃（嘲），本人犹说胜如嫖。"也作"嘲巴""伣巴""嘲呆"。《聊斋俚曲集·增补幸云曲》第二十二回："佛动心笑颜开，我每日也疑猜，谁想把你当嘲巴待。"《禳妒咒》第八回又曰："那高家公母，也不是伣巴，听说江城，一貌如花，雪白脸儿，昏黑头发，一点朱唇，一口银牙，腰儿一捏，脚儿半揸，穿上一件好衣服，真似一尊活菩萨。"《增补幸云曲》第十五回："他既嫌我，我总里装一个嘲呆，辱没他辱没。"如今兰州人说做了傻事的人"脑子潮着呢"，也骂作"潮松"。

【焯】　就是把经过初加工的原材料投入沸水中，加热至嫩熟、半熟或浸烫一下，取出再进行刀工处理或直接烹调的加工过程。如白焯基尾虾。焯，《集韵·入声·觉韵》竹角切，音琢："小热也。"又《集韵·去声·效韵》："直教切，爨急也。"直教切今音 chāo。僧赞宁《物类相感志·果子》："以针刺破荔枝圆眼壳，沸汤焯之，肉白如新。"林洪《山家清供》卷上"雪霞羹"："采芙蓉花，去心、蒂，汤焯之，同豆腐煮，红白交错，恍如雪霁之霞，名雪霞羹。加胡椒、姜，亦可也。"又卷下："采笋蕨嫩者，各用汤焯，以酱、香料、又和匀，作馄饨供。"今陇右兰州一带仍说"把菜焯一下"，音 chāo，而甘谷方言音转为"车"，如说把菜车一下。在方言中 ao 变为 e 的例子不少，如河北乐亭的"乐"音 lào，陇右方言"药"读为 yē 等。"焯"古属章母药韵，药铎等入声字在今天北方官话中有文、白两读，白读有读 ao，文读有读 uo（e），故读 chè 符合音理。

【吃】　有喝、吸之意。王力在《汉语词汇史》中认为，上古"吃"的概念均说成"食"（《汉语词汇史》，商务印书馆 1993 年版，第 109 页）。一个"食"字，几乎概括了吃、喝、饮、吮、吸等所有的口腔饮食动作，如食茶、食酒、食水、食烟（吸烟）等。"吃"的本义是"说话结巴"。《说文·口部》："吃，言蹇难也。从口气声。居乙切。"表示吃的是"喫"。《说文·口部》："喫，食也。从口契声。苦击切。""吃"与"喫"的古音相近，很早就可通用。贾谊《新书·耳痹篇》"越王之穷,至乎吃山草",就是借"吃"来代替"喫"的。"吃"表示饮食最早出现中古时期,所吃的对象可以为固体,也可以为液体。如《世说新语·任诞》:"友闻白羊肉美,一生未曾得吃,故冒求前耳。"在唐代,"吃"仍兼有饮的意义,对酒水一类的液体也说吃。《朝野佥载》卷一:"天后时,谣言曰:'张公吃酒李公醉。'张公者,斥易之兄弟也;李公者,言李氏大盛也。"杜甫《送李校书二十六韵》:"临岐意颇切,对酒不能吃。"《全唐诗》卷八百七十九方干《酒令》诗:"措大吃酒点盐,将军吃酒点酱。""喝水"作"吃水"。《全唐文》卷一百李志暕《兴圣寺主尼法澄塔铭(并序)》:"后月馀,俨然坐绳床七日不动,惟闻斋时钟声即吃水。"《敦煌变文集·伍子胥变文》:"其兵总饮河水,例闻水中有酒气味,兵吃河水,皆得醉。"《大目乾连冥间救母变文》:"目连见阿娘吃饭成猛火,吃水成猛火,捶胸怕(拍)忆(臆),悲号啼哭。"直到宋元明清,吃字还是兼有饮食两种意义。难怪《正韵》说:"吃,饮也。"《篇海类编·身体类·口部》也说:"吃,饮也。"《西游记》第八十五回:"唪!凭他怎么咸,我也尽肚吃他一饱!十分作渴,便回来吃水。"至于吃茶,古代有两种方法,一是冲泡后仅喝茶汤,丢弃茶叶;另一种是连茶叶带茶水一起吃了下去,是对茶的彻底的饮用。卢仝《走笔谢孟谏议寄新茶》:"柴门反关无俗客,纱帽笼头自煎吃。"《五灯会元》卷四"赵州禅师":"师问新到:'曾到此间么?'曰:'曾到。'师曰:'吃茶去。'又问僧,僧曰:'不曾到。'师曰:'吃茶去。'后院主问曰:'为什么曾到也云吃茶去,不曾到也云吃茶去?'师召院主,主应诺,师曰:'吃茶去。'"《水浒传》第七十二回:"宋江自和柴进、戴宗在茶坊里吃茶。"金元时期出现了"吃"与"气"的组合。如《西厢记》第三本第四折:"老夫人才说张生病沉重,昨晚吃我那一场气,越重了。"明代末年,烟草传入中国,汉语则吸烟为"食烟"或"吃烟"。"吃烟"主要是从"吸入烟气"方面着眼的。俞正燮在《癸巳存稿·吃烟事述》中说:"崇祯末,嘉兴遍地栽种,虽三尺童子,莫不食烟,风俗顿改。烟利厚,而吃烟声恶,民间卖者,题曰'熙朝瑞品',以讽官吏,使不究诘。"明张岱《陶庵忆梦》卷四《祁止祥癖》:"如食橄榄,咽涩无味,而韵在回甘;如吃烟酒,鲠诘无奈,而软同沾醉。"孔尚任《桃花扇》续四十出:"(净问介)要火吃烟么,小弟带有高烟,取出奉敬罢。(敲火取烟奉副净介)(副净吃烟介)。"《儿女英雄传》第二十四回:"太太便合姑娘对面坐了,手里拿着烟袋,且不吃烟,着实的给姑娘道了一番谢。"如今,仍说吃酒、吃茶、吃烟的地方很多,江、浙一带,两广及四川、陇右都是如此。

【吃嘴】　吃零食,亦称"吃零嘴"。《西游记》第八十五回:"那呆子吃嘴的见识偏有,走上前唱个大喏道:'师父,适才师兄说,前村里有人家斋僧。'"《水浒传》第十六回："杨志道：'你这村鸟，你理会得甚么！到来只顾吃嘴！全不晓得路途上的勾当艰难，多少好汉，被蒙汗药麻翻了！'"《醒世姻缘传》第八十回："却说寄姐害了这个活病，只喜吃嘴，再出不得门，足足的到了十个月，生了一个白胖的小厮，方才病能脱体。""嘴"指各种零食。《西游记》第七十七回："这是甚么私房！都是牙齿上刮下来的，我不舍得买了嘴吃，留了买匹布儿做件衣服，你却吓了我的。"《金瓶梅》第一回："何太监道：'胡乱与他买嘴儿吃。'"《醒世恒言》卷十三："胡乱卖几文与小厮们买嘴吃，只凭你说罢了。"《姑妄言》第五回："我不要那东西，我男人见了问起来怎么答应他？你倒是有钱给我些买嘴吃倒使得。"至今陇右方言仍把买零食吃为吃嘴。如：她有两个钱就去吃嘴，一点儿也不存着。

【尺谋】　考虑、计划，秦陇方言常用。陈忠实《四妹子》："你自个的事，你自个尺谋，姑不包办。""尺"本字当为"訾"。《说文·言部》："訾，不思称意也。从言此声。"《玉篇·言部》："訾，量也。"《礼记·少仪》："不訾重器。"郑注："訾，思也。"《国语·齐语》："桓公招与之语，訾相其质。"《商君书·垦令篇》："訾粟而税。"注："量也。"《管子·君臣篇》："吏啬夫尽有訾程事律。"《史记·货殖列传》："巴蜀寡妇清……家亦不訾。""訾"，正义释为"不可訾量"。《汉书·货殖传》师古释为"言资财众多，无限数"。因此，《字汇》说："訾之言量也，不訾之身。谓贵重无量可比也。"《盐铁论·未通篇》云汉武帝时"军阵数起，用度不足，以訾征赋，常取给见民"。訾即揣量，估量。《通俗文》"平财贿曰訾"（朱骏声：《说文通训定声·履部》引）。《汉书·枚乘传》注："訾，量也。"《汉书·盖宽饶传》："用不訾之躯，临不测之险。"师古曰："訾与赀同。不訾者，言无赀量可以比之，贵重之极也。"《颜氏家训·省事篇》："初获不赀之赏，终陷不测之诛。"今西北方言"訾"音转为"尺"，说"吃量"，即訾量；尺划，即计划。"訾"与"赀"同音，又假借为"赀"。《汉书·景帝纪》颜注："訾，读与赀同，它皆类此。"《汉书·张释之传》："以訾为骑郎。"注："如淳曰：汉仪注：赀五百万得为常侍郎。"《汉书·司马相如传》"以訾为郎"颜注："以家财多得拜为郎也。"《汉书·地理志》："后世世徙吏二千石，高訾富人及豪杰并兼之家于诸陵。"汉简中保留了大量的訾算记录。如："候长躲得广昌里公乘礼忠，年卅，小奴二人，直三万；大婢一人，二万；……；凡訾直十五万。"（37.35）訾算即财产税。方言"訾"音变为"chī"，訾、谋同义连用。

【欻】　（chuā），是一个象声词，形容一种急促的声响，急促的声响。如："只听见欻的一声，那鸟就不见了踪影。"叠用形容有节奏的声响。如：欻欻的脚步声。再如:"黑夜里急行军,只听见欻欻的脚步声。"《元包经》:"厉亿亿,趄欻欻。"传曰:"欻欻,动也。"唐陈劭《通幽记·皇甫恂》:"其夜忽闻敲门声,时有风欻欻然。"《初刻拍案惊奇》卷七:"三藏受诏置瓶,叫叶法善依禅门法,敷坐起来,念动咒语。未及念完,法善身体欻欻就瓶。"方言也用作动词,表示剥的意思。如:把莴苣的叶子摘去,只需提住顶端,用手逆向往下一捋,叶子纷纷落下,这叫"欻"莴苣叶子。又如剥苞谷皮,可以说"欻苞谷皮"。这是"欻"象声意义的引申,近似普通话里的"捋"或"剥"。如某人官位很高,因为腐败,被"双开"了,关中人形容:被欻掉了。

【趁早】 赶快。玄应《一切经音义》卷四十二:"趁,丑刃反,谓相追趁也。关西逐物为趁也。"趁早犹乘时;谓事之不可缓也。唐姚合《武功县中作》诗之十七:"簿籍谁能问,风寒趁早眠。"《窦娥冤》第二折白:"后事发,越越要连累我;趁早儿关上药铺,到涿州卖老鼠药去也。"《金瓶梅》第十九回:"你趁早与我搬出去罢! 再迟些时,连我这两间房子,尚且不够你还人!"《醒世姻缘传》第五十九回:"老爷子,你要留下指使就留下,既不留下,就趁早儿给了人家,耽误了人家待怎么?"《西游记》第三十六回:"我老孙保领大唐圣僧往西天拜佛求取真经,今晚特来此处投宿,趁早与我报名! 假若不留我等,就一顿棍打碎金身,教你还现本相泥土!"《红楼梦》第七回:"正是呢,姑娘到底有什么病根儿,也该趁早儿请个大夫来,好生开个方子,认真吃几剂,一势儿除了根才是。小小的年纪倒作下个病根儿,也不是顽的。"清陈其德《趁早歌》之一:"读书不趁早,后来徒悔懊。"

【承望】 指望、料到。王建《闻故人自征戍回》:"恍恍恐不真,犹未苦(一作来若)承望。""若承望"意思为征人回来的时候不像想象的那样,恍恍惚惚不像真的。《游仙窟》:"但若得口子,余事不承望。"《敦煌变文集·李陵变文》:"结亲本拟防非祸,养子承望奉甘碎(脆)。"《孔子项托相问书》:"耶娘年老惛迷去,寄他夫人两车草;夫子一去径年岁,项托父母不承忘。""不承忘"另卷作"不承望","不承望"即没有料到。《大目乾连冥间救母变文》:"独吃犹看不饱足,诸人息意慢承忘。"《拜月亭》第二折【三煞】:"这侧近的佳期休承望,直等你身体安康,来寻觅夷712街巷,怎时节再相访。"刘时中《端正好·上高监司》(前套):"有钱的贩米谷置田庄添生放,无钱的少过活分骨肉无承望。"《秋胡戏妻》第四折【鸳鸯煞】:"若不为慈亲年老谁供养,争些个夫妻恩断无承望。"《汗衫记》第二折【后庭花】:"那一日离庄宅,朝登紫陌,绛州城显气概,投义军施手策,把家门便待改,怎承望十数载!"《西厢记》第四本第一折:"先前见责,谁承望今宵欢爱!"《牡丹亭》第四十五出:"谁承望探高亲去傍干戈,怕寒儒欠整衣毛。"《红楼梦》第一回:"择膏粱,谁承望流落在烟花巷!"

【成日】 义为"常常、经常"。"成"本当作"尘""镇"。朱骏声《说文通训定声》:"《尔雅·释诂》:'尘,久也。'今人谓时之久曰镇日镇年,以镇为之。"李调元《方言藻》"镇"条:"镇,作常字看,今人诗多用。镇日,疑其无出处。李义山诗已有'蜡花常递泪,筝柱镇移心'之句。镇与常同义。"《新方言·释言》:"尘,久也。《毛诗·大雅》传:填,久也。填即尘字。填从真声,在真部……今人谓物久谓尘,积亦曰尘。直隶、山东、淮南、吴、越状物之多曰尘千上万,或曰镇天镇万,镇即填也(自注:皆从真声)。其训久则长夜不休为尘夜,长日不休为镇日,镇亦填夜。"唐太宗《咏烛》诗:"镇下千行泪,非是为思人。"唐高宗《大唐三藏圣教序》:"道名流庆,历遂古而镇常;赴感应身,经尘劫而不朽。"韩愈《杏花》诗:"浮花浪蕊镇长有,才开还落瘴雾中。"李群玉《龙安寺佳人阿最歌八首》之八:"好鱼输獭尽,白鹭镇长饥。"《敦煌变文集·目连缘起》:"累岁不闻浆水气,干枯渴乏镇长饥。"《伍子胥变文》:"自从逃逝镇怀忧,使我孤遗无所投。"《妙法莲花京讲经文(一)》:"三八镇游诸寺舍,十斋长具断昏(荤)辛。""镇"与"长"对举。《维摩诘经讲经文》:"叹常于三界轮回,但作救拔之愿,愚情未悟,被六尘镇昧于情田,真理难分。""镇"与"常"对举。宋洪璪《水龙吟》:"念平生多少,情条恨叶,镇长使,芳心困。"《盛明杂剧·再生缘》第四出:"镇日价悲啼泪满,寂寞魂惊。"康海《中山狼》第一折:"命穷时镇日价河头卖水,运来时一朝的锦上添花。"也借"衡"为之。敦煌文书《解坐文二首》:"可借却娘娘百匹锦,衡教这里忍饥来。"《篇海》朱伦切,衡音谆:"真也,正也,不杂也。"元汤舜民《夏闺怨》套曲:"无半点欢娱分福,衡一味鳏寡孤独。"《西厢记》第一本第二折:"俺先人甚的是浑俗和光,衡一味风清月朗。"《二刻拍案惊奇》卷四十《宋公明闹元宵杂剧》第五折:"路旁人不索猜疑,满朝中不及俺那出间位,衡一味怀忠义。"明陈所闻《新水令·六十新春述怀》套曲:"把世事通然丢鸁,衡一味散诞逍遥。""镇"读后鼻音则为"成"。《金瓶梅》第二回:"你看着我成日好模样儿罢了,只有一口游气儿在这里,又来缠我起来。"《红楼梦》第八回:"成日家说你的这块玉,究竟未曾细细的赏鉴过,我今儿倒要瞧瞧。"第九回贾政向宝玉的奶母之子李贵道:"你们成日家跟他上学,他到底念了些什么书!倒念了些流言混语在肚子里,学了些精致的淘气。等我闲一闲,先揭了你的皮,再和那不长进的算账!"现代汉语这一意义多被"整天""常常"代替。

【春气】 本指春季的疠疫之气。方言引申指能使人致病的神鬼之气。《礼记·月令》:"(季春之月)命国难,九门磔攘,以毕春气。"郑注:"此难,难阴气也。阴寒至此不止，害将及人，所以及人者，阴气右行，此月之中，日行历昴，昴有大陵积尸之气，气伏则厉鬼随而出行，命方相氏帅百隶索室殴疫以逐之，又磔牲以攘于四方之神，所以毕止其灾也。"陈澔集说："春者阴气之终，故磔攘以终毕厉气也。"《吕氏春秋·季春纪》亦云"九门磔攘，以毕春气"，目的是"傩（逐疫之意）阴气也，驱寒祛阴"，意在"以毕春气"。驱赶阴气的同时，也驱赶疫（鬼）、魅、恶梦、不祥和最毒害人的蛊。事实证明，春天也是容易发病的季节，许多病菌在春天复活，而人的抵抗力还没有复原，很容易染病。现代医学也发现，春天的气候变化，容易使人血压增高，出现头痛、头晕、失眠等症状。这就是祖国传统医学所说的"春气者诸病在头"。《金瓶梅》第七十九回："月娘道：'想必是春气起了。你吃了药，也等慢慢来……这火就好了。春气起，人都是这等痰火举发举发。'"今天，陇右迷信之人谓邪祟、恶秽之气为春气。例：娃娃沾了不是了，连赶擦春气禳解过下（音 ha）。凉州俗语：春气把冷带犯了。比喻小过失了引起大祸患。擦春气即禳解之法。

【擉】（chuō）用刀剑之类的东西刺，扎。如，流氓把人擉伤了。明岳元声《方言据》卷上："刺沙中探取龟鳖之类，谓之擉；以权刺泥中抟取之曰擉。"杨树达《长沙方言考》："今长沙谓刺为擉。"《庄子·则阳篇》："则阳冬，则擉鳖于江。"成玄英疏："擉，刺也。"《集韵》曰："测角切，音齪。与籍同。刺取鳖蜃也。"韩愈《祭鳄鱼文》："罔绳擉刃，以除虫蛇恶物。"贯休《春晚访镜湖方干》："路远诸峰雨，时多擉鳖人。"《祖堂集》卷六"洞山和尚"："（僧）问雪峰，雪峰以杖拦口擉云：'我亦曾到洞山来。'"宋元以来的小说多作"搠"。《水浒传》第六回鲁智深来到瓦罐寺："只见满地都是燕子粪，门上一把锁锁着，锁上尽是蜘蛛网。智深把禅杖就地下搠着。"第十回："林冲举手，肐察的一枪，先搠倒差拨。"《西游记》第七十五回："等老孙把金箍棒往顶门里一搠，搠个窟窿：一则当天窗，二来当烟洞。"方言如：把铁锨搠好。今通作"戳"。

【虫】方言读若"程"。《说文·虫部》："虫，有足谓之虫，无足谓之豸。"《尔雅·释虫》："有足谓之虫，无足谓之豸。"虫，《唐韵》直弓切，《集韵》《韵会》持中切，并音种。秦陇方言有时读若程。《梦溪笔谈》卷三："《庄子》云：'程生马'。尝观《文字注》：'秦人谓豹曰程'。余至延州，人至今谓虎豹为'程'，盖言'虫'也。方言如此，抑亦旧俗也。"沈括到了延州，听懂了陕西人的方言，才明白"程"即"虫"。刘攽《贡父诗话》："周人转语，亦如关中以中为蒸，虫为尘，丹青之青为菁也。"江休复《江邻几杂志》亦曰："虫，声如尘，秦声。"这都表明宋关中一带东韵字与蒸韵字相混，而这两韵字又与真韵字相混。今陕西宝鸡一带仍读

"虫"如"程"。关中西府,宝鸡、岐山一带,有一段话,被演绎成单口相声:"噫,那是个傻,跑得吃吃吃,吃吃吃? 我以为是个长程,一看,唉,才是个知知!"翻译"一下,你就懂了:"噫,那是个啥,跑得出出出,出出出? 我以为是个长虫,一看,唉,才是个蜘蛛。"把"虫"读成"程"。陇右方言也有读虫为程的例子,如甘谷方言称蚜虫为"旱程","程"即"虫"。

【篅】 (chuán),竹制圆形粮仓。《说文·竹部》:"篅,以判竹圜以盛谷者。从竹,耑声,市缘切。"段玉裁注:"用竹簟圜其外,杀其上,高至屋盖,以盛谷;近底之处为小户,常闭之,可出谷。……篅读颛孙之颛,按别作圌。"《广雅·释器》:"筟谓之篅。"王念孙疏证:"《众经音义》卷四引《苍颉篇》云:'篅,圆仓也。'"《急就篇》颜注曰:"筟、篅皆所以盛米谷也,以竹木箄席,若泥涂之则为筟(囤),筟(囤)之言屯也,物所屯聚也。"《广韵·平声·仙韵》:"篅,《说文》曰:'以判竹圜以盛谷也。'圌同上。"徐光启《农政全书·图谱三》:"今贮谷圌筟,泥涂其内,草苫其上,谓之露筟者。"《蜀语》:"织荆条为囤以贮粮食曰篅〇篅音船,圌同。"黄侃《蕲春语》:"吾乡谓竹编为簟,宽二三尺蜗徒而上,虚其中以盛谷,曰筟;正音徒损切。其纳之。曰篅,音私箭切。"篅也作圌。《说文·口部》:"圌,判竹圜以盛谷也。"《释名·释宫室》:"圌,以草作之,团团然也。"《玉篇·口部》:"圌,或作篅。"《抱朴子·外篇·守塉》:"稗粝旷于圌廪,薪爨废于庖厨。"《敦煌曲·十二时》:"养鸡鹅,喂猪狗。雀鼠穿窬圌囤漏。"陇右方言称这种盛粮食的粮仓叫篅,音船,与《说文》同。

【磢】 以瓦石磨刷以去污垢。《汉语大词典》:"磢:洗涤;清除。"不切。《广韵·上声·养韵》:"磢,瓦石洗物。"《集韵·上声·养韵》:"捒,磨涤也。或作磢。"《山海经·西山经》:"钱来之山,……其下多洗石。"郭璞注:"澡洗可以磢体去垢圿。磢,初两反。"郝懿行云:"磢当为瓽;《说文》云:'磋垢瓦石'。"《蜀语》:"去垢曰磢〇磢音讪。"《吴下方言考》卷八:"磢,音创。郭景纯《江赋》:'奔溜之所磢错。'案磢,往来磨洗也。吴中谓往来洗垢腻曰磢,字从石爽声。"也作"漺"。《方言》卷十三:"漺,净也。"郭注:"漺,错也。与磢同。"《广韵》疏两切:"漺,净也。"《文选·木华〈海赋〉》:"飞涝相磢,激势相沏。"李善注引郭璞《方言注》曰:"漺,错也。漺与磢同。"《广韵》磢,初两反,音 chuǎng,甘肃话谓用硬物来回摩擦别物的单音词读音与此字同,当即此字。如:把瓶子磢一磢就干净了。即以碎石装瓶中加水摇撼以洗瓶。"磢"之得名源于"爽"。《尔雅·释言》:"爽,差也。"从"差"的"搓""磋"都有摩擦之义,从"爽"的"磢""捒""漺""瓽"也都有摩擦之义。

【籑】（chuàn），将稻谷的外壳及杂质用碾具碾压除去。也泛指碾米或碾压。如"籑麦子"；"米粗得很，再籑上一遍"。《说文·支部》："籑，小舂也。从支算声。……亦作䃺。"段注："此云小舂，谓稍舂之。"《广雅·释诂》："籑，舂也。"《唐韵》初䌷切。《篇海》："籑，小舂也。除谷芒也。"《新方言》："舂米谓之籑米。"䃺，《集韵》上声产韵揣绾切："磨粟。"《蜀语》："舂糙成熟曰䃺。"今秦陇方言谓将尚未完全脱粒的粮食在碾子上碾一下称为"籑"，有的地方读为"喘"，有的地方读为"闯"，转为后鼻音。

【㨷】（chuāi），音"揣"。①用拳头捶打。《玉篇·手部》："㨷，以拳加人也。"《广韵·平声·皆韵》：㨷，丑皆切，"以拳加物"。玄应《一切经音义》卷十五引《通俗文》："拳手挃曰㨷也。"所谓"拳手挃"，即握拳以撞、捣。《俗书刊误·日用俗字》："以拳触人曰㨷。"隋阇那崛多译《佛本行集经》卷十一："刀槊弓箭，身中得悉，意气容与，相扑拗腕，捔力称斤，按摩筑㨷。拗胫搦臂，能掷能走。"P.2976《驾幸温泉赋》："弓矿矢卓，脚蹉拳㨷。"用拳压面称之为㨷面。蒲松龄《日用俗字·饮食章》："发面蒸馍馍，多多揣几拳。"又："大瓢掄来酵子发，下手先抆一百拳。"自注："抆音揣。"《现代汉语词典》释"㨷"为"以手用力压和揉"，"手"当改"拳"为是。在和泥时，赤脚在泥里踩，叫"㨷泥"。在拳术中，以脚击人曰踹，以拳击人曰㨷（揣）。有时斥责人，也说"真想㨷你一脚"。"这两人说戗了，㨷起来了。"《现代汉语词典》"㨷"未收"以拳击人"义，当是因此义只存在于方言中。据中日合编《汉语方言大词典》，北京官话、冀鲁官话、中原官话、吴语都保存有"㨷"的这一义，同样也保存在陇右方言中。②藏物于怀，则音义同于揣。《五方元音》："㨷，又怀物也。"元无名氏《杀狗劝夫》第二折："你怀揣着鸦青料钞寻相识，并没有半升粗米施饘粥，单有一注闲钱补笊篱。"王实甫《西厢记》第四本第二折："灯下偷睛觑，胸前着肉揣。"王季思校注："谓藏手帕于胸前也。"《陈州粜米》第三折："张千，离陈州近也，你骑着马，揣着牌，先进城去，不要作践人家。"《警世通言》第三十七卷："只见陶铁僧栾了四五十钱，鹰觑鹘望，看布帘里面，约莫没人见，把那见钱怀中便㨷。"明无名氏《精忠记·同尽》："手执无情棍，怀揣滴泪钱。"今秦陇方言常说把东西揣上或揣到装装里，其本字应为"㨷"。秦腔《五丈原》："欢魏延那老贼怀㨷久反。"

【穿换】　对调；交换。"穿"重读，"换"轻声。元乔吉《扬州梦》第一折："我与大姐穿换一杯。大姐，换了这一杯酒饮过者。"《西游记》第七十一回："那娘娘擎杯，这妖王也以一杯奉上，二人穿换了酒杯。"第七十三回："行者眼乖，接了茶钟，早已见盘子里那茶钟是两个黑枣儿。他道：'先生，我与你穿换一杯。'"也作

"串换"。周立波《暴风骤雨》第二部二四："如今她分个热毛子马不高兴,我那青骒马跟她串换,她又不中意。"

【喘】 轻声说话。《荀子·臣道》："喘而言,臑而动。"杨倞注："喘,微言也。"《劝学》："端而言。"杨倞注："端读为喘,喘,微言也。""言""喘"同义连文。《西游记》第五十六回："三藏闻说,不敢言喘,心中暗想道:'或者悟空打杀的就是也。'"明张萱《西园闻见录》卷三十七："勒取执结,不容放行,虽咸菜鱼腥之物亦皆搜去,甚至有将官军行李衣鞋公然挟制盗取,不敢言喘。如斯之害,已非一日。"《醒世姻缘传》第四十六回："使老娘徐氏付银三两,强夺为子,欺压族人,(魏)镜畏势不敢言喘。"第九十二回："说那皮狐常是盗人家的钱物,人不敢言喘。"郑板桥《范县署中寄舍弟墨第五书》："百姓莫敢言喘,放翁恶得形诸篇翰以自取戾乎?"可知大声说话为"言",小说话为"喘"。今秦陇一带普遍使用"言喘",意为说话、吭声。贾平凹《秦腔》第三十九章："夏天义没言喘,抄着手回家去了。"眉户剧《梁秋燕》："千金难买好心眼,见人不笑不言喘。"也有人作"言传"。《保卫延安》第二章："同志,要水喝你言传,到自己家里啦。"《平凡的世界》第六章："家里的人看他这个样子,谁也没敢言传。"也单用"喘",如:我问你,你不喘,好歹你喘一声。

【次后】 随后、后来。可能是"此后"的音转。《宋会要·食货四》："未经方量开德府等处,每一母可经屋八间,次后更可覆屋,每间赁钱一百至二百文。"《元典章·刑部三》："遂亦行用鞋锥烧红于臀片上烙讫三处,次后于腰脊上烙讫四下,前后通烙讫七下才时撒放。"无名氏《小尉迟》第一折："二十年前,敬德佐于定阳王刘武周手下为将,次后降唐去了。"无名氏《货郎担》第四折【二转】："那李彦和共一娼妓,叫做张玉娥,作伴情熟,次后娶结成亲。"《水浒传》第十六回："次后吴用去松林里取出药来,抖在瓢里。"《警世通言》第十三卷："后来却把灶来压在井上,次后说成亲事。"《喻世明言》卷二十九："初时邻里也来相劝。次后吃得醉便来,把做常事,不睬他。"《警世通言》第三十一卷："再理又射了一箭,次后无事。捻指三年任满,到半路馆驿安歇。"《初刻拍案惊奇》卷二十："次后笙歌鼎沸,灯火辉煌,远远听得环佩之声,却是薛婆做喜娘,几个丫鬟一同簇拥着兰孙小姐出来。"《红楼梦》第十九回："次日清晨,袭人起来……先时还扎挣的住,次后捱不住,只要睡,因而和衣躺在炕上。"陇右方言也常说"以后"为"次后"。

【垐】 (cī),用土填补道路。如:"路不平,拿把铁锨垐铲一下。"《说文·土部》："垐,以土增大道上。从土,次声。"段注："此与茨同义,以草次于屋曰茨,以土次于道上曰垐。"垐,《广韵·平声·脂韵》疾资切,《集韵·平声·脂韵》才资切,音茨。坖,故作聖。《说文系传》:"聖,古文坖,从土即。"

【龇】（zī,方言读cī）,使牙赤裸或无遮掩。《说文·齿部》:"龇,开口见齿貌。从齿,柴省声。仕街切。"《广韵·平声·脂韵》:"龇,开口见齿。侧宜切。"声符"柴"本属崇母支韵转从母支韵。陇右方言全浊声母清化读送气音,故为cī。《西游记》第五回:"即安排酒果接风,将椰酒满斟一石碗奉上,大圣喝了一口,即咨牙咧嘴道:'不好吃!不好吃!'""咨"当为"龇"的借字。《儿女英雄传》第十二回:"在外间屋里端了一碗热茶喝着,龇着牙不住的傻笑。"《姑妄言》第十回:"猴儿猴儿,我这样费力,你龇着牙望着笑呢。"峻青《秋色赋·故乡杂忆》:"潍河两岸上的狗,吃死尸都吃红了眼,见了生人就龇牙咧嘴。"也作"呲"。《聊斋俚曲集·增补幸云曲》第七回:"古丢丢死还不觉,呲着牙喜的是什么?"第二十二回:"你问声家里这些小厮们,那个敢望着他呲牙笑一笑儿,吊个嘴儿?"也作"雌"。《金瓶梅》第六十七回:"老婆子上门来发作,他可雌着嘴笑,叫他老婆兜脸打了几个嘴巴。"第七十五回:"月娘见西门庆笑,便说道:'不说教将来嗔喝他两句,亏你还雌着嘴儿,不知笑的是甚么?'"《醒世姻缘传》第五十五回:"我还过那边看了看,烧的象个乌木鬼儿似的,雌着一口白牙,好不怪疾的!"《海上花列传》第九回:"王莲生嘿然无语,只雌着嘴笑。"今陇右谓张口见齿为龇,可组成龇牙、龇嘴、龇牙咧嘴等词。

【跐】（cī,又音cāi）,指用脚尖踏着物体。方言如:跐着梯子上墙、跐着灶锅上炕头、跐着别人的肩膀向上爬。《说文·足部》:"跐,足践也。"《广雅·释诂》:"跐,履也,蹋也。"《广韵·上声·纸韵》雌氏切,音此,"蹋也"。又《上声·佳韵》阻买切。《庄子·秋水》:"且彼方跐黄泉而登大皇。"《列子·天瑞篇》:"若躇步跐蹈,终日在地上行止,奈何忧其坏。"《淮南子·齐俗训》:"必有菅屩跐踦,短褐不完者。"左思《吴都赋》:"将抗足而跐之。"李善注:"跐,蹋也。"《清平山堂话本·柳耆卿诗酒玩江楼》【后庭花】:"脚跐着船馨口,晃一晃一命休。"《水浒传》第二十二回:"宋江仰着脸,只顾踏将去,正跐着火锨柄上,把那火锨里炭火,都掀在那汉脸上。"《金瓶梅》第三十四回:"半日,听见里边气呼呼,跐的地平一片声响。"《红楼梦》第二十二回:"这会子犯不上跐着人借光儿问我。"第三十六回:"凤姐把袖子挽了几挽,跐着那角门的门槛子。"又可释为"足蹂"。《释名·释姿容》:"跐、弭也,足践之使弭服也。"《蜀语》:"足蹂曰跐○跐,音此平声。"《俚语征实》:"足蹂曰跐。"陇右方言也称用脚踩住来回摩擦,叫做"跐"。如:"把地板跐脏了","一双新鞋没几天就跐破了",叫"把臭虫跐了"。与《蜀语》《俚语征实》义近。跐也有蹭的意思。《金瓶梅》第八十六回:"淫妇,你家收着我银子,我雌你家饭吃?"姚灵犀《金瓶小札》解释云:"雌,等待之谓,如见人饮馔而不去,曰雌嘴。"白维国《金瓶梅词典》释"雌"为"呆,逗留"。按:这两种解释都不当。这里的"雌"是"趾"的借字,"雌饭"即"蹭饭"。《醒世姻缘传》第四十八回:"素姐说:'我只说你急心疼跌折了腿进不来了,你也还知道有屋子顶么? 那老没廉耻的来雌嘴,我叫你留他吃饭来? 平白的赖我的丫头偷嘴吃!' 狄希陈说:'你怎么就是没廉耻的来雌嘴? 明日巧妹妹过了门,咱爹就别去看看,也是雌嘴吃哩?'"也借"餐"为之。《红楼梦》第四十一回:"二人都笑道:'你又赶来餐茶吃。这里并没你的。'""餐"的原义为嫌食、厌食的意思,但这个"餐"却是沾光、揩油的意思,当作"趾"借字。陕西人常说"又餐饭去咧"。

【雌】　液体或粉状物因受力而射出。《金瓶梅》第十二回:"便刺了一泡稇谷都的热尿。"第五十一回:"你在谁人跟前试了新,这回剩了些残军败将,才来我这屋里来了,俺每是雌剩的髭髯合? 你还说不偏心哩!""雌剩髭髯合"的"雌"是"喷、射"的意思,今西北方言把用水或其他粉末状物猛力喷撒的行为叫"雌"。小孩子拿水枪等往人身上喷射叫[ts'i34],如"那个娃娃[ts'i34]了我一脸水"。"小男孩喇叭着腿雌尿","雌尿"即撒尿。"用水管雌人"即用水管的水柱向人猛喷。"水泥袋子破了,雌了我一身灰。"歇后语有"尿盆子——挨雌的货"。"雌剩"云云是潘金莲恶毒的骂人话,联系方言例证我们不难理解其粗俗含义。又如《醒世姻缘传》第九回:"晁夫人一只手拿着他两条腿替他擦把把,他乌楼楼的睁看着,东一眼西一眼的看人,照着晁夫人的脸合鼻子,碧清的一泡尿雌将上去,笑的一个家不知怎么样的。"第二十五回:"虽是读书无成,肚里也有半瓶之醋,混混荡荡的,常要雌将出来。""雌将出来"就是喷将出来。由此引申为训斥、斥责。《醒世姻缘传》第三十二回:"晁无晏道:'这三奶奶别要管他,你只许了口叫我去看,他两个,我管打发他去,不用三奶奶费心。' 晁夫人说:'我既叫了他来,他正看得好好的,为什么打发他去? 叫他看着罢了。' 晁无晏雌了一头灰,没颜落色的往家去了。""雌了一头灰"相当于说碰了一鼻子灰。第四十四回:"薛家两个舅子也起席回去,进房来辞素姐,说道:'姐姐,俺两个家去吧。' 素姐说:'没的你也嫁了他吧? 不回去!' 雌的薛如卞兄弟两个一头灰,往外跑。"也可组成"雌答(或雌搭)",义同雌,"答"或"搭"无义。《醒世姻缘传》第四十四回:"谁家一个没摺至的新媳妇就开口骂人,雌答女婿?"第七十四回:"狄大爷说:'黑了,你家去罢。你当不的人呀!' 雌搭了一顿,不僦不睬的来了。"黄肃秋注:"雌答,冲撞,不礼貌。"《汉语大词典》沿用黄肃秋注,不确。也用"泚"。《聊斋俚曲集·寒森曲》第八回:"若还是命例该得,溺泡尿泚将出来。"也借"呲""滋"等字为之。《南京方言词典》："呲，液体从细管中射出。"《北京方言词典》："滋，从小孔喷射。"

【朘】　（zuī，方言读 cuī），男阴又叫朘子。《说文新附·肉部》："朘，赤子阴也。从肉夋声。或从血。子回切。"《玉篇·肉部》："朘，赤子阴也。亦作峻，《声类》又作屡。"《广韵·平声·灰韵》："峻，同朘。"又："朘，赤子阴也，臧回切。"《蜀语》："赤子阴曰峻。音榫。"章太炎《岭外三州语》："《老子》：'未知牝牡之合而作峻。'释文：'峻，赤子阴也，子垂反。'三州谓赤子阴曰峻。"亦作"脽"。脽音如锤。脽，《唐韵》示佳切，《集韵》《韵会》《正韵》并视佳切。《说文·肉部》："脽，尻也。"桂馥《说文解字义证》："脽，尻也。从肉、佳声。"《广雅·释亲》："臀谓之脽。"《正字通》："尻骨也。"《汉书·东方朔传》："连脽尻。"注："臀也。"黄侃《蕲春语》："古者前、后阴之名多混。"尻可以谓之男阴，脽也可以指男阴。脽亦可以当为朘字之转。脽从佳声。峻，《说文》子垒切，《唐韵》藏回切，皆齿音脂部，古脂佳音同。字亦作"椎"。《昭通方言疏证》（976）："今昭人谓小儿阴小椎子，或曰小锥子。"也作"垂"《黄帝内经·灵枢经·刺节真邪》说："茎垂者，身中之机，阴精之候，津液之道也。"《邪客》也说："辰有十二，人有足十指，茎垂以应之。"今秦陇一带方言骂人常用这个词。

【搊】　（cǒu），扶或从一侧或下面托起、向前推。《重修玉篇·手部》："搊，楚尤切，手搊也。"《集韵·上声·有韵》："搊，侧九切，扶也。"明沈榜《宛署杂记·方言》："扶曰搊。"《西宁方言词典》："搊，用手托着向上。"《敦煌变文集·太子成道变文》："于南弥梨园中，手搊无忧树，脚泛红连（莲）花，右但（诞）下。"《五灯会元》卷第十八"宣秘礼禅师"："上堂，至座前，师搊一僧上法座，僧憛惶欲走。"《金瓶梅》第二十一回："你搊我去，倒把我一只脚在雪里，把人的鞋也蹀泥了。"《歧路灯》第五十九回："搊起腿来，脚蹬住后边，休叫撒了气。"《蜀籁》卷二："扫帚倒了都没人搊。"也有搊扶连用的。《金瓶梅》第六十一回："饶是迎春在旁搊扶着，还把额角上磕伤了皮。和奶子搊到炕上，半日不省人事。"《醒世姻缘传》第四回："珍哥此时腹胀更觉得好了许多，下面似有小解光景。搊扶起来，坐在净桶上面。"《红楼梦》第十三回："宝玉从梦中听见说秦氏死了，连忙翻身爬起来，只觉心中似戳了一刀的不忍，哇的一声，直奔出一口血来。袭人等慌慌忙忙上来搊扶，问是怎么样，又要回贾母来请大夫。"也作"搀搊"。《醒世姻缘传》第二十二回："快手把三个上了锁，扶搊了靳时韶、任直两个来见大尹。"《金瓶梅词典》《小说词语大词典》分别将以上倒句中的"搊""搊扶"均释为"搀扶"。谨按：其释似无不通，然不确切。"搊"与"搀""搀扶"义类确有相通之处，然似不能等同。"撅"字往往有一种往上推,向上提起的动作,此非"搀"字所能概括。《聊斋俚曲集》中还有"抱撅"一词。《富贵神仙》第六回:"真神仙不费事把人来打救,伸过来一只妙手儿把官人抱撅,就像是那二三岁的孩子,轻轻的一把儿抵溜。"方言中"撅"使用的也很多,如:把麻袋撅到我的脊梁上;对年轻人,不要撅得太高了;死猫撅不上树(犹言癞狗扶不上墙)。字又作"抭""搊",音转为zhǒu。《康熙字典·手部》:"抭,止酉切,音帚,执也。又侧九切,篘上声,与撅同,扶也。"郑万隆《响水湾》七:"他走到车前,把车厢里一袋谷种,搊立起来,手抓住口袋底角,搊到肩膀上。"不过文献中多用"肘"。《醒世姻缘传》第十七回:"看来臭肘一肘,临时都是'请字儿不曾出声,去字儿连忙答应的主顾。'"《跻春台·安材狼》:"莫说无人想方子,而且还要肘架子,出门飞片子。"此语山东、四川、青海等地方言都有。青海方言凡把人或物举起来都叫"肘"。如"把旗杆肘高些,把娃娃肘起来"。另外,把皮影戏叫"肘猴儿"或"肘猴子"。兰州方言把摆架子叫肘架子。不过,"肘"与"撅"读音小异。

【萱】　一种多年生草本植物,叶条状披针形,花黄色或红黄色,其中单花及嫩牙可供食用,传说食萱草能令人忘忧。俗称金针菜。萱,《说文·艸部》作"蕿":"令人忘忧草也。从草憲声。《诗》曰:'安得蕿草?'或从宣。"按:萱字《诗》作谖,又作蔰。《尔雅·释训》:"谖,忘也。"《诗·卫风·淇奥》:"有匪君子,终不可谖兮。"《考盘》:"独寐寤言,永矢弗谖。"郑笺:"谖,忘也。"《伯兮》:"焉得谖草,言树之背。"传:"谖草,食之令人忘忧者。亦作蕿。"朱熹注:"谖草,令人忘忧;背,北堂也。"《博物志》:"萱草,食之令人好欢乐,忘忧思,故曰忘忧草。"陈子展《诗经直解》:"谖草,又名鹿葱、宜男花、黄花菜、金针菜。"南朝宋谢惠连《西陵遇风诗》:"积愤成疢痗,无萱将如何。"《文选》李善注引薛君曰:"蕿(同萱)草,忘忧也。"《尔雅》又作蔆。王应麟《诗考》:"焉得蔆草,出《尔雅音义》。"又名宜男草。《风土记》云:"怀妊妇人佩其花则生男。"《本草注》:"花宜怀妊,妇人佩之必生男,故名宜男。"古又称母亲居室为萱堂,后因以萱堂为母亲或母亲居处的代称,以萱草代替母爱。孟郊《游子》诗:"萱草生堂阶,游子行天涯;慈母依堂前,不见萱草花。"叶梦得《遣模归按视石林》诗云:"白发萱堂上,孩儿更共怀。"王冕《偶书》:"今朝风日好,堂前萱草花。持杯为母寿,所喜无喧哗。"甘谷方言"萱"音cuān,叫做寋草,cuān 为 xuān 之音转。

【撺掇】　(cuānduo),有二义。①怂恿、鼓动。《客座赘语·方言》:"以言纵臾曰'撺掇'。"《通俗编》卷四:"俗谓诱人为非曰撺掇。"《朱子语类》卷一二五:"子房为韩报秦,撺掇高祖入关。"《秋胡戏妻》第三折:"你也曾听杜宇,他那里口口声声,撺掇先生不如归去。"《隔江斗智》第二折:"闻那刘玄德颇有不允之意,便是诸葛亮再三撺掇。"《西游记》第三十回:"他怪我撺掇师父念'紧箍儿咒'。"《警世通言》八卷:"这些众人都撺掇道:'好对夫妻!'"②张罗。这一意义古籍中用的也比较多。宋无名氏《张协状元》第四十七出:"好姻缘,来辐凑,把你撺掇嫁一个好儿夫,那更放绸缪。"元本《琵琶记·牛相奉旨招婿》:"你不知近来宅院中小娘子嫁得紧了,媒婆与他撺掇出门去,临行做对鞋谢媒婆。"王晔《桃花女》第二折:"便是我晓得他要求亲切意思,也该替他撺掇。"也有帮忙、帮助之义。《水浒传》第二十六回:"王婆和那妇人谢道,难得何人叔撺掇,回家一发相谢。"《醒世姻缘传》第十九回:"一时庄家忙动,仗赖你娘子又好在厨房撺掇。"《三遂平妖传》第十八回:"胡员外大喜,拱手道,全仗学究扶持撺掇。"河州(今临夏)人也常说:这个事情你还要给撺掇的哈呢! 即张罗、促成之义。

【翠】 义为颜色鲜明,鲜艳。《蜀语》:"凡颜色鲜明曰翠。"苏轼《和述古冬日牡丹》诗:"一朵妖红翠欲流,春光回照雪霜羞。"陆游在《老学庵笔记》卷八中说,当初他也不解"翠欲流"为何语,"及游成都,过木行街,有大署市肆曰:郭家鲜翠红纸铺。问土人乃知蜀语'鲜翠'犹言'鲜明'也。东坡盖用乡语云"。原来"翠"是苏轼的四川家乡话,这句诗是说牡丹花红得鲜明耀眼,像在晃动。其实,"翠"的这种用法,老早就有了,也不独蜀语为然。嵇康《琴赋》中"新衣翠粲"一语,李周翰即解释为"翠粲,鲜色也"。骆宾王《上兖州启》:"及缛翠尊于词林,缛鲜花于笔苑。"以"翠"对"鲜"。白居易《鹦鹉》:"身囚缘彩翠,心苦为分明。"《敦煌变文集·维摩诘经讲经文》:"轻罗拭体,吐异种之馨香;薄縠挂身,曳殊常之翠彩。"黄庭坚《石博山》诗:"谁琢翠岚如许工,晴峦汹涌欲穿空。"史容注:"杨文公《谈苑》云:'金陵宫人掇蔷薇水染生帛,一夕忘收,为浓露所渍,色倍鲜翠。'"《牡丹亭·惊梦》:"翠生生出落的裙衫儿茜。"《红楼梦》第四十回:"这个纱新糊上好看,过了后来就不翠了。"皆"翠"为鲜新之例。其本字应为"漼"。《说文·水部》:"漼,新也,从水,皋声。七皋切。"钱大昕《十驾斋养新录》卷十九:"(漼)与翠同音,故谓鲜新为鲜翠。"陇右方言中的"翠"也有这用法。兰州一带谓服饰艳美曰翠。而且,我们日常也说"这颜色多翠啊"。

【飵】 叫人请吃饭或大家在一起大吃。飵,本指请人吃麦粥。《说文·食部》:"楚人相谒食麦曰飵。从食乍声。在各切。"徐锴系传:"人相谒相见后,设麦饭为常礼,如今人之相见饮茶也。"《方言》卷一:"饟飵,食也。陈、楚之内相谒而食麦饭谓之饟,楚曰飵。凡陈楚之郊,南楚之外,相谒而飱,或曰飵,或曰钻。"铎绎《笺疏》:"飵者,楚人食麦曰飵,飵之言酢也。"《诗·大雅·行苇》:"新献或酢,洗爵奠斝。"郑笺:"进酒于客曰献,客答之曰酢。"刘向《说苑·修文》:"此所以献酢酬之酬也。""詐""酢"的具体意义虽有不同,但都有主客相见时进食(或酒)为礼的意思。梅尧臣《访石子涧外兄林亭》:"既能置鲁酒,又复饷楚詐。"后引申为吃饭。《广雅·释诂二》:"詐,食也。"明方以智《通雅·谚原》:"闽人呼食饭为詐飰(饭)。"詐,《广韵·入声·铎韵》在各切,《集韵·去声·铎韵》疾各切,为从母铎韵,合今音为 zuò 或 cuò。今我们常说:美美地搓他一顿,到时候咱哥几个找个馆子好好搓他一顿。这里的"搓",其本字应为"詐"。

【矬】　(cuó),陇右方言多谓短或身材不高。玄应《一切经音义》卷二"矬人"条:"矬,才戈反。《广雅》:'矬,短也。'《通俗文》云:'侏儒曰矬。'经文多作痤字。《说文》云:'小肿也。'非此义也。"慧琳《一切经音义》卷五十一"矬痔"条:"上坐莎反,下樱解反。《广雅》云:'矬,短也。'作矮。又痔亦矬也。亦作矮。《古今正字》:'痔亦短也。'矬从矢坐声。痔从疒奇声。《考声》正矮。"《集韵·平声·戈韵》:"徂禾切,《广雅》:短也。"宋赵叔向《肯綮录·俚语字义》:"身短曰矬。"《字汇》:"矬,身短。"《抱朴子·内篇·塞难》:"而或矬陋尪弱,或且黑且丑。"《北史·宋世景传》:"孝王学涉,形貌矬陋,而好臧否人物。"也作"蓌"。《蜀语》:"人形短曰矮矬矬。矬,七禾切,音搓。《唐书》:王伾形容蓌陋。蓌,行貌,当用矬字为是。"杨慎《俗言》卷一:"京师里语,形容短矮曰蓌。"焦竑《焦氏笔乘·谚有自来》:"形容短矮者,俗谓之蓌。"《霸县志》:"蓌人身短曰蓌。蓌,平声。"《唐书·王伾传》:"貌蓌陋。"也作"痤"。《广雅·释诂》云:"痔,短也。"王念孙疏证:"痔即今矮字也。……《释言篇》云:'痔,痤也。'"另外,日本释空海据梁顾野王《玉篇》编纂的《篆隶万象名义》也收"痔",云:"痔,于绮反。痤。"可证"痤"和"矮"同义。在矬的两个异体字中,"蓌""痤"都不是本字,《蜀语》解释"蓌"为"行貌",即走路的样子,"痤"《说文》解释为"小肿也",即痤疮。

【坐席】　(zuò,方言读 cuò),方言多指参加宴会。《东老堂》第三折:"哥,父亲的言语,着我来,明日请坐席哩。(扬州奴云)既然叔叔请吃酒,俺两口便来也。"《红楼梦》第四十三回:"上头正坐席呢,二爷快去罢。"《二十年目睹之怪现状》第七十七回:"我们这边席面已经摆好,继之催我坐席,随便拣了一个靠近那门帘的坐位坐下。"孙犁《白洋淀纪事·识字班》:"过阳历年,机关杀了个猪,请村里的男人坐席,吃了一顿。"

【坐】　有"居住"义。隋阇那崛多译《佛本行集经》卷三十五《耶输陀因缘品下》:"尔时其父,为彼童子,造立三堂。一拟冬坐,二拟春秋两时而坐,三拟夏坐。拟冬坐者,一向温暖;拟夏坐者,一向风凉;拟于春秋二时坐者,不热不寒,调和处中。"《贞观政要·礼乐》:"顷闻考使至京者,皆赁房以坐,与商人杂居,才得容身而已。"唐殷尧藩《过友人幽居》诗:"身坐异香国,蒲团诗思新;一僧嫌我贫,此兴未输人。"白居易《自题小园》诗:"不斗门馆华,不斗园林大;但斗为主人,一坐十余载。"《敦煌变文集·燕子赋》:"燕子时来往,从坐不经冬。"又:"向吾宅里坐,却捉主人欺。"燕子本身是鸟类,从这个意义上讲,"坐"有栖息之义;从本篇所拟人写法来讲,燕子又有人类的思想和情感等,则"坐"又可理解为居住。《敦煌廿咏·相似树咏》:"不容凡鸟坐,应欲俟鸾栖。"王梵志《当官自慵懒》:"官宅不许坐,钱财即分散。"宋代以后习用"住坐"一词,也是由同义词素构成的复合词。宋李焘《续资治通鉴长编》卷二百六十五:"既是顺义军有公文认下是南朝的地方,便住坐五百年,亦是北人不合来侵入南界地分住坐。"《五代史评话·梁上》:"行到前面,见荆棘中有一草舍,有个老叟在彼住坐。"《元典章·吏部四》:"今后除授守阙官员,捣合赴任月日依例之任,不得将引家眷带闲人先行赴任所管内住坐。"《救风尘》第四折:"宋引章仍归安秀才为妻;赵盼儿等宁家住坐。"李寿卿《度柳翠》楔子:"俺是这抱鉴营街积妓墙下住坐,老身姓张,夫主姓柳,亡化过了十年也。"《西游记》第九十九回:"八戒道:'师父,我们把经搬到陈家庄上晒去。他那里有住坐,又有得吃,就教他家与我们浆浆衣服,却不是好?'"《跻春台》卷四:"他名叫张太和分居各坐,许二家都是他作伐说和。"今四川、陇右一带仍在沿用"坐"。如陇右问家住哪儿为:"你们在哪里坐着哩?"普通话"坐"音 zuò,陇右方言 cuò。这个"坐"可能与古代"在""住"同源。在古藏文中,"在"ɦdug 与"坐、住"bsdɑd、sdod 是一个词的形态变体,以此为参照考察汉语字"在""坐""住"之间语源关系。"在"从"才"得声,为从母字,读 *dz－,同样以"才"得声的字有读端母 *d－,如"戴""载"。《尔雅·释诂》:"在,终也。"俞樾《评议》:"在当读为载。在、载得通用。"孙诒让《墨子间诂》:"戴、载古通用。"李方桂先生认为古汉语中一部分从母字是由 *sd－演变来的(李方桂:《上古音研究》,商务印书馆 1980 年版,第 89 页),因此在古汉语中"在"字有 *d－、*sd－两种声母,*d 后演变为知母,*sd－演变为 dz(包拟古:《藏文 sdud(衣褶)与汉语"卒"与 *st－假设》,载《原始汉语与汉藏语》,中华书局 2009 年版),即从母,"在""坐""住"三词声母原本相同。在今天某些方言中这三个字的声母就完全相同,如客家话都是 tsh－,粤语读 tʃ－。从韵母看,"在"古属之部(后转为咍部),为开口元音,"坐"属歌部(后读戈部),"住"属侯部(后读虞部),均属合口元音。但在客家、粤及闽南方言里,这三个字都有相似的读音,在客家与粤方言中均为合口韵("在"tshɔi、tʃɔi;"坐"tshɔ、tʃɔ;"住"tshu、tʃy),在闽南方言中全是开口("在"ti,"坐"tse,"住"tiau)。更有趣的是,客家方言与粤方言里"在"的读音与古代书面语中"坐"的读音对应,此外,"在"的同族词"存"(从母文韵)也是合口。可证"在"曾经有过合口形式,从上可证古"坐"与"住"同源(宋金兰:《训诂学新论》第九章第三节《形态变体分化的个案分析》,首都师范大学出版2001年版)。

D

【掸】 (dǎn,方言读 dǎ),鸡毛掸子的掸。本字当为"幓",多借用"胆"字。《说文·巾部》:"幓,拭也。从巾鐵声。精廉切。"朱骏声《说文通训定声·谦部》"幓"字注云:"今苏俗扇(刷)尘之帚曰担帚,音转如胆。""担帚"也就是我们常说的"掸子"。同部"胆"字条注云:"假借为幓。《礼记·内则》:'桃曰胆之。'注:'治择之名也。'按,拭也。《尔雅·释木》旧注:'择其善者。'非是。"胡玉缙《许庼学林》卷七《答问》即用朱说,并云:"朱以胆为幓之假字,与拭治之义合,可谓能得其通。巾所以拭物,故幓字从巾,幓与胆声相近,故得假胆为幓也。"今按:胆,古通掸,擦去桃皮上的细茸。邢昺《尔雅注疏》云:"'桃曰胆之'者,桃多毛,拭治去毛,令色青滑如胆也。"今天多用"撢""掸"等字为之。"撢""掸"初皆无拂拭义。故朱骏声以"担"字当之。"担"字也有拂拭义。《玉篇·手部》:"担,拂也。"音亶。《通俗编》卷三十六"担"字条注云:"担,音亶,《博雅》:'击也。'《玉篇》:'拂也。'按,俗以此为负担之担,谬。吕忱《字林》:'扰,拂也',都感切。《礼·内则》:'桃曰胆之'注云:'桃多毛,拭治去毛,令色青滑如胆也。'并可与'担'字通用。"不过古代多以"弹"表示除去灰尘。《韵会》:"鼓爪曰弹。"《楚辞·渔父》:"新沐者必弹冠,新浴者必振衣。"《汉书·王吉传》:"王阳在位,贡公弹冠。""弹"固然有振动之义,然并非没有拂拭之义,在除尘时这两种动作会夹杂使用。"弹"古为开口韵,也可假借作闭口韵的"胆"字。《越谚》卷下:"扰,(音)胆。拂尘也,鸡毛扰帚。从吕忱《字林》。"掸子 dǎnzi:用鸡毛或绒、布等绑成的除尘工具。方言读如"dàzi","掸"字失去韵尾。

【大工】 技术较高工人、师傅。如酒泉方言说:大工和小工子不能拿一样的钱。元贡师泰《海歌》之七:"大工驾舵如驾马,数人左右拽长牵。"《清平山堂话本·错认尸》:"门首交赛儿开张酒店,雇一个酒大工叫做洪三,在家造酒。"

《警世通言》第三十三卷:"高氏大喜,便到酒作坊里叫起洪大工来,大工走入后园。"此称酿酒师傅。

【大剌剌】　举止随便,大模大样,满不在乎的样子。《水浒传》第九回:"你这厮可知在东京作出事来,见我还是大剌剌的。"徐渭《歌代啸》:"他把瓜儿催促去了,也尽勾了,还大剌剌的坐着不去,分明欺负我无奈他何。"《金瓶梅》第十八回:"他(蒋竹山)有甚么起解,招他进来,与他本钱,教他在我眼面前开铺子,大剌剌做买卖!"《二刻拍案惊奇》卷二:"忍着只作不保,只是大剌剌的教徒弟们对局。"也作大喇喇、大落落、大拉拉。《初刻拍案惊奇》卷二十五:"只见两个公差,大喇喇的走将进来。"《醒世姻缘传》第五回:"胡旦也不等人通报,竟自大落落走进去了,回头只见晁书二人缩住了脚不进去。"《西湖二集》九:"这个傻鸟,恁般轻薄,见俺大落落地,并无恭敬之心。"茅盾《霜叶红似二月花》五:"不单那一伙变把戏的,城隍庙前的那活神仙相面的,大剌剌地,我瞧着也不顺眼。"方言里还指大模大样、官气十足的人。甘谷方言有的去掉"大",嘲讽大模大样的人为"剌剌"。

【酡】　饮酒脸红的样子,也泛指脸红。《玉篇·酉部》:"酡,饮酒朱颜貌。"《广韵·歌韵》:"酡,徒河切。饮酒朱颜貌。"《集韵·平声·戈韵》:"酡,唐河切。饮而赭色著面也。"或作酏。《楚辞·招魂》:"美人既醉,朱颜酡些。"王逸注:"酡,著也。言美女饮啖醉饱,则面着赤色而鲜好也。"谢惠连《雪赋》:"朱颜酡兮思自亲。"李白《前有樽酒行》:"落花纷纷稍觉多,美人欲醉朱颜酡。"孟郊《劝酒》:"劝君金曲卮,勿谓朱颜酡。"曾几《区瓮酒》诗:"所取何尝议升斗,一杯未尽朱颜酡。"陆游《题严州王秀才山水枕屏》诗:"驿亭沃酒醉脸酡,长笛腰鼓杂巴歌。"今谓人含羞脸红为"羞答答","答"当为"酡"之音转。酡,上古定母歌韵,今当读 dā,与"答"音同。酡,今通语读 tuó。

【打春】　旧时立春之日,迎接土牛、鞭打土牛的民俗活动,起源甚早。宋高承《事物记原》记载:"周公始制立春土牛,盖出土牛以示农耕早晚。"另据《周礼·月令》记载,早在三千年前的周代,就在立春日举行"迎春""出土牛"等活动,并行鞭(打)春之礼,意在鼓励农耕。《吕氏春秋·季冬纪》:"出土牛,以送寒气。"高注:"出土牛,今之郡县(今本误作'今之乡县',此依毕校)。得立春节出劝耕土牛于东门外是也。"《后汉书·礼仪志》上:"立春之日,京师百官,皆衣青衣,郡国县道官,下至斗食令史,皆服青帻,立青幡,施土牛耕人于门外,以示兆民。"《盐铁论·授时篇》:"发春之后,悬青幡,筑(此依《北堂书抄》卷一百二十引,近本作"策")土牛。"是汉时于立春有出土牛并鞭打耕牛之事,因此俗称立春为打春。唐代诗人卢肇《谪连州书春牛榜子》诗:"不得职困饥欲死,儿侬何事打春牛。"元稹《生春》诗:"鞭牛县门外,争土盖春蚕。"先"鞭"而后"争",即先鞭打耕牛,而后将泥牛打碎,众人争先恐后抢夺泥块,谓之"抢春"。宋代《皇朝岁时杂记》载:"立春,鞭牛讫,庶民杂迟如堵,顷刻间分裂都尽。又相攘夺,以至毁伤身体者,岁岁有之。得牛肉者,其家宜田蚕,亦治病。"宋孟元老《东京梦华录·立春》:"立春前一日……置春牛于府前,至日绝早,府僚打春。"晁冲之《立春》诗:"自惭白发嘲吾老,不上谯门看打春。"顾禄《清嘉录·正月·打春》:"立春日,太守集府堂,鞭牛碎之,谓之打春。农民竞以麻、麦、米、豆抛打春牛,里胥以春球相馈贻,预兆丰稔。"这些说明,周代送寒气的土牛,到了汉代用作劝耕之用,其后多有鞭打土牛之俗。因此立春被称为"鞭春",也被称为"打春"。"打春牛"包涵两个意思,一是反映农民祈求丰收的愿望,二是提示人们,季节不等人,打过春以后,紧张的春耕就要开始,请大家及早做好准备。打过春以后,气温开始回升,天气逐渐暖和起来,俗谚说:早上打过春,晚上温一温。解放前甘肃各地都保留这种习俗,至今在一些农村仍谓立春为"打春"。

【打花脸】　秦陇方言多指戏曲演员面部化妆。打为动词,《汉语大词典》"打"谓"把一物附着到他物上",如打肥皂、打粉底等。清阮大铖《春灯谜》第十一出:"你不是贼,打花了脸,蓬着头,在船舱里钻出来做什么勾当?"《跻春台》卷一《过人疯》:"萧端公打个花脸,披头散发,手提师刀,将牛角一吹,令牌几打。"老舍《当幽默变成油抹》:"'就唱《黄鹤楼》吧!你打红脸,我打绿脸。嘀咕嘀——'《黄鹤楼》里没有绿脸!'小二觉得小三对扮戏是没发言权的。'假装的有个绿脸就得了吗!糖挑上的泥人戏出就有绿脸的。'"(《老舍幽默文集》,湖南人民出版社1983年版)朱光潜《文艺心理学》第二章:"如果他们再稍稍费点工夫研究古希腊的剧艺,也许知道带面具,打花脸,穿高跟鞋,也不一定是野蛮艺术的特征。"歇后语:屁股上打花脸——哪有人样。吊死鬼打花脸——色鬼。也作"打脸子"。赵熙《大戏抬》第三章:"来宝最惬意的就是挤到戏楼后面去,看女旦打脸子。"莫言《檀香刑》第四卷:"有了行头素着脸就不是感觉了,这就需要打脸子化妆。"打花脸也是一种民俗活动。在许多地方的婚俗中,来宾多给新郎和新郎的父母、伯叔和伯叔母等"打花脸",以增强热气氛,祈求吉利。还有的地方趁着村里唱戏,父母多带儿童到后台请演员为孩子打花脸以求吉利。现在"打花脸"一词也指被毁容和乔装改扮。

【打捶】　打架。《说文·手部》:"捶,以杖击也。从手,垂声。之累切。"《广韵·上声·纸韵》:"捶,击也。之累切。"实际上指的都是用棍棒击打。姚秦竺佛念译《出曜经》卷第二十《恚品第二十一》:"有力近兵无力近软者,自恃力势谓为第一。为弱者轻忍不还报,设当打捶亦不兴恚。""打捶"即指挨打。《太平广记》卷六"东方朔"条:"既而还,路遇一苍虎息于路旁,儿骑虎还,打捶过痛,虎伤儿脚。"(出《洞冥记》)此即指打老虎过痛,反被老虎咬伤了脚。民间一般把拳头叫捶。《昭通方言疏证》(995):"昭人谓拳头为定子,或曰锤头。"也作棰、搥。用拳头打架就叫打捶。唐训方《俚语征实》卷上:"拳击曰捶。"《蜀方言》卷上:"拳击曰搥。"原注:"《正韵》:搥,在追切,音棰。击也。别作槌,又与捶通。"杨树达《长沙方言续考》:"今长沙谓击人曰捶,读平声,音如垂。"《救风尘》第一折【胜葫芦】:"你道这子弟情肠甜似蜜,但娶到他家里,多无半载周年相弃掷,早努牙突嘴,拳椎脚踢,打的你哭啼啼。"这里"椎"同"捶"。《红楼梦》第七回:"'等我回去回了太太,仔细捶你不捶你!'唬的宝玉忙央告道:'好姐姐,我再不敢了。'"《跻春台·吃得亏》:"陈架起势子,候胡近身,一捶打个朝天,那知正合式,撞着尖角石上,脑浆迸流,口张脚弹而死。"《陕西通志·方言》:"打捶者,厮打也。"《蜀籁》卷四:"瞎子打捶大家都不放手,哑吧闹嘴都说不出口。"清程世爵编撰《笑林广记·干亲家》:"阮老二在门口等候,只听得里头打捶,打的痛哭流涕,眼水直流,流了干儿子、干亲家一身。"李劼人《死水微澜》第八章:"你这才乱说哩!她敢打我?没有王法了!这是昨天同人打捶打伤的!"陈忠实《信任》二:"咱三娃和大顺……打捶,顺娃……没气……咧……"陇右方言也常用打捶这一词。如民歌《十劝人心》说:打捶离不开亲兄弟,上阵离不开父子兵。歇后语:左撇子打捶哩——又(右)来了。

　　【打能能】　逗引婴儿在极短时间内能够站立得住。《伊尹耕莘》第一折白:"好个小厮儿!不要哭,与员外做儿,你是有福的。员外,我着他打个能能。"顾学颉、王学奇《元曲释词》谓:"能能,婴儿试立状,常与打字连用,叫做打能能,第二个'能'字轻声。今北语仍这样说。或称作能个儿,北平口语读阴平。鲁东人称此为踏踏,浙江人呼为亭亭。"二人台《打连成》:"圪柳把弯,黄瓜灯;娃娃灯,打能能。"陕北民歌:哥哥脚大站得稳,妹妹脚小打能能。陇右方言如:娃娃打开能能了。或去掉"打"字,说:娃娃会能能了,常是婴儿一面挣扎着站立,大人一面喊着鼓励。秦陇方言 n、l 不分,于是就读成 léngléng,有的写作"楞楞"。贾平凹《商州初录·黑龙口》:"就把孩子楞楞。""能"的本字可能是"蹬"。《集韵·平声·登韵》:"蹬,都腾切,音登。蹬蹬,立貌。"《类篇·立部》:"蹬,都腾切,蹬蹬,立貌。"《畿辅通志·舆地略·方言》:"蹬,小孩学立也。"罗翔云《客方言》:"顺天语谓小儿学立曰蹬蹬。"《东台县志·方言》:"小儿学步曰蹬蹬。"在宋、元、明时代的口语中,"打"字极为常见,其中表示人行为动作的多为前缀,无意义。"打"与"蹬"同读声母d,异化导致"蹬"读为同部位声母n。

【打醋坛】 也作醋炭,把烧红的石头放进盛着醋的器皿内熏房子,这是从前民间流行用以驱除邪祟的方法之一。醋坛神据说是姜子牙的封号,统管天地三界一切鬼神,比玉帝、阎王还大。所有凶神恶煞,一闻见醋味都敬而远之。《醒世姻缘传》第六回:"晁知县起身之日,倒是那几家乡宦举人送赆送行,倒也还成了礼数。那华亭两学秀才,四乡百姓,恨晁大尹如蛇蝎一般,恨不得去了打个醋坛的光景。……合县士民也有买三牲还愿也,也有合分资做庆贺道场的,也有烧素纸的,也有果然打醋坛的,也有只是念佛的,也有念佛中带咒骂的。"黄肃秋注:"打醋坛,民间风俗用以祛除不祥的方法之一,或打碎醋坛,或用烧红的炭放在醋中。这里是把晁大尹当作不祥的东西来对待,所以说恨不得等他走了打个醋坛的话。"《警世通言》第六卷:"解元,不可入去,这阁儿不顺溜!今日主人家便要打醋炭。"意思与《醒世姻缘传》同。又如《儿女英雄传》第六回:"果然如此,那点苏合丸、闻通关散、熏纸草、打醋炭这些方法都用不着,倘然遇着个背了气的人,只敲打一阵铜旋子就好了!"清邗上蒙人着《风月梦》第九回:"这几天一点生意没有,昨日晚上打醋炭岔火,好容易今日摆了一台酒,才吃到半烫,被他们一闹,总散了,还不知开发可弄得到呢,越想越气。"《李自成》第一卷:"初一五更,李自成的老营将士按照着米脂县的古老风俗,把石炭烧红,用醋浇在上边,遍熏屋内,据说可以去一年的瘟疫,名叫打醋炭。"这种风俗今天仍有保留。兰州的年夜不是在酒香而是在醋味里开始的。在火炉里烧一块石头,然后将烧红的石头投入一只装满了醋的盆里,端着醋盆在家中所有的屋里转上一圈,嘴里还要念念有词:"醋坛过,百病过。"之后把醋和石头一起倒在室外花园里,所有的屋子甚至院子里都飘满醋味。这就是沿袭至今的"打醋坛"习俗。《青海乡俗》说:"有些人家,除夕夜还用食醋法在烧红的卵石上,用蒸发的气味,熏染大小住房,叫'熏醋蛋石',以示驱邪消瘟,除灾灭病。"这种习俗冬天倒是有个实在的好处:感冒的人闻久了醋味,会不治而愈。原因是醋蒸气能消毒杀菌。不少医学著作也有记载。宋陈自明《妇人大全良方》卷二:"产后恶露未快,川芎、当归各半钱,童子小便调下。仍时时打醋炭,令香不绝,则血脉自收,安乐无病。"元危亦林《世医得效方》卷十二《小儿方》:"仍忌诸般臭秽、煎炒、油烟、父母行房梳头等触犯,未发而触则毒气入心,闷乱而死。已发而触则创痛如割,以至黑烂,切宜禁忌。仍烧带诸香及打醋炭、喷胡荽酒于徧(遍)以辟秽浊之气。"现代医学也证明醋有消毒杀菌、抑制有害细菌繁殖的作用。此外,喝醋还会影响人体的酸碱平衡,引起体内电解质紊乱。所以预防感冒应以通风为主,过多闻醋对人身体有害无益。

【打挣】　收拾、准备,着手。元郑廷玉《金凤钗》第三折:"我道你不是个受贫的人,我打挣头间房你安下,我看茶与你吃。"又有挣扎,用力支撑之义。元李寿卿《度柳翠》第三折:"待荣华则被这风雨把你来摧,强打挣又被这霜雪把你欺。"无名氏《神奴儿》第三折:"你也不索硬打挣,去街坊上么喝,神奴儿死尸骸,只在这水沟里埋伏。"关汉卿《金线池》第三折:"但酒醒硬打挣强词夺正,则除是醉时节酒淘真性。"李行道《灰阑记》第三折:"兀那妇人,你打挣些,转过这山坡去。"《西游记》第四十六回:"行者下来,与三藏、八戒、沙僧立在殿前,见那道士在滚油锅里打挣,爬不出来,滑了一跌,霎时间骨脱皮焦肉烂。"《初刻拍案惊奇》卷三十七:"仲任自恃力气,欲待打挣,不知这时力气多在那里去了,只得软软随了他走。"酒泉方言如:娃子大了,要打挣者给说媳妇子哩。这里"打挣"的意思是准备、着手。

【打嗜】　拾掇。如你把东西打嗜一下。"嗜"是方言记音字,本字应该为偫、峙、庤,均音 zhì。《说文·人部》:"偫,待也。从人从待。直里切。"段玉裁注:"以迭韵为训,谓储物以待用也。偫,经典或作峙,或作庤……《释诂》云:'供,峙,共具也。'峙在《说文》为偫。"段氏偫、峙、庤三字互训。慧琳《一切经音义》卷五十四"储偫"条:"上仁猪反。《考声》云:'偫也(蓄也)。从人诸声。'下持里反。《考声》云:'偫,待也,所望也,储也。'《说文》:'具也。从人待声。'《经》从足作踦。""储偫"为两同义语素构成的并列式合成词。明方以智《通雅》卷七:"储偫,即储峙,犹言储置也。《孙宝传》:'为除舍,设储偫。'《后(汉)》:'章帝巡狩,诏郡县无设储峙。'元和《南巡诏》:'无设储峙。'又通作庤、峙。《诗》'以峙其粮'、'庤乃钱镈'是也。《说文》:'庤,储置屋下也。'郝楚望曰:'《汉西域传》车师后国有新道通玉关,车师后王以道当为挂置,心不便。'挂置犹言储偫,遂以后以世之处置当储偫云。"今按:偫、踦从"待"得声,"待"从"寺"得声;峙、庤也从"寺"得声。偫、庤《集韵》同音。"偫",慧琳作"持里反";"庤",《唐韵》"直里切"。也作"摭"。《说文·手部》:"拓,拾也。陈、宋语。拓或从庶。"《方言》卷一:"摭,取也。陈宋之间曰摭。"《礼·礼器》:"有顺而摭也。"疏:"犹拾取也。"《仪礼·有司彻》:"乃摭于鱼腊俎。"注:"今文摭为揲。"《后汉书·班彪传》:"采经摭传。"引申为收拾、整理。摭也音 zhí,打摭,就是打扫,收拾、整理。李桐轩《一字狱》:"打摭茅房去了。""打"也有"治"义。黄生《字诂》"打"字条云:"盖凡起而作其事,皆谓之打耳。"连横《台湾语典》卷一:"打犹治也。

按:台语谓打为扑。唯下列语用打字系文言。〔例〕打摸、打扎。"

【打断】　(dàduàn),驱赶,轰出。也作"断"。《金瓶梅》第九十三回:"这冯金宝收泪道:'自从县中打断出来,我妈不久着了惊唬,得病死了……'"白维国《金瓶梅词典》及人民文学出版社 2000 出版陶慕宁校注本都解释"断"为"判决",实际上"打断"即被赶出来或撵出来。如第七十八回:"他把娘喝过来断过去,不看一眼儿。""喝"与"断"对文,"断"的趋赶义再明显不过。类似的例子在《醒世姻缘传》也有很多。如第十一回:"那珍哥就如没了王的蜜蜂一般,在家里喝神断鬼,骂家人媳妇,打丫头。""断鬼"意思应该为"赶鬼"。《汉语大词典》谓"喝神断鬼"为"喝神骂鬼",不确。第六十八回:"偏生的又撞见员外,又没叫俺进去,给了俺四五十个钱,立断出来了。"立,马上;断,赶。此外《儒林外史》第十三回:"差人要带着宦成回官,少不得打一顿板子,把丫头断了回来。"《聊斋俚曲集·富贵神仙》:"主人贪,不似前边店人贤。独自一个人,占着店一间,泪头就要往外断,死乞白赖不肯搬……这个店家甚可恶,见官人病了,心心念念的,只待往外撵。"前面"往外断",后面说"往外撵",足证"断"为"撵"之意。《聊斋俚曲集》中还有"休断"一词。如《禳妒咒》:"不幸生下这个不孝的女儿,被人家休断出来,屡次央亲友去哀告高仲鸿,无奈那高仲鸿坚持不允,如何是好?""休断"即被丈夫休掉后撵回了娘家。秧歌剧《惯匪周子山》第十场:"你姐夫,你姐姐,你婆姨叫人家断跑了。"陇右方言"断"字也有撵出之意。例:后人(方言称儿子为后人)媳妇子不听话,我过(给)打断了(即赶出去了)。鸡怎么进到屋里来了,赶紧把鸡断出去。甘肃歇后语:精勾子断狼——胆大脸煻(音瞳)。凉州贤孝·打交儿:"老子撵,儿子断,孙娃子跟上送盘缠。"

【搭钩】　装在长杆一端可以勾住远处物体的弯钩,钩住后以便进一步采取措施,最早用于军事或狩猎。"搭"本应作"剳""鏯"等。《广韵》入声二十八盍韵:"剳,都榼切,相著也。一曰:剳钩也。"玄应《一切经音义》卷十九:"剳钩,丁盍反,《字书》:'剳,著也。'剳钩、剳索、剳等皆作此,经文作搭,非也。"《集韵·入声·盍韵》:"剳,钩也,或作鏯。"可见"鏯""钩"为同义复词。《蜀语》:"曲木可挂物曰鏯钩〇俗作搭钩。"《篇海类编·珍宝编·金部》:"鏯,亦作剳,一曰鏯钩也。"慧琳《一切经音义》卷六十:"搭钩,上音荅,下苟侯反。战具也,竿头施钩。"《隋书·炀帝纪》:"(大业五年)己丑,制民间铁叉、搭钩、槊刀之类,皆禁绝之。"阇那崛多译《佛本行集经》卷十一:"善能调习,捉象搭钩,巧解安施,掷象罥索。"宋陈规《守城录》卷三《德安守御录上》:"被城上人及城门上门空处,先以撞竿、托叉抵定,次用搭钩钩去洞子上皮毡,坠大石及砖石擂击,又用弓弩箭射,

其贼退去。"《三国演义》第六十二回:"行不到十里,狭路伏兵忽起,搭钩齐举,把
泠苞活捉了。"《绯衣梦》第二折【梁州】:"战速速肉如钩搭,森森的发似人揪。"
可用来挂东西也作"钩搭",大概由动词转化而来。《金线池》第二折【牧羊关】:
"我见了他扑邓邓火上浇油,恰便似钩搭住鱼腮,箭穿了雁口。"明人李开先《词
谑》载贯云石词:"泉、泉、泉,乱迸珍珠个个圆。玉斧斫开顽石髓,金钩搭出老龙
涎。"这句中的"钩搭"可以看作主谓结构。陕西民谣:留个钩搭挂麻糖,推个车
子游咸阳。这里的"钩搭"则是名词。陇右方言"钩搭""搭钩"两个词都有,意
思不完全一样。"钩搭"则泛指一切钩,而"搭钩"专指钩东西的弯钩。

【飤】 (dài),设食。《说文·丮部》:"飤,设饪也。从丮从食,才声。读若
载。作代切。"《广韵·去声·代韵》:"飤,作代切,音载。"《玉篇·丮部》:"飤,
始也,设食也。""飤"也读"戴"。《新方言·释言》:"今人留宾为设酒食谓之待,
虽相承作待,其字当作飤矣。载本音戴,《周颂》载弁俅俅,以载为戴,可证也。
飤为食,引申为食之……今直隶、山东、淮南、湖北别语谓食曰飤饭,读如戴。"
"飤"就是今天"待客"的"待"的本字。

【待诏】 本为待皇帝之命以言事之意,非官名。汉代常令征召之士而未有
正式职官者或待诏公车,或待诏金马门,以备顾问,逐渐演变为官名,称为金马门
待诏。北齐后主置文林馆,引文学之士充之,也称为待诏。唐初,征选一些才艺
之士值翰林院,以备待诏。至玄宗时,就径称翰林待诏,不仅文词经学之士为待
诏,即医卜技术之流,亦供直于内廷别院,以待诏命,因而有棋待诏、医待诏、画
待诏等名称。宋元时市井之士遂尊称手艺工匠为待诏。如《京本通俗小说·碾
玉观音》称裱褙铺的伙计为"待诏";《水浒传》第四回,鲁智深称铁匠为"待诏";
《醒世恒言·吕洞宾飞剑斩黄龙》:"看那娘子,正与浇蜡烛待诏说话。"明清时期
待诏的范围越来越大。《陔馀丛考》卷三十七"博士、待诏、大夫、郎中"条:"黄省
曾《吴风录》谓:张士城走卒厮养皆授官爵,至今呼椎油作面佣夫皆为博士,剃工
为待诏云。按《明祖实录》:洪武中,已命礼部申禁军民人等,不得用太孙、太祖、
太保、待诏、大官、郎中等字为名称。"从上文所引明代材料看,明初的禁令并未
完全奏效。剃头匠称待诏源于元代。清梁章矩《称谓录·百工·待诏》:"镊工
称待诏,元之旧习,古所谓修容,今所谓剃头也。"《水浒传》第二八回:"(只见夜
来那个人)教武松洗了面;又取漱口水漱了口;又带个篦头待诏来,替武松篦了
头,绾个髻子,裹了巾帻。"1644 年清军入关,翌年颁布"剃发令":官民一律剃发,
迟疑者杀无赦! 这种专业剃头人员,清廷命名为"待诏"。李劼人《大波》第一部
第二章:"楚用几个人早都交卷完毕,在理发室找待诏梳了发辫。"陇右方言也保

存了这一说法,如酒泉方言:有钱没钱,待诏铺里剃个光头过年。凉州俗语:死人头上学待诏。比喻耗费别人的财物胡闹。

【得济】《现代汉语词典》收有"得济"一语,释之为"得到好处,特指得到亲属晚辈的好处"。《儿女英雄传》第十九回:"从来父母生儿也要得济,生女也要得济。"《红楼梦》第八十一回:"生女儿不得济,还是别人家的人;生儿若不济事,关系非浅。"海默《从城里来的姑娘》:"老太太对儿子不满的主要原因,是觉得生儿养女不能得济。"孩子长大,对家人有了用场,陇右方言也称为"得济"。如:老汉跟着儿子得济了。老人们常说"偏心儿女不得济"。也说成"得某人的济",如:小时候他靠哥哥嫂嫂生活,长大后哥哥嫂嫂终于得到他的济了。

【但凡】只要是,常作假设连词用。《元典章·吏部六·官职吏员》:"监察每、廉访司官司人每,但凡勾当行的官人每。"《通制条格》卷十七:"但凡一切和雇和迈杂泛差役,除边远出军人并大都、上都其间自备首思站赤外,其余各投下不以是何人等,与民一体均当者。"秦简夫《赵礼让肥》第二折:"但凡拿住的人呵,见了俺丧胆亡魂,今朝拿住这斯,面不改色。"《水浒传》第四回:"但凡饮酒,不可尽倍。常言'酒能成事,酒能败事。'"第十一回:"但凡好汉们入伙,须要纳投名状。"第十八回:"但凡开客店的,须要置文簿。"《醒世恒言》第三卷:"但凡做小娘的,有一分所长,没人衬贴,就当十分。"《金瓶梅》第三回:"但凡挨光的两个字最难,怎的是挨光,似如今俗呼偷情就是了。"《红楼梦》第七十四回:"我但凡有气性,早一头碰死了!不然岂许奴才来我身上翻贼赃了。"《三侠五义》第七十六回:"但凡有点毛手毛脚的,小人决不用他。"在现代汉语中有时写作"但分"。老舍《月牙儿》:"因为妈妈但分有点主意,也不肯叫我去。"也作"但是",比"但凡"出现得更早。《齐民要术》卷八《作酢法》:"有薄饼缘诸面饼,但是烧燸者,皆得投之。"白居易《李白墓》诗:"但是诗人多薄命,就中沦落不过君。"《太平广记》卷三百五十二:"须臾,邻家飘风骤起,一宅俱黑色,但是符箓禁法之物,一时如旧。"宋赵昇《朝野类要·文书》:"但是圣旨文字,皆为制书。"关汉卿《陈母教子》第一折:"但是送我来的人,到门首一人占一个马台,一齐下马。"《老乞大》:"但是辽东去的客人们别处不下,都在那里安下。"清纳兰性德《浣纱溪》词:"但是有情皆满愿,更从何处著思量,篆烟残烛并回肠。"今陇右方言,"但凡""但是"仍表示总扩之义。如:但凡是个人,都会同情她的。

【啖】(dàn),吃。《说文·口部》:"啖,噍啖也。从口炎声。一曰噉。徒敢切。"《广雅·释诂》:"啖,食也。"《尔雅·释草》郭璞注:"噉"作"啖"。《玉篇·口部》:"啖同噉。"《广韵·上声·敢韵》:"噉同啖。"《集韵·上声·敢韵》:

"或作啖、嚃、噉。"《韩非子·外储说左下》:"仲尼先饭黍而后啗桃,左右皆掩口而笑。"《史记·项羽本纪》:"樊哙覆其盾于地,加彘肩上,拔剑切而啗之。"《世说新语·任诞》:"文王曰:'嗣宗毁顿如此,君不能共忧之,何谓?且有疾而饮酒食肉,固丧礼也。'籍饮啗不辍,神色自若。"《搜神记·李寄斩蛇》中有"欲得啗童女年十二三者"之句。《北史·魏济阴王晖业传》:"晖业以时运渐谢,不复图全,唯事饮啗,一日三羊,三日一犊。"苏轼《食荔枝》:"日啗荔枝三百颗,不辞长做岭南人。"明刘基《苦斋记》:"茹啗其草木之荑实。"《古今小说·临安里钱婆留发迹》:"(王婆)又将角黍供去,缪(谬)亦啗之。"《三国演义》第十七回:"惇大叫一声,急用手拔箭,不想连眼珠拔出,乃大呼曰:'父精母血,不可弃也!遂纳于口内啗之,仍复提枪纵马,直取曹性。'"《红楼梦》第五回:"你道是啗肉食腥膻,视绮罗俗厌,却不知太高人愈妒,过洁世同嫌。"临夏口语中催促别人快点吃饭,就说"两口啗上啥"!花儿中"尕妹妹好象个红樱的桃,阿哥们一口(嘛)啗上"等,都是古意的沿用。又如,闲啗嘴,指吃零食。又作"餤"。《尔雅·释诂》:"餤,进也。"按,进食也。《诗·小雅·巧言》:"盗言孔甘,乱是用餤。"毛传:"进也。"释文:"餤,沈旋音谈。"《龙龛手鉴·食部》"餤"字引《尔雅》旧注云:"甘之进也。""甘之进"即诱进之义。《史记·赵世家》:"秦非爱赵而憎齐也,欲亡韩而吞二周,故以齐餤天下。""餤"引诱之义。临夏方言说:啗牛,即在春季给牛喂一些清油、鸡蛋之类的东西。

【搌】 今陇右各县妇女以脂粉涂面曰搌粉、搌胭脂。如:三月要唱祝英台,桃杏花开多光彩。又搌胭脂又搽粉,打扮王母下凡来(《社火曲·十二月要唱祝英台》)。《十二荒秧歌曲儿》:"腊月来腊月八,黛粉胭脂都称上,擦粉搌胭脂麻呀新年过。"《集韵》荡早切,《正韵》唐兰切:"搌,触也。"又作"掞"。《越谚》卷下:"掞,俗音蛋,掞花脸。"又云:"越谓涂朱傅粉曰'搭粉掞额'。从《越言释》引顾氏。"明佚名《荔镜(枝)记》第二十出【傍妆台】:"哑娘,拙久颜色青空,抹些儿粉,掞些胭脂。"第二十一出【驻云飞】:"看见娘仔在绣厅边,伊许处抹粉掞胭脂。""掞"本音"艳",《集韵·去声·艳韵》掞:"以赡切,音艳。舒也。"或舒赡切,或以冉切,并无 dàn 音,读"蛋"乃方言音。

【铸】 铸造。铸本读 zhù,方言读 dào。《说文·金部》:"铸,销金也。从金,寿声。"段注:"之戍切,古音在三部,亦读如祝。"《急就篇》第十二章:"锻铸铅锡镫锭鐎。"颜注:"凡金铁之属,棰打而成器者谓之锻,销冶而成者谓之铸。"戴侗《六书故·地理一》:"铸,冶金写之范中以为器也。""铸"读"到"最早见《蜀语》:"铸铜铁器曰铸〇上铸音注,下音铸到。"《蜀方言》卷下也说:"铸铜铁器为铸。"自注:"下铸字今音若到。古从寿得声之字有作到音者,如帱、捯(捣)、祷诸字是也。""铸"中古章母虞韵去声字,声旁为"寿","寿"字有二读,一为禅母尤韵上声"殖酉切",一为禅母尤韵去声"承呪切",有"到"这样的读音是可能的,因为"寿"字的声母从端母变为禅母,韵母由 u 高顶出位裂化为 əu,就有了今天[ʂəu]的读音,而方言"铸"字声母未发生变化,而韵母变化很大,从 u 高顶出位裂为 əu,再低化为现在的 ɑu。从"寿"的祷、墦都读 dǎo。《现代汉语词典》"帱"字名词读 chóu,动词读 dào;焘也有 chóu、dào 两读;梼有 chōu、dào、tǎo 三读,都可证明"铸"音变为"到"符合音变规律。在文献中"铸"也作"打"。唐代王梵志《世无百年人》诗:"打铁做门限,鬼见拍手笑。"宋释惠洪《林间录》卷下引作"寒山子诗"为"铸铁作门限"。《金瓶梅》第十一回:"锅儿是铁打的,也等慢慢儿的来。"民间常说:不晓得锅儿是铁倒(铸)的。我们知道锅多用生铁浇铸而成,生铁耐高温,但性脆,一打就破,所以打锅是不可能的。按照颜氏"销冶而成者谓之铸"的理论,则"打"当为"到"之讹。今陇右方言不仅说金属铸造为"倒",就是水泥浇铸也称"倒",如倒水泥管子,等等,言"倒"着眼于把溶化的金属等液体倒入特定的模具之中。

　　【倒换】　调换;更换。本作"媱换"。《韩诗外传》:"媱媱,往来貌。"《集韵·平声·萧韵》媱,他雕切,音祧:"往来貌。"明焦竑《俗书刊误·日用俗字》:"与人交易更换原物曰媱换,媱音宛。"方以智《通雅》卷四十九中也有"与人交易更换财物曰媱换"之说。《通俗编·难字》:"媱,俗以更易财物曰媱。俗以更易财物媱换,盖更易者必往来也。或以掉,掉有转义,亦通。"明陆深《俨山外集》:"京师妇女,嫁外方为妻妾者,初看,以美者出拜,及临娶,乃以丑者易之,名曰媱包儿。""媱包儿"也作"掉包儿"。《红楼梦》第九十六回,凤姐道:"依我想,这件事,只有一个'掉包儿'的法子。""倒"乃"媱"的音变。张相《诗词曲语辞汇释》卷四:"倒,犹移也;换也。与今用之调字、掉字义合。"《元典章·户部六》:"江南镇店买卖辏集,每倒昏钞,直须远赴立库去处倒换。"这一"倒换"义同兑换。《争报恩》第一折:"这一只金钗儿,倒换些钱钞,做盘缠去。"《灰栏记》第四折:"小的买窝银子,就是这头面衣服倒换的。"也可指文书交换。《五侯宴》第一折:"我堪那无端的豪户,瞒心昧己使心毒,他可便心狡狠,倒换过文书。"刘时中《耍孩儿·十三煞》:"广费了些首思分例,倒换了些沿路文书。"《西游记》第五十四回:"爷爷们宽坐一时,待下官进城启奏我王,倒换关文,打发领给,送老爷们西进。"

　　【到了】　最终、毕竟。唐吴融《武关》:"贪生莫作千年计,到了都成一梦闲。"宋晏殊《渔家傲》:"水泛落英何处去,人不语,东流到了无停住。"李焘《续资治通鉴长编》卷二百六十五:"且容问天池神堂,到了是北朝土地,还是南朝土地?"袁去华《念奴娇》词:"身外纷纷,傥来适去,到了成何事。"周文璞《濑上贞女祠》:"人间多少乘除事,到了英雄恨不消。"王沂孙《摸鱼儿》词:"又恐怕、残春到了无凭据。"元无名氏《水仙子》:"得便宜是好好先生。若要似贾谊般般正,如屈原件件醒,到了难行。"孟汉卿《魔合罗》第三折【鲍老儿】:"呀!你畅好会使拖刀计,漾一个瓦块儿在虚空里,怎生住的?呀!到了呵须按实田地。"关汉卿《单刀会》第一折:"你这三条计,比当日曹公在灞陵桥上三条计如何?到了出不的关云长之手。"《红楼梦》第二十八回:"姊妹从小儿长大,亲也罢,热也罢,和气到了儿才见得比人好。""到了"今方言习用。如:孙悟空到了还是没能逃出如来佛的手掌心;到了你还是你。"到"和"了"都有结束、完了之义。宋陆游《老学庵笔记》卷六:"自元丰官制,尚书省复二十四曹,繁简绝异,在京师时有语曰:'吏勋封考,笔头不倒;户度金仓,日夜穷忙……工屯虞水,白日见鬼。'"《西厢记》第四本第四折:"害不倒愁怀,恰才较些;掉不下思量,如今又也。""掉"即"到"。又第五本第一折:"姐姐往常针尖不倒,其实不曾闲了一个绣床,如今百般地闷倦。"《儒林外史》第五回:"严监生喉咙里痰响得一进一出,一声不倒一声的,总不得断气。"上述例句中的"到"(倒)都有结束、完了之义。今陇右方言常说:锅头不倒,肚子不饱。尽管意思是做饭的人一直不停在做,吃饭的人还是没有吃饱。还说:没出息,瞎(音 hǎ 意为坏)毛病到了都改不掉!即坏毛病永远也改不了。

【倒头】　　古人称死为"倒头"。《二刻拍案惊奇》卷四:"只要父亲一倒头,便思量摆布这庶母、幼弟,占他家业。"《金瓶梅》第十四回:"子虚一倒了头,李瓶儿就使冯妈妈请了西门庆过去,与他商议买棺入殓,念经发送,到坟上安葬。"陈登科《活人塘》四:"唉!大团子不做这个倒头的民兵什么长不长的,话还好说。"因此人初死时,家人供祭的食物称"倒头饭",烧的纸叫"倒头纸",请和尚念"倒头经",献的汤为倒头汤。1929 年《泰安县志》卷六:"始死,上庙豁汤,谓之倒头汤。"清坑余生《续济公传》第一百五十七回:"死下来的时候,连刮痧的钱一个都没有,连煮倒头饭的米一颗都没有。"《红旗谱》第二十一章:"又打发贵他娘煮了倒头饭,做了四碟供献,摆在桌子上。"《上海的早晨》第二部第六章:"他娘点好了蜡烛,又点了香,把一碗倒头饭和一碟子菜放在灵前桌子上面,一双箸子笔直地插在饭里。"倒头饭也叫倒头羹饭。《笑林广记》卷六"米粒":"妇云:'再进得一米粒也好。'老儿大怒曰:'我若有意留了一米粒,做我的倒头羹饭!'"《何典》第三回:"做过了倒头羹饭,请送入殓的朋友亲眷吃了丧家饭,大家散场。"《金瓶梅》第六十四回李瓶儿死后，西门庆先请"报恩寺十一众僧人，先念倒头经"。《醒世姻缘传》第七十四回："我叫十二个和尚、十二个道士，对着替你合小春子小冬子念倒头经，超度你三个的亡灵！"今陇右至今犹有此说法。

【倒踏门】　旧时婚姻，称男到女方家落户为"倒踏门"，"倒"是反常的意思，正常情况下都是女子踏入丈夫家门生活，如丈夫到妻子家生活即是"倒踏门"。清李光庭《乡言解颐·婚姻》："谓人入赘曰倒踏门，谓无子而招婿曰养老女婿。"《西游记》第二十三回："你要肯，便就教师父与那妇人做了亲家，你就做个倒踏门的女婿。"《金瓶梅》第十八回："到次日，就使冯妈妈通信过去，择六月十八日大好日期，把蒋竹山倒踏门招进来，成其夫妇。"明代贾凫西《木皮词》："石敬瑭夺了他丈人的碗，倒踏门的女婿靠着娇娃。"《姑妄言》第三十二回："年纪尚未很老，舍不得竹思宽，把他倒踏门招了来家，成其夫妇。"《儿女英雄传》第九回："姑娘，这话这么说罢，我们父母俩是千肯万肯的，可是倒踏门儿的女婿，我们才敢应声儿呢！"也作"倒插门"。刘绍棠《瓜棚柳巷》："柳梢青是个更名改姓的倒插门女婿，在这一家里地位最低。"今陇右方言也常用"倒插门"指上门女婿。

【倒灶】　泛指种种倒霉、麻烦之事。《通俗编·居处》："《太玄经》：'灶灭其火，惟家之祸。'此即俗语所本。"《吴县志·风俗二》："言人失意谓之倒灶。"《嘉定县续志》："倒灶，俗谓不利也。"姜亮夫《昭通方言疏证》(867)："昭人言失意失利皆曰倒灶，与倒霉义近而含量较重。大约世传灶为一家之主，而曰倒灶则不吉，失意之义甚矣。"元王晔《桃花女》第四折："敢是这老头儿没时运，倒了灶了。"《西游记》第二十五回："行者笑道：'你遇着就该倒灶，干我甚事？'"《歧路灯》第五十六回："倒了灶！遭了瘟！像是搬家时候，没看个移徙的好日子。""倒灶"还有破产、倒台之义。如陇右方言说：皮包公司开始兴得很，不到一年就倒灶了；生意倒灶，急需一笔银子，可我几次上门讨债，他竟敢赖账不付。古籍中有类似的例子。《醒世恒言》卷三："倒了你卖油的灶，还不勾半夜歇钱哩！"《二刻拍案惊奇》卷三十七："我说你福薄，前日不意中得了些非分之财，今日就倒灶了。"《跻春台·双怨报》："我们切莫被人引诱，误入善门，不惟使钱，而且倒灶。"这个"倒灶"有倾家荡产之意。《醒世姻缘传》第七十五回："问了几家古老街坊，才知童七乌银铺倒了灶。"黄肃秋注："倒了灶——倒霉、收摊、倒闭。"按：倒了灶，犹如"散了伙"。茅盾《故乡杂记》："你看十九路军到底退了！然而同人先笑而后号咷，东洋人倒灶也快了呀！"也作"倒糟"。昆剧《西厢记·游殿》："糊涂爷娘相信，亲生伲子倒糟。"越剧《九斤姑娘》第九场三叔婆唱："倒糟倒糟真倒糟,我猁狲骷骼自家套,就算侬根娑婆貌,也勿及我只金丝猫。"靖远歇后语:药铺倒糟——尽是方子。

【倒仰】　仰面向后跌倒。宋文同《和仲蒙石龙涡》诗:"洪钟谁倒仰,巨瓮忽侧剖。"《红楼梦》第六十二回:"送人之物白丢了许多,自己倒要折变了赔补亏空。连司棋都气了个倒仰,无计挽回,只得罢了。"六十九回:"我听见这话,气得倒仰,查是谁说的,又查不出来。""气得倒仰"犹今陇右谓"气翻倒了";又谓向后倒为"倒仰子",也谓头高脚低为"倒仰子"。仰,方言音 niáng,实为古音,"仰"中古属疑母阳韵,普通话因疑转为零声因而读 yáng,方言则疑母变为娘母。

【颐脑】　《说文·页部》:"颐,颐颅,从页,毛声。徒谷切。""颐"是形声字,从毛从页。《说文·毛部》:"毛,草叶也。从垂穗上贯一,下有根、象形。"读若"择"。"页"表示人头。《说文·页部》:"颅,颐颅,首骨也,从页,卢声。洛乎切。"《广雅·释亲》:"颐颅谓之髑髅。"王念孙《疏证》:"此叠韵之转也。急言之则为头,徐言之则曰髑髅,转之则曰颐颅。"程瑶田《果臝转语记》也认为颐颅"谓之髑髅,颐音铎,髅音独"。是则"颐颅"与"髑髅"一声之转。慧琳《一切经音义》卷五引《埤苍》云:"髑髅,头骨也。"可见本义是"头盖骨",后引申为"头"。李方桂先生用泰语:duk-lug<dlug 来比较"髑髅"(邬桂明:《汉泰同源词比较——以人体器官名词为例》,《解放军外国语学院学报》2005 年第 3 期)。今陇右一带谓人头为"颐颅",甘谷、武山方言读如"多脑",河西方言读如"夺落",河州话中叫朵罗。如:朵罗痛者哩;朵罗(哈)摇成个耍啦(呀)了,尕刀子心系上掸了("耍啦"是儿童们摇动发出响声的玩具)。"颐"为舌头浊音定母字,《广韵》入声屋韵:"徒谷切,与髑音同";《集韵·入声·铎韵》达各切:"颐颅,首骨。"读"多"则转入舌头清音端母字,"髅",来自古侯部字,与脑近双声,侯韵与豪韵变韵。也作"颏髅"。《汉语方言大词典》:"颏髅,头;头骨。冀鲁官话,山东淄博。"《蒲松龄集·日用俗字·身体章》:"爷娘生来叫作人,发辫颏(夺)髅囟(信)门。"也作颏髅骨。《聊斋俚曲集·快曲》第四联:"贪慌摆划这颏髅骨,别跑了他贼娘。"

【扽】　普通话读音是 dèn,方言读后鼻音 dèng,义为猛然用力一拉或短促的拉扯。《广雅·释诂》:"扽,引也。"王念孙《疏证》:"古通作'顿'。《荀子·劝学篇》云:'若挈裘领,诎五指而顿之,顺者不可胜数也。'……按,顿者,振引也。言挈裘领者,诎五指而振引之,则裘全之毛皆顺也。……今江淮见犹谓引绳曰顿矣。"《玉篇·手部》都困切:"扽:引也,撼也。"《集韵·去声·恩韵》都困切,音顿:"撼也。"《长沙方言考》:"扽,古作顿。《盐铁论·散不足篇》云:吏捕索挈顿,不以道理。褚先生补《史记·滑稽传》云:当道掣顿人车马。《释名》曰:掣,制也。制顿之使顺己也。今长沙犹谓引绳曰拕。"《后汉书·五行志》载梁冀事云:"吏卒掣顿,折其要脊。"《太平广记》卷第三百五十四"僧惠进":"此人亦随至,撮拽牵顿,势不可解。"(出《录异记》)。元无名氏《飞刀对箭》第三折:"这一个恨不的搓搓的扯碎了黄幡,那一个恨不的支支的顿断豹尾。"《三国演义》第三回:"倒拖画杆方天戟,乱散销金五彩幡。顿断绒绦走赤兔,翻身飞上虎牢关。"《金瓶梅》第五十九回:"被李瓶儿一手扯住他衣袖,央及道:'好哥哥,你饶我恕我则个!'花子虚一顿,撒手惊觉,却是南柯一梦。"《聊斋俚曲集·增补幸云曲》第三回:"两程并作一程走,顿断丝缰又加鞭,恨不得能插翅飞进宣武院。"这些"顿"都是"拕"的意思。西北方言凡"拉"或"拽"都可以说"拕",如把裤子往下拕一拕,衣服皱了可以"拕展",用力挣脱叫"拕脱"。形容在人跟前扭捏不大方为"拕不展"等。

【腾】 (tēng,方言读 dèng),饱满状。《广韵·平声·登韵》:"腾,饱也。吴人云,出《方言》。他登切。"《类篇》:"吴人谓饱曰腾。"《集韵》登韵他登切:"吴人谓饱曰腾。"登《字汇·肉部》:"他登切,鼟平声,饱也。"《正字通·肉部》:"俗字,旧注他登切,鼟平声,饱也。"清钱大昕《恒言录》卷二:"腾,他登切。吴人谓过饱曰腾。今转为都腾切。"胡祖德《沪谚》:"食物过饱曰腾。"嘉定《嘉定县续志·方言》书云:"俗谓食物过饱曰腾,音他登切,见《类篇》。"现代吴语区的上海、江苏苏州、无锡、常熟、浙江嘉兴、宁波、定海、象山,湘语湖南邵阳、隆回,中原官话区甘肃南部等地泛指"饱"仍说"腾"。今陇右方言常谓:吃的太多,肚子实腾腾的。

【灯影】 有二义,一为灯光。沈佺期《夜游》诗:"月华连昼色,灯影杂星光。"元稹《灯影》:"洛阳昼夜无车马,漫挂红纱满树头。见说平时灯影里,玄宗潜伴太真游。"《酉阳杂俎》卷十五"孟不疑"条:"良久,煎饼熟,孟见一黑物如猪,随盘至灯影而立。如此五六返,张竟不察。"又"刘积中":"于一夕刘未眠,忽有妇人白首,长才三尺,自灯影中出,谓刘曰:'夫人病,唯我能理,何不祈我。'"二为物体在灯光地下的投影。南唐陈陶《题豫章西山香城寺》诗:"祇园树老梵声小,雪岭花香灯影长。"《太平广记》卷三百六十一"裴休贞":"休贞惧,跳门呼奴,奴以灯来,其弟亦至。于是怪依灯影中,状若昆仑,齿大而白,长五尺。"皮影戏也叫灯影戏。范成大《灯市行》:"吴台今古繁华地,偏爱元宵灯影戏。"巴金《抹布集·杨嫂》:"有一次我们正在床上放下帐子唱灯影戏,她进房里来撞见了。"西北方言至今仍叫"影子戏"为"灯影子戏",也叫"驴皮灯影子"。

【灯盏】　油灯。亦泛指灯。李鉴堂《俗语考源》：“俗称油灯曰灯盏。”《旧唐书·杨绾传》：“绾生聪惠，年四岁，处群从之中，敏识过人。尝夜宴亲宾，各举坐中物以四声呼之，诸宾未言，绾应声指铁灯树曰：‘灯盏柄曲。’众咸异之。”后遂以“灯盏”为儿童聪颖善诗律之典故。《古尊宿语录》卷四十七：“云门颂：壁上安灯盏，堂前置酒台。闷来打三盏，何处得愁来。”《云笈七签》卷一百一十五《纪传部·花姑》：“于其下得尊像、油瓮、锥刀、灯盏之类，因葺而兴之。”宋巴淡《失调名·送穷鬼》：“正月月尽夕，芭蕉船一只。灯盏两只明辉辉，内里更有筵席。”元无名氏《锁魔镜》第二折：“我做妖魔一百个眼，个个眼似亮灯盏。”《水浒传》第七十三回：“李逵一脚踢开了房门，斧到处，只见砍得火光爆散，霹雳交加。定睛打一看时，原来把灯盏砍翻了。”《初刻拍案惊奇》卷二十三：“老人复引行修到了店中，只见壁上灯盏荧荧，槽中马啖如故，仆夫等个个熟睡。”《野叟曝言》第五回：“西半间，靠着板壁，安放一张跳桌，桌上点着一盏油灯。”秦腔《花厅相会》：“高文举读书三更深，梅英添油拨灯盏。”

【戥子】　(děng)，权斤位以下分厘小数之衡器，一般用于称量金、银、药品、调料等。“戥”本作“等”。《说文·竹部》：“等齐简也。从竹从寺。寺，官曹之等平也。”作动词则为等同，使一样。《孟子·公孙丑上》：“由百世之后，等百世之王，莫之能违也。”《史记·夏本纪》：“等之未有贤于舜者，愿帝试之。”后遂含有称量之义。《周礼·考工记》“参称”郑注：“称犹等也。”因此用来称量微量物品的称叫“等子”。《蜀方言》卷下：“称之小者曰等子。”《陔馀丛考》卷三十：“今俗权货物者曰称，权金银者曰等子，宋初皆谓之称。刘承珪所定铢二十四遂成其称是也。元丰以后，乃有等子之名。”宋李荐《师友谈记》：“秦少游言，邢和叔尝曰：‘文铢两不差，非称上称来，乃等子上等来也。’”《皇佑新乐图记》：“有铢称，其图干十分二十四铢为一两正，一面有星，一面系盘，如民间金银等子者。”《梦粱录》卷二十《育子》：“秤尺刀翦、升斗等子。”元无名氏《冻苏秦》第一折【后庭花】：“他、他、他，沧海将升斗倾，泰山将等秤称，鳌鱼向池中养，凤凰在笼内盛。”《西游记》第七十三回：“妹妹，我这宝贝，若与凡人吃，只消一厘，入腹便死；若与神仙吃，也只消三厘就绝；这些和尚，只怕有些道行，须得三厘，快取等子来。”《金瓶梅》第二十一回：“拿了一块，金莲上等子称，重一两二钱五分。”“等”也作“登”。《文明小史》第二十二回：“邓门上一见雕镂精工，爱不释手，登一登分两有二十来两重。”又作“戥子”。清顾张思《土风录》：“市井间谓称银具曰戥子。”《红楼梦》第五十一回：“麝月便拿了一块银子，提起戥子来问宝玉：‘那是一两的星儿？’”《儒林外史》第十五回：“每日烧炉、倾银子，把那些黑煤都倾完了，上戥

子一秤,足有八九十两重。"陇右方言至今谓称中药、调料的小称为"戥子"。俗
话说:卖调和(调料)的不拿戥子。比喻干活缺乏最基本的工具,没有想干好的
思想准备。

【蹬脱】　用脚踢开、甩开、抛开。元石君宝《曲江池》第三折:"只为些蝇头
微利,蹬脱了我锦片前程。"《西厢记》第二本第四折:"白头娘不负荷,青春女成
担阁,将俺那锦片也似前程蹬脱。"李致远《天香引》【问双渐】:"实丕丕兜笼富
商,虚飘飘蹬脱了才郎。"王晔《折桂令·问双渐》曲:"实丕丕兜笼富商,虚飘飘
蹬脱了才郎。"明叶宪祖《鸾鎞记·入道》:"蕊珠宫外香云合,世网从今蹬脱。"
《盛明杂剧·夭桃纨扇》第三折【川拨棹】:"〔末〕知些个爱春风花一朵,为夭桃
惹起情魔,为夭桃惹起情魔,怕君行还遭斧柯,这情踪可是么? 莫萦牵,须蹬
脱。"《白鹿原》第十四章:"鹿子霖一头蹬脱了一头抹掉了——两只船都没踩
住。"酒泉方言:一脚蹬脱跑掉了。

【地老鼠】　一种烟火,因点燃后能形成一个火球在地面上不停旋转,好象
受惊的老鼠。周密《齐东野语》卷十一《御宴烟火》:"穆陵初年,尝于上元日清燕
殿排当,恭请恭圣太后。既而烧烟火于庭,有所谓地老鼠者,径至大母圣座下,大
母为之惊惶,拂衣径起,意颇疑怒,为之罢宴。"可见这种烟火早在宋代就有了。
周密还在《武林旧事》卷二《元夕》记载宋代的一些手艺人在当时的京城开封设
立烟花作坊,制造各色爆仗即爆竹、五色烟火、起轮、走线、流星、水爆、地老鼠等。
明沈榜《宛署杂记》云:"燕城烟火,有响炮起火、三级浪、地老鼠、沙儿、花筒、花
盆诸制;有为花草人物等形者,花儿名百余种,统名烟火。""不响、不起、旋绕地
上者曰地老鼠。"《金瓶梅》第四十二回:"霸王鞭,到处响亮;地老鼠,串绕人衣。"
清潘荣陛《帝京岁时纪胜·烟火》:"烟火花炮之制,京师极尽工巧……其不响不
起盘旋地上者曰地老鼠,水中者曰水老鼠。"今天陇右许多地方仍称在地上旋转
乱窜的这种烟火为地老鼠。

【地荬】　地皮菜,雨后现于野地枯草之中,状如木耳,属于蓝藻门念珠藻目
念珠藻科念珠藻属,江苏叫地塌皮、地踏菜;四川叫绿菜;西北叫地软儿,还有些
地方叫地皮菜、地钱、岩衣等。软的本字应为荬,既指地耳,也指木耳。《说文·
草部》:"荬,木耳也。从草,而声。"《玉篇·草部》:"荬,木耳,生枯木也。"或作
檽。《篇海类编·花木类·木部》:"檽,木耳。同荬。"《齐民要术》卷十:"荬,耳
茋切,木耳也。按:木耳,煮而细切之,和以姜、橘,可为菹,滑美。"《说文》中另有
"蝡"(音 ruǎn)字,意即"软湿可食"者,专指木耳之类的胶质菌。由于地荬与木
耳生长的环境不同,又极软,故民间称为地软,而木耳则别作檽或栭。陶弘景

《本草别录》：“木生者为檽，地生者为菌。”方以智《物理小识·饮食类·菌栭》：“凡木耳曰栭。”地荬可以包包子、包饺子吃。赵熙《大戏台》第23章：“那女哑（按：原文如此）……在五龙山拾地软，蒸那地软豆腐包子真香甜，捏那地软水饺真可口。”贾平凹《秦腔》第26章：“夜里落了雨，河堤上的地软该生发了，何不去捡些拿到七里沟做地软包子吃，所以我就自作主张去了河堤。”

【抵】 牛以角相抵触本作牴，抵为同音借字。《说文·牛部》：“牴，触也。从牛氏声。都礼切。”张舜徽《说文解字约注》：“牛于诸畜中性好触物，故牴字从牛，凡牴触字皆应作此。”《方言》卷一：“牴，会也。雍梁之间曰牴，秦晋亦曰牴。”也作从角作“觝”。《玉篇·角部》：“牴或作觝。”《淮南子·说山训》：“熊罴之动以攫搏，兕牛之动以牴触。”《醒世姻缘传》第七十九回：“此牛是阜城一个富户家大犉牛生的，因他一应庄农之事俱不肯，又会抵人，作了六两八钱银卖他到汤锅上去。”赵本夫《绝唱》：“小伙子实在受不住了，嗵地撂下车把，转身逼着他们，汹汹的，活似抵人牛！”今陇右为谓牛触物为牴，如：牛牴角、牛牴人等。角读如 guó 或 gé。

【羝】 (dī)，公羊。《说文·羊部》：“羝，牡羊也。从羊氐声。都兮切。”《广雅·释兽》：“羝，雄也。吴羊牡三岁曰羝。”《急就篇》：“羘羖羯羠㧁羝羭。”颜注：“(羝)羘羊之牡也。”《韵会》：“陆佃运：羝好抵突，故以‘抵’省声。”《易·大壮》：“羝羊触藩。”释文：“羖羊也。”《诗·大雅·生民》：“取羝以軷。”传：“羝羊，牡羊也。”《汉书·李广传》：“乃徙武北海上无人处，使牧羝，羝乳乃得归。”颜注：“羝，牡羊，不当产乳，故设此言示绝其事。”后以“羝乳”喻不可能发生的事。陆游《蔬食》：“老羝昔作春蔬祟，断稿今无晚钩诗。”也作“牴”。《集韵·平声·齐韵》：“羝，或从牛作牴。”陇右方言公羊多称羝羊。如凉州贤孝·王晋放羊：日落西山羊上圈，差着个圈圈角羝羊。公羊好抵角，故名为羝。

【姡】 (diǎn)，《说文·女部》：“姡，小弱也。一曰女轻薄善走也。一曰多技艺也。从女占声。或读若占。”《集韵·平声·盐韵》：“姡，小弱也。一曰女轻薄貌，处占切。”唐张文成《游仙窟》：“斜眉盗盼，异种婠姡。”原作“异种婠姡”。李时人、詹绪左《〈游仙窟〉词语试释》(《语言学论丛》第33辑，商务印书馆2006年版)据日本山岸文库藏町室初期残抄本，订正为“异种婠姡”。《集韵·平声·覃韵》：“婠，女志不静。”《字汇·女部》：“婠，乌含切，音庵。女志不净。”《正字通·女部》：“婠，旧注音庵，女志不净。”“婠”“姡”同义连文。同篇又有“数十袍绔，异种妖媱”之句，“婠姡”义与“妖媱”义亦近。今陇右方言谓轻薄妇女为“柳姡儿”，义为像杨柳一样轻浮，形容她们走路的形态：姡姡地走了。“姡”读作

"点","占"之音转。

【刮缺】　(diàn)，西北方言中有"刮缺"一词形容某人的缺点。"刮缺"同义连文。"刮"本指玉的缺损点，或写作"玷"。《说文·刀部》："刮，缺也。从刀，占声。《诗》曰'白圭之玷。'"段玉裁注："《大雅·抑》：'白圭之玷。'毛曰：'玷，缺也。'笺云：'玉之缺，尚可磨锡而平。'按：刮、玷古今字。"《慧琳音义》卷四十一："玷，缺也。"《汉书·韦元成传》："玄成复作自诗，自着复玷缺之艰难。"颜注："玉缺曰玷。"《旧唐书》卷一百五十二《杜佑传》："始终言行，无所玷缺。"《唐才子传·王翰传》说："燕公(张说)论其文琼林玉斝，虽烂然可珍，而多玷缺云，若能箴其所阙，济其所长，亦一时之秀也。"唐李益《校书郎杨凝往年以古镜觇别今追赠以诗》："愿以三五期，经天无玷缺。"王安石《美玉》诗："美玉小瑕疵，国工犹珍之。大贤小玷缺，良交岂其绝。小缺可以补，小瑕可以磨。不补亦不磨，人为奈尔何。"章太炎《丙午予刘光汉书》："虽然宁人于此诚有刮缺，江、戴诸公盖非承吉所能议也。"也作"点缺"。汉班固《白虎通·灾变》："行有点缺，气逆干天，情感变出，以戒人也。"孙诒让《札迻》："'点'，元本作'玷'。"唐程长文《书情上使君》诗："但看洗雪出圆扉，始信白圭无点缺。"宋王令《寄满子权》诗："平生未始有点缺，玉日拂拭金烧磨。"也指心感欠缺。李鼎超《陇右方言》："心有遗憾曰玷缺。"

【颠懂】　(diǎndōng)，与懵懂义近。方言尤其指老年人昏愦糊涂。明代《荧绝老人天奇直注雪窦显和尚颂古》："保福云：和尚年尊，别请人好(颠懂难侍)"(《卍新纂续藏经》，第六十七册，No.1302，东京：国书刊行会)。沙汀《困兽记》十三："我这个老婆子真老颠懂了哩！"也作"颠栋"。清王端履《重论文斋笔录》巷十："吾乡呼柱支栋相接之处谓之颠栋。不知颠栋者，犹今诮不解事之人曰天不知多少高。"姜亮夫《昭通方言疏证》(420)："昭人谓年老健忘言语错乱曰颠栋，读如颠栋。按：颠栋即颠倒一声之转。字或作颠冬。"陇上有句顺口溜：人老了，颠懂了。炕洞当成烟筒了。又说：人老了，颠顿了茶壶当成烟瓶(水烟袋)。也作"颠东"。有俗话说：树老心空，人老颠东。"颠"可能指颠三倒四，不知倒顺。"懂"的本字可能是㷓、倲、㦂、僮。《韵会》："㷓，徒弄切，音洞。意不定也。"《集韵·东韵》："倲，多贡切，音冻。倲，愚貌。"又："㦂，愚貌。都龙切。"《广雅·释诂》："僮，痴也。"《广韵》平声东韵："僮……顽也，痴也。"徒红切。意不定、愚钝则昏愦不明，与"颠东"之昏愦义近。

【颠】　走、跑。齐如山《北京土话》："趌，音颠，走也，小跑也。如人早走了，则曰'早已颠儿了'。""趌"本义为足顿。《说文·走部》："趌，走顿也，从走，真声。读若颠。"《龙龛手鉴·走部》:"趷,走顿貌。"《俗书刊误·日用俗字》:"足顿曰趷,音颠。"也作"蹎""蹎"。《淮南子·览冥训》:"其行蹎蹎,其视瞑瞑。"近代汉语引伸出紧跑之义。《龙龛手鉴·足部》:"走貌。"《集韵》:"趷,走也。"清毕沅《音同义异辨》卷一:"趷,走也。"洪升《长生殿》第四十六出:"因此上不辞他往返趷,甘将这辛苦肩。"《聊斋俚曲集·慈悲曲》第一段:"往外飞趷,往外飞趷,舍了孩子去挣钱;无论他死活,只出上个看不见。"又《磨难曲》第十八回:"既不是梦,咱不快颠,等待何时?"又《禳妒咒》第一回:"这里大家正吃着血酒,看见女兵到了慌急,都爬墙蹎了。"也作"颠道"。《聊斋俚曲集·磨难曲》第二十一回:"开榜把名叫,报子先知道。使钱买录条,拿着就颠道。"第十八回又曰:"既然是会变,必定也会飞,也是颠了道了没处去追。"陇右方言形容人脚底下跑得快,就说他颠颠脚跑了。又说他一路小蹎,及时赶到。马行不慢不快者,亦曰趷。《红楼梦》第四十三回:"只见宝玉遍体纯素,从角门出来,一语不发跨上马,一弯腰,顺着街就下趷去了。"

【战敠】 (diānduo),《汉语大词典》有"战敠"一词,释为:"用手称量物体轻重。宋赵叔向《肯綮录·俚俗字义》:'称量曰战敠。'引申为忖度。"《蜀方言》:"试轻重曰战敠。《广韵》:'战敠,知轻重也。'上丁兼切,下丁括切。又作玷捶,音点朵。《庄子·知北游》'捶钩者'注:'玷捶钩之轻重。'"战敠为同义复词。《广韵·平声·添韵》:"战,战敠,称量。"又《末韵》:"敠,战敠,知轻重也。"《集韵·平声·沾韵》:"战,战採,以手称物也。"《广韵·上声·果韵》:"採,称量。丁果切。"又《支韵》:"揣,度也,量也。初委切。"採、揣、敠同一字。释空海《篆录万象名义·支部》:"战,都兼反,相量。"又:"剟,丁果反,试也,揣也,量也。"义亦相近。又作"掂掇"。《景德传灯录·义玄禅师》:"黄蘖将镢镢地曰:'我遮镢,天下人掂敠不起,还有人掂提起吗?'"显然"战敠""掂敠""战採"是"掂掇"同一词的不同写法。《儿女英雄传》第三回:"安公子当下便有些狐疑起来,心里掂掇道:'这女子好生作怪!独自一人,没个男伴,没些行李,进了店,又不是打尖,又不是投宿,呆呆的单向了我这间屋子望着,是何缘故?'"《红楼梦》第四十回:"凤姐手里拿着西洋布手巾,裹着一把乌木镶银箸,掂掇人位,按席摆下。"第四十一回:"刘姥姥听了,心下掂掇道:'我方才不过是趣话取笑儿,谁知他果真竟有。'"第四十四回:"平儿今见他这般,心中也暗暗的掂掇:果然话不虚传,色色想的周到。"也单用"战"或"掂"。《类编》:"以手称物曰战。"乔吉《水仙子·为友人作曲》:"税钱比茶钱上欠,斤两去等秤上掂。"陇右方言常用掂或掂端。如:掂一掂有多重。引申为考虑。如:这个事掂端(duo)好了再干。

【踮】（diǎn），提起脚跟，用脚尖着地轻行叫踮。《玉篇·足部》："踮，履也。"《史记·货殖列传》："女子则鼓鸣瑟，踮屣。"注："蹑跟为踮也。"《汉书·地理志》"弹弦踮躧"注："躧与屣同，谓小履之无跟者也。踮谓轻蹑之也。"因此，"踮"应是足尖轻着地而行之意，"踮躧"应是以足尖着地为特征而类似现代芭蕾的舞步。在现代汉语中，"踮"就是"跕"的异体字（见《新华字典》和《汉语拼音小字典》）。《铁拐李》第四折："有德行的吾师恰到来，我这里掂脚舒腰拜。"《燕青博鱼》第一折："我、我、我待踮着个鞋底儿去拣那浅中行，先绰的这棒头来向深处插。"《西厢记》第一本第三折："踮着脚尖儿仔细定睛，比我那初见时庞儿越整。"陇右方言"踮"音转为 diē，常说 dié 脚儿。

【垫】（diàn），本指房屋下陷。《说文·土部》："垫，下也。一曰厌也。"《方言》卷六："垫，下也。凡屋而下曰垫。"《书·益稷》："洪水滔天，浩浩怀山襄陵，下民昏垫。"郑注："垫，陷也。"疏："垫是下湿之名。"蔡邕《京兆樊惠颂》："地有埚堨，川有垫下。"柳宗元《天对》："尽邑以垫，孰译彼梦。"也作蛰。《释名·释地》："下湿曰隰。隰，蛰也。蛰，湿意也。"桂馥《札朴》卷七："蛰，当为垫，垫，下也。下故曰湿。"唐李肇《唐国史补》卷中："苏州重元寺阁，一角忽蛰……有游僧曰：'不足劳人，请一夫斫木为楔，可以正也。'"《儿女英雄传》第二回："极称沿河碎石坦坡一段被水冲刷，土岸蛰陷，禀请兴修。"也作"宎"。《说文·门部》："宎，屋倾下也。从宀执声。都念切。"段注："屋攲倾下陷也。与'垫'音义同。"《广韵·侵韵》："宎，穷也。或从土作垫。"后也指用别的东西衬在下面，使物加高、加厚或起隔离作用，为甸的借字。《广韵》："甸，徒念切，支也。出《通俗文》。"《肯綮录·俚俗字义》："不平曰甸。"自注："音奠。"《字汇》："甸，支物不平。"《札朴·乡言正字·杂言》："支高曰甸。"钱大昕《恒言广证》："甸即垫之俗字。"

【窎】（diào），义为深远。《说文》："窎，窎宎，深也。从穴，鸟声。"徐锴《系传》："深邃貌也。"《集韵·上声·筱韵》："窎，窎宎，深貌。"《蜀语》："远曰窎○窎音吊。"《昭通方言疏证》（245）："昭人谓远隔为窎，如窎远了，音如吊。"宋杨泽民《倒犯·蓝桥》："琴剑度关，望玉京人，迢迢天样窎。"周邦彦《倒犯·新月》："淮左旧游，记送行人，归来山路窎。"《元史·食货志》载："至元三年，诏窎户种田他所者，其丁税于附籍之郡验丁而科，地税于种田之所验地而取。"《明史》列传第一百九十九《四川土司》："四川土司诸境……去省窎远，莫能控制，附近边民，咸被其毒。"《清史稿》列传二十三《陈泰传》："孙可望等战湖南，郝摇旗、一只虎等扰湖北。湖南驻重兵，各郡窎远，不免首尾难顾。"《镜花缘》第八十二回:"人数既多,并又离的鸾远,必须再添两位监酒,庶不致错误。"章太炎先生认为"鸾"为"逴"之讹。《新方言》:"《说文》:逴。远也。读若掉苕之掉。今人谓相距绝远曰逴远,音正如掉。公羼讹作鸾远。《说文》云:鸾宐,深也,非远义。"黄侃先生也说:"鸾远本作逴。"(《说文段注小笺》,载《说文笺识》,中华书局2006年版)与"鸾"同音的还有"踔"。《集韵·上声·篠韵》:"踔,徒了切,音窕。路远也。"《类篇·足部》:"徒吊切,音调,远腾貌。""踔"与"逴"同。《史记·货殖列传》:"上谷至辽东,地踔远人民稀,数被寇。"今陇右方言也谓深为鸾,距离远为"远鸾"。也可指长。宋姚宽《西溪丛话》:"鸾者,长也;促者,短也。"方言谓长方形或椭圆形为"鸾的"。

【跌办】　又作"迭办",义为办理、筹措。《元典章·圣政二》:"其三限款期展日,务要民户纾缓,容易迭办。"《永乐大典》卷一九四一六引《经世大典》:"太宗十年六月,圣旨谕札鲁花赤大官人胡都虎、塔鲁虎浔、讹鲁不等节该:目今诸路应有系官诸物及诸投下宣赐丝线、匹段,并由燕京、宣德、西京经过,其三路铺头口难以迭办。"郑德辉《王粲登楼》第一折:"则为我五行差,没乱的难迭办,几能勾青锁点朝班。"关汉卿《金线池》第一折【点绛唇】:"则俺这不义之门,那里有买卖营运?无资本,全凭着五个字迭办金银。"陈以仁《存孝打虎》第二折:"只为俺衣服难迭办,不得已在他人眉睫间。"马致远《岳阳楼》第二折:"去向那石火光中急措手,如何迭办?"董君瑞【般涉调】《哨遍·硬谒》套曲:"忙迭办,俺巷来近远,怎地回还?"明孟称舜《娇红记》第十三出【锁南枝】:"点民丁相守捍,要正身怎迭办?"清洪升《长生殿》第十七出【越调紫花拨四】:"统貔貅雄镇边关,双眸觑破番和汉,掌儿中握定江山,先把这四周围爪牙迭办。"陇右方言也有努力、尽力去做某事的意思。如:那(他)们家迭办的凶,一年挣了一万块钱呢。

【跌脚】　悔恨、生气、绝望时,脚用力踏地,河西话叫"跌脚"。如酒泉方言:老汉气得跌脚哩。关汉卿《望江亭》第二折:"想着、想着跌脚儿叫,想着、想着我难熬。"无名氏《冻苏秦》第二折:"不是我炒炒闹闹,痛伤情搥胸跌脚。"马致远《黄粱梦》第二折:"我这里伤心空跌脚,低首自渐胲。"《金瓶梅》第二回:"西门庆听,跌脚笑道:'莫不是人叫他三寸丁谷树皮的武大么?'王婆道:'正是他。'"第十七回:"(妇人)寻思半晌,暗中跌脚,'怪嗔道一替两替请着他不来,原来他家中为事哩!"《水浒传》第三十三回:"黄信听了,跌脚道:'若是小弟得知是宋公明时,路上也自放了他。一时见不到处,只听了刘高一面之词,险不坏了他性命。'"一百〇八回:"庞万春听了,惊得魂不附体,只管跌脚。"《警世通言》第七卷:"郡王见说,十分大怒,跌脚大骂:'泼贱人!屈了可常和尚!'"《醒世恒言》

第三十七卷:"老者跌脚叹道:'人有七情,乃是喜怒忧惧爱恶欲。我看你六情都尽,惟有爱情未除。'"《红楼梦》第六十九回:"贾琏会意,只悄悄跌脚说:'我忽略了,终久对出来,我替你报仇。'"

【抶】(dié),使用在力量大的动作上,如打、砸、扔等。《集韵·入声·屑韵》:"抶,徒结切,音迭,擿也。"《淮南子·兵略训》:"五指之更弹,不若卷手之一抶。"高注:"抶,捣也。"章太炎《驳康有为论革命书》:"长素虽与载问无久处,然而人心之不相知,犹抶一体而佗体不知其痛也。"又与"挃"通。《集韵·入声·屑韵》:"挃,《博雅》:'擿也。'或省。""挃"省"穴"即抶。《康熙字典》:"又徒结切,音迭。擿也。与挃同。""抶"古字与"抶"通。《说文·手部》:"抶,笞击也。从手失声。"敕栗切。《广韵·入声》五质:"抶,打也。"《左传·文公十年》:"抶其仆以徇。"注:"抶,挞也。"又《襄十七年》:"子罕亲执扑以行筑者,而抶其不勉者。""抶"中古属彻纽质韵,上古属透纽质韵,读古音可读如 diē。也作"抳"。玄应《一切经音义》卷十三"缠抳":"丁颊反,俗语也,为打也。"《广韵》入声丁惬切:"抳,打也。""抳"也省作"挮"。《篇海》:"挮,丁叶切,音喋,打也。"《字汇补》:"挮,丁叶切,音喋,打也。"关陇一带方言谓殴打为"抶",音跌。如:这家伙太坏了,我要把他美美实实抶一顿。还可说:抶狼、抶老虎。甚至把干活叫"抶活",含有把活干完,受到预期效果的意味。

【咥】(dié),秦陇方言谓吃为咥。《广雅·释诂》:"咥,大结切,啮也。"《玉篇·口部》:"咥,啮也。"《广韵·入声》十六屑,徒结切。《易》:"履虎尾,不咥人,亨。""履虎尾,咥人,凶。"郑注:"咥,啮也。"唐李鼎祚《周易集解·履》:"能巽说之道,顺应于五,故虽践虎,不见咥噬也。"《金史·宣宗纪下》:"开封县境有虎咥人,诏亲军存人身杀之。"明马中锡《中山狼传》:"狼曰:'是安不可咥?'先生曰:'是狼为虞人所窘,求救于我,我实生之,今反欲咥我。'"明郑若庸《玉玦记·团圆》:"衔王命山阳战垒,蹈虎尾几遭咥噬。"清蒲松龄《聊斋志异·赵城虎》:"无何,一虎自外来,隶错愕,恐被咥噬。"《汉语大字典》:"咥",xī,大笑貌。"咥",dié,咬。《现代汉语词典》只收录第一个音义,而第二个音义并没有收录,可见"咥"在现代汉语中已经不常用了。在秦陇方言中,"咥"与"吃"并用,但是两个词稍有区别。"吃"用在一般的场合,而"咥"不是一般的吃,是指狼吞虎咽或打牙祭。如:人几天没吃饱过,今日个我美美的咥了两大碗。"咥"与"食"古音相近,"食"中古音船母职部,"咥"端母屑部,"船"上古属端,职、屑同属入声,虽不同部,可以通转。

【淀】(diàn,方言读 dìng),降水中的杂质沉到水底曰淀。《广雅·释器》:

"淀谓之滓。"王念孙疏证:"滓之言缁也。《释名》云:'泥之黑者曰滓。'《说文》:'滓,淀也。'淀之言定也,其滓定在下也。"《蜀语》:"渣滓曰淀○泥淀、油淀之类。"也用作动词。《梦溪笔谈》卷二十五:"汴渠有二十年不浚,岁岁堙淀。"《清稗类钞·诙谐类·回汤豆腐乾》:"豆腐,以黄豆为之。造法:水浸磨浆,滤去滓,煎成,淀以盐卤汁,就釜收之。"《何典》第三回:"你扯我拽,吃了一肚皮淀清阳沟水。"潘慎注:"淀,读作定。"胡祖德《沪谚》卷上:"淀清捉螺蛳。"自注:"淀,俗读订。"陇右方言也多谓沉淀为"淀",读如"定"。如:把水淀清了再用,一碗水淀了一碗泥。淀,定纽先韵;订,端纽青韵,端、定旁纽,先、青邻韵易混。故二字可通。在宋词中,寒先、真文与庚青可通押,淀有异体字作澱,又读定。《通雅》卷三十六:"古定有殿声。"

【定盘星】 杆秤上的第一个星,把秤砣挂在这里正好能与秤盘上重量平衡,准星。朱熹《水调歌头·联句问讯罗汉》词:"记取渊冰语,莫错定盘星。"莫错定盘星,比喻拿错了主意,打错了算盘。《古尊宿语录·洞山第二代初禅师语录》:"师云:'千斤秤不住。'云:'鸟道不存也?'师云:'错数定盘星。'"《西游记》第二十七回:"那妖精错认了定盘星,把孙大圣也当做个等闲的。"《杀狗记》第三十一出【四边静】:"思之两个忘恩的,教人恨切齿。错认定盘星,教缘我不是。"《宋元戏曲辑佚·崔莺莺西厢记》:"蓦的潜过墙阴,荒唐错认定盘星。"《金瓶梅》第三十八回:"奴将你这定盘星错认了。"《蜀籁》卷四:"错认定盘星。"范寅《越谚》:"定盘星,戥称第一星是也。朱子诗:'莫错定盘星。'"在文学作品中比喻为寄托终身的人。《曲江池》第三折【尾煞】:"折莫娘将定盘星儿,生扭作加三硬。"俗话说:心中有颗定盘星,走到哪儿都不怕。

【丢丢】 (diū),光亮貌,鲜明貌,后用在接红、黑、明等表示色彩的词之后。如红丢丢。杨慎《丹铅总录》引古谚:"早霞红丢丢,晌午雨浏浏。晚霞红丢丢,早晨大日头。"《白兔记》第二出:"刘伯伯,多时不见,吃得这般脸儿红丢丢的,好像个老猴孙屁股。"也作"彪彪"。董解元《西厢记诸宫调》卷二:"上至顶门红彪彪,事急怎生捱?"明贾仲名《对玉梳》第二折:"染人血泪的窄沟岸,红彪彪枫乱落。"又如明彪彪。元白朴《梧桐雨》第三折:"恶噷噷披袍贯甲,明彪彪掣剑离匣。"元李文蔚《燕青博鱼》第二折:"我去那新红盒子内,拏着这常占胜不占输、只愁富不愁穷、明丢丢的几个头钱问。"元李直夫《虎头牌》第三折:"你把那明丢丢剑锋与我准备,他误了限次,失了军期,差几个曳剌勾追。"武汉臣《生金阁》第一折:"你不知道我那库里的好玩器……光灿灿玻璃盏,明丢丢水晶盘,那一件宝物是无有的?"青海酒话《数麻雀》:一个(嘛就)麻雀一(呀嘛)一个头呀啊,两只眼睛明(呀嘛)明丢丢,两个爪爪站(呀嘛)站墙头呀啊,一个尾巴丢在个后呀头……谜语:从小青丢丢,长大红丢丢,到老黑丢丢,使棍打丢丢,丢丢碰丢丢。民勤俗语:枣儿不含羞,当年红丢丢。"彪"也读"彪"。"红彪彪"亦作"红彪彪"。如《董西厢》卷二:"红彪彪地戴一顶纱巾,密砌着珍珠。"与"彪"同音的"鳙""鳔""骠""颥"均有白义,红中透白、红中透亮即为"丢丢"。古代 d 与 iu 相拼。《正字通》:"丢,的攸切,《方言》,一去不还也。俗作丢。"其实"丢"字不可能来自《方言》。"丢"字最早见于金代《改并四声篇海》,其《一部》引《俗字背篇》:"丢,去不来谓之丢。"明梅膺祚《字汇·一部》:"丢,去不还也。""丢"即"掉"的俗字(张涌泉:《汉语俗字研究》,商务印书馆 2010 年版),"掉"与"彪"声母分属端母、帮母,本不可通。然《尔雅·释天》"焚轮谓之颓"。张永言先生据此拟定 bl->d-(张永言:《语源札记》,载《语文学论集》,语文出版社 1999 年版),即 b 异化为 d;"掉"为宵韵,"彪"为幽韵,宵幽旁转,因此二字可通。"彪"既转化为"掉",又被俗化为"丢"。

【丢手】 "丢手"在青海话里的意思是放弃或脱开,如青海花儿:活着时一辈子不丢手,死了是一处儿葬下。明李贽《答明因》:"天下岂有亲生爷娘认不得,而肯丢手不去认乎?"《醉醒石》第七回:"他也巴不得丢手,且喜书上垄,盘算上清,且自去放债经营去了。"《金瓶梅》第二十八回:"怪奴才,丢开手罢了。我那里有这个心!"《红楼梦》第二十一回:"我劝你两个看宝兄弟分上,都丢开手罢。"第四十八回:"香菱自为这首妙绝,听如此说,自己扫了兴,不肯丢开手,便要思索起来。"弹词《再生缘》第十八回:"妈妈果是丢开手,奴也就,自送残生报少华。"

【动】 表示某动作或状态经常发生。刘淇《助字辨略》卷三:"凡云动者,即兼动辄之义,乃省文也。动,举动也。言每举动即如此也。"引《汉书·食货志》"又动欲慕古,不变时宜,分裂州郡,改职作官。"王力《中国语法理论》认为诸葛亮《后出师表》"论安言计,动引圣人"即为其例,稍后一些。唐代这类例子就更多了。如王维《献始兴公》:"所不卖公器,动为苍生忧。"杜甫《赠卫八》:"人生不相见,动如参与商。"《将晓》:"巴人长小梗,蜀使动无还。"高适《东平路作》:"明时好画策,动欲干王公。"《送浑将军》:"意气能甘万里去,辛勤动作一年行。"复合为"动不动"是元代的事了。《东老堂》第三折白:"你动不动则要寻死,想你伴着那柳隆卿、胡子传,百般的受用快活。"《陈州粜米》第三折:"这老儿不好惹,动不动先斩后奏,这一来怕我们露出马脚了。"除了"动不动"外,今陇右方言常说"横动"。"横动"即"行动"之方言音转。《金瓶梅》第三十三回:"那乐嫂子,行动只拿王姆谎我。"《红楼梦》第二十回:"你只怨人行动嗔怪你,你再不知道你怄的人难受。""行"上古属阳韵,东汉以后转入耕韵,《广韵·平声·庚韵》户庚切,读如"横"是可能的。宋邵博《邵氏闻见后录》:"刘贡父云:'有人不识斗争字,以书问里先生……又疑行字,问,曰华争切。'"

【董】 (dòng),糟蹋。《歧路灯》第二十六回:"后书房原叫戏子们董坏了,还得蔡湘着实打扫打扫。"第二十七回:"这事多亏我到,若叫你们胡董起来,才弄的不成事哩。"又第二百回:"像我这大儿子不成人,几乎把家业董光了一半了。"《跻春台》卷三《比目鱼》:"怀美背不得书,每每责打楚玉,说他不教;又常在夫前董祸,时常偷些钱米回娘家,以诬楚玉,使他随时挨打。"许少峰主编《近代汉语词典》"董"(二)谓"豫语:作践,糟蹋"。其实,"董"不仅河南话里有,其他许多方言都有。《王老九诗选·除了肚里大疙瘩》:"掉了帽子丢鞋袜,两脚董成泥疙瘩。"原注:"董:弄的意思。"《汉语方言大词典》释"董"为:"糟蹋、挥霍。""董"的本字当为"东"。《新方言·释言》:"《说文》:'东,动。''动,作业。'自西安以至四川皆谓自作不靖曰东乱子,亦曰东祸。他处则言撞祸,撞从东声也。"《释天》又说:"撞从东声,冻音转为撞,若呼一重为一撞,变东祸为撞祸矣。"《昭通方言疏证》(260):"今昭人自作不靖曰东乱子,亦曰东祸,当即此字。读东,阳平声。此如他处言撞祸也。撞亦从东声也。"此说是也。董古属端纽东韵,动属定纽东韵,两字同韵,唯声纽有清浊之分。古全浊音字与全清音字相通的例子比较多,所以清人刘禧延在《古音通说·跋》中说:"《说文》,东,动也。钱宫詹谓古人读动如董。《周礼》注震动作振董,东动同声为训。"在秦陇方言里,"董"前面常用胡、乱、瞎等修饰,后带结果补语多为坏、穷、尽、空、完等形容词以及麻烦、是非、祸害等名词。如:董麻搭(麻烦)、董祸、董是非等。也作"懂"。《跻春台》卷三《比目鱼》:"又常在夫前懂祸。时常偷些钱米回娘家,以诬楚玉,使他随时挨打。"关中方言用挏字。秦腔《夺锦楼》:"谁料到这事儿越挏越大。"如说"挏乱子"就是闯祸了。"胡挏",也有挥霍之义。如:家里那点钱着得住你胡挏!

【东司】 茅坑,多为露天。古代寺院的厕所有建于东的,也有建于西的,故有"东厕""西厕"之说。但由于古人尊西卑东的意识,故而只有"东厕""登东"的说法。如《礼记·曲礼》的主人就东阶,客就西阶,还有"西宾""东主"说。《古尊宿语录》卷十四:"东司上不可与你说佛法也。"无名氏《张协状元》戏文第四十五出:"夫人,生得好时,讨来早辰间侍奉我门汤药,黄昏侍奉我门上东司。"《喻世明言》卷十五:"定眼再看时,却是史大汉蹉蹲在东司边。"字亦写作"东厕""东厮"。《水浒传》第六回:"还有那管塔的塔头……管东厕的净头,这个都是头事人员,未等职事。"《初刻拍案惊奇》卷二十一:"此必有人家干甚紧事,带了来用,因为上东厕,挂在壁间,丢下了的。"《醒世恒言》第三十卷:"原来支成登东厮去了,烹了茶捧进书室。"也叫"茅司"。《通俗编·居处》:"《传灯录》,赵州谂谓文远曰:东司上不可与汝说佛法。朱晖《绝倒录》载宋人《拟老饕赋》有'寻东司而上茅'句。按:俚言毛司,据此,当为茅司也。"按:厕应读 sī,与"司"同音。厕,《广韵》初吏切,《中州音韵》仓四切,与"次""刺"同音,今苏州读[ts′ɿ],广州读[tʃ′i],仍与"次刺"同音,读 sī 是轻声,"c"变为"s"。普通话读[ts′ə]是受"测"字的影响。因为"测"字和"厕"为谐声偏旁都是"则"。

【冻凌】　冰。《说文·仌部》:"冻,仌也。从仌,东声。"《初学记》卷七引《风俗通》:"积冰曰凌,冰壮曰冻。"《广韵·平声·蒸韵》:"凌,冰凌,力膺切。"《东韵》:"冻,冻陵,又都贡切。""冻""凌"可组成同义复词。北魏菩提流支译《提婆菩萨释楞伽经中外道小乘涅盘论》:"从火生暖,暖生水,水即冻凌,坚作地,从地生种种药草,乃至从五谷生命。"贾思勰《齐民要术·造神曲并酒第六十》:"四隆冬寒厉,虽曰茹瓮,曲汁犹冻,临下酿时,宜漉出冻凌,于釜中融之,取液而已,不得令热。"圆仁《入唐求法巡礼行记》卷三:"人云:是千年冻凌,年年雪不消,积为冻凌。"赵彦卫《云麓漫钞》卷一:"熙宁中欲行冬运,汴渠旧制有闭口,十月则舟不行,于是以小船数十,前设碓以捣冰,役夫苦寒,死者甚众。京师谚语有'昔有磨磨浆水,今有碓捣冬凌'之诮。"宋魏泰《东轩笔录》卷五:"唐天宝中,冰稼而宁王死。故当时谚曰:'冬凌树稼,达官怕。'"王冕《冀州道中》:"盰衡一吐气,冻凌满髭须。"朱庭玉【双调·夜行船】《悔悟》:"千金废,火上并冻凌。"明刘兑《金童玉女娇红记》:"俺虔婆生下一副铁石心肝,披着柄冻凌觜脸,把俺这做女的,不做人也似看承。"也作"冬凌"。明无名氏《墨娥小录》卷十四:"冰、冬凌。"元武汉臣《玉壶春》第三折:"硬鼻凹寒森森扫下雪来,冷脸似冬凌块,夕斗毛齐眼睛向下排,则是个敲人脑的活妖怪,动不动神头鬼脸,投河奔井。"《酷寒亭》第四折【乔牌儿】:"冻的他两只手似冬凌块,谁救你爹爹脱枷械。"《朱砂担》第一折【赚煞尾】:"他觑我似炉畔弄冬凌,他觑我似碗里拿蒸饼。"也作"冻铃"。《西游记》第四十八回:"此时败叶垂霜蕊,苍松挂冻铃。"凌,陇右方言因受"冻"字韵母类化转读作[lung 15],所以把冰称为冻龙。

【羣】　炖的本字。《说文·羊部》:"羣,孰也。从亯从羊,读如纯。一曰鬻也。"民国《吴县志·风俗二》:"热物谓之顿。按:顿当作羣,《新方言》引《说文》:'羣,孰也。'读如纯。孰亦从羣,凡孰曰羣,孰之亦曰羣,今人谓以火温肉使极孰为羣,音如顿。"《昭通方言疏证》(1655):"今昭人谓以煻火温肉使极烂为亶,音如顿。"也作"焢"。《广韵·上声·混韵》:"焢,焢肉,音佗衮切。"《篇海类编》:"焢,他衮切,音瞳,烹肉也。"俗以炖为之,误。《方言》郭注:"炖,火盛炽之貌。"《五音集韵》:"炖,火盛也。"

【斗】　(dǒu,在繁体字里"斗合"之"鬭"不能写作北斗之"斗"、升斗之"斗"),《汉语大字典》作"挜",谓是方言词,词义是"接起",举例为"拢""榫头"。这是很古的说法。《说文·门部》:"鬭,遇也,从斗斲声。都豆切。"段注:"凡今人云鬭接者,是遇之理也。……古凡鬭接用鬭字,争斗用门字。"因此"斗"有聚合、拼接之义。《国语·周语下》:"灵王二十二年,谷洛斗,将毁王宫。"所谓斗者,是谷洛两水猛涨,两水相会。李贺《梁台古愁》:"台前斗玉作蛟龙,绿粉扫天愁露湿。"王琦注:"木石镶榫合缝之处曰斗。"韦庄《和郑拾遗秋日感事一百韵》:"八珍罗膳府,四彩斗匡床。""斗匡床"即木匠所谓"斗分",就是用许多小木材拼接成一个大构件。饮食中有饾饤,又称"斗饤",是一种堆迭食品。杨慎《升庵全集》卷六十九《食经》中,说它是"五色小饼",作花卉禽珍宝形,按抑盛之,盒中累积,名曰"斗饤"。饾饤扩展到印刷技术中就出现饾版,就是按照彩色绘画原稿的用色情况,经过勾描和分版,将每一种颜色都分别雕一块版,然后再依照由浅到深,由淡到浓的原则,逐色套印,最后完成一件近似于原作的彩色印刷品。将不同颜色、质地的布料拼接起来做成一件衣服也叫斗。《红楼梦》第六十三回:"当时芳官满口嚷热,只穿着玉色红青酡绒三色缎子斗的水田小夹袄。"也用"斗"或"斗凑"来表示。《朱子语类》卷六十四:"此只将别人语言斗凑成篇。"《大慧普觉禅师语录》卷十:"后园驴吃草,一老一不老。蓦地撞出来,斗凑得恰好。"俗称醵钱合粮为"斗分子",也是凑合之意。《金瓶梅》第五十九回:"应伯爵、谢希大、温秀才、常峙节、韩道国、甘出身、贲第传、李智、黄四都斗了分资,晚夕来与西门庆伴宿。"《古今小说·新桥市韩五卖春情》:"我们斗分银子,与你作贺。"胡适《五十年来中国之文学》九:"《儒林外史》没有布局……拆开来,每段自成一篇,斗拢来,可长至无穷。""斗"也作"豆"。《西湖游览志余》卷二十五《委巷丛谈》:"杭人以事相邂逅曰'豆凑',盖'斗凑'之讹也。""斗斗凑凑",为"斗凑"的AABB式。《大慧普觉禅师语录》卷十三:"明日要升座,一夜睡不着。这个册子上记得两句,那个册子上记得两句,斗斗凑凑,说得一片,如华似锦,被明眼人冷地觑见,只成一场笑具。"

【多少】　在陇右方言中"多少"常作偏义复合词,为"可多可少"或"稍微、很少"之义。如说:你多少给一些、你多少意思意思,起源较早。《三国志·魏志·夏侯玄传》注引《魏氏春秋》:"汝等虽佳,才具不多,率胸怀与会,语便自无忧,不须极哀,会止便止。又可多少问朝事。"三国吴维祇难译《法句经·多闻品》:"若多少有闻,自大以骄人,是如盲执烛,照彼不自明。""多少有闻"即稍微有点声闻。吴支谦译《猘狗经》:"见人嗜酒,不断酒,多少可饮。""多少可饮"即饮酒不拘多少。元魏吉迦夜共昙曜译《杂宝藏经》卷五《贫女人以氎施须达生天缘》:"欲劝化乞索供养三宝,一切人民,各各随喜,多少布施。""多少布施"即不拘多少布施。《搜神记》卷四《青洪君》:"庐陵欧明,从贾客,道经彭泽湖。每以舟中所有,多少投湖中,云:'以为礼。'"又卷七《开石文字》:"以留郡本国图校今石文,文字多少不同。"《世说新语·排调》:"高灵时为中丞,亦往相祖,先时多少饮酒,因倚如醉。《齐民要术·作茹藏生菜法》:"去土、毛、黑恶者,不洗,暂经沸汤即出。多少与盐。"《高僧传》卷九"晋罗浮山单道开":"一数枚,数日一服,或时多少啖姜椒,如此七年。"梁周子良《周氏冥通记》卷一:"忽见一人,长可七尺,面小,口鼻猛,眉多少有,须青白色,年可四十许。"唐王焘《外台秘要》卷一:"右九味,捣筛为散,以粳米粥清服一钱匕,食已,服二钱,小儿服一钱,常以鸡子作羹,吃粳米饭,多少与病人食之,亦未必常有鸡子羹、粳米饭。"

【度】 过、送。《说文》:"过,度也。""渡济也。"朱骏声曰:"子史皆以度为之。""过"与"度"同训,"度"有"过"之义,即"给予"之义。《文选》卷四十梁任彦昇《奏弹刘整》:"苟奴隐僻少时,伺视人买龙牵,售五千钱。苟奴乃随俊归宅,不见度钱。"《太平广记》卷十"李意期传":"李意期,蜀人……乞食得物,即度于贫人。"韩翃《送高员外赴淄青使幕》:"山驿尝官酒,关城度客衣。"温庭筠《齐宫》:"粉香随笑度,鬓态伴愁来。"李冠《蝶恋花·春暮》:"桃杏依稀香暗度,谁在秋千,笑里轻轻语?"《敦煌变文集·庐山远公话》:"相公处分左右,取纸笔来度与,远公接得纸笔。"《五灯会元》卷十四"芙蓉道楷禅师":"一日侍投子游菜园,子度拄杖与师,师接得便随行。"元好问《论诗》诗:"鸳鸯绣出从教看,莫把金针度与人。"《清平山堂话本》卷一《简帖和尚》:"殿直把那简帖儿和两件物事度与浑家看。"《水浒传》第二十回:"那新官取出中书省更替文书来度与府。"《武王伐纣平话》卷七:"王曰:'有一宝。'令一宫人取过来,度与妲己。""过度"连文,亦"给予"之义。用嘴给对方喂东西也叫做度。王伯成《贬夜郎》第三折〔鲍老儿〕:"若是忔搂定舌尖上度与吃,更压着王母蟠桃会。"《警世通言》卷三十三:"小二淫心荡漾,便将周氏脸搂过来,将舌尖儿度到周氏口内,任意快乐。"《西游记》第三十九回:"只是元气尽绝,得个人度他一口气便好。""度一口气"应该是往嘴里吹口气,类似今天的人工呼吸。也作"过度",为同义复词。马致远《任风子》第三折〔么篇〕:"要往人口里过度的茶饭,打当的干净。"酒泉把用嘴给对方喂东西也叫做度。如：维下个妹子没给头，嘴嘴里度给个大豆。凉州贤孝·王哥放羊："五哥五哥什么香？姑娘度给了个舌头香。"

【敠】（dǔ），"堵"的本字。《说文·攴部》："敠，闭也，从攴，度声，读若杜。"典籍常用"杜"代替"敠"。《书·费誓》："杜乃攘。"《周官·雍氏注》引作"敠乃攘"。《周礼·地官·大司马》："犯令陵政则杜之。"注："杜塞使不得与邻国交通。"《国语·晋语》："谗言益起，狐突杜门不出。"注："杜，塞也。"《说文·木部》："杜、甘棠也。牡曰棠，牝曰杜。从木土声。"即棠梨、野梨。"杜"义为"禁闭"，是"敠"的借字。也用"土"代替。《公羊传·成公二年》："使耕者东亩，则为土齐也。""土齐"也就是堵塞齐国向东出兵的道路。《三国志·吴书·张昭传》："昭忿言之不用，称疾不朝。权恨之，土塞其门，昭又于内以土封之。"都是以"土"代"敠"的例子。

【儽】（duì），"兑"的本字。《说文·人部》："儽，市也，从人对声。都队切。"朱骏声《说文通训定声》云："盖今之兑换字也，以兑为之。"《广韵》去声队韵："儽，儽市。都队切。"《正字通》："或曰互市必与人对，故从对、人。俗读若兑，因借用兑，非。"《通俗编·杂字》："儽，音对，转读若兑，遂借用兑字。丁芝仙诗：'十千兑得余杭酒'，其借自唐人已然。"《蜀方言》卷上："以物互市曰儽。"《新方言·释言》："今人谓以银易钱曰儽，通以兑字为之。"《长沙方言考》："今长沙犹言互换曰儽。"《金瓶梅》第十六回："有许多细货，要科兑与傅二叔。只要一百两银子。"按：今通用"兑"字，乃借用其音，非交易之义。《说文·儿部》："兑，说也。"《易·兑卦》："兑亨利贞。"《释名·释天》："兑，说也，物得备足，皆喜悦也。"明顾起元《客座赘语》卷一："兑，通也，穴也，直也，卦名，象口之能言，今以天平称金银曰'兑'，以物交易曰'兑'，民以粮付军曰'兑'。"今通语如说"兑换外币"，方言谓以物易物说为"兑"，常用兑换一词。

【浞】（zhuó，方言读 duó），意思是淋湿。《说文·水部》："浞，濡也。从水足声。士角切。"徐锴《系传》："浞，水濡貌也。"《广雅·释诂》："浞，水湿。"《玉篇·水部》："浞，渍也。"蒋礼鸿《义府续貂·浞》："嘉兴谓雨湿物为浞。"读音如笃。如：侬回来的辰光被雨浞着了伐？又作"涿"（zhuō）。《说文·水部》："涿，流下滴也。从水豖声，上谷有涿县。旫，奇字涿，从日乙。竹角切。"段注："乙象滴下之形，非甲乙字。今俗谓一滴曰一涿，音如笃，即此字也。"朱骏声《说文通训定声·需部》"涿"字条注："《周礼·天官·掌舍》注作'涿橐'，苏俗语如笃，谓雨声滴沰也。"《吴中方言考》卷十："涿，物渍水既出，而流滴不止也。吴中谓受水而流滴曰涿。"《广韵·入声·觉韵》："涿。竹角切，音斲。"今甘谷话则谓淋雨为着雨了,"着"当为"浞"或"涿"的音转。又《说文·水部》:"泷,雨泷泷也。"《方言》卷七:"泷涿,谓之沾渍渍。"陇右方言则倒言为"涿泷",形容湿透为"涿泷泷的"("泷"音lóng)。也借音作"濯"(zhuó)。《农政全书·农时·占候》:"朝出晒杀,暮出濯杀。"《荡寇志》第九十六回:"这番大雨,未知二姑爷濯着否。"也音转作"汏"(duò)。《广雅·释言》:"汏,硙也。"王念孙疏证引《广韵》:"硙,落也。"《玉篇·水部》:"汏,落也,硙也。"《集韵·入声·铎韵》当各切,音矺:"滴也。"崔实《四民月令》:"上火不落,下火滴汏。"清梁章巨《农候杂占·火占》引此条后注:"滴汏,雨声。"《通俗编》卷三十五:"言丙日不雨,则丁日有雨,其声滴汏然也。"江西鄱阳方言谓在雨中淋为"涿(读铎)",当为"汏"字的音转,陇右方言则说被"跥"湿了。

【遄死】　陇右民间诅咒人快死曰遄死,读如端死。《说文·辵部》:"遄,往来数也。从辵耑声。"《尔雅·释诂》:"遄,速也。"《玉篇·辵部》:"遄,疾也,速也。"《易·损卦》:"已事遄往。"《诗·墉风·相鼠》:"人而无礼,胡不遄死?"《毛传》:"遄,速也。"陆德明《毛诗音义》:"遄,市专反。"曹植《上责躬应诏诗表》:"窃感《相鼠》之篇,无礼遄死之义。"贯休《行路难》诗之五:"寄言世上为人子,孝义团圆莫如此。若如此,不遄死兮更何俟!"元柳贯《题〈郎中苏公墓志铭〉后》:"未踰年,士气民情,安全如初,王薨而张亦遄死,屯耕事即废。"按:遄中古音禅母仙韵,市缘切,李方桂拟音为djuan,白一平、潘悟云、郑张尚芳都拟为djon;端中古音端母桓韵,多官切,王力、李方桂拟为tuan,郑张尚芳、潘悟云拟为toon。禅、端上古同属舌头音,仙、桓又同属元部,因此这两个字古音相通。方言保存了"遄"的古音。民间误认为端死就是短死,即短命,误。

【斫】　(duó),用刀斧等砍或削。《说文·斤部》:"斫,击也。从斤石声,之若切。"段玉裁注:"击者,攴也。凡斫木、斫地、斫人皆曰斫矣。"《玉篇·斤部》:"斫,之若切;刀斫。"《广韵》入声药韵:"斫,刀斫。"也指斧斤。《说文·斤部》:"斤,斫木斧也。"《墨子·备穴》:"斧以金为斫。"孙诒让《间诂》:"斫,亦即斧刃。"《韩非子·奸劫弑臣》:"贾举射公,中其股,公坠,崔子之徒以戈斫公而死之,而立其弟景公。"《后汉书·吕布传》:"(陈)登还,布怒,拔戟斫机曰:'吾所求无获,但为卿父子所卖耳。'"《文选·枚乘〈七发〉》:"于是背秋涉冬,使琴挚斫斩以为琴,野茧之丝以为弦。"《元曲选·张天师》第四折【起兄弟】:"现放着斫桂的吴刚巨斧风般快,只问他奔月的嫦娥曾否下妆台。"刘基《郁离子·千里马篇》:"斫而为琴,弦而鼓之。"龚自珍《病梅馆记》:"斫直、删密、锄正。"也指锄地。《齐民要术·水稻》:"二月冰解地干,烧而耕之,仍即下水,十日块既散液,持木斫平之,纳种如前法。"关汉卿《南吕一枝花·不服老》:"恁子弟每谁教你钻入他锄不断、斫不下、解不开、顿不脱慢腾腾千层锦套头。""斫"陇右方言至今仍读舌尖中音 duó,不读舌尖后音 zhuó。

【碓】 (duì),木石做成的舂米器具,多用杠杆原理用脚踩或水流驱动。《说文·石部》:"碓,舂也。从石,隹声。都对切。"清赵宦光《说文长笺》:"鸟食如舂碓然,故从隹。"王筠《句读》:"杵臼任手,碓则任足,又有水碓,不劳人力。"《释名·释水》:"鱼梁,水碓之谓也。"所谓鱼梁也就是在水中建起的拦水坝,借以提高水位,利用水流转动水轮,拨动杠杆来使用对舂。也就是《方言》所说的碓机。《方言》卷五:"碓机,陈魏宋楚自关而东谓之梃。"郭注:"主发谓之机。"桓谭《新论·离事》:"宓牺之制杵臼,万民以济,及后世加巧,因借身重践碓。而利十倍。"《急就篇》:"碓磑扇隤舂簸。"颜注:"碓,所以舂也。"《六书故》:"碓,都队切,石杵也。"许浑《送从兄归隐蓝溪》:"野碓舂粳滑,山厨焙茗香。"陆游《六月十四日宿东林寺》:"霜柑篱角寒初熟,野碓云边夜自舂。"《清平堂话本·快嘴李翠莲记》:"推得磨,捣得碓,受得辛苦吃得累。"沙汀《淘金记》二十:"不要说枪毙,就拿对窝舂也没关系。"四川及陇右等方言所说的"对窝"是一种大型石碓,不仅可以舂米,也可以舂辣椒等。一般由两人对舂,因此讹作对窝,其本字应为碓。

【敦】 (dūn),本作摹,又作墩、蹾,义为用拳头打。《集韵·平声·魂韵》:"摹,都昆切,音敦,击也。"《正字通·手部》:"俗谓以拳触人曰摗,亦曰摹。"《俗书刊误·日用杂字》:"以拳击人曰摹,音敦。"《昭通方言疏证》(248):"昭人谓以拳击人曰打一摹子。"关汉卿《哭存孝》第二折【牧羊关】:"词未尽将他来骂,口未落便拳敦,畅好背晦也萧丞相。"孙仲章《勘头巾》第一折【天下乐】:"着我待饶来怎地饶? 待忍来怎地忍? 恨不的莽拳头嘴缝墩。"康进之《李逵负荆》第三折:"偏不的我敦葫芦,摔马杓。"《龙图耳录》第二十九回:"惟闻得摔筷着,撤酒杯之声。"而在《七侠五义》第二十九回中即作:"忽听有摔筷着、蹾酒杯之声。"陇右方言常说"敦两撺",如酒泉方言:胸脯子上敦了两锤头。也指重重地往下放。《庄子·列御寇》:"敦杖蹙之。"音义:"敦,音顿。司马云:竖也。"引伸为讽刺,奚落,骂等。《新方言·释言》:"今人谓反言诃人为敦,读如钝。"《金瓶梅》第五十八回:"他又来我跟前,说长话短,教我墩了他两句,他今日使性子家去了。"民谣:打的是韩信的尻子,墩的是张良的脸。歇后语:癞蛤蟆跳门槛——又敦沟子又伤脸。

E

【饿眼】　《汉语大词典》解释为"指贪色的目光",不确。饿眼是由"饿"和"眼"组成的偏正词组,本义是"饥饿(人或动物)的眼睛"。明吴敬所《国色天香》卷二《刘生觅莲记》:"枯肠聊止渴,饿眼暂充饥。"引申为贪婪的眼睛,既指贪色,也指贪财。《类聚名贤乐府群玉》卷三钟丑斋《沉醉东风·无题》:"若不把群花恣意看,饱不了平生饿眼。"《西厢记》第一场第一折:"饿眼望将穿,馋口涎空咽,空着我透骨髓相思病染,怎当他临去秋波那一转!便是铁石人也意惹情牵。"《盛明杂剧·花舫缘》第二出:"害凄凉,只守闲庭院,怎发付饿眼馋涎?"《金瓶梅》第七十八回:"这西门庆正是饿眼将穿,馋涎空咽,恨不能就要成双。"《醒世姻缘传》第五十三回:"晁无晏饿眼见了瓜皮,扑着就啃。"清李渔《蜃中楼·双订》:"饿眼甫亲眉黛色,馋喉更咽口脂香。"《红楼梦》第八十回:"金桂便故意的撺掇薛蟠别处去睡,'省得你馋痨饿眼'。"《欢喜冤家》第十一回:"觉空张了一双饿眼,仔细一看,那妇人年纪有三十五六了,一张半老脸儿,且是俏丽。"《醋葫芦》第十三回:"原来那船内几个饿眼油花,见成珪船内有些女眷,便动了他一点磨睛之念,故此紧紧逼来。"以上饿眼均指贪色。《蜃楼志》第十回:"打开细看,并无别物,只这六锭大元宝,路上用了一锭,余五锭全然未动。牛巡检饿眼看见,分付:'快拿上来,这不是去年劫去的关饷么!'"《禅真后史》第四回:"奈何一班一辈的人暗中排挤,上前嫌触莽,退后憎懦弱,眼灼灼看他们赚钱醉饱,只落得饿眼空囊,路中懊恨。"这两例则指贪财。今陇右方言中的饿眼一词,则指眼饥肚饱,也有贪婪之义。现多用于小孩,如说:你甭饿眼,能吃多少舀多少。

【恶水】　是指淘米、洗菜、洗刷锅碗等用过的水,也就是普通话所说的泔水。古代"恶"有"污秽"之意。《左传·成公六年》:"有汾、浍以流其恶。"对于"恶"字,杜注及后来的史学著作皆以为是"垢秽"。《隋书·长孙晟传》:"天雨恶水,其亡我乎!"韩愈《病鸱》诗:"屋东恶水沟,有鸱堕鸣悲。"陆游《敷净人赞》:"敷道者一短褐,欠个甚么,更要恶水泼。"《五灯会元》卷十五"石霜诚禅师":"心外无法,法外无心,随缘荡荡,更没沉吟。你等诸人才上台阶,便好回去。更要待等第二杓恶水泼作甚么?"卷十九"焦山师体禅师":"年年浴佛在今朝,目击迦维路不遥。果是当时曾示现,宜乎恶水蓦头浇。"元石宝君《秋胡戏妻》第二折白:"奶奶,想秋胡去了十年光景,我与人家担好水换恶水,养活奶奶,你怎么把梅英又嫁与别人。"马烽、西戎《吕梁英雄传》第十回:"我给打杂,每天倒恶水、喂猪、看孩子……"恶水缸即泔水桶,比喻掌家的人总是落不下好,受人漫骂。《金瓶梅》第五十一回:"当家人是个恶水缸儿,好的也放在你心里,歹的也放在心里。"《红楼梦》第六十八回:"自古说的'当家人恶水缸'。我要真有不容人的地方儿,上头三层公婆,当中有好几位姐姐、妹妹、妯娌们,怎么容得我到今日?"白银等地也叫做"湱水"。湱,《广韵·平声·戈韵》:"乌禾切,音倭,浊也。""湱""恶"方言语音相近,可以通转。

【撶撨】 (èzá),指残渣或垃圾。《广韵·入声》二十八合:"撶,撶撨,粪也。乌合切。"二十八盍:"撨,撶撨,粪。"私盍切,又才盍切。《五灯会元》卷十七《宝峰克文禅师》:"师曰:'打叠面前撶撨。'"卷二十二《大容徕禅师》:"大海不容尘,小溪多撶撨。"《云门录》卷上:"食人涎唾,记得一堆一担撶撨,到处驰骋,驴唇马嘴,夸我解问十转五转话。"《续传灯录》卷第三十四《天童华禅师》:"迷悟双忘。粪扫堆头重添撶撨。""粪扫堆"就是粪堆,可证"撶撨"也是粪,其本义为废弃物。足见撶撨本指杂秽,引申为无用而不值一顾之秽物。清屈大均《广东新语》卷十一《土言》:"积腐秽曰㩡撨。"清顾禄《风土录·十一月》:"谚云:'干净冬至撶撨,撶撨冬至干净年。'"秦陇方言称垃圾多音"格渣",如麦格渣(打辗不尽的秕麦穗)等,其本字当为"撶撨"。

【额颅】 (élú),即前额骨部,在发下眉上处。额本作頟。《说文·页部》:"頟,颡也。从页各声。"徐铉曰:"今俗作额。"《集韵》:"额,《说文》頟也,或作额。"《灵枢经·经脉》:"胃足阳明之脉……上耳前,过客主人,循发际,至额颅。"《西厢记》第二本第二折【满庭芳】:"下功夫将额颅十分挣,迟和疾擦倒苍蝇,光油油耀花人眼睛,酸溜溜螫得人牙疼。"这里形容张生的"打扮","额颅"揩得干净,能"擦倒苍蝇","光油油耀花人眼睛,酸溜溜螫得人牙疼",活生生写出了这位"酸丁"的酸态。关汉卿《救风尘》第二折【后庭花】:"扭捏的身分儿搊,贴翠钿上额颅,绕珍珠衔凤口,梳妆的我不见丑。"石德玉《秋胡戏妻》第三折:"你瞅我一瞅黥了你那额颅,扯我一扯削了你那手足。"《西游记》第四十一回:"也是这等毛脸雷公嘴,朔腮别土星,查耳额颅阔,獠牙向外生。"《醒世恒言》第十一卷:"小妹额颅凸起,东坡答嘲云:'未出庭前三五步,额头先到画堂前。'"《红楼梦》第三十回:"(林黛玉)咬着牙用指头狠命的在他额颅上戳了一下,哼了一声咬牙说道:'你这——'刚说了两个字,便又叹了一口气,仍拿起手帕子来擦眼泪。"也作"额楼"。元高安道《哨遍·嗓淡行院》:"一个个青布裙紧紧的兜着庵老,皂纱片深深的裹着额楼。"贾平凹《怀念狼》第二十八章："是不是我的额颅没有栓子的好看?!"变"颅"为"搂",自模韵入侯韵,这与方音有关。不仅关中方言称额头为"额颅",甘肃许多地方也是如此。山东方言也作额颅盖。《聊斋俚曲集·磨难曲》第十七回："又一刀砍去,砍着额颅盖,那军门还喤哼。"《醒世姻缘传》第十九回："你怎么有这们些臭声!人家的那个都长在额颅盖上来!"也作"额髅盖"。《聊斋俚曲集·翻魇殃》第九回："我如今悔不来,受这罪也应该,想想打这额髅盖!"《木皮散人鼓词》第四十一页："天启朝又出了个不男不女二尾子货,和那奶母子客氏滚成窝。"

【二杆子】　西北方言谓人说话做事缺心眼,不顾后果的人为"二杆子",犹北京话"二百五"。《金瓶梅》第三十二回："应二花子,李桂姐便做了干女儿,你到明日与大爹做个干儿子罢,吊过来就是个儿干子。""儿干子"就是"二杆子"的谐音。柳青《铜墙铁壁》第八章："他有股'二杆子'劲儿,哪里有石永公'精'?"李建彤《刘志丹》第三部第十九章："他虽能说善道,敢作敢当,可没有二杆子气,是个精细人。"路遥《平凡的世界》第二十八章："田福高五大三粗,也是个蛮汉,二杆子金强不敢顶嘴,加上他哥金富不在身边,只好悻悻地掉转身走了。孙玉亭这时早已经返回到枣树林里。"第五十一章："如果旁人知道了这事,惠英嫂肯定要受到讽言俗语的攻击。他真不该耍二杆子喝那么多酒!"陈忠实《白鹿原》第二十六章："年轻人不知深浅啊!老兄你再见着岳书记时,给道歉一句,甭跟二杆子计较。"《汉语大词典》解释为"指倔强、急躁或鲁莽的人",不确。关于这词的来源,王雪樵《河东方言词语辑考》谓"二杆"当作"二敢",以"憨憨"一词有两个"敢"字,故称为"二敢"(山西人民出版社1992年版)。

【二不棱登】　痴呆、楞头楞脑。二不棱登、二不隆冬、二不愣登、而不冷腾都是互为变体的同一个词。构建方式是表形态的贬义形容词"二"＋拟声衬字的后缀"不棱登"(或它的几个变体不棱登、不隆冬、不愣登)。北方方言这样的词很多,如虎不棱登、彪不棱登、傻不棱登、憨不棱登、呆不棱登、蔫不棱登,这是一种联合结构。"棱登"本作"倰儳"。明焦竑《俗书刊误·日用杂字》："人不省事曰倰儳。"明顾起元《客座赘语》卷一："长无度者曰'倰儳'。"清桂馥《札朴·乡言正字·杂言》："不省事曰倰儳。"也可能是"悷㑂",意为愚蠢、傻。《字汇·人部》："㑂,悷㑂,愚貌。"㑂亦可作㤁。《集韵·平声·东韵》"㤁"为都笼切,义为愚貌。《汉语方言大词典》吴语有"呆木悷㑂"之说。"倰儳"与"悷㑂"声母相同,韵母为东登相转。"二"也有傻、呆的意思,今西北方言常骂别人为二货,说那人二着哩,即是例证。"不"为衬字,无意。"二不"与"棱登"组成联合结构。"憨""蔫"等词也都是同样的形式。《醒世姻缘传》第六十二回："惟独一个二不棱登的妇人制伏得你狗鬼听提,先意承志,百顺百从。"黄肃秋注:"也作'花不棱登',指浓妆艳抹、作风不正派的女人。"1995年华夏版注:"即花不棱登,形容颜色错杂(含有厌恶之义)。"这些说法都不正确。《小说词语汇释》则释为:傻里傻气。近是。《聊斋俚曲集·慈悲曲》第一段:"他心里一般的愁肠,又不能作个主意,而不冷腾的,是个什么像!"杜鹏程《在和平的日子里》第三章:"调度员忽闪忽闪眨着眼,二不棱登地望着梁建。"《暴风骤雨》第二十节:"你妈生你大河沿,养活你这么个二不隆冬傻相公。"方言例句:韩大喝醉了,在大街上二不棱登的买苕哩,一挂娃子们在后头跟的着实哩看笑声哩。也作"二里吧唧""二不唧唧""二虎巴登""二虎八咕"。如:你看他二里吧唧的样子,做什么都做不好;他那二里吧唧,土包子的形象在我这基本就定位了;他二不唧唧的,哪能做出这么细发的活。王福义《张老九过江》:"嫁了个四六不懂二虎巴登的男人。"《暴风骤雨》第一部第十八章:"看你这二虎八咕稀里糊涂的家伙,拿一块到手的肥肉,去换人家手里的骨头。"

F

【发引】　灵柩出门为出殡,又称发引。"引"是牵挽柩车布索,送丧者须执引挽车走在前面,故称为"发引"。李鉴堂《俗语考源》:"柩舆起行,谓之发引。引即引布,古谓之绋,所以挽柩车前行者。今系于柩舆之前,柩行引布前导故谓之发引。"《礼·檀弓》:"吊于葬者,必执引。"疏:"引,柩车索也。"《既夕礼》。"属引"郑注:"引,所以引柩车,在轴輴曰绋。"《周礼·杂记》:"执引者三百人。"郑注云:"庙中曰绋,在涂曰引。""引"为"靷"之假借。《荀子·王霸》:"绵绵常以结引驰外为务。"注:"引、读为靷。靷,引轴之物。"执绋是对丧事"助之以力"的表示,通行于古代。《左传·昭公三十年》:"晋之丧事,敝邑之间,先君有所助执绋矣。"杜预注:"绋,挽索也。礼,送葬必执绋。"《周礼·地官·大司徒》:"属其六引。"郑司农曰:"谓引丧车索也。"汉应劭《风俗通·十反·豫章太守汝南封祈》:"今李氏获保首领,以天年终,而诸君各怀进退,未肯发引。妾幸有三孤,足统丧纪。"《后汉书·范式传》:"投其葬日,驰往赴之,式未见到而丧已发引。"杜甫《故范阳太君卢氏墓志》:"以其载八月旬有一日发引,归葬于河南之偃师。"

《旧五代史·周书·太祖纪二》："八月辛卯，汉隐帝梓宫发引，帝诣太平宫临奠，诏群臣出祖于西郊。"《元史·列女传》："李君进妻王氏，辽阳人。大德八年，君进病卒，卜葬，将发引，亲戚邻里咸会。"《金瓶梅》第六十五回："到次日发引，先绝早抬出名旌，各项幡亭纸札，僧道鼓手，细约人役，都来伺候。"《红楼梦》第十四回："那贾珍因见发引日近，亲自坐车带了阴阳生，往铁槛寺看寄灵之所。"今陇右方言仍谓出殡为发引，参加葬礼的人也说"我去发个引"。

【发】　有"磨"之义。《庄子·养生主》："今臣之刀十九年矣，所解数千牛矣，而刀刃若新发于硎。"成玄英疏："其刀锐利，犹若新磨者也。"释"发"为"磨"，这几乎成为定论。谢质彬《"新发于硎"新解》(《中国语文》1987 年第 2 期)认为此说不成立，因为"'发'字从无磨义"。"新发于硎"为"始下型"，即"刚从模子里取出来"。理由是古代铸造刀剑都要先用模子浇铸，而"发"有"开"义。"硎"是"型"(型模)的借字。这种说法难以成立。我们知道古代的青铜剑需要浇铸，铁剑是直接煅打而成的，不需要浇铸，而且刚制成刀剑在开刃之前并不锋利。《淮南子·修务训》："夫纯钩，鱼肠之始下型，击则不能断，刺则不能入，及加之砥砺，摩其锋鄂，则水断龙舟，陆团犀甲。"可见刀剑的锋利是磨出来的，而不是铸造出来的。有人又提出"发"就是"开刃"。如欧阳景贤、欧阳超《庄子释译》(湖北人民出版社 1986 年版)解释"新发于硎"为："发，开。硎，磨刀石。新发于硎义即刚从磨刀石上开好口。铁匠煅打好的新刀子，刃口比较厚，不大锋利，使用前要在磨刀石上磨，使刀口更薄，更锋利。这叫做'开口'或'发口'。刚开好口的刀子，没有任何卷口、伤缺，是最锋利的。"汪化云先生认为在武汉、黄冈一带的方言中，铁匠修理用钝的沙镰谓之"发"，"发沙镰"就是是将沙镰重新开口，使之锋利(其他刀具用钝了磨磨即可，不能"发")。由于释"发"为"开口"有湖北方言材料的支持，所以赞同"发"为"开刃"(汪化云：《再说〈庄子·养生主〉中的"新发于硎"》，《成都大学学报》2001 年第 4 期)。其实这种说法也有问题。所谓"发刃"实际上还是磨出来的，只是第一次磨刀叫"发"，以后就不能再叫了。这与文献中的记载不相一致。《旧唐书·李愬传》："令军士少息，缮鞲鞠甲胄，发刃彀弓，复建旆而出。""发刃"即磨刀，如果说这时候才给刀开刃，那就很可笑了。又如舒元舆《贻诸弟砥石命》："吾意其异石，遂携入城，问于切磋工，工以为可为砥，吾遂取剑发之。初数日，浮埃薄落，未见快意。意工者相绐，复就问之。工曰：'此石至细，故不能速利坚铁。但积渐发之，未一月，当见真貌。'"(《全唐文》第 727 卷)取佩剑"发之"，这剑绝对是开过刃的利剑。古人关于"发刃"的文句还有很多。白居易《哀二良文序》："其历要官，参剧务，如刀剑发铏，割而无滞。"宋曾丰《陈良臣之子正功肯学能文求余印可》:"归根可以后冥莶,发刃难于先肯綮。"袁说友《孟子开宰余杭二首》之一:"不作劳人想,犹堪发刃新。"梁启超《少年中国说》:"奇花初胎,矞矞皇皇;干将发硎,有作其芒。"陈独秀先生在《敬告青年》一文中说道:"青年如初春,如朝日,如百卉之萌动,如利刃之新发于硎,人生最可宝贵之时期也。"这些例句中的"发"都是"磨"的意思。今天西北方言仍称磨刀为发刃,磨锯也叫发锯。宝鸡《四绝谣》之"四难":"听发锯、刮锅、驴叫唤,破锣腔口唱乱弹。"陕北民间谚语:铲锅、发锯、驴叫唤,听了必教你心烦。不仅磨刀可用"发",磨墨也可称为"发"。欧阳修《砚谱》:"歙石出于龙尾溪,其石坚劲,大抵多发墨,故前世多用之。"《容斋随笔·续笔卷十二·铜雀灌砚》以"发硎"喻磨墨:"予向来守郡日所得者,刓缺两角,犹重十斤。泲墨如发硎。"元伊世珍《嫏嬛记》卷中:"古有青州熟铁砚,甚发墨。"明马愈《马氏日抄·方城石》:"何以谓之发墨?曰:磨墨不滑,停墨良久,墨汁发光,如油如漆,明亮照人。此非墨能如是,乃砚石使之然也,故发墨者为上。"潘天寿《听天阁画谈随笔·用墨》:"墨须研而后用,故砚以细洁能发墨者为上。"这里,"发墨"里的"发"字有"易磨出"这样的含义,如释为"磨出"的话,则发墨之"发",与发硎之"发",几无分别矣。

【发变】 方言常谓青少年因发育而发生形体方面的改变。《醒世姻缘传》第十一回:"萧夫人道:'呵,发变的我就不认得了!'"陈大远《蟠龙山》:"提起兰花,可真是个好闺女,模样发变的不用说,蒲排大扇,在黄花峪报头排。"第五十七回:"又过了几时,发变得红白烂绽的个学生,送到学堂读书。"

【发明】 今天水方言谓天将亮为发明或明发。发明即传说中的神鸟凤,也指凤在早晨的鸣声。汉刘向《说苑·辨物》:"天老曰:'夫凤……晨鸣曰发明,昼鸣曰保长,飞鸣曰上翔,集鸣曰归昌。'"《宋书·符瑞志中》:"凤凰者,仁鸟也……晨鸣曰发明,昼鸣曰上朝,夕鸣曰归昌,昏鸣曰固常,夜鸣曰保长。"因而也称早晨天刚放亮为"发明"。也作"明发"。《诗·小雅·小宛》:"明发不寐,有怀二人。"陈奂《传疏》云:"明发即发明。"吴闿生《诗义会通》云:"明发,谓将旦而光明开发。"朱熹《集传》:"明发,谓将旦而光明开发也。"《文选·班昭〈东征赋〉》:"明发曙而不寐兮,心迟迟而有违。"王维《春夜竹亭赠钱少府归蓝田》诗:"羡君明发去,采蕨轻轩冕。"杜牧《偶题》:"夜阑终耿耿,明发竟迟迟。"也作"拂明","拂"为"发"之声转。宋周密《癸辛杂识续集·张世杰忠死》:"周匜杀一马,拂明,匜遣以半体送之。"程垓《鹧鸪天》:"昨夜思量直到明,拂明心绪更愁人。"《三朝北盟会编》卷一六三:"二十六日拂明,褐禄令人传语某等:'元帅有指挥令奉使即今起发回去。'"而今通语作"拂晓"。

【发送】　送丧,办丧事。《合同文字》第一折:"原来你浑家亡了也,你如今也有些钱钞,发送你的浑家么。"《朱砂担》第二折:"我拖在这墙根底下,着这逼绰刀子搜开这墙。阿磕绰! 我靠倒这墙,遮了这死尸,也与你个好发送。"《金瓶梅》第八十八回:"把灵柩寄在永福寺,待的念经发送归葬坟内。"《醒世姻缘传》第一回:"若说到念经发送,这只当去了他牛身上一根毛尾。"《儿女英雄传》第三十二回:"他妻子发送丈夫,也花了许多钱。"老舍《四世同堂》二十:"我已经发送了一个姑爷,还得再给亲家母打幡儿吗?"作名词则指治丧的排场、所用的丧具、祭奠的费用等。《盆儿鬼》第一折:"那厮也,这等火葬了你,倒也落的一个好发送。"《昊天塔》第一折:"早两下却相逢,则待将纸钱儿发送。"《金瓶梅》第六十四回:"俺每内官家,到明日死了,还没有这等发送呢。"《红楼梦》第四十四回:"着人作好作歹,许了二百两银子发送才罢。"第一百一十一回:"真真的我们姑娘是个有志气的,有造化的,又得了好名声,又得了好发送。"《野叟曝言》第七十七回:"不料他于正月内短见自缢,俺怜他横死,从厚发送。"如酒泉方言:娘老子活者待乘好些,强如死了发送的时候讲排场。

【翻过来吊过去】　义为翻来覆去。《金瓶梅》第三十二回:"东家,也不消叫他每唱了,翻过来吊过去,左右也就是这几套。"《明清民歌时调集·霓裳续谱》卷八《牙床上的蚤蚤》:"蚤蚤咬的我好不心焦,翻过来,吊过去,睡也是睡不着,叫丫鬟与我照。""吊"应为"倒"字音转。"翻过来倒过去"也就是"颠来倒去"的白话形式。《西厢记》第三本第二折:"将简帖儿掂,将妆盒儿按,开拆封皮孜孜看,颠来倒去不害心烦。"《官场现形记》第二十二回:"何以老太太教训他的话,颠来倒去,总是这两句,从来没有换过,是个甚么缘故?"

【眅】　(fān),翻白眼。《说文·目部》:"眅,多白眼也。从目,反声。"《集韵·去声·谏韵》:"眅,转目视。"《字汇·目部》:"眅,眼多白,亦白眼也。"《六书故》卷十:"眅,普班切,又去声,多白眼也,亦为反目貌,为目不明。《春秋传》郑游眅,字乃明。"《越谚》卷中:"眅,眼睛眅白。"《昭通方言疏证》(1046):"(眅)今昭人言眅白眼,读若翻。"现在常说"翻白眼"或"翻眼睛",其本字应为"眅"。俗作"反"。《金瓶梅》第五十三回:"只见迎春气吼吼的走进来,说道:'两只眼不住反看起来,口里卷些白沫出来。'""反看"即"翻白眼",是官哥惊风发作的症状。明末董说《西游补》:"'美人,美人!'行者不应,一味反白眼睛。"翻白眼一是因为病症,二是表示对别人的轻蔑或憎恨。《晋书·阮籍传》:"籍又能为青白眼。见礼俗之士,以白眼对之。"鲁迅《哀范君三首》之一:"华颠萎寥落，白眼看鸡虫。”也指白内障。《正字通》：“膜侵睛，谓之眅睛。”《俗书刊误·日用俗字》：“白瞖入眼曰眅睛。《正韵》：‘眅，白眼也。’眅音攀。”眅，《广韵》普班切，《集韵》披班切，并为重唇音，转入轻唇音即为 fān。

【疲】　(fān)，音泛，恶心欲吐。《玉篇·病部》：“疲，吐疲也。”《广韵·去声·愿韵》：“疲，芳万切，吐疲。”《集韵·愿韵》：“疲，心恶病。”孙楼《吴门奇字·人事门》：“疲，音泛，恶心欲吐也。”《越谚》卷中：“心疲(贩)，恶心欲吐，从《集韵》。”字又可作“忛”。《玉篇·心部》：“忛，恶心也。”《蜀方言》卷上：“心恶欲呕曰彀曰忛。”《广韵》：芳万切，与疲同音，应该为同一字。关陇一带俗语：口里疲酸水、胃里疲酸水、吃的东西又疲上来了、“肚子里在疲”等。

【放翻】　指把人撂倒、弄倒。元戴善甫《风光好》第一折【油葫芦】：“也曾把有魂灵的郎君常放翻，但来的和士划。”《水浒传》第四十四回：“石秀也不应他，让他走到巷口，一交放翻，按住，喝道：‘不要高做声！高做声便杀了你！只等我剥了衣服便罢！’”也作“放番”。《喻世明言》卷二：“那客人力大，把金孝一把头发提起，像只小鸡一般，放番在地，捻着。拳头便要打。”也指用酒、药等方法将人弄昏迷或弄死。《红梨花》第一折【赚煞】：“果然若来时，和他吃几杯儿酒，添些春兴，搭帮放翻他。”《水浒传》第三十回：“二年前，有个头陀打从这里过，吃我放翻了，把来做了几日馒头馅。”《初刻拍案惊奇》第六卷：“别人且当不起，巫娘子是吃糟也醉的人，况且又是清早空心，乘饿头上，又吃得多了，热茶下去，发作上来……赵尼姑用此计较，把巫娘子放番了。”方言如：吃了一碗浆水漏鱼，结果却被“放翻”进了医院。

【刜】　(fū，方言读 fó)，击。古义多指用刀砍击，所以字从刀。《说文·刀部》：“刜，击也。从刀，弗声。”《广雅·释诂》：“刜，断也。”《广韵》入声物韵：“刜，击也，斫也。敷勿切。”《国语·齐语》：“刜令支斩孤竹而南归。”《楚辞·九叹·怨思》：“执棠溪以刜蓬兮，秉干将以割肉。”注：“刜，斫也。”《左传·昭公二十六年》：“苑子刜林雍，断其足。”孔颖达疏：“刜，字从刀，谓以刀击也。今江南犹谓刀击为刜。”白居易《剑诗》：“君勿矜我玉可切，君勿夸我钟可刜。不如持取抉浮云，无令漫漫蔽白日。”今陇右谓以拳头击人曰“刜一拳”，打一顿曰“刜一顿”，音同佛。与“以刀击”义稍有别。

【狯】　(本音 kuài。方言转为 fèi)，指小孩顽皮。《说文·犬部》：“狯，狡狯也。从犬会声，古外切。”《方言》卷二：“剿、蹶，狯也。秦晋之间曰狯，楚谓之剿，或曰蹶；楚郑曰蔿，或曰姡。”郭璞注：“言黠姡也，今建平郡人呼狡为姡。”《六书故》：“狯，古外切，狡也。”“狯”音转为“费”。《新方言·释言》：“今直隶、山东谓小儿狡诈曰娪,音如发坏或发费。四川谓小儿好游戏亦曰狖,音如费。"娪"是"狖"的异体字。李鼎超《陇右方言·释言》:"小儿恣肆曰费。"王纶《新方言杂记》:"今安庆、芜湖谓小儿好游戏以讨人厌曰费。"如今谓小孩不听话,任意胡来,就说是个费气,也就是狡狖之义。许宝华、宫田一郎《汉语方言大词典》引《完县志》:"儿童顽皮曰发费,犹平津各处所谓讨气。""费"也可作"废"解。《诗·小雅·四月》:"废为残贼,莫知其尤。"传:"废,忕也。"笺云:"尤,过也。"废则指习为残贼之人,特指小孩恶行成习。也用作"皮",形容小孩淘气。《昭通方言疏证》(1398):"昭人谓小儿野性不逊曰皮……又曰费,费亦皮一声之转。"陇右也说小孩皮得很,义为顽皮。

【酚】　(fén),禾束。《广雅·释诂》:"酚,秭。"《集韵·平声·文韵》:"酚,符分切,音汾。秭也。关中语。"《正字通》:"秭,禾束也。"《管子·立政》:"岁虽凶旱,有所酚获。"刘绩注:"酚,亦获也。"郭沫若等《集校》引王绍兰曰:"《说文》无'酚'字,'酚'盖为'扮'之讹。《手部》'扮,握也;从手,分声,读若粉。'扮获谓握禾而刈之。"今秦陇方言称堆放在地里的大麦垛称"酚",也作为土地计量单位,能产一个酚麦子的一块地叫一个酚,音同"粪",与《集韵》所注音同。

【风魔】　疯魔,义为着魔、发疯。《董西厢》卷一:"量那清河君瑞,也是个风魔汉。"又:"那作怪的书生,坐间悄一似风魔颠倒。"《西厢记》第一本第一折【后庭花】:"刚刚的打个照面,风魔了张解元。"马致远【仙吕·赏花时】《掬水月》套数:"在手乘兴梳裹,喜无那,非是咱风魔。"《喻世明言》第三十一卷:"某那时惧罪,假装风魔,逃回田里。后来助汉灭楚,果有长乐宫之祸,悔之晚矣。"《醒世恒言》卷二十二:"只因这四句诗,风魔了这女娘一十二年。后来坐化而亡。"也作风风魔魔。元无名氏《玩江亭》第三折【尧民歌】:"这的是前街后巷滴滴蹬蹬马和牛,这的是恋酒迷花风风魔魔下场头。"贾仲明《金安寿》第二折【骂玉郎】:"见他风风魔魔掴着手,佯推笑。"陇右方言有"假装风魔刁寻趁",义为"装疯找事"。"疯"本当作"风"。《正字通·病部》:"今俗狂疾曰风,别作疯。""疯"的本义是"头风病",非今天"发疯"之意。《集韵·平声·东韵》:"疯,头病。"《正字通·病部》:"疯,头疯病。《方书》偏头风,在右属痰属热,在左属风属血。"到《红楼梦》《聊斋志异》《桃花扇》中才用"疯"表示狂疾。《红楼梦》第二十一回:"凤姐自掀帘子进来,说道:'平儿疯魔了。这蹄子认真要降伏我,仔细你的皮要紧!'"

【风发】　四时感冒、冒风、感寒、伤风、鼻感冒、鼻伤风、鼻粘膜炎等诸多疾病的俗称。《西游记》第二十七回:"好行者,风发了。只行了半日路,倒打死三个人。"俗话说"一嚏二念三风发",嚏是方言,意为骂;念自然是思念;风发是感冒的意思。这句俗语意思就是喷嚏打一下是有人骂你,打二下是有人想念你,打三下是感冒了。又说"风发没的喷嚏没",意思为没有什么严重后果,风平浪静了。具体来讲,"风"是中医六淫之一,六淫即风、寒、暑、湿、燥、火。《素问·至真要大论》说:"夫百病之生也,皆生于风寒暑湿燥火,以之化之变也。"意思是说,大多数疾病的发生,都由于风、寒、暑、湿、燥、火等自然界六淫气候的变幻和转化所致。风邪的性质是动而不居,变化不定。一年四季中的温热寒凉之气多侵袭人体,发生疾病,诸如风湿、风寒、风热等无不皆然,所以说"风"为"百病之长"。其致病特点,最易侵于侵犯的体表。《骨空论》又说:"风从外入,令人振寒,汗出头痛,身重恶寒。""发"指病情发作。《史记·司马穰苴列传》:"已而大夫鲍氏、高、国之属害之,谮于景公。景公退穰苴,苴发疾而死。"《三国志·曹植传》:"又植以前过,事事复减半,十一年中而三徙都,常汲汲无欢,遂发疾薨,时年四十一。"《西游记》第七十二回土地婆儿道:"老儿,你转怎的? 好道是羊儿风发了。"土地道:"你不知,你不知! 有一个齐天大圣来了,我不曾接他,他那里拘我哩。""风发"合起来讲就是四时风邪导致的外感之疾。

【风风势势】　举动不正常,易冲动。在现代汉语中已经被"风风火火"代替。《西湖二集》卷十四:"惹得大家七颠八倒、风风势势,都来问这女子买鱼。《金瓶梅》第五十二回:"俺三婶老人家,风风势势的,干出甚么事!"《醒世姻缘传》第九十三回:"县官在远处请了一个道士,风风势势,大言不惭,说雷公是他外甥,电母是他的侄女,四海龙王都是他的亲戚朋友。"《野叟曝言》第三十回:"四嫂一屁股就坐在璇姑床沿,劝着璇姑吃酒,风风势势的说了几个半村不俏的笑话。"亦作"风风世世"。明朱有炖《继母大贤》:"孩儿你这等风风世世的,休出外去罢。"《二刻拍案惊奇》卷八:"(小姬)见沉将仕风风世世,连掷采骰。带着怒容,起身竟去。"如酒泉方言:这们大的大丫头了,一天风风势势的,不怕人笑话!

【覆墓】　旧俗谓葬后三日再往墓地为坟加土、祭奠为"覆墓",或叫做"圆坟""暖坟""暖墓"等。丁福保《佛学大词典》:"覆墓,省墓也。《释氏要览》下曰:'殡后三日,再往墓所,谓之覆墓。'"万历《顺天府志》云:"京师丧礼,殡不逾时,殡三日具祭墓所,曰'暖墓',亦《礼》虞祭之遗意也。"《民社北平指南》:"葬三日祭墓,曰'暖墓',俗谓之'圆墓'。"此俗起源很早。白居易《感元九悼亡诗因为代答三首·答骑马入空台》:"鳏夫仍系职,稚女未胜哀。寂寞咸阳道,家人覆墓回。"《敦煌变文集·董永变文》:"当感先贤说董永,年登十五二亲亡……直至三日覆墓了,拜辞父母几田常。"《太平广记》卷第一百六"王氏":"唐贞元中,忽暴病卒。埋已三日,其家覆墓,闻冢中呻吟,遂发视之,果有气。"(出《酉阳杂俎》)元好问《续夷坚志》卷一:"三日覆墓,恸哭不已。"《金瓶梅》第九十二回:"这敬济坟上覆墓回来,把他娘正房三间,中间供养灵位,那两间收拾与冯金宝住,大姐到住着耳房。"第九十九回:"不想那日,正是葬的三日,春梅与浑家葛翠屏坐着两乘轿子,伴当跟随,抬三牲祭物,来与他暖墓烧纸。"又叫"复山"或"复三",山即指墓山;"复三"即"三日复墓"的简化说法。此俗在南方也有,不过叫"复山"或"复三"。《南京采风录》:"坟既成,三日后必再临视,设祭而哭奠,谓之'复山',又谓'复三'。"《西游记》第八十六回:"舍了唐僧,将假人头弄做个坟墓,今日哭一日,明日再哭一日,后日复了三,好道回去。"《醒世姻缘传》第六十一回:"出丧第三日,狄希陈也同了薛如卞他们早往坟上'复三',烧了纸回家。"甘谷方言叫撩复三,撩就是往坟堆上添土,不同于其他地方的是多在晚上进行。《汉语大词典》:"旧俗谓葬后三日再往墓地察视为'覆墓'。"覆墓不仅仅是去坟上看看,还包括往坟头上培土、祭奠,若不揭示这一点,则"覆墓"的特殊性就给泯灭了。

G

【该】 陇右方言说欠别人钱物是"该"。《说文·言部》:"该,军中约也。从言亥声。古哀切。"《新方言·释言》:"约成则分定,故今人谓分所应为曰该,该犹当也。"《中华大字典》:"犹言欠也。俗谓欠债曰该债,商家部记亦谓放出之债曰该。"应当给别人的东西而没有给就是"欠"的意思,欠别人钱,就叫做"该别人的钱"。"该"的这种用法最早见于元杂剧和明清白话小说。元代刘致《端正好·上高监司》套曲:"库官但该一贯须黥配,库子折莫三钱便断除。"《窦娥冤》楔子:"这里一个窦香才,去年问我借了二十两银子,如今本利该银四十两。"《鸳鸯被》第四折:"本利该二十个银子,无的还他。"《儒林外史》第五十二回:"他该我几两银子,我要向他取讨。"《西游记》第八十四回:"赵寡妇道:'每位该钱五钱,连房钱在内。'"《聊斋俚曲集·墙头记》第二回:"该下了几吊钱,因着相好,不曾开口,怎么连面也不肯见?"也作"该欠"。欧阳修《乞一面除放欠负》:"臣伏睹今年赦书节文,内所该欠负官物特与除放者若干项,内若干项并特与除放,内一项即令本属及转运司保明闻奏。"(《欧阳修集》卷一一七)《红楼梦》第一百回:"我求妈妈暂且养养神,趁哥哥的活口还在,问问各处的账目。人家该咱们的,咱们该人家的,亦该请个伙计来算一算。"《绿野仙踪》第五十二回:"宁可教你该欠我家的,不可教我家该欠你的。"《施公案》第五十四回:"杨隆、杨兴,该欠罗姓多少银两? 快对老爷实讲。"1929年6月红军第四军军长朱德、党代表毛泽东、政治部主任陈毅发布《红军第四军司令部政治部布告》:"工人农民该欠田东债务,一律废止,不要归还(但商人及工人农民相互间的债务不在此例)。"

【解】 (gài),锯。《说文·角部》:"解,判也。从刀判牛角。"表示用刀把牛角剖开,后泛指剖开。《集韵》:"《说文》:解,判木也。"《世说新语·赏誉》刘孝标注:"言谈之流,靡靡如解木出屑也。"北魏贾思勰《齐民要求·伐木》:"虽春夏不蠹,犹有剖析开解之害。"唐刘恂《岭表录异》卷中:"木性如竹……工人解之以制博奕局。"宋陶谷《清异录·木》:"秦陇野人得柏树,解截为版成器物。"《敦煌变文集·庐山远公话》:"十月满足,生产欲临,百骨节开张,由如锯解。"锯解,即用锯子锯。《五灯会元》卷一"十一祖富那夜奢尊者":"马鸣却问:木义者何?祖曰:汝被我解。"马致远《岳阳楼》第二折:"你说杏汤便有,无了板儿。三十年前解开你,都是板儿。"《金瓶梅》第六十四回:"此板还在杨宣榆之上,名唤桃花洞……公公,你不曾看见,解开喷鼻香的,里外俱有花色。"第六十七回:"我的儿,你肚子里裹枣核解板儿——能有几句!"郭沫若《看了〈抗美援朝〉第二部》:"解木的大锯是敌人的废钢甲。"蒋礼鸿《义府续貂》"解"条说:"解牛为解,以锯析木为解,嘉兴谓以锯析木谓解,读古马切,离散为解,凡纠结,缓而除去之曰解,读群马切,如云解开死结、解衣带是也。"蒋说是也。解,《广韵·去声·卦韵》古隘切,今当为gài,是"解"的古音。陇右方言中"解"也多读古音,如谓锯木为"解木头",拉大锯为"解锯",解开疙瘩为"解疙瘩"等。也作写作鐗、鍇。鐗是解的后起区别字。《警世通言》第二十二卷:"陈三郎正在店中支分鐗匠锯木。"罗懋登《三宝太监西洋通俗演义》第八回:"后来禅鞋一只,就当了一双,在脚底下穿;椰子剖开来做了个钵盂,长老的紫金钵盂就是他了。""鍇"则是解的同音借字。"解"也有通晓之意。《声类》:"悟心曰解。"(《文选》卷五十九《头陀寺碑》注引)《广韵·上声·蟹韵》胡买切:"解,晓也。"《礼·学记》:"相说以解。"注:"解物为解,自解释为解,是相证而晓解也。"《三国志·魏志·贾诩传》:"太祖与韩遂、马超战渭南,问计于诩。对曰:'离之而已。'太祖曰:'解。'"注:"谓晓悟也。"《世说新语·捷悟》:"魏武尝过曹娥碑下,杨修从,碑背上见题作'黄绢幼妇,外孙齑臼'八字。魏武谓修曰:'解不?'答曰:'解。'魏武曰:'卿未可言,待我思之。'行三十里,魏武乃曰:'吾已得。'"《敦煌变文集·叶能净诗》:"长安两市百姓,悉知玄都观内一客道士,解医疗魅病,兼有符录(篆)之能。"《百鸟名》:"陇有道,出鹦鹉,教得分明解人语。"唐代佛家曾使用"解下"一词,意思是悟透佛理,得到解脱。《敦煌变文集·大目乾连冥间救母变文》:"诸山坐禅解下日,罗汉得道日,提婆达多罪灭日,阎罗王欢喜日,一切饿鬼总得普同饱满。"古代常说"解",是理解、懂得的意思。《五灯会元》卷三《石巩慧藏禅师》:"祖曰:汝解射否?曰:解射。祖曰:汝一箭射几个?曰:一箭射一个。祖曰:汝不解射。"贾平凹《秦腔》:"染坊的白恩杰说:'耳朵割了那成啥啦?'秦安老婆说:'成啥了?'白恩杰说:'你还解不开?'秦安老婆说:'解不开。'""解不开"意思就是"不懂"。也说"解不下""不解"等。在这一意义上,陕北方言读解为 hài,保存了古音(王克明:《听见古代——陕北话里的文化遗产》,中华书局 2007 年版)。

【赶】 陇右方言"赶"用作"比"。如:脖子赶腰壮(脖子比腰粗);赶你聪明的人多的是(比你聪明的人多的是);这个赶那个攒劲(这个比那个力气大);他的手脚麻利,一个赶你两个。这种用法元明时比较普遍。元郑廷玉《忍字记》第四折:"我赶不上庞居士海内沉舟,晋孙登苏门长啸,我可甚么谢安石东山高卧。""赶不上"就是"比不上"。《初刻拍案惊奇》卷一:"此公正该坐头一席,你每枉自一船货,也还赶他不来。""赶他不来"也就是"比不上他"。现代汉语也有这种用法。萧军《吴越春秋史论》第二集第二章:"他们所造出的剑连干将所造的最平庸的剑全赶不上。"西戎《纠纷》:"妇女们见有意见没人管,于是下地的人数一天赶一天少了。""一天赶一天少",即"一天比一天少"。

【干连】 有关系、相牵连。如酒泉方言:这事和我没干连。欧阳修《论乞不勘狄青侵公用钱札子》:"其狄青纵有干连,仍乞特与免勘。"(《欧阳修集》卷九十七)元曾瑞《留鞋记》第三折:"这只绣鞋儿不打紧,干连着一个人的性命。"《西厢记》第三本第四折:"害杀小生也!我若是死呵,小娘子,阎王殿前,少不得你做个干连人。"《水浒传》二十四回:"只把唐牛儿……刺配五百里外,干连的人,尽数保放宁家。"《金瓶梅》第十七回:"况近日他亲家那边为事干连,在家躲避不出,房子盖的半落不合的,都丢下了。"《二刻拍案惊奇》卷之一:"我们捕厅因常州府盗情事,扳出与你寺干连,行关守提。有干无干,当官折辨,不关我等心上,只要打发我等起身!"《红楼梦》第九回:"这茗烟乃是宝玉第一个得用的,且又年轻不谙世事,如今听贾蔷说金荣如此欺负秦钟,连他爷宝玉都干连在内,不给他个利害,下次越发狂纵难制了。"《醒世姻缘传》第九十二回:"晁梁道:'呀,呀!好没要紧!我倒是取好,倒要叫我人命干连的?'"

【干证】 干连作证之人,与讼案有牵连的证人。干者,相关涉。王力先生主编的《古代汉语》常用词"干"字条云:"(五)发生关系(晚起义)",例子为李清照《凤凰台上忆吹箫》词"非干病酒、不是悲秋"。时代应更早。《文子·下德》:"工无异伎,士无兼官,各守其职,不得相干。"《韩非子·饬令》:"廷虽有辟言,不得以相干也。"《淮南子·主术训》:"各守其职,不得相干。"《太玄经·守》:"阴守户,阳守门,物莫相干。"《论衡·问孔》:"智与仁,不相干也。有不知之性,何妨为仁之行?"《韩擒虎变文》:"皇帝亦(一)见,宣问皇后,缘即罪杨坚一人,不干皇后之事。"《祖堂集》卷三十一"宿觉和尚":"其僧行下步来,振锡三下曰:自从一见曹溪,了知生死不相干!""干证"一词最早出现在宋代。《宋会要·刑法》三:"(向)子忞状既明,别不须干证,第黜责其身足矣。"又:"诏军抚院,所勘罪人如有通指,合要干证人,并具姓名人数及所支证事状,申附勾追。"陈襄《州县提纲·察监系人》:"二竞干证俱至,即须剖决。"宋慈《洗冤集录·检复总说》(下):"又有行凶人,恐要切干证人真供,有所妨碍,故令藏匿;自以亲密人或地客佃客出官,合套诬证,不可不知。"无名氏《神奴儿》第四折:"你看这李阿陈口内词因,与这状子上不同,其中必然暗昧着,老夫怎生下断,中间但得一个干证的来,可也好也。"《喻世明言》卷一:"县主问众干证口词,也有说打倒的,也有说推跌的。"《金瓶梅》第二十六回:"到天明,西门庆写了柬帖,叫来兴儿做干证,揣着状子,押着来旺儿往提刑院去,说某日酒醉,持刀夤夜杀害家主,又抵换银两等情。"《儒林外史》第二十四回:"因向那人家哭着求告,施舍在庵里供养着。不想被庵里邻居牵去杀了,所以来告状,就带施牛的这个人做干证。"《负曝闲谈》第二十三回:"如此说来,大老爷你倒成了这乌龟的嫡亲干证了!"《官场现形记》第二十二回:"地保、乡约,上上下下,赶着有辫子的抓,因此硬拖我出来做干证。"青海花儿唱:邀上个老天爷当干证,我两儿拜天地哩! 俗话也常说:你给我做干证,这事不是我干的。

【棟】 棟,古代敲击用以引乐的小鼓。《说文·申部》:"击小鼓,引乐声也。从申,柬声。"《玉篇·申部》:"棟,小鼓在大鼓上,击之以引乐也。"《诗·周颂·有瞽》"应田县鼓"郑笺云:"田当作棟。棟,小鼓,在大鼓旁,应鞞之属也。声转字误,变而为田。"《正义》:"意棟以柬为声,声既转去柬,唯有申在,申字又误去其上下,故变为田也。"《周礼·春官·大师》:"下管播乐器,令奏鼓棟。"郑玄注引郑司农曰:"棟,小鼓也。先击小鼓,乃击大鼓。小鼓为大鼓先引,故曰棟。棟,读为道引之引。"《春官·小师》:"小乐事鼓棟。"注:"棟,小鼓名。"秦腔中主要打击乐器板鼓,也叫"干鼓",京剧则称"单皮"。以木为框,单面蒙以野猪皮,园形、扁状。用实心竹制鼓槌（尺）敲击，鼓心直径约五公分。主要用于剧中唱、念、做、打、起、止、快、慢，及文武换场、音乐转换等的节制与指挥。按，"干"的本字应为"楝"。楝古音以纽真部，"柬"见纽山部，"干"见纽寒部，先秦山、寒均属元部；又真元、寒通韵，故"楝""柬""干"三字韵母相近；又先秦秦音中见、以两纽相通（叶玉英：《古文字构形与上古音研究》，厦门大学出版社2009年版，第237—240页），因此楝与干古音通，亦即《说文》所谓"柬声"。

【骬】（gàn），胫骨，小腿骨，亦指小腿。《说文·骨部》："骬，骹也。从骨，干声。"《埤苍》："骬，胫也。"《尔雅·释训》："骬疡为微。"注："骬，脚胫也。"《灵枢·逆顺肥瘦》："其下者，注少阴之大络，出于气街，循阴股内廉，入腘中，伏行骬骨内，下至内踝之后属而别。"史崧音释："骬、（音）干。"《淮南子·俶真训》："易骬之一毛。"注："自膝以下、胫以上也。"《古诗源》卷一载宁戚《饭牛歌》："生不逢尧舜禅，短布单衣适至骬。"韩愈《崔十六少府摄伊阳以诗及书见投因酬三十韵》："娇儿好眉眼，袴脚冻两骬。"《宋史·杜谊传》："卜葬，徒跣负土为坟，往来十余里，日渡塘涧，泥水没骬，虽大雨雪未尝少止。"陆游《灯下晚餐示子遹》诗："家贫短衣不掩骬，空庖凄凄灶不爨。"清恩孚《拾炭儿》："鹄面贫家儿，鹑结不掩骬。"骬，《集韵》《韵会》居案切，音干。因此也作"杆""干"。《跻春台》卷四《僧包头》："怎么半夜就出去，怕怕滚断脚杆骨？"贾平凹《邻家少妇·桃春》："结果，变卖了一切家具，又溜了四间厦子房上的瓦，一家就穷得干腿打得炕沿子响了。"今陇右谓小腿为干腿，本字当为"骬"。青海花儿：桂花的窗子桂花的门，大老爷堂上的五刑；打断了干腿拔断了筋，越打是我俩人越亲！

【戇】（gàng），刚直而愚笨。《说文·心部》："戇，愚也。从心赣声。陟绛切。"《广韵·去声·绛韵》："陟降切。与赣、憨同。"《集韵》用韵丑用切："憃，愚也，或作戇。"陟降切，读"壮"。可是在口语中，"戇"的读音变为"刚"的去声，不但声调改变了，声母也变了。《蜀语》："性傲曰戇○戇，音刚去声。"《正字通·心部》："戇，急直也。"《新方言》："今江南运河而东至于浙江皆谓婞直为戇，读如渠绛切，以赣声作喉音也。或言莽戇，作直绛切。"《墨子·非儒下》："其亲死，列尸弗敛，登屋窥井，挑鼠穴，探涤器，而求其人焉。以为实在，则戇愚甚矣。"《史记·高祖本纪》："然陵少戇，陈平可以助之。"《汉书·汲黯传》："甚矣，汲黯之戇也。"杜牧《商山富水驿》："益戇由来未觉贤，终须南去吊湘川。"元稹《酬乐天见忆，兼伤仲远》："河任天然曲，江随峡势斜。与君皆直戇，须分老泥沙。"王阳明《答聂文蔚》二："谆谆下问，而竟虚来意，又自不能已于言也。然直戇烦缕已甚，恃在信爱，当不为罪。"《宋史·韩世忠传》："性戇直，勇敢忠义，事关庙社，必流涕极言。"元佚名《千里独行》楔子:"信着俺小叔莽戆多英勇。"《野叟曝言》正字卷之九第六十回:"难儿只自愧粗愚,语言直戆,若得伏侍太夫人,朝夕受教,稍开茅塞,何幸如之?"今甘谷方言说某人性子直而愚是直戆子,兰州骂为戆客,读音均与《蜀语》近。

【青棡】 (gāng),落叶乔木,叶子长椭圆形,木材坚硬,供建筑用。亦称"槲栎"。《玉篇·木部》:"棡,横墙木。"《集韵·平声·唐韵》居郎切,音冈:"横墙木。"盖桢也,多用棡木制作。《尔雅·释诂》:"桢,干也。"舍人注:"桢,正也。筑墙所立两木也。"《书·费誓》:"峙乃桢干。"孔传:"题曰桢,旁曰干。桢当墙两端者也,干在墙两边者也。"《篇海类编》:"棡,高木也。"《说文·木部》:"桢,刚木也。"《唐史》:"开宝五年,资州献梅、青棡二木合成连理。"(据《康熙字典》)今按:青棡木不仅木制坚硬,干透后敲起来还声音清脆,地方戏中所用的梆子多用青棡木制成。

【釭】 (gāng),古代车毂内所嵌的铁圈,用以穿轴。《说文·金部》:"釭,车毂中铁也。从金工声,古双切。"《说文·玉部》称:"琮,瑞玉,大八寸,似车釭。"徐曰:"谓其状外八角而中圆也。"可见釭截面像玉琮。《广雅·释器》:"锅、锟、釭也。谓车毂中铁,自关以西谓之釭。"王念孙《广雅疏证》:"凡铁之中空而受枘者谓之釭。"《方言》卷九:"车釭……,自关而西谓之釭。"钱绎笺疏:"釭之言空也。毂口之内,以金嵌之曰釭。"《释名·释车》:"釭,空也。其中空也。"因其中空故又叫穿,嵌在内部的叫做大穿,又叫做贤;嵌在外部的叫小穿,又叫做轵。王先谦《释名疏证补》:"车釭中空故又谓之穿。在内为大穿、在外为小穿。"大穿和小穿有不同的尺寸。《周礼·考工记·轮人》:"五分其毂之长,去一以为贤,去三以为轵。"郑司农注云:"贤,大穿也。轵,小穿也。"沈括《梦溪笔谈·补笔谈》卷二:"大穿内径四寸五分寸之二,记谓之'贤',毂之里穿也。小穿内径三寸十五分寸之四。记谓之'轵',毂之外穿也。"釭即贤,贤即坚,是说它坚硬耐磨。穿也作"钏"。《类篇·金部》:"钏,昌缘切,车钏。"钏音穿。《老乞大》:"这车子,折了车辋子,辐条将来。可惜了……车轴、车钏、车𨱏、车头、车梯、车厢、车辕、绳索都好。"文中车轴、车钏、车𨱏并举,当属车毂类。今陇右称架子车上装车轴的一根空心铁管为车釭,也称车轴为车釭,当以釭为本字。音亦为古音。釭,《唐韵》古双切,音杠。宁夏同心方言称为车穿,均为古意。

【僵】 讨价还价。《说文·人部》:"僵,引为贾也。从人焉声,于建切。"段注:"引,犹张大之。贾者,今之价字。引为价,所谓豫价也。"《玉篇·人部》:"僵,引为价也。"《后汉书·崔骃传》附《崔列传》:"烈时因傅母,入钱五百万得为司徒。及拜日，天子临轩，百僚毕会。帝顾谓亲幸者曰：‘悔不小靳，可至千万；靳固惜之也。’”李注：“靳或作傿。”《新方言》：“今淮南谓研磨作价为傿，音如靳。元、寒转谆、文、魂也。淮南谓研磨作价为傿，音如奥。此如奥字本在元、寒，转为今音。”按：“傿”音如奥”。傿上古属影纽元部，奥属影纽幽部，声母相同，韵元部转幽部，属音变中的例外。《越谚》卷中：“傿价，皆求善价，不肯即卖。”《昭通方言疏证》（139）：“昭人谓严格讨价还价曰傿，音如熬。”高彦休《唐阙史》卷下《军中生饦》：“猫脾鼠肝，亦登于俎，是二物也，犹傿价于雾市，逾月复罄。”《蜀籁》卷一：“傿价钱。”今陇右人谓讨价还价为“搞价”，“搞”是西北方言“熬”“傿”的音转。因为西北方言影纽前常加辅音 g。

【餩】 （gě），打嗝。《广雅·释诂》：“餩，饐也。”曹宪音乌克反。饐即噎字，音于结切。《广韵·入声·德韵》：“餩，爱黑切，噎声。”这是“饱嗝”的“嗝”的本字。元稹《寄吴士矩端公五十韵》诗：“醉眼渐纷纷，酒声频餩餩。”今通用“嗝”，本非其字。《玉篇·口部》：“嗝，古厄切，雉鸣也。”《集韵·入声·麦韵》：“嘃、嗝，鸟鸣也。或作嗝。各核切。”也作咳。蒲松林《日用杂字》：“若裹菜蔬三五唻，摩挲肚子饱咳咳。”

【各人】 反身代词，指自己。明张凤翼《灌园记·后识法章》：“进去罢，各人自扫门前雪，莫管他家瓦上霜。”《儿女英雄传》第二十八回：“等他中了举人，中了进士，拉了翰林，你两个再一个人给我们抱上两个孙孙，那时候不但你各人对得住你各人的父母，你三口儿可就都算安家的万代功臣了。”《红楼梦》第六十七回：“凤姐又问道：‘谁和他住着呢？’兴儿道：‘他母亲和他妹子，昨儿他妹子各人抹了脖子了。’”《歧路灯》第七十一回：“你去外边少等，俟榜发后，你各人抄了去罢。”《金钟传》第二十回：“你各人去罢，不必在者里叫吾生气。”歇后语：爹死娘嫁人——各人顾各人。民谚：看庄稼别人的好，看娃娃各人的好。

【齘】 （xiè，方言读 gè），咬牙的声音。《说文·齿部》：“齘，齿相切也。从齿介声。胡介切。”段注：“谓上下齿相切摩也，相切则有声。”玄应《一切经音义》卷五十八引《三苍》：“齘，鸣齿也。”也指因病理而磨牙。《金匮要略》：“齘为病，胸满口噤，卧不着席，脚挛急，必齘齿。”《灵枢·热病》：“九曰热而痉者死，腰折、瘛疭、齿噤齘也。”也形容愤恨，由其“齿相切”引申而来。《方言》卷二：“凭、齘、苛，怒也。楚曰凭，小怒曰齘。”郭注：“言噤齘也。”钱绎《笺疏》：“凡人怨恨之甚，则以齿紧相摩切，故齘为怒也。”《广雅·释诂》：“冯齘，怒也。”《玉篇·齿部》：“颗齘者，切齿怒也。”《资治通鉴·梁纪》大同八年：“欢虽喜其胜而怒其失泰，令伏诸地，亲捽其头，连顿之，并数以沙苑之败，举刃将下者三，噤齘良久。”

胡注:"噤齘,切齿怒也。噤,直禁翻,亦作鯦。齘,胡介翻。"清胡天游《女李三传》:"某齘齿切叱曰:'若何泣,若非我子也。且吾为人杀。'""齘"读匣母皆韵,转入见母皆韵读"介",于是就借"介""吤"等为之。朱骏声《说文通训定声》:"介,借为齘。"《龙龛手鉴·口部》:"吤,俗。正作齘。切齿怒也。"今陇右渭水流域形容人怒而切齿则说:把牙咬得咯吴吴的,形容人梦中磨牙则说:牙咬得咯噎噎的。"咯"应该是"齘"的音转。

【硌隐】 兰州方言,意思是让人感到心里疙里疙瘩、不舒服。如:原来我有一本书,以前有个同事特别喜欢问我借书,可他又特别不讲卫生,擤了鼻涕不洗手,硌隐的要命,把那本书看得页边黑黑的,只好忍痛割爱,送给他了事。又如:一开始觉得有点硌隐,捡人垃圾,就算不变态也"埋汰"呀!北京话则说"硌应"。如:这人真让人硌应。"硌隐"应该为同义连文。张锡厚《王梵志诗校辑》三一七首:"梵志翻着袜,人皆道是错。乍可刺你眼,不可隐我脚。"注:"隐,伤痛也。"不确。项楚先生说:"不可隐我脚的'隐',犹如北京话的'硌'。按照《现代汉语词典》的解释,'硌'是凸起的东西觉得不舒服或受到损害。这也就是'硌'的意思。"(项楚:《王梵志诗释词》,《中国语文》1986 年第 4 期)齐如山《北京土话》:"硌,音个。坐卧处不平,曰'硌得慌'。"此言是也。"隐"也有凸起之义。《朝野金载》卷五:"景龙中,瀛州进一妇人,身上隐起浮图塔庙诸佛形像。"《封氏闻见记》卷二引《水经注》云:"临淄人发古冢,得桐棺,前和外隐起为隶字,言'齐太公六代孙胡公之棺',惟三字是古,余同今书。""隐起",凸起的文字。凸起的东西就会硌着人。宋曾慥《类说》卷十六载《落牙诗》:"曹琰郎中忽落一牙。诗曰:'昨朝饭里有粗砂,隐落公公一个牙,为报妻儿莫惆怅,舌存足以养浑家。'""隐落牙"即硌掉牙。《唐诗纪事》卷六十载:(唐朝宰相李程子廓)"从其父程过三亭渡,为小石隐足,痛以呼父。程曰:'太华峰头见有仙人手迹,黄河滩里争得隐人脚跟。'"《清平山堂话本》三:"且说林善甫说了衣裳去睡,但觉物瘾其背,不能睡着。壁上有灯尚犹未灭,遂起身,揭起荐席看时,见一布囊。""隐足"谓硌足。李实《蜀语》:"有所碍曰隐〇隐,恩上声。《中朝故事》:'异人王鲔赠宣州推事官一小囊,中如弹丸,令长结身边。昼寝,为弹子所隐,胁下极痛,起就外视之,屋梁落碎榻矣。'""恩"是"隐"的古音。

【疙疼】 (gēláo),疥疮。"疼"本当作"瘔"。《集韵·上声·晧韵》:"瘔,古老切,瘔疼,疥病。""疼,瘔疼,疥疾。"《蜀语》:"疥疮曰干瘔疼〇瘔疼音果老,土音作格涝。"《蜀方言》卷上:"疥疮曰干疙疼。"《昭通方言疏证》(1482):"疥,疮也。昭人曰干疥涝。今杭州、开封皆有此言。""疥"古音"界",《广韵》去声怪韵,古拜切,为复辅音 gl 即为疙瘩或瘑疬。疥疮是一种又痒又极具传染性的皮肤病。《水浒传》第二回:"他平生专好惜客养闲人,招纳四方干隔涝汉子。"龙潜庵《宋元语言词典》:"干隔涝汉子:不干不净,不三不四的人。……按:隔涝,亦作瘑疬,疥疬、疥癞,即疥疮。因为这种疮不化脓,做称干疥疬。"(上海辞书出版社 1985 年版,第 55 页)今陇右犹有称疥病为瘑疬。儿歌《疥疬谣》:疥疬怕风,指头缝里生根,腰里缠三转,尻子上扎营盘。宁波、河南也有此词。陇右还将一种带刺的草也叫疙瘩。

【恰】 容易与人相处。《说文·人部》:"佮,合也。从人合声。古沓切。"徐锴曰:"人相合也。"人相耦为佮,物相聚为敆。经传皆以合为之。王筠《说文释例》卷八《分别文》论"佮"、"敆"二字云:"(《说文》)'佮'下云:'合也。从人合声。古沓切。'是'合'、'佮'义同音异。'佮'音如蛤。通力合作、合药及俗语合伙,皆'佮'之音义也。今无复用'佮'者。《玉篇》:'佮,合取也。'"《吴下方言考》卷十一:"佮,物于一处而併取之也。又凡物之合者皆曰佮。"也作敆。《尔雅·释诂》:"敆,合也。"郝懿行《义疏》:"指今人同爨共居谓之敆火,本于《尔雅》。"也作"欱"。《太玄·玄告》:"上欱下欱。"范望注:"欱,犹合也。"佮,今音 gé,入声,《广韵》入声合韵;"合"《广韵·入声·合韵》有侯阁、古沓二切。古沓切,今音 gé,则"合"、"佮"本同字,音义无殊。后世乃以"合"字入匣纽,"佮"字则属见纽,二字不同矣。今陇右常说某人与某人"不合"为"不佮",某种东西与另一种东西"不佮","佮"音"阁",应该是保存了古音。《越谚》卷下:"佮,(音)葛,财物相共,不分你我。'佮家过'。《集韵》。"俗也用"割""合"。《醒世姻缘传》第九十回:"万一后来同住不的,好割好散,别要他过不得日子。"《二刻拍案惊奇》卷十七:"不想安绵兵备道闻与参将不合。"《歧路灯》第一〇八回:"都是汉子合不着兄弟,拿着屋里女人做影身草。"

【袼】 (gē),本指袖子的腋缝处,俗称"挂肩"。《广韵·入声·铎韵》:"袼,裗腋。"《礼·深衣》:"袼之高下,可以运肘。"郑玄注:"袼,衣袂当掖之缝也。"《释文》:"袼,本又作胳,音各,腋也。"也指衣袖。《广雅·释器》"袼,袖也。"王念孙疏证:"盖袂为袖之大名,袼为袖当腋之缝也,其通则皆为袖也。"《广韵·入声·铎韵》古落切,《集韵》刚雀切,音各:"袖也。"袼,又作胳,音各,腋也。陇右方言取其缝袖而制成衣服之意,把襟袖缝接在一起的工艺叫袼制。

【虼蚤】 跳蚤。原称作蚤。《说文·虫部》:"蚤,啮人跳虫,从蚰叉声,蚤古爪字。"段注:"虱但啮人,蚤则加之善跃,故箸之,恶之甚也。"《玉篇·虫部》:"蚤,啮人跳虫也。"《庄子·秋水篇》:"鸱鸺夜撮蚤,察毫末。"曹植《令禽恶鸟论》:"得蚤者,莫不糜之齿牙,为害身也。"元代以后才成为虼蚤。元无名氏《盆儿鬼》第三折:"这羊皮袄上不知是虱子也是虼蚤。"《桃花女》第一折:"你这阴阳,是哈叭狗儿咬虼蚤——也有咬着时,也有咬不着时,我不信你了。"《西游记》第五十二回:"行者见了,将身又变,变作一个黄皮虼蚤,跳上石床,钻入被里,爬在那怪的肐膊上,着实一口,叮的那怪翻身骂道:'这些少打的奴才!被也不抖,床也不拂,不知什么东西,咬了我这一下!'"《金瓶梅》第五十二回:"桂姐笑骂道:'怪磣花子,你虼蚤包网儿——好大面皮!'"(虼蚤的脸很小,喻人微言轻,没面子)《红楼梦》第三十一回:"这些大东西有阴阳也罢了,难道那些蚊子虼蚤蠓虫儿,花儿草儿,瓦片儿砖头儿也有阴阳不成?"姚雪垠《李自成》二卷三章:"俗话说:独木不成林,一个虼蚤顶不起卧单。倘若没有我的手下将士和你们大家出力,我李自成纵然有天大本领,也是孤掌难鸣。"关于"虼"字的来源,一说"虼"为"龁"。《蜀方言》卷下:"啮人跳蚤曰虼蚤。"自注:"《说文》蚤,啮人跳虫也。……俗呼虼蚤。"翟灏《通俗编》卷十六:"'虼'字不见字书,唯《武林旧事》以'科斗'为'虼蚪'。……虼,当为龁啮之龁。此虫务啮人,故呼龁蚤,犹以其善跳呼跳蚤耳。"另一说,虼应该为词头,本无义。《忻州方言词典》:"圪,前缀只起表音作用,本身没有具体意义,可以构成名词、动词、形容词、量词、象声词和四字格成语。""虼"字从"蚤"字类化而从虫。也作"獦"。獦音 gé。《俚语征实》:"蚤曰獦蚤。"《古今谚》:"……九九八十一,穷汉受苦毕,才要伸脚睡,蚊虫獦蚤出。"《玉篇·犬部》:"獦狚,兽名。"獦狚(dàn)是古书上说的一种兽,形状像狼,声音像猪,吃人。与跳蚤无涉,作"獦"者非。

【根问】 寻问、查问。如酒泉方言:这事得根问清楚。《宋会要辑稿·兵》二七之一:"如有将人口货卖与蕃人,及勾该居停住,并依格律处死。验认到人口,便仰根问来处,牒送所属州府,付本家。仍令逐处粉壁晓示。"《湘山野录》卷上:"其文武臣僚内有先曾与曹利用交结往还、曾被荐举及尝亲昵之人,并不得节外根问。其中虽有涉讪之事者,恐或违误,亦不得深行锻炼。"《三国志评话》上卷:"张飞离了玄德,言道:'要知端的,除是根问去。'"《醒世姻缘传》第八十七回:"怎么不去?爷回说明日去就是了,可只顾的根问!"《姑妄言》第四回:"戴迁不放心,又面见了童自大根问详细。童自大当日听得家人说是嫁往外路,也就是这话答他,戴迁无可奈何了,只得回家复了母亲妻子。"清张春帆《九尾龟》第一百七十三回:"赛金花正待根问,忽见一个从上海带来的娘姨叫做银姐的,笑嘻嘻的手里拿着一个手本走了进来。"

【根寻】 (方言读"寻"为 xíng),追究、追查。《颜氏家训·勉学》:"夫学者贵能博闻也。郡国山川,官位姓族,衣服饮食,器皿制度,皆欲根寻,得其原本。"《唐会要》卷六十四《光禄寺》:"谨详敕旨根寻,应申归有司,方可求理。"《张义潮变文》:"仆射闻言,心生大怒,…… '使人且归公馆,便与根寻。'"《降魔变文》:"妄说地狱天堂,根寻无人的见。"宋慈《洗冤集录》卷五《验状说》:"皆要一一于验状声载,以备证验诈伪,根寻本原推勘。"《武王伐纣平话》卷下:"太公见道,令将士寻觅。左右依令,根寻到陕府东约四五里地。"《曲江池》第三折【醉春风】:"你去那出殡处根寻,起葬处访问,下棺处打听。"也作"跟寻"。《正字通·足部》:"跟,俗谓随行曰跟。"《说文·寸部》:"寻,绎理也。"《正字通·寸部》:"寻,探求也。"绎理必随事物之伦理,故"寻"有"随""逐"之义。"跟"是为了"寻",两者是连动关系。《梦粱录·顾觅人力》:"如有逃闪,将带东西,有元地脚保识人前去跟寻。"《水浒传》第九十八回:"宋江听说,满眼垂泪,差人四下跟寻探听鲁智深。"《三国演义》第八十三回:"先主收兵,只不见关兴。先主慌令张苞等四面跟寻。"《金瓶梅》第四十八:"你随此旋风,务要跟寻个下落。"《牡丹亭》第十出《惊梦》:"有此人和你姻缘之分。我今放你出了枉死城,随风游戏,跟寻此人。"《西游记》第九十回:"次日,老孙与沙僧跟寻,亦被衔去。"《初刻拍案惊奇》卷十六:"元来北京房子,惯是见租与人住,来来往往,主人不来管他东西去向,所以但是搬过了,再无处跟寻的。"卷二十四:"他见了这个异事,也是书生心性,心里毕竟要跟寻着一个实实下落。"如酒泉方言:书是谁拿上走掉的,跟寻咔。

【根苗】　比喻事物根源,缘由。西晋竺法护译《修行地道经》卷一:"归命巍巍获甘露,除世根芽种种欲。"宋日称等译《父子合集经》卷十三:"调御天人师,离烦恼怖畏,焚烧苦根芽,无复余种子。"《灰栏记》第二折【梧叶儿】:"厅阶下,膝跪着,听贱妾说根苗。"《圯桥进履》第一折【后庭花】:"我这里说根苗,我如今迷了他这大道。"《后庭花》第三折【挂玉钩】:"你与我尽说缘由,细诉根芽。"缘由和根芽对举。《汗衫记》第四折【川拨棹】:"子听得说根芽,一回家没乱杀。"《替夫妻》第三折:"杀人贼今日有根苗,母亲我不说谁知道。"《跻春台》卷三《阴阳帽》:"青天在上容禀告,细听下民说根苗。我父本朴甚公道,无辜遭冤坐监牢。"秦腔《下河东》:"众烈士的亡魂听根苗,下河东把你们命丧了。"《柜中缘》:"有些话儿说根苗,他父从前被诬告,照律斩首在市曹。老爷将他冤明了,立刻释放出狱牢。"也作"根芽"。唐般若译《大方广佛华严经》卷七:"种植一切圆满善根,长养一切善法根芽。"《留鞋记》第三折:"你道是真赃正犯难干罢,平白地揣与我个祸根芽。"《初刻拍案惊奇》卷三十八:"就是今日有得些些根芽,若没有这几贯蘖钱，我也不消担得这许多干系。"《跻春台》卷四《南乡井》："大老爷不必将我打，听小人从头说根芽。"秦腔《三滴血》："手携小儿候堂下，公堂以上说根芽。"《玉堂春》第四场："小金哥果算义气大，奔院中传信说根芽。"

【拐棍】 弯头的手杖，本作"丫""朶"。《说文·丫部》："丫，羊角也。象形，读若乖。"古人拐杖上歧出，不仅便于手抓，还便于挂钱，以形似羊角作"丫"。"朶"是"丫"的后起字。《玉篇·木部》："朶，朶子，老人杖也。"《集韵·上声·蟹韵》："朶，杖也。或作拐。"《广韵·上声·蟹韵》："拐，老人拄杖也。"《俗书刊误·日用杂字》："老人拄杖曰拐，一作丫、朶，音夬。"《蜀方言》卷下："老人杖曰朶杖。"章太炎《新方言·释言》："今人谓街巷曲折之处为丫角，圭角、乖角，亦一语也。俗书作拐角。杖头如角，故曰丫杖。《广韵》作拐，云：老人拄杖也。此为后出俗字。"今"拐"多作"诱拐"之用，实乃借用。顾起元《客座赘语·辨讹》："枴，拄杖也。今作诱略之用，曰拐带，其略人之人，俗曰拐老。"由皇帝赐给老人的拐杖是皇权的象征，是封建王朝敬老的标志，杖代表着一定的尊严。在汉代叫王杖，顶端上刻一个鸠鸟的手杖，又叫做鸠杖。鸠杖不是一般人所能拥有的，它是由政府向年满七十的高龄老人颁发的信物。《后汉书·礼仪志》说，仲秋之月，"年始七十者，授之以王杖，哺之以糜粥。八十、九十，礼有加赐。王杖者九尺，端以鸠为饰，鸠者，不噎之鸟也，欲老人不噎。是月也，祀老人星于国都南郊老人庙"。五代时仍有这样制度。《新五代史·汉纪》后汉遣王峻奉表契丹耶律，"耶律德光呼之为儿，赐以木拐一，木拐，虏法贵之如中国几杖，非优大臣不可得"。元、明时期改为龙头拐杖。《元史·石天麟传》："天麟年七十余，帝以新御金龙头杖赐之。"后来一般人也用龙头拐杖。《西游记》第七四回："项挂一串数珠子，手持拐杖现龙头。"《儒林外史》第九回："（邹吉甫）拄着拐杖出来，望见两位公子，不觉喜从天降。"曹禺《北京人》第三幕："在思懿的哭嚎声中，书斋的小门打开，曾皓拄着拐杖巍巍然地走进来。"《红楼梦》第八十三回："探春会意，开门出去，看见老婆子手中拿着拐棍，赶着一个不干不净的毛丫头。"

【垢圿】 （gòujiā），污垢，为同义连文。《说文·土部》："垢，浊也。从土后声。古厚切。"《玉篇·土部》："圿，古八切，垢圿也。"《广雅·释言》："圿，垢也。"《广韵·上声·厚韵》："垢，尘垢，古厚切。"《入声·黠韵》："圿，垢圿，古黠切。"慧琳《一切经音义》卷七十五："垢圿：下奸拜反。《考声》云：圿亦垢。"敦煌写卷S.6204《碎金》："垢圿，音苟，下嘎。"宋赵叔向《肯綮录·俚俗字义》："垢曰垢圿，音嘎；垢圿音苟。"《蜀语》："尘垢曰垢圿○垢圿音苟甲。"《山海经·西山经》："钱来山出洗石，可以碌体去垢圿。"郭璞注："洗澡可以碌体去垢圿。"《左传·宣公十五年》："国君含垢,天之道也。"《韩非子·大体篇》:"不洗垢,而察难知。"西北很多方言都有这一词,实际是通用的口语词。《大词典》有"圿,污垢"条,即引郭璞注《山海经》语,可见对"垢圿"一词失之交臂,应收而未收。

【狗油】　元代称浪荡浮滑好吃懒做的人为"狗油东西"。元高文秀《遇上皇》第一折:"好朋友都是伙不上台盘的狗油东西。"《金瓶梅》第五十八回:"老汉前者丢下个儿子,二十二岁,尚未娶妻,专一狗油,不干生理。"这一词语的出现与中国古代吃狗肉的习俗有关。秦汉以来,吃狗肉并无什么违碍,魏晋以后,北方游牧民族入主中原,他们以狗为猎具、挽畜和守卫的家畜,因而禁止杀狗与食狗。南朝宋、梁的皇帝以及唐初、北宋的个别皇帝,或出于佞佛,或出于迷信,都曾下列禁止杀狗。如宋徽宗时大臣范致虚上言:"十二宫神,狗居戌位,为陛下本命。京师有屠狗为业者,宜行禁止。"徽宗便真的发布命令,"禁止天下屠狗"(宋朱弁《曲有旧闻》卷四)。元代禁狗比徽宗时要严厉。元成宗大德十年,诏令"凡匿鹰犬者没家资之半,来献者给之以赏"。养狗要被抄没一半家财,还有谁敢养狗?元代从成宗大德十年至元代灭亡七十多年也禁人养狗。禁狗导致屠狗业衰落,狗肉、狗油是无所用的东西,因此除了有"狗肉不上台面"的俗语,还有狗油东西的说法,河北方言则把二流子叫做"二狗油"。今天甘谷话则骂油手好闲、好逸恶劳的人为狗油子。

【勾当】　古代有办理、主管、事情等意义,"当"读去声。"勾"是古代批阅公文的标识,皇帝、官员批阅公文,批准实行的就用红笔打勾,叫做"勾校"。《汉旧仪》:"诏书以朱钩施行,诏书下,有违法令,施行之不便者,曹史白,封还尚书,对不便状。"颜师古《匡谬正俗》卷八:"今之官书文按检覆得失为之勾,音褠,何也? 答曰:……其讫了者,即以朱笔钩之,钩字去声,故为褠音耳。"也叫"钩考"。韦昭注《国语·晋语》云:"考,校也。钩考,亦谓钩求考校之,察其是非也。"隋唐时期叫勾当。有处理、料理之意。张文成《游仙窟》:"新妇向来专心为勾当,已后之事不敢预知。"韩愈《顺宗实录》:"乙未,诏:'军国政事,宜权令皇太子某勾当。'"元稹《赵真长户部郎中兼侍御史等制》:"应可某官,充户部巡官,勾当河南、淮南等道两税,余如故。"《太平广记》卷八十四"卢钧"条:"时俯及关宴,钧未办醵率,扰形于色,于是……对曰:'极细事耳。几郎可以处分,最先合勾当何事。'"(出《唐摭言》)《敦煌变文集·舜子变》:"阿耶暂到寮杨(辽阳),遣舜子勾当家事。"P.4460《辞弁遐真赞》:"勾当厨宴,始终不倦。"范仲淹《与朱氏书》:"大郎来此,既不修学,又无事与他勾当,必难久住。"宋代官名有管勾卖盐官、勾当御药院、管勾文字、勾当公事、管勾帐司等。欧阳修《归田录》卷一:"曹彬平江南,诣阁门求见。其榜子云:奉敕江南勾当公事回。"曾巩于元丰三年(1080),被留在京师,"勾当三班院"。南宋徐度《却埽编》载:"旧制诸路监司属官曰'勾当公事',建炎初,避高宗嫌名,易为'干办'。"也由动词变为名词。《太平广记》第三百八十二:"甚善甚善!既无勾当,即宜还家。"(出《广异记》)在宋元以后的平话、戏曲、小说中,"勾当"一般作"事情"解,也不分好坏。《通俗编》卷十二:"勾当,乃干事之谓,今直以事为勾当。"《前汉书平话》卷下:"张石庆曰:'吾者久困淹滞,作为庶民,故来谒舅舅寻些小勾当。舅舅若何?'"元乔吉《金钱记》正末白:"哥哥休道是酒,便是玉液琼浆,我咽不下。小生有些紧要的勾当。"无名氏《赚蒯通》第一折:"这非是我成也萧何,败也萧何,故恁的反复勾当。"《中国历史博物馆藏文书洪武八年圣旨:我想修行是好的勾当。(郭良夫:《词项层次与义项层次——为〈王力先生纪念论文集〉作》,载《词汇与词典》,商务印书馆1990 年版,第 209 页)《初刻拍案惊奇》卷十七:"他是有心的,轻轻披了衣裳,走起来张看,只见房门开了,料道是娘又去做歹勾当了。"《醒世恒言》卷十三:"这是你们的勾当,只要小心在意。"《金瓶梅》第七回:"老身管着那一门儿,肯误了勾当?"《红楼梦》第二十四回:"(宝玉)因问他母亲好,这会子什么勾当。贾芸指贾琏道:'找二叔说句话。'"第七十七回:"招惹的赖大家人如蝇逐臭,渐渐地做出些风流勾当来。"以上例证中"勾当"所指的事,好坏皆有。今言勾当,则专指坏事或秘密事,义域缩小。柳青《铜墙铁壁》第十三章:"可惜人的眼睛透不过高墙,不知道那院里正在干些什么勾当。"杨沫《青春之歌》第二部第二八章:"你一九三三年曾经被捕叛变,接着你又混入党内,为敌人做了一系列血腥勾当。"

【沟子】　屁股。本作"尻"。《说文·尸部》:"尻,脾也。从尸,九声。"又指①臀部。段玉裁《说文》注:"尻,今俗云沟子是也。今俗云屁股是也。析言是二,统言是一。"《广雅·释亲》:"尻,臀也。"《玉篇·尸部》:"尻,髋也。"屈原《天问》:"昆仑县圃,其尻安在?"注:"尻,脊骨尽处,以山至高,其下必有托根之所也。"《庄子·达生》:"藉白茅,加汝肩尻乎雕俎之上,则汝为之乎?"《韩非子·说林下》:"三抚其尻而马不踶。"《西游记》第三回:"两个是赤尻马猴。"《新方言·释形体》:"今山西平阳、蒲、绛之间谓臀曰尻子,四川亦谓臀为尻子,音稍侈如钩,九声之转也。""尻",今字典注音为 kāo,合《广韵》平声豪韵苦刀切。上古本从九声,属幽部,与侯部近,转入侯部即读近"沟"。也就是说,尻、沟子、臀、屁股都讲的是一回事。清代在北京,接生婆给新生儿"洗三天"的口歌中有"洗洗蛋,作知县;洗洗沟,作知州"。可见,沟子指屁股不是新造出来的。也可指②肛门。唐段成式《酉阳杂俎·毛篇》:"蝜蝂,似黄狗,圈有常处,若行远不及其家,则以草塞其尻。"③又指女人的阴部。《新方言·释形体》又说:"(尻)广州或移以言女阴。"《杂事秘辛》以"私处坟起,为展两股,阴沟渥丹,火齐欲吐"状女阴之丰厚,沟无疑指女阴。也指男女之间的性行为。周立波《暴风骤雨》上册十二:"你尻过多少个娘们?"陇右说男女性行为为"背尻子"。

【估】　(gù),强迫,逼迫。常和"着""住""逼"等连用。《金瓶梅》第七十一回:"我因堂尊分付,就说此房来,何公倒好,就估着要,学生无不作成。"李申《金瓶梅方言俗语汇释》:"估着,心中涌起某种欲念,就要急着去办。今徐州方言说'窝着'。"所释非是。"估着要"即强着要、执意要。《金瓶梅》第七十五回:"你昨日怎的他在屋裏坐好好的,你恰似强汗世界一般,硬着来大叫他前边去,是怎么说?""硬着来大叫"与"估着要"句式相同,亦可证"估着",犹硬着、强着。《蜀籁》卷一:"估[苦]打成招。"按:估即强迫,就是强行用刑,使招供。同卷又:"估买估卖。"义为强买强卖。《跻春台》卷一《冬瓜女》:"任随你告哀都不肯,估住我嫁妻要还清。"卷三《审烟枪》:"烧得你糊焦焦声声叹惜,估住你要吃他好不惨凄。"清白眼《后官场现形记》:"这孩子越闹越不成了,你要估住黄老爷叫你什么?"李劼人《死水微澜》第三部第二章:"她只说云集栈的东西吃厌了,要掉个地方;你们大老表就估住我作东道,招呼到你这里,说你们的酒认真,王老七的卤菜好。"艾芜《猪》:"那就请你量闰大伯做做好事,硬要估住他赔。"徐伯威《胡宗南在西昌的溃灭》:"是的,我是已经跑了的,是胡宗南估住我转来的。"川剧高腔《拉郎配》第四场:"估逼成亲,此乃非礼之事,我绝不依从。"也作"罟"。如:你不愿意做就算了,不硬罟。内蒙古方言则作"箍"。内蒙爬山调:山野草地路难行,人不箍人事箍人。甘谷有句俗语:吃屎的把屙屎的估住了。即由被动变为主动。姜亮夫先生认为"估"的本字应为"怙"(或盬)。《昭通方言疏证》(182):"昭人谓不受命,不依理行事曰怙得……其义谓以力强人从之也。此则为《诗》'怙恶不悛'之声变。"此说不确。"怙"本义为依靠、依仗,读音为 hù,不读 gù。范紫东《关西方言钩沉》认为"估"的本字应为"兆"。并引《国语·晋语》:"在列者献诗使勿兆。"注(即徐之诰:《国语集解》——引者):《述闻》(即王引之:《经义述闻》)卷二:'兆'当为'兆',《说文》:'兆,壅蔽也。从人,象左右皆蔽形。读若瞽。'勿兆谓勿壅蔽也。"笔者以为"兆"的本义是壅蔽,并无强迫之义由围堵而生。"估"的本字当有其字,待考。

【孤堆】　也作骨堆,原指平地上所隆起的土堆,泛指高出地面的堆积物。如酒泉方言:坟孤堆,土孤堆、粪孤堆等。这一词语在唐代已有,后代多沿用。韩愈《饮城南道边古墓》诗:"偶上城南土骨堆,共倾春酒三五杯。"宋道原《传灯录》:"浮山远答僧问、祖师西来意石:'平地上起骨堆'。"《李逵负荆》第二折【一煞】:"休怪我村沙样势,平地上起孤堆。""平地上起孤堆"比喻无事生非。《盆儿鬼》第二折【寨儿令幺篇】:"呀,呆老子也,却原来是一个土骨堆。"《老生儿》第三折【调笑令】:"我嫁的鸡随鸡飞,嫁的狗随狗走,嫁的孤堆坐的守。"此处"孤堆"喻所嫁之人死板、愚呆。贾仲明《双调·凌波仙·吊狄君厚》:"有平阳狄君厚,捻《火烧介子推》,只落得三尺孤堆。"清丁耀亢《续金瓶梅》第四十九回:"我把你这讨饭吃的本钱打碎了,丢开这根拄杖,看你有甚本领,也钻不出这个土孤堆去,再休想讨你那自在饭吃。""三尺孤堆""土孤堆"均指坟墓。《姑妄言》第二十一回:"有壮丁五百人,各负麦三四斗,自城西孤堆过河。"

【羖羭】 (gǔyū),山羊,公曰羖,母曰羭。《说文·羊部》:"羖,夏羊,牡曰羖。从羊殳声。公户切。"朱骏声《说文通训定声》:"夏羊,黑羊。"也就是公山羊。《尔雅·释畜》:"夏羊,牡羭,牝羖。"郝懿行《义疏》:"此当云羖牡、牝羭。"程瑶田《改正〈尔雅〉羭羖牝牡转写互讹记》同郝说,见《通艺录·释虫小记》。也指公牛。《尔雅翼》:"羖,又音通于牯,故《本草》羖羊条注牯羊,牯称乃牡之名。"《六书故》:"羖,牡羊也。牡牛亦曰羖牛,犹牯羊亦曰牡羊也。"《新方言·释动物》:"今湖北谓牡羊曰羊羖子。移言以牛,谓牡牛曰牛羖子。陕西称羊皮为羖子皮。"《史记·秦本纪》:"吾媵臣百里傒在焉,请以五羖羊皮赎之。"《说苑·反质》:"赵简子乘弊车瘦马,衣羖羊裘。"羭是母羊。《说文·羊部》:"夏羊牡者曰羭,从羊俞声。羊朱切。"段玉裁据《急就篇》颜注改"牡"为"牝"。《列子·天瑞》:"老羭之为猿也。"张湛注:"羭,牝羊也。"但羖也可不分公母作山羊的通称。《诗·小雅·宾之初宴》:"由醉之言,俾出童羖。"《毛传》:"羖羊不童也。"郑笺:"羖羊之性,牝牡有角。是黑羊牝牡皆得称羖也。"羖羭为山羊的泛称。王梵志《思量小家妇》诗:"自著紫臭翁,余人赤羖羭。""羖"也作"羒""羺"。《北史·党项传》:"处山谷间……织牦牛尾及羒羺毛为屋,服裘褐,披毡为上饰。"《清稗类钞·动物类上》:"青海之山羊似绵羊,而毛光润。有羺羒,黑多于白,角削身小。皆孳繁息,乳肉味咸美。"《金瓶梅》第十七回:"常言:机儿不快梭儿快,打着绵羊驴战。倘有小人指搠,拔树寻根,你我身家不保。"王利器《金瓶梅词典》该条解释:"打在绵羊身上,小驴驹子也会害怕得发抖。杀鸡给猴看的意思。驉,《集韵》:'音闾,与驴同。'战,颤抖。"此说有误。"驉驴"应即"羺羒"同音借字。绵羊和羺羒都是羊,此语是说打着绵羊,山羊害怕,有物伤其类之义。"羭"也作"羢""羝"。《广韵·上声·姥韵》:"羖,羖羭羊。"《老乞大》:"这个羝羊、骚胡羊、羯羊、羖羭羔儿、母羖羭,共通要多少价钱?"今临夏、西宁称山羊为"骨录""居驴",太原称为"骨羿",新疆称为"羷羿",武威声近"驹律",俱为"殺翔"之音转。如花儿:羊伙里来了个骚殺翔,浑身臊,臊气熏天哩。

【锢漏】（gùlū）,熔化金属补已破漏的金属器物。本作"锢"。《说文·金部》:"锢,铸塞也。"徐锴曰:"铸铜铁以塞隙也。"《急就篇》:"釭鐧键钻冶锢镂。"颜注:"锢者,铸而塞补,令其坚固也。"明杨慎《艺林伐山·略记字义》:"锢,补釜隙也。"锢为古代 kl－（gl－）的复声母字,变为复声母即为"锢镂""古路"或"古露"。宋洪迈《容斋随笔·切脚语》曰:"世人语音,有以切脚而称者,亦间见之于史书中。如以篷为勃笼,盘为勃阑,铎为突落,团为突栾,钲为丁宁,顶为滴顶,角为仡落,蒲为勃卢,精为即零,螳为突郎,旁为步郎,茨为蒺藜,圈为屈挛,锢为骨露,窠为窟驼是也。"如敦煌文书 P.3032《净土寺食物等品入破历》:"粟二斗沽酒,古露釜子博士用。""粟四斗,买铜古路镙子用。""粟一硕,于写匠田盈子边卖（买）铁,古路釜子用。"陆游《老学庵续笔记》:"市井中有补治故铜铁器者,谓之'骨路',莫晓何义。《春秋正义》曰:《说文》云:'锢,塞也。'铁器穿穴者,铸铁以塞之,使不露。禁人使不得仕宦,其事亦似之,谓之禁锢。余案:'骨路'正是'锢'字反语。"《墨庄漫录》卷一:"适欲唤一锢漏者耳。"原注:"俗呼骨路。"《东京梦华录》卷三《诸色杂卖》:"其锢路、钉铰、箍桶、修整动使、掌鞋、刷腰带、修幞头帽子、补角冠。日供打香印者,则管定辅席人家膊额,时节即印施佛像等。"《朱子语类》卷七十三:"如炉鞴相似,补底只是锢露。"郭澄清《大刀记》第17章:"当梁永生还是个十几岁的孩子的时候,担着锢漏担儿外出盘乡,就经常路过这里。"山丹人把补锅钉碗的人叫"锢露匠"。以前北京话补铜铁锅,也叫做"锢路锅"。在酒泉方言中又引申为"将就"义,如:六〇年的节儿,日子实在锢漏不住。

【孤拐】（gūguǎi）,脚腕两旁突起的部分。"拐"当作"踝"。《说文·足部》:"踝,足踝也。从足果声。胡瓦切。"《释名·释形体》:"踝,确也,居两足旁,硗确然也。亦因其形踝踝然也。"胡文英《吴下方言考》卷九:"案踝音如怪,足两旁如瓠之骨也。吴中谓踝骨为脚孤踝。"《新方言·释形体》:"今人谓胫下骨隆起者为孤踝,亦或称膝为孤踝。踝之言凸也。《说文》言凸象隆骨,则足有隆骨处并称踝,亦无误也。孤、踝本双声,孤借音瓠。'"黄侃《说文段注小笺》:"今语称人足左右骨曰孤拐,拐古作踝。"《中华大字典》"踝"字注:"俗称螺丝骨,或称孤拐。""踝"本读胡瓦切,今音 huái,读如拐,可能受"果"偏旁影响。元宫天挺《范张鸡黍》第一折:"你每说到几时,早不是腊月里,不冻下我孤拐来。"也指高颧骨。《西游记》第二回:"祖师道:'你虽然像人,却比人少腮。'原来那猴子孤拐面,凹脸尖嘴。"第三十六回:"七高八低孤拐脸,两只黄眼睛,一个磕额头,獠牙往外生,就像属螃蟹的。"《红楼梦》第六十一回:"(秦显的女人)高高孤拐,大大的眼睛,最干净爽利的。"陇右方言中有"砸孤拐"的说法。如花儿唱道:孤拐砸烂筋抽断,要舍个尕妹者万难。盖因脚踝骨周围经络稠密,打时比较痛。古时就有击踝之说,即今所谓打孤拐也。《说文·尢部》有"尯"训为"击踝也。从尢从戈。读若踝",则自秦汉时已有打孤拐的说法。元李文蔚《燕青博鱼》第三折:"我若负了你的心呵,灯草打折脚古拐,现报在你眼里。""古拐"即"孤拐"。《西游记》第六十六回:"行者喝道:'你这毛神,这向在那方贪图血食,不来点卯,今日却来惊我!伸过孤拐来,让老孙打两棒解闷!'"《警世通言》卷三十二:"若三日没有银时,老身也不管三七二十一,公子不公子,一顿孤拐,打那光棍出去。"也作"骨拐"。《醒世姻缘传》第八回:"他那做戏子妆旦的时节,不拘什么人,捋他的毛,捣他的孤拐,揣他的眼,愆他的鼻子,淫妇穷子长,烂桃歪拉骨短,他偏受的,如今养成虼蚤性了,怎么受得这话?"《聊斋俚曲集·襄妒咒》第二十四回:"拿鞭子打俺膝盖儿,棒槌敲俺这骨拐儿,拳头打俺脑袋儿。"

【挂红】 民间逢喜庆,常在门楣上悬挂红布以示红运红福,亲戚朋友前来贺喜,也多带有红色的礼品,都叫挂红,红色一向是我国喜庆的色调。元郑延玉《金凤钗》楔子:"秀才,你若得了官,我便准备着果盒酒儿,与你挂红。"明陆容《菽园杂记》卷三:"土子中小试赴举者,插花挂红,鼓乐道送。"《水浒传》第四十三回:"原来去市心里决刑了回来,众相识与他挂红贺喜,送回家去,正从戴宗、杨林面前迎将过来。"《金瓶梅》第十八回:"饮酒中间,因说起后日花园卷棚上梁,约有许多亲朋都要来递果盒酒挂红,少不得叫厨子置酒管待。"第六十回:"那日,亲朋递果盒挂红者约有三十多人,夏提刑也差人送礼花红来。"《醒世姻缘传》第六回:"晁大舍出去,见了报喜众人,差人往铺中买了八匹大桃红拣布与众人挂红,送在东院书房内安歇。"《封神演义》第六十八回:"子牙令军政官取督粮印,付与三将,供簪花挂红,各饮三杯喜酒。"陇右风俗,向别人贺喜时常将红色的被面或毛毯披在人的身上,也叫挂红或披红挂彩。

【袿】 (古读 guī,今作褂,读 guà),《广韵·平声·齐韵》古携切,《韵会》音圭。《释名·释衣服》:"妇人上服曰袿,其下垂者上广下狭如刀圭也。"王先谦注引毕沅曰:"上服,上等之服也。"《格致镜原》卷十五引《逸雅》曰:"妇人上服曰袿。其下垂者上广下狭如刀圭也。"此种刀圭形的飘带是在深衣的"续衽钩边"(即衣裾的延伸部分,多缠在腰间)上专门附设一种装饰,又叫"蜚襳垂髾",为的跳起舞来更显得飘逸。《子虚赋》"蜚襳垂髾"师古注:"襳,袿衣之长带也;髾,谓燕尾之属,皆衣上假饰,非带垂。"清代学者任大椿《深衣释例》曰:"袿乃缕

缕下垂如旌旗之有旒,即所谓杂裾也。"《尔雅·释器》:"衣梳谓之祝。"郭璞注:
"衣缕也。齐人谓之挛。或曰袿,衣之饰。"邢昺疏:"言饰者,盖以缯为缘饰耳。"
则袿衣的垂饰为丝质,且如"梳"如"缕",是一种可以飘动的长带。傅毅《舞
赋》:"华袿飞髾而杂纤罗。"张华《白纻歌》:"罗袿徐转红袖扬。"这是袿之本义,
后泛指妇人的上服。宋玉《神女赋》:"振绣衣,被袿裳。"王褒《九怀·尊嘉》:
"修余兮袿衣,骑霓兮南上。"《后汉书·皇后纪上·和熹邓皇后》:"簪珥光采,袿
裳鲜明。"《文选·曹子建〈七启〉》:"被文縠之华袿。"李善注:"袿,音圭,刘熙
《释名》曰:妇人上服谓之袿。"《山堂肆考》卷二百三十五:"六朝文:披轻袿,曳
华文。轻袿华文皆舞女衣服也。又曰:袿,妇人上服。"宋任广《书叙指南》卷四:
"总言妇人服曰袿裳。"现在泛指男女外套,字变作褂。《通雅》卷四十:"按,圭与
掛同,古皆来韵归齐微韵。"古音圭与褂韵母都近 ɑi,所以通转。

【瓜】　西北方言"瓜"表示"傻"。清黎士宏《仁恕堂笔记》载:"甘州(今甘
肃)人谓不聪慧子曰'瓜子'。"方言说:一代发,二代瓜,三代四代连根拔。即第
一代聪明,二代傻,三代四代就不能要了。《跻春台》卷三《巧报应》:"惟有你背
时人说些背时话,世间背时事,无过稿与稼,背肩都磨破,那个兴了家,要我同你
背,莫得那们瓜。"(从蒋宗福《四川方言词语考释》校改)也作"瓜呆子"。《跻春
台》卷二《白玉扇》:"大嫂谓大哥曰:'瓜呆子呀,去开仓偷米!'"陈忠实《四妹
子》第三节:"她不问了,他也就不说了。看来不是瓜呆子,四妹子的疑雾消散
了。"秦腔《洞房》田玉川(白):"真是瓜呆子!你只含糊啼哭,佯装不知,岂不遮
掩过去了!""瓜"的本字,当为"颪"。《玉篇·页部》:"颪,古花切,短头也。"《集
韵·平声·麻韵》:"姑华切,音瓜,短头也。"头短、面宽是智力发育不全的结果,
是傻瓜的显著特征之一,故以面短称傻瓜。又《类篇·人部》:"佤,枯瓜切,邪离
绝貌。"引申为愚鲁之义。民俗多以比附名物以起兴,像瓜形大而圆,又瓤与籽
混杂,像混沌未开之形,故民间常以瓜比喻愚鲁之人。"瓜"也可能为"惈"。惈,
愚蠢无知而自以为是。《说文·心部》:"拒善自用之意也。从心銽声。《商书》
曰:今汝惈惷。古文从耳作聥。亦作聥。古活切。"《玉篇·心部》:"惈,愚人无
知也。"《广韵·入声》十三末:"惈,愚惈,无知。古获切。"《吴中方言考》卷十
二:"惈,愚人妄作也。吴中谓愚而妄动曰惈作。"又可能为"聩"。《方言》卷六:
"聋之甚者,秦晋之间谓之聩。"郭注:"言聅无所闻知也。"《广雅·释诂》:"聩,
聋也。"王念孙疏证:"聅,无知意也。聩、耵、聅声意并相近。"聩,郭璞音五刮反,
与瓜近。

【怪】　副词,很、极。宋晁补之《梁州令·永嘉郡君生日》中有"今年春色怪

迟迟,红梅常早,未露胭脂脸"的句子,其中的"怪迟迟",即很迟很迟。程垓《菩萨蛮》:"春回绿野烟光薄,低花矮柳田家乐。陇麦又青青,喧蜂闲趁人。野翁忘近远,怪识刘郎面。断却小桥溪,怕人溪外知。""怪识刘郎面"即很熟悉刘郎。谭意哥《长相思令》:"似恁他,人怪憔悴,甘心总为伊呵。""人怪憔悴"即人很憔悴。临夏口语中"怪不好意思";"我把我的大眼睛的怪俊儿哈想者,哎哟想者苦呀",我的憨敦敦呀中的"怪"字,是同义。

【怪道】 难怪,怪不得之意。原单作"怪"。清钱大昭《迩言》卷四"怪道"注:"《后汉(书)·廉范传》:'薛汉坐楚事诛,故人门生莫敢视。范独往收敛之。吏以闻,帝怒问范曰:'卿廉颇后邪? 与右将军褒大司马丹有亲属乎?'范对曰:'褒,臣之曾祖;丹,臣之祖也。'帝曰:'怪卿志胆敢尔。''因贳之'今人言'怪道'之'怪本'此。《敦煌变文集·降魔变文》:"六师频频输失,心里转加懊恼。今朝怪不如他,昨夜梦相颠倒。""怪不如他"即难怪不如他。宋以后始言"怪道"。文天祥《出真州》诗:"怪道使君无欠解,城门前日不应开。"李文蔚《燕青博鱼》第三折:"怪道我这脚翘趄站不定,原来是那一盏盏都是翁头清。"《醒世姻缘传》第十九回:"唐氏道:'怪道要这们些银子,我就没想到他会唱哩。'"第五十五回:"两个媒人道:'爷哟,怪道童奶奶合爷说得上话来,都是一样的性儿。'"《金瓶梅》第五十一回:"怪道他昨日决烈的就走了。"《儿女英雄传》第十六回:"邓九公这才恍然大悟,说:'怪道呢! 他昨日突然交给我一个砚台,说是一个人寄存的。'"《红楼梦》第一回:"怪道又说他必非久困之人。"第六回:"刘姥姥听了道:'原来是他! 怪道呢,我当日就说她不错的。这等说来,我今儿还得见了她。'"第四十一回:"刘姥姥听了,摇头吐舌说道:'我的佛祖! 倒得十来只鸡来配他,怪道这个味儿!'"今陇右方言仍谓难怪为怪道。如:怪道不到我这来了,原来找到更好的了。

【惯】 纵容,娇纵。如:把毛病子还给惯哈(方言坏的意思)了。本字当为"瘝"。《新方言·释言》:"凡爱怜曰痛,亦谓之瘝……今凡谓爱怜小儿者,通言曰疼。江南运河而东曰肉痛,扬州、安庆曰瘝,读如贯。""瘝"本义为病痛,《集韵·平声·山韵》"姑顽切",即俗所言"惯",当即由疼爱起义。晏几道《六幺令》词:"日高春吹,唤起懒装束。年年落花时候,惯得娇眠足。"《老生儿》第二折:刘九儿云:"从小里惯了孩儿也。"正末唱:"你从小里也孩儿教。"侯寘《减字木兰花》:"天公薄相,惯得柳绵高百丈。"《金瓶梅》第九回:"他来了多少时,便这等惯了他,大姐好没分晓。"《红楼梦》第一回:"你的性子越发惯娇了。"《东方》第一部第四章:"我一打他,你们就拦住我,就把他惯到天上去了。"如今我们常说惯孩子、把孩子惯坏了、娇惯等,都是从过度疼爱而来。

【灌米汤】　俗谓以甜言蜜语奉承为"灌米汤"。本应作"灌迷魂汤"。据说人死后投胎之前,要去奈何桥上找一个叫孟婆的老太婆,她会给人一碗无色无味的米汤,人们都叫它孟婆汤(也叫迷魂汤或迷混汤)。喝了这碗孟婆汤以后就可以忘记这一辈子的事情,投胎转世重新做人。清人王有光《吴下谚解》的"孟婆汤"中,有一段关于鬼魂被灌迷魂汤的描写:"人死去第一处是孟婆庄。诸役卒押从墙外经过,赴内案完结。生前有功,注入轮回册内,转世投胎,仍从此庄行过。有老妪留进,升阶入室,皆朱栏石砌,画栋雕梁,珠帘半卷,玉案中陈。妪呼女孩,屏内步入三姝:孟姜、孟庸、孟戈,皆红翠袖。妙常笄,金缕衣,低唤郎君,指席令之坐。小鬟端茶,三姝纤指捧瓯送至,手环丁丁然,香气袭人,势难袖手。才接杯便目眩神移,消渴殊甚,不觉一饮而进。到底有浑泥一匙许,抬眼看看时,妪及三姝缘僵立骷髅,华屋雕墙,多变成荒郊,生前事一切不能记忆。一惊堕地,即是懵懵小孩矣。——此茶及孟婆汤,一名泥浑汤,又名迷魂汤。"人们借用这一说法来表示用甜言蜜语使人忘掉自我为灌米汤。由此可以断定"米"当为"迷"字之讹。民国初期的汪康年著《汪穰卿笔记》云:"先辈言曾文正见人至京者,辄曰:'多叩头,少说话。'又言文正尝戏言:'今人欲得志,须细读三部书,则搂抠经、米汤大全、熏膨大典也。'"搂抠就是连搂带抠,熏膨未详其义,似有些假大空的味道,米汤加一"灌"字,就是"用甜言蜜语奉承人或迷惑人"。可见灌米汤的说法早在清后期就成了一些人的法宝。《全元散曲·点绛唇·赠妓》:"使了些巧心机,那里有真情实意。迷魂汤滋味美,纸汤瓶热火煨。"《金瓶梅》第二十六回:"贼强人,他吃了迷魂汤了,俺每说话不中听。"第七十四回:"吃罢迷魂汤一盏,张家娘子腹怀?"《九尾龟》第一百〇八回:"陈文仙'嗤'的一笑道:'算了罢,不用灌米汤了。'"《官场现形记》第十四回:"二爷去后,庄大老爷才同文七爷等跨到统领船上,挨排敬酒。胡统领还说了许多灌米汤的话。"周而复《上海的早晨》十六章:"'你是一个有出息的人。'朱延年尽量给徐守仁灌米汤。他看准了徐守仁是一棵摇钱树。"《王贵与李香香》第二部:"老王八你不要灌米汤,又软又硬我不上你的当。世上没良心的就数你,打死我亲大把我当牲畜。"茅盾《多角关系》一:"喔唷唷!不要灌米汤了。"杨朔《模范班》:"你不要给我灌米汤啦,咱不行!"

【扩】　(guàng),同桄,作动词表示来回一趟。桄,本为家具等之横木。《广韵·去声·宕韵》古旷切:"织机桄。"《广雅·释地》:"舫谓之桄。"王念孙疏证:"此谓船前横木也。桄之言横也。《集韵》桄,舟前木也。凡舟车前之横木皆曰桄。……今车、床及梯下横木皆曰桄。""桄"也作"横"。《说文·且部》:"且,荐也。从几,足有二横,一其下地也。"段注:"横音光,今桄字。今俗语读光去声是也。"《尚书·尧典》:"光被四表。"戴震《与王内翰凤喈书》说:"'横'转写为'桄','桄'误脱为'光',故'光被四表'即'横被四表'。"(《戴震全书》第6册,黄山书社1995年版,第277—297页)王引之《经义述闻·尚书上》:"光、桄、横,古同声而通用,非转写而为光也,三字皆充广之义。"《淮南子·原道训》:"横四维而含阴阳。"高诱注:"横,读桄车之桄。"《水经注·睢水》:"睢水又东迳横城北。《春秋左传》昭公二十一年,乐大心御华向于横。杜预曰:梁国睢阳县南有横亭。今在睢阳县西南,世谓之光城,盖光横声相近,习传之,非也。"慧琳《一切经音义》卷五十九:"桄,古文𣏾、横二形同,古黄反,《声类》作𨌅,车下横木也。今车床梯舆下横木皆曰桄是也。"宋许洞《虎钤经·攻城具》:"飞云梯,一大木为床,床下置六轮,上立双牙,牙有栝,梯长一丈二尺,有四桄,桄相去三尺,势微曲递相栝。"后以"桄"为绕线器具。《天工开物·花机式》:"其素罗不起花纹,与软纱绫绢踏成浪梅小花者,视素罗只加桄二扇。一人踏织自成,不用提花之人。"甘谷方言中有用"𬩽线"一词,即把线绕在桄子上,如:把线𬩽好。这个工具旧叫"𬩽线耙子",与今天山东方言中"线𬩽子"是同一意思。也用作量词,指成桄的线。如说:买了一𬩽线。《聊斋俚曲集·慈悲曲》第一回:"那李氏就是净了包袱的线匠——没零卖,发了𬩽子了。"也作框。《品花宝鉴》五十七回:"两手框了一条线,那十个指头就不住的发颤。"用作动词则指来回运动。《蒲松龄集·日用杂字·泥瓦章》:"墁墙泥版𬩽三遍,擎炕挖瓦压几回。"

【绲】 (gǔn),一种缝纫方法,沿着衣服等的边缘缝上布条、带子等,亦称滚边。如:在裤口上绲一条边、在裙子上绲上花边。《说文·系部》:"绲,织带也。从系昆声。古本切。"段玉裁改为:"织成带也。"《玉篇·系部》:"绲,织成章也。"《广雅·释器》:"绲,带也。"章太炎《新方言·释器》:"凡织带皆可以为衣服缘百边,故今称缘边为绲边,俗误书作'滚'。"曹植《七启》:"绲佩绸缪,或彫或错。"《后汉书·南匈奴传》:"童子佩刀绲带各一。"注:"绲,织成带也。"又可作动词。《集韵》绲,胡昆切,音魂:"缝也。""绲"作动词时又作"掍"。《说文·手部》:"掍,同也。从手昆声。古本切。"《方言》卷三:"掍、綷,同也。……宋卫之间曰綷,或曰掍。"《蜀方言》卷上:"衣边缘曰掍。"翟灏《通俗编·杂事》:"今凡服器缘边,俗谓之滚,实当用掍。"《汉书·扬雄传》:"乘云阁而上下兮,纷蒙笼以掍成。"《文选·王褒〈洞箫赋〉》:"带以象牙,掍其会合。"李善注:"带犹饰也。《方言》曰:掍,同也,言以象牙饰其会合之际,言巧密也。掍,胡本切。"也作

"袞"。段注:"绲,汉碑用'袞'字。"朱骏声《说文通训定声》:"绲,[假借]又为'袞'。《高颐碑》:'当登绲职。'《樊敏碑》:'当穷台绲。'"《俚语征实》:"衣边曰袞。"《通雅》:"纯,缘也。纯音袞,犹今言袞边,盖因乎此。"《昭通方言疏证》(1578):"今昭人言以布缘边曰袞边。"

【涫水】　(guàn,后转为 gǔn),指开水。《说文·水部》:"涫,灒也。从水官声。古丸切。"段注:"《春秋繁露》:'燔以涫汤',《韩诗外传》作'沸汤',然则涫、灒一也。《周礼》注曰:'今燕俗名热汤为观',观即涫。今江苏俗语沸水曰滚水,滚水即涫,语之转也。"滚水也就是开水。杨树达《长沙方言考》:"按:段说甚是。寒痕两部相近,恒相乱也。今长沙亦言沸水曰滚水。"涫水即水沸滚动之意。《荀子·解蔽》:"涫涫纷纷,孰知其形。"杨注:"涫涫,沸貌。"《史记·龟策传》:"寡人念其如此,肠如涫汤。"《楚辞·哀时命》:"愁修夜而宛转兮,气涫灒其若波。"洪兴祖补注:"涫,沸也。释文音馆,《集韵》官、贯二音。灒与沸同。"俗字作"滚"。"滚"本水流貌,水沸当用"涫"字,此借字耳。《新方言》:"《说文》:'涫',古丸切,今人谓水沸曰涫。读如滚,此本义也。"《朱子语类》卷十:"譬之煎药,须以大火煮滚,然后以慢火养之。"马致远《寿阳曲》:"一锅滚水冷定也,再撺红几时得热。"《西游记》第十三回:"先烧半锅滚水,别用;却又将些山地榆叶子,着水煎作茶汤;然后将些黄粱粟米,煮起饭来;又把些干菜煮熟;盛了两碗,拿出来铺在桌上。"《金瓶梅》第九十一回:"(玉簪儿)心中正没好气,拿浴盆进房,望地上一墩,用大锅烧一锅滚水,口内喃喃呐呐说道……"《红楼梦》第五十四回:"瞧瞧,这个天我怕水冷,巴巴的倒的还是滚水,这还冷了。"

【呱】　(gū),婴儿的啼哭声。《说文·口部》:"呱,小儿啼声。从口,瓜声。"《唐韵》古胡切,《集韵》《韵会》《正韵》并攻乎切,音姑。《诗·大雅·生民》:"诞置之寒冰,鸟覆翼之。鸟乃去矣,后稷呱矣。"《释文》注:"呱音孤,泣声也。"《书·益稷》:"启呱呱而泣。"《释文》:"呱音孤。"班固《幽通赋》:"姒娦呱而刻石兮,许相理而鞠条。"《法言·寡见》:"呱呱之子,各识其亲;譊譊之学,各习其师。""呱",也读 guā,《现代汉语词典》(商务印书馆 1996 年版,第 447 页)注:"呱呱 guāguā,象声词,形容鸭子、青蛙等的响亮的叫声。"《现汉》的这一注音,可谓本末倒置。"呱"本当读 guā,即《说文》"瓜"声,中古属见组模韵,上古属鱼部,上古鱼部读 a,故"呱"本当读 guā,像小儿啼哭声,后由鱼部转入模部,故读 gū,与小儿哭声迥异。字也作"嚤"。《集韵·去声·祃韵》:"嚤,乌化切,音寙。小儿啼也。"今陇右甘谷方言称婴儿为"呱喵儿",则是从婴儿泣哭之声而称呼的。"呱"也借指婴儿。清徐芳《奇女子传》:"妾,妇人,安能远出?必易服,往还数月，而此呱呱何堪久掷。""嵖"当为"嫥"。《说文·女部》："嫥，壹也，从女專声；一曰女嫥嫥；一曰女可爱貌。"《原本广韵·仙韵》职缘切："可爱之儿。"《篇海》："可爱之儿。"

【聒噪】　（guōzào），为同义复词，意思是声音嘈杂，令人难受。《说文·耳部》："聒，讙语也。从耳昏声。古活切。"《苍颉篇》："聒，扰乱耳孔也。"（慧琳《一切经音义》卷三十三引）《左传·襄公二十六年》"聒而与之语"孔疏："声乱叫谓之聒。"《楚辞·疾世》"鵾鸡鸣兮聒余"王注："多声乱耳为聒。"聒《广韵·入声·末韵》古活切，音如"国"。《说文·言部》："謃，扰也。从言喿声。苏到切。""謃"同"噪"。《左传·文公十年》："魏人噪而还。"注："群呼曰噪"。组成复合词即聒噪。《客座赘语·方言》："扰人曰聒躁。"最早见于在宋代。《朱子语类辑略》卷八："天下大势如人衰老之极，百病交作，略有些小变动，便成大病。如乳母也聒噪一场，如单超、徐横也作怪一场。"《大惠语录》卷十二《禅人求赞》诗之三："蓦然合眼入黄泉，定须聒噪阎罗老。"元代白朴《梧桐雨》第四折【叨叨令】："兀的不恼杀人也么哥！则被他诸般儿雨声相聒噪。"李好古《张生煮海》第一折："僧家清雅，又无闲人聒噪，堪可攻书。"汤式《新水令·秋夜梦回有感》套曲："西风煞是能聒噪，秋声不管离人恼。"无名氏《神奴儿》第二折【感皇恩】："老院公，你聒噪甚么？（正末唱）你道我闲聒噪，他那里撒滞殢，不惺惺。"《水浒传》第二回："一发算钱还你！这厮，只顾来聒噪！"《红楼梦》第四十九回："我实在聒噪的受不了了。"巴金《春》二四："房里的牌声和树上的蝉声聒噪地送进他的耳里，增加了他的烦闷。"王统照《隔绝阳曦》："我在外边受不了他们的聒噪，便独自踱进大厅东边的耳房。"酒泉方言如：娃娃们把人聒噪的。山丹话也说"聒噪"，只是读作 guòsao。赵燕翼在《古浪方言寻根》中说："在我童年的时候，如果和小朋友们吵吵嚷嚷，闹得大人心烦，就会听到严厉的申斥：'滚开！把人过扫的！'所谓'过扫'，就是令人耳根不得清静之意。但在很长时间里，我不知道它正确的写法究竟是哪两个字？直到长大多读了几本书，这才明白：'过扫'就是'聒噪'一个非常古老的汉语词汇。"（《丝绸之路》2000 年第 6 期）

【过】　可作动词，义为传、送、递、给等。《广雅·释诂三》："度过也。"是"过""度"二字同义，由于"给东西于人"是"将物件由此及彼"，与"过"基本相近，故"过"有"给予"之义。方以智《通雅·谚原》："辰州人谓以物予人曰过。"《俚语征实》："与谓之过，如俗呼'过付''过据''过交''过手'之类。……按《唐诗纪事·元稹〈自述〉》曰：'延英引对碧衣郎，江砚宣毫各别床。天子下帘亲考试，宫人手里过茶汤。'此'过'，'与'义。"《敦煌变文集·䏝鲋书》："只是使我,取此(柴)烧火,独舂(春)独磨,一赏不过,犹嗔懒坠(惰)。"多组成"过与"为同义复词,即"递与"。这一用法起源很早。《论衡·定贤》:"邮人之过书,门者之传教也。"北魏吉迦夜共昙曜译《杂宝藏经·佛弟难陀为佛所逼出家得道缘》:"难陀即出,见佛作礼,取钵向舍,盛食奉佛。佛不为取,过与阿难。"西晋安法钦译《阿育王传》卷第二:"僧集坐定,王自行水,手自过食与尊者。"《敦煌变文集·不知名变文》:"婆婆国里且无贫,拾得金珠乱过与人。"敦煌曲子词《抛球乐·珠泪纷纷》:"当初姊妹分明道,莫把真心过与他。"(据任二北《敦煌曲校录》)蒋礼鸿《敦煌变文字义通释》:"过与,给、送给、交给。"《敦煌变文选注·大目乾连冥间救母变文》:"长者手中执得饭,过与阇梨发大愿。"项楚注:"过与:交与。孟郊《自惜》:'倾尽眼中力,抄诗过与人。'"《祖堂集》卷七《云头和尚》:"师云:'到雪峰摩?'对云:'到。来时有信上和尚。'便抽书过与师。"《东京梦华录》卷六:"裹无脚小幞头子锦袄子辽人,踏开弩子,舞旋揣箭,过与使人。"元关汉卿《调风月》第二折【三煞】:"明日索一般供与他衣袂穿,一般过与他茶饭吃。"也可单用"过"。《太平广记》卷十三"成仙公":"我去,向来忘大刀在户侧,履在鸡栖上,可过语家人收之。"卷三百八十一"霍有邻":"有佐吏过案,仁杰问是何案。"《梦梁录》卷二十"嫁娶":"男家以草帖问卜,或祷忏,得吉无克,方回草帖,亦卜吉媒氏通音。然后过细帖,又谓'定帖'。""过语"即"传话","过案"即"送文案","过细帖"即"送细帖"。关汉卿《拜月亭》第二折【梁州第七】:"可又别无使数,难请街坊,则我独自一个婆娘,与他无明夜过药煎汤。""过药"即递药。此种用法在陇右方言中极为普遍,很多"给"用"过"替代。如"给钱"叫"过钱","传话"叫"过话","递东西"叫"把那东西过我",连"亲嘴"都叫"过嘴"。

　　【沤】　(oū,方言读 gōu),在水中沤泡,《说文·水部》:"沤,久渍也。从水,区声。"《玉篇·水部》:"沤,于候切,沤麻也,久渍也。"《周礼·考工记上·幌氏》:"涷丝以涗水,沤其丝七日,去地尺暴之。"郑注:"涗水,以灰所沸水也。沤,渐也。楚人曰沤,齐人曰湮。"《诗·陈风·东门之池》:"东门之池,可以沤麻。"《毛传》:"沤,柔也。"郑笺:"于池中柔麻,使可绩绩作衣服也。"《蜀语》:"渍麻曰沤;气郁不伸曰沤;草伏火中未然曰沤;衣物湮烂曰沤○沤,于候切,音瓯去声。湮音倭。楚人曰沤,齐人曰湮。湮豆豉、湮酱。"民国《云阳县志》:"沤,郁也。《蜀语》:气郁不伸曰沤,沤音瓯,去声,俗作恶气。"《长沙方言考》:"今长沙犹谓以水渍物曰沤。"今甘谷一带方言读"沤"如 gōu,因方言多在零声母前加 g。兰州方言说沤麻,沤肥,则用湮或渥,如湮泥、湮粪等。"沤"和"渥"上古音近。"沤"中古影母候韵;"渥"影母觉韵,声母相同,韵母阴入对转。《左传·哀公八年》："初武城或有因于吴竟田焉,拘曾人之沤营者曰：'何故使吾水滋?'"《周礼》注引"沤营"为"渥营"。

H

　　【下数】（方言读音 hāshu），指分寸、轻重、标准、规矩等。如：干这个我心里有下数的;跟领导说话也没个下数,领导怎么能喜欢你? 也表示对事情的把握性。如:这事能不能办成,他也没下数。"下"读作 hà,《广韵·去声·祃韵》"下"读为"胡驾切"或《上声·马韵》"胡雅切",为匣母,所以把"下"读 hà 是保留了近古读音。"下数"未见于辞书。不过"下"多跟动作有关,作为量词,还可表示动作的次数,所以所谓"下数",其本义当是指动作的多少与轻重的限度,方言的说法则是由这一本义生发出来的引申义。清代释心禅《一得集·推摩法论》："以手五指分主五脏,指尖属脏;本节属府。热清寒温,实泻虚补,分顺推逆,推左旋右,旋右推左,以定温清补泻之法,俱有下数,或三百或五百,不可乱推。"兰州方言说"世界是物质的,物质是运动的,运动是有规律的,规律是可以掌握的"就成了"世界是东西的,东西是动弹的,动弹是有下数的,下数是能挖抓的"。

　　【下下】（hāhā），次次,每次。"下"作为动量词,从动词"下"发展而来。《汉书·王莽传》："莽立载行视,亲举筑三下。"《三国志·蜀志·先主传》裴注引《典略》："缚之著树,鞭杖百余下。"《搜神记》卷十一："农呼妻相出于庭叩头三下。"《敦煌变文集·孔子项托相问书》："夫子共项托对答,下下不如项托。"王重民先生校记云："甲、戊两卷'下下'作'一一'。'下下'与'一一'意同,'下下'更合北方口语。"项楚说,"下下"即次次,回回。甲、戊两卷异文"一一",也即次次、回回。意思是说孔子每次对答均不如项托(项楚:《敦煌变文选注》,巴蜀书社 1990 年版,第 327 页)。宋洪觉范《石门文字禅》卷十九《游龙山断际院潜庵常居有小僧乞赞戏书其上》："赵州只有一个齿,潜庵一个恐不翅。虽然下下都咬着,咸酸自分盐醋味。"《五灯会元》卷四《赵州从捻禅师》："师因赵王问：'师尊年有几个齿在?'师曰：'只有一个。'王曰：'争吃得物?'师曰：'虽然一个,下下咬着。'"元佚名《蓝采和》第二折："扣厅打四十,下下打着者。"明戚继光《纪效新书》卷十二《短兵长用说》："彼若以长入我,必须进深五尺,被我一格打歪,即用棍内连打之法,下下着在长兵上,流水点戳而进。"《跻春台》卷四《孝还魂》:"何氏细小,极其伶便,熊氏足大,转便极避,下下被人打着。"《孽海花》第二十回:"限一回,误认了匪人,反来复去,哪裏睡得着! 只听壁上挂钟针走的悉悉瑟瑟,下下打到心坎裏。""下下"均犹次次、每次。或作"吓吓"。《蜀籁》卷四:"运气不对头,吓吓马咬牛。""吓吓"为记音。今西北方言读音也为"吓吓",当为古音之遗存。《大词典》收"下下",谓"古代品评人、物常分几等,下下为最末等",无次次、每次义,当补。

【鞋面子】　指做布鞋的面布。《金瓶梅》第七回:"毛青鞋面布,俺每问他买,定就三分一尺。"《醒世姻缘传》第二十一回:"晁夫人都把他们送粥米的盒子裏边满满的妆了点心肉菜之类,每人三尺鞋面,一双膝裤,一个头机银花首帕。"《红楼梦》第二十五回:"马道婆道:'可是我正没了鞋面子了,赵奶奶你有零碎缎子,不拘什么颜色的、弄一双鞋面给我。'"《大词典》"鞋面"谓"鞋帮。也指鞋帮的面料",误。方言"鞋"读hái,鞋中古属匣母皆韵,与方言音同。

【合仆】　正面朝下地仆倒。《说文·人部》:"仆,顿也。从人卜声。芳遇切。"朱骏声《说文通训定声》:"前覆曰仆,后仰曰偃。"《尔雅·释言》:"虺,仆也。"郭注:"顿踬倒仆。仆音赴。"《新方言·释言》:"江南运河而东至浙江,谓坠地偃者为合仆。"民国《嘉定县续志·方言》:"俗谓坠地俯者为合仆,仆音如扑。"《汉书·陈遵传》:"顿仆坐上,暮因留宿,为侍婢扶卧。"马致远《还牢末》第二折:"把僧住支杀的拖将去,连赛娘合扑的带了一交。""仆"也作"扑"。《马陵道》第三折【殿前欢】:"缠杀我也天魔祟,我便似小鬼般合扑地。"《救风尘》第一折【油葫芦】:"遮莫向狗溺处藏,遮莫向牛屎里堆,忽地便吃了一个合扑地,那时节睁着眼怨他谁!"《杀狗劝夫》第二折【伴读书】:"寒森森冻的我还窑内,滴溜溜绊我个合扑地。"《水浒传》第三十七回:"那马负疼,连奔带跳直冲过来,却把李逵撺下马背,合扑着地,磕了没头没脸泥沙。"《欢喜冤家》第十七回:"先生慌了,急回身一走。忘记后轩门槛,一交绊倒,跌个合扑。一众美人见了,都忍不住的咯咯之声。"在元曲中也作"阿扑""合伏""合面"等。《东堂老》第三折【尾煞】:"这业海打一千个家阿扑逃不去,那穷坑你便旋十万个翻身、急切里也跳不出。"杨立斋《般涉调·哨遍》套数:"精神儿大,著敲棍也门背后合伏地巴背,中毒拳也教铛里仰卧地寻叉。"《元典章·刑部四》:"用右拳于后心打了一拳,本人合面倒地身死。""阿""合"为喉音之转,"扑"变为"伏"是重唇音轻唇音的不同。"阿扑""合扑""合伏"实为一词的异写。"合"也有跌倒之义,其本字应为"跲"。《说文·足部》:"跲,踬也。从足合声。"《尔雅·释言》又曰:"虺,跲也。""合"的这一用法还见于成语"仰着合着""前仰后合"之中。《金瓶梅》第二十七回:"仰着合着,没的狗咬尿胞虚欢喜?"第四十回:"把李瓶儿笑的前仰后合。"《醒世姻缘传》第二十二回:"如今天老爷可怜见,虽不知道是仰着合着,我目下且有儿了。"《红楼梦》第四十二回:"众人听了,越发哄然大笑的前仰后合。"这里的"仰""合"对举,"合"就是身体往前倒下的动作。酒泉方言也叫"合扑子"。如:睡打了不要合扑子睡。在《金瓶梅》中又作"合蓬",如第八十一回:"贼秌秌小厮,仰摭着挣了,合蓬着去。""合蓬着"即趴着、俯卧。

【閤】　许多地方称大碗为海碗,海碗的"海"应为"閤"。"閤"本义为大开、大裂,引申义为大杯。《说文·门部》:"閤,大开也。从门,可声。一曰大杯也。火下切。"《广雅·释诂》:"閤,开也。"又曰:"閤,栖也。"《广韵·马韵》:"閤,大裂。"《方言》卷五:"閤,栖也,……其大者谓之閤。"《史记·司马相如列传》"谽呀豁閤"《集解》引郭璞曰:"閤音呼下反。"东汉李尤《杯铭》曰:"小之为杯,大之为閤,杯閤之用,无施不可。"《新方言·释器》:"今通谓大盌为'閤盌',音转如海。"此说是也。"閤"古音歌部,声为喉音,读 hǎi 是没有问题的。《红楼梦》第二十六回:"薛蟠执壶,宝玉把盏,斟了两大海碗。"《儿女英雄传》第十六回:"一个小小子儿给他捧过一个小缸盆大的雱盐海碗来,盛着满满的一碗老米饭。"施鸿保《闽杂记》卷十一:"闽俗盛宴,各馔必用大碗为敬,称为海碗……或谓海者,极言其大如海也。"此说误。

【盉】　(hǎi),海量的"海"指的也是一种酒器,是古代特大的酒杯。孙锦标《通俗常言疏证·海量》引《通俗编》云:"《集韵》:'盉,音海,盛酒器也。'"今按:《玉篇·皿部》:"盉,器,盛酒。"《蜀方言》卷上:"饮酒器曰盉。"也作"榼"。《玉篇·木部》:"酒榼也。"《集韵·上声·海韵》:"榼,或作盉。"《正字通》:"榼,酒器,以木为之。"唐白居易《就花枝》诗:"就花枝,移酒海,今朝不醉明朝悔。"温庭筠《乾馔子·裴宏泰》说裴钧"有银海,受一斗以上,以手捧而饮"。所谓银海,就是银质酒海。《红楼梦》第二十六回:"宝玉把盏,斟了两大海。"因此酒量很大的人,也常被称之为"海量"。元耶律楚材《题平阳李君实吟醉轩》诗:"长鲸海量嫌甜酒,彩笔天才笑小诗。"宋元市语称酒为"海",或称"海老""海郎","老""郎"均为后缀。元李好古《张生煮海》:"你道是白茫茫如天样,越显得他宽洪海量。"

【害娃娃】　怀孕后的妇女,产生妊娠反应,称之为"害娃娃",有的叫做"害口",还有的叫做"害喜"。冯惟敏《僧尼共犯》第二折:"但闻着荤酒气儿,就头痛恶心,恰似害孩子一般。""害孩子"字面是患了怀孩子的病,意指妊娠反应。《金瓶梅》第五十八回:"你家妈妈子不是害病想吃,只怕害孩子坐月子,想定心汤吃。"《姑妄言》第十二回："这牛氏吃了他十数丸，她原是害娃娃，过了那几日就妙了。又得了马台的神针替她一治，竟果然百病消除，却被这懂不得索取了一分谢礼。"眉户剧《张琏卖布》中张琏唱："那一年你害娃娃，一心要吃个大番瓜……骡子驮，大车拉，拉拉扯扯到咱家，切刀切，铡刀铡，煮了一锅大番瓜……"陕北信天游：想你想得灰塌塌，人家说我害娃娃。路遥《你怎么也想不到》十四："'那是害娃娃哩！你不看肚子都在了吗？'这是侯会计恶毒的声音！"陕西民歌：初八，十八，二十八，姐妹二人害娃娃，姐姐想吃个蔫黄瓜呀，妹妹那想吃个猪尾巴。"害"的本字应为"疧"。《集韵·平声·咍韵》："疧，呼来切，音咍，病也。"

【鿔】　拿。秦陇方言谓用手或其他方式拿东西为[xæ32]。黎锦熙《同官谣谚志·方言分类词汇》："拿曰摸。音 hán，字一作搚或挦。如云'把报纸摸来。'"（载《黎锦熙语言学论文集》，商务印书馆 2004 年版）"摸""搚""挦"都是借字，非本字。也用"夯"。明陆容《菽园杂记》卷十二："陕西省有'夯'字，持物也。"又曰："陕西省有'夯'字，音罕。"夯，今音为 hǎng，方音失落－g 尾，故读 hǎn。有人认为本字当为"荷"（雒鹏：《甘肃方言本字考例释》，《西北师大学报》2008 年 1 期），但"荷"基本义是背或扛，与用手拿的意思不符。笔者认为应为"鿔"。《方言》卷五："鿔，㲈，受也。齐、楚曰鿔，扬、越曰㲈。受，盛也，犹秦晋言容盛也。"郭注："今云㲈囊，由此名也。"《玉篇·金部》："鿔，受也。"《正字通·金部》："鿔，受也。按：经传本作含。"又《广雅·释诂》："㲈，取也。"扬雄《法言·重黎》："义帝初矫，刘㲈南阳。"李轨注："㲈，取也。"《广韵·平声·覃韵》胡男切，《集韵·平声·覃韵》胡南切，皆音含。今陇右谓拿上东西为"鿔上"，保存了古意。

【鼾】　(hān)，熟睡时的呼噜声。《说文·鼻部》："鼾，卧息也。从鼻干声，读若汗。侯干切。"《广韵》平声寒韵："鼾，卧气激声。侯干切，又许干切。"《集韵》平声寒韵："吴人谓鼻声为鼾。"玄应《一切经音义》卷十四引葛洪《要用字苑》："呼干切，江南行此音。"打鼾是一种病态。《伤寒论·辨温病脉证》："风温为病，脉阴阳俱浮，自汗出，身重多眠睡，鼻息必鼾，言语难出。"《世说新语·雅量》："许上床便咍台大鼾。"陆游《试茶》诗："北窗高卧鼾如雷，谁遣茶香挽梦回。"打鼾是一种很危险的疾病，但是到目前为至，还没有很好的治疗办法。鼾睡，熟睡而打呼噜。唐唐彦谦《宿田家》诗："停车息茅店，安寝正鼾睡。"宋岳珂《桯史·徐铉入聘》："卧榻之侧，岂容他人鼾睡。"（一作酣睡）《金瓶梅》第七十九回："西门庆到了潘金莲房内，倒头在炕上鼾睡如雷，再摇也摇他不醒。"甘谷方言打鼾称为拉鼾睡。

【銲】　焊的本字。杨树达《长沙方言考》:"《汉书·西域传》颜师古注云:胡桐,虫食其树而沫出下流者,俗名胡桐泪,可以汗金银,今工匠皆用之。按今长沙犹谓粘合金银裂缝曰汗。据颜注,则此语唐已有之矣。"其实此语出现比唐更早,多用銲、焊。《玉篇·金部》:"銲,何旦切。《说文》曰:'臂铠也。'"又:"焊,同銲。又焊器也。"敦煌文书S.617《俗务要名林》:"銲,烧金相著也,胡旦切。"《广韵·去声·翰韵》:"銲,金银器令相著。"《类篇·金部》:"銲,……或从旱。一曰固金铁药。"《龙龛手鉴》:"銲,焊,侯按反。焊,金银令相着也。二同。"《俗书刊误·俗用杂字》:"以药合金曰焊,一作銲。音旱。"《六书故》:"銲,侯旰切。《说文》曰:'臂铠也。'又今以固金铁之齐为銲,又作焊。"《正字通》:"焊药,以硼砂合铜为之,用胡桐汁合银,坚如石。今玉石刀柄之类,焊药加银一分,其中永不脱。"《梦溪笔谈》卷二十一:"予于谯亳得一古镜……或曰此夹镜也。然夹不可铸,须两重合之,此镜甚薄略无焊迹恐非可合也。"今通用焊,误。《集韵·上声·旱韵》:"暵,干也。或作熯、焊。"《新方言》:"熯,干貌。从火,汉省声。今人谓以火合金银器为熯,金银受火则熔,已合而干,故谓之熯。一曰:字当作爨,谓合其罅隙也。熯、爨音转。"《蕲春语》:"《广韵》去声二十八翰:焊,焊金银令相着,亦作銲,侯旰切。今吾乡谓之走焊,因正统《广韵》。"

【汗津津】　(hànjīnjīn),形容汗出的样子。元无名氏《抱妆盒》第一折:"脸儿呵汗津津显出桃花片。"《鸳鸯被》第二折:"我钗坠了无心插,眉淡了教谁画?则我这软怯怯的柔肠好教我撇不下,汗浸浸揾湿香罗帕。""汗浸浸"即汗津津。明李开先《宝剑记》第三十七出:"汗津津身上似汤浇,急煎煎心内似火烧。"《红楼梦》第十二回:"贾瑞自觉汗津津的。"郭澄清《大刀记》第十七章:"古铜色的光膀子,汗津津的,被太阳一照闪着光亮,好像涂上了一层油。""津"当为"溱"。《释名·释州国》:"秦,津也,其地沃衍有津润也。""秦"与"津"声相近。津,精纽真韵;秦,从纽真韵,精、从旁纽,两字叠韵,故可通。溱又为庄纽真韵,精庄为准旁纽,"秦"变为"溱"可能。《灵枢经·决气》:"腠理发泄,汗出溱溱,是谓津。"明张景岳《类经》注曰:"溱溱,滋泽貌,溱音臻。"明叶子奇《太玄本旨》注:"溱溱,流出盛多貌。"《通雅·释诂》:"溱溱、漉漉,汗出也。"今方言常说"汗津津","津"当为"溱"之音转。

【夯客】　(hàng),一个呆呆傻傻的、没头脑的人,兰州人斥之曰"夯客",与"脑子进水"或"脑子潮着哩"差不多,当然,单用一个"夯"字也可以。"夯"的这一用法最早出现在元曲中。元郑廷玉《忍字记》第一折【天下乐】:"你肥如那安禄山,更胖如那汉董卓,则道是个夯神儿来进宝。"在《西游记》、《红楼梦》、《儒林外史》等小说中更不止一次见到。《西游记》中的"夯"主要说的是猪八戒。如第二十六回:"(福星)骂道:'你这个夯货,老大不知高低!'八戒道:'我不是夯货,你等真是奴才!'"第三十二回:"大圣坐在石崖之上,骂道:'你这馕糠的夯货! 你去便罢了,怎么骂我?'"又如《二刻拍案惊奇》卷二十一:"尼姑微笑道:"夯货! 谁说道叫你独宿?"《儒林外史》第四十六回:"虞华轩道'小儿蠢夯,自幼失学。'"《红楼梦》第六十七回:"俗语说的:'夯雀儿先飞',省得临时丢三落四的不齐全。"第八十一回:"代儒告诉宝玉道:'……你又不是很愚夯的,明日我倒要你先讲一两章书我听……'"不过"夯"字在庚辰本中并没有见到,在程甲、程乙本中才出现。除了夯货一词外,还有"夯汉"。如《儒林外史》第一回:"只见远远的一个夯汉,挑了一担食盒来;手里提着一瓶酒,食盒上挂着一条毡条,来到柳树下。"《封神演义》第八回:"方弼乃一夯汉,尚知不忍国母负屈,太子枉死,自知卑小,不敢谏言,故此背负二位殿子去了。""夯"字的读音,对于"夯"的读音,许多注释者把它解释成"笨",读音也注 bèn。然"夯"始见于《中原音韵》,收在江阳部上声。《康熙字典》引《字汇》也是"呼讲切",折合成今音就是 hàng,方言也读去声,从未有同于或近于"蒲本切",折合成今音是 bèn 的读音。认为"夯"为"笨"是没有依据的。"夯"也写作"行"。骂人为"行货"比"夯货"起源要早。据《坚瓠三集》载:王安石的八舅曾称王安石为"行货子",后来王当了进士,便写了首诗寄给他八舅。诗曰:"世人莫笑老蛇皮,已化龙麟衣锦归;借语进贤饶八舅,于今行货正当时。"元代《金凤钗》第三折中也有"你有什么行货子"之语。明代《金瓶梅》中更是多次使用该词。如第十四回:"你这行货子,只好家里嘴头子罢了。"第二十回:"怪行货子,你还来。"到了清初,"行货子"发生音变成了"行行子"。《儿女英雄传》第十五回褚大娘子道:"你可在这里好好的张罗张罗,那几个小行行子靠不住。"这个"行"实际上源于古代表示事物品质的"行"字。《汉书·礼乐志》"夫妇之道苦"孟康注云:"夫妇之道行盬不固也。""行盬"即"行苦"。《潜夫论·浮侈篇》:"以不牢为行。"汪继培笺曰:"按:古者谓物不牢为行。《群书治要》载崔寔《政论》云:'器械行沽。'《周礼·司市》:'害者使亡。'郑注:'害,害于民,谓物行苦者。'"彭铎校正:"今通言'行货子'。"王引之《经义述闻·周官上》"饰行"条:"古人谓物脆薄曰行,或曰苦,或曰行苦,或曰行敝,或曰行滥。"《九章算术》卷第七《盈不足》:"今有醇酒一斗,直钱五十;行酒一斗,直钱一十。"清平步青《霞外攟屑·释谚·行货》:"越俗以货之次者为行货。"《新方言·释言》:"吴越谓器物楛窳为行货。"蒋礼鸿《义府续貂·浇行》:"嘉兴谓物成苟且不坚緻为浇行,行音杭。"“行”上古匣纽阳部,收－ɑng。后有一部分字由阳部转为庚部,即由上古之－ɑng转变为中古之－eng,今天的 －ing,仍读唐韵的;有读宕韵的,即方言所读“行”hàng。

【行市】　市场行情,价钱。《东京梦华录》卷三《都市钱陌》:“都市钱陌,官用七十七,街市通用七十五,鱼肉菜七十二陌,金银七十四……行市各有长短使用。”《五灯会元》卷十七“太平安禅师”:“有利无利,莫离行市。镇州萝卜极贵,庐陵米价甚贱。争似太平这里,时丰道泰,商贾骈阗。白米四文一升,萝卜一文一束。”林逋《山舍小轩有石竹二丛》诗:“莫管金钱好行市,寂寥相对是山家。”《金瓶梅》第十六回:“你不知,贼蛮奴才,行市迟,货物没处发兑,才上门脱与人。”《红楼梦》第六十一回:“你们深宅大院,‘水来伸手,饭来张口’,只知鸡蛋是平常东西,那里知道外头买卖的行市呢?”周而复《上海的早晨》第一部四:“当时钞票不值钱,物价一天一个行市,甚至一小时一个行市。”

【歊】　出气貌。《说文·欠部》:“歊歊,气出貌。从欠高,高亦声。许娇切。”歊音xiāo。《文选·班固〈宝鼎诗〉》:“吐金景兮歊浮云。”李善注:“歊,气上出貌。”左思《吴都赋》:“歊雾漨浡。”注:“言水雾之气如云蒸,昏暗不明也。”又气盛貌。《汉书·叙传》:“曲阳歊歊,亦朱其堂。”颜注:“歊歊,气盛也。”《淮南子》作“高”,盖即“歊”之省文也。又热气也。《汉书·扬雄传》:“泰山之高不嶕峣,则不能浡滃云而散歊烝。”师古曰:“歊烝,气上出也。”歊,《广韵·入声·沃韵》火酷切,《集韵·入声·沃韵》呼酷切,音熇。也假“蒿”字为之。《礼记·祭义》:“众生必死,死必归土,……其气发扬于上为昭明,焄蒿凄怆,此百物之精也。”注:“焄,谓香臭也;蒿,谓气蒸出貌也。”今陇右谓人用力呼气曰“歊”,音hāo,与《广韵》《集韵》音同。如:玻璃上歊点气,就好擦了;冬天人歊出来的气是热的。热气大了也说歊,如说:揭开锅盖时,小心热气歊。也借“熇”为之。《说文·火部》:“熇,炎气也。或从乔。”《文选·魏都赋》:“宅土熇暑,封疆障疠。”李善注引《埤苍》曰:“熇,热貌。”《集韵》平声宵韵:“熇,炎气也。”

【黑霜】　出现霜冻时,可能见霜,也可能见不到霜,见不到霜时霜冻,与不伴有白霜的霜冻,民间多称为“黑霜”,也称“暗霜”,都会使农作物受害。俗谚说:“四月八,黑霜杀。”《清稗类抄·气候类》:“或有黑霜厚积如毡,则草木皆枯矣。”柳青《创业史》:“庄稼人啊! 在那个年头遇到灾荒,就如同百草遇到黑霜一样,哪里有一点抵抗的能力呢?”路遥《平凡的世界》第二十二章:“有的人展开纸团,笑得鼻子涎水都顾不得揩;有的人一下子脸像黑霜打了一般;甚至还有抱住头当场哭得鼻子一把泪一把的。”《人生》第四章:“玉智稍犹豫了一下,但看见他哥脸像黑霜打了一般难看,就跟着跪下了。"

【黑洞洞】　形容漆黑。如酒泉方言:两个眼睛黑洞洞的。又如:身上穿的黑洞洞的呢大氅。《朱子语类》卷一:"火中有黑,阳中阴也。水外黑洞洞地,而中却明者,阴中之阳也,故水谓之阳,火谓之阴亦得。"元刘致《满庭芳·自悟》曲:"白茫茫蓝桥水溅,黑洞洞祆庙云缄。"无名氏《朱砂担》第二折:"罢、罢、罢,黑洞洞的那里去寻他,不如回家去也。"《水浒传》第五回:"那大王推开房门,见里面黑洞洞的。"清李光地《榕村语录》卷二:"《论语》是一种,大学是一种,《系传》与《中庸》又是一种,乍看是黑洞洞的,中间却分明一大世界,道理根源都在此。"刀包《易酌》卷八:"不明,故无所觌也,犹云黑洞洞,底如何出的去。明则日进于崇高,不明则日入于卑暗,理固然也。"也作"黑腾腾"。元无名氏《水仙子·韩湘子》:"乱纷纷瑞雪蓝关下,冻伤韩湘子,半空中乱糁长沙,黑腾腾彤云布,冷飕飕风又乱,山顶上开花。"《水浒传》第四十二回:"只见神厨里卷起了一阵恶风,将那火把都吹灭了,黑腾腾罩了庙宇,对面不见。""腾"的本字为"黱"。《集韵·平声·冬韵》:"黱,都宗切,黑也。"《类篇·黑部》:"黱,徒东切,黑貌。又徒冬切,又徒登切。"《重修玉篇·黑部》:"黱、大登切、黑貌。"可见"黱"有 dōng、tēng 两音。蒋礼鸿先生《义府续貂·黱》条说:"今之状黑者曰黑洞洞,洞不得云空洞无所见。《广韵·平声·东韵》:'黱,徒红切,黑貌。'正当此黱字。《说文》无黱而有黱。黱,画眉墨也。即黑之谓也。他书多作黛。以声类决之,黱、黱二字同从朕声,实一字之异文耳,古音当为蒸部字,《广韵》转入东部,此古今音之变。"

【黑黜黜】　(hēichùchù),形容光线暗。清临川山人《捣玉台》第二回:"只见黑黜黜之树林,此时静寂似水,没有一丝声响。"也形容颜色黑。欧阳山《高干大》第二十三章:"豹子沟那时候也跟现在同样静悄悄地,黑黜黜地伏在自己的脚底下。"苏州平话《长阪坡》一:"低头一看,黑黜黜的一段,什么东西?"侯国锋《峻岭风云》:"猛然,大胜子黑黜黜的身影使蓝天有了一块污浊,它的眼中露出了可怕的凶光。"黄朱碧《依本多情》:"李坤阳二十五岁,人高马大,皮肤黑黜黜的。"亦作"黑出出"。《缀白裘·翡翠园·杀舟》:"一歇月亮伴子云里去,黑出出哉。""出"当为"黜"的省写。"黜"本无"黑"义。《说文·黑部》:"黜,贬下也。"《玉篇·黑部》:"黜,贬也,下也。"即降职或罢免。"黜"的本字当"野"。《吴下方言考》卷三:"野(音处,平声),许氏《说文》:'野,黑也。'案:野,不白泽也,吴中谓物之少白光者曰黑野。"

【哼猴】　长耳枭,猫头鹰的一种,西安方言叫幸胡,甘肃、青海一带叫哼猴,银川叫猫性虎,河南一带叫恨虎,山东方言叫恨霍。蒲松龄《日用俗字·禽鸟章》:"恨霍飞鸣凶太甚,夜鸺叫笑恶非常。"自注:"霍,音虎。"这些称呼都源于古人对训狐的称谓。训狐即"鸺鹠"(急读则为鸺),首、颈侧及翼上覆羽暗褐色,而密布棕白色细狭横斑。《太平御览》卷九二七引《庄子》:"鸺鹠夜撮蚤,察毫末,昼瞑目,不见丘山。"《梁书·侯景传》:"新居殿常有鸺鹠鸣,景恶之,多使人穷山野讨捕之。"后转为"训侯"。慧琳《一切经音义》卷十七"训狐":"关西呼为训侯,山东谓之训狐,即鸠鸮也,亦名钩格,昼伏夜行鸣有怪。经文作薰胡,非体也。"《新唐书·五行志》:"鸺鹠,一名训狐。"《巴蜀异物志》:"鹠,又名训狐。"又说训狐以其鸣叫声呼之。李时珍《本草纲目·禽四·鸮》:"鸮、枭、训狐,其声也。……俚人讹训狐为幸胡者,是也。"韩愈《射训狐》:"有鸟夜飞名训狐,矜凶挟狡夸自呼。乘时阴黑止我屋,声势慷慨非常粗。"《五百家注昌黎文集》注:"或曰训狐其声,因以名之。"宋方回《夜闻训狐》:"古庙丛枯木,寒宵吚训狐。"黄庭坚《演雅》:"训狐啄屋真行怪,蟏蛸报喜太多可。"清吴省钦《慰忠词》:"肉为饥鸟衔,骨为训狐攧。"

【后手】 后续的手段,储存等。《醒世恒言》卷十六:"陆婆见着雪白两锭大银,眼中已是出火,却又贪他后手找帐,心中不舍,想了一回。"《初刻拍案惊奇》卷二十二:"过了三数年,觉道用得多了,捉捉后手看,已用过了一半有多了。"《二刻拍案惊奇》卷二十二:"日复一日,须有尽时,日后后手不上了,悔之无及矣。"卷二十六:"虽然如此说,心里多想他后手的东西,不敢冲撞,只是赶上前的讨好。"《红楼梦》第六十二回:"替你们一算计,出的多进的少,如今若不省俭,必致后手不接。"《歧路灯》第四十回:"我如今存留了一点后手,他只是贪着顾他的声名,每日只是问我要。"今陇右说某人半途而废或做事没来下文为"后手不来",留着一手为"留了后手"。

【胡吣】 (qìn),无缘无故或歪曲事实地胡说。吣本指狗、猫的呕吐。《玉篇·口部》:"呁,犬吐也。亦作吣。或作沁。"《篇海类编·身体类·口部》:"呁,吣,七鸩切,音沁,貌犬吐。"《集韵·去声·侵韵》:"呁,七鸩切,音沁。"《札朴·乡言正字·杂言》:"犬吐曰吣。"《恒言录》卷二:"今人谓猫、犬吐曰吣。"《左传·隐公十一年》杜注:"原,在沁水县西。"释文:"沁,郭璞《三仓解诂》音狗吣之吣,今讹作沁。"蒲松龄《日用俗字·饮食章》:"吐酒犹如猫狗吣,好土空把墼坑填。"《歧路灯》第六十四回:"我家有一个子小爨妇,名叫雷妮,汉子叫狗避吣儿。"狗吣同狗娃、狗剩一样是贱名,狗吣就是狗见了要呕吐,就更不会吃了。后来用吣指人的胡说八道。元乔吉《两世姻缘》第一折:"狗吣歌嚎了几声,鸡爪风扭了半边。"狗呮,比喻老妓女难听的歌声。胡沁,胡说八道。《红楼梦》第七回:"凤姐连忙喝道:'少胡说! 那是醉汉嘴里胡呮,你是什么样的人,不说没听见,还倒细问!'"第八十五回:"你还只管信口胡呮,还叫人家先要了我的命呢!""猫呮狗尿"常形容脏脏杂乱、龌龊不堪的场面。秦陇方言至今还用"呮"这个词,如天水人常说:你再胡呮,小心我把你的嘴撕成两张口。

【核】 (hú),果核。《说文·木部》:"核,实也。"朱骏声曰:"凡物包覆其外,坚实其中曰核。"《玉篇·木部》:"核,下革、户骨二切,果实中也。"《篇海》:"果中实也。"《蜀语》:"桃李核曰核○核音忽,核同,亦音忽。"《周礼·地官·大司徒》:"三曰丘陵,其动物宜羽毛,其植物宜核物。"郑玄注曰:"核物,李梅之属。"孙诒让正义:"丁晏曰:'经文作核,注作核。是果实之字当用核。'郑君作核,从今文假借字也。"《文选·班固〈典引〉》:"肴核仁谊之林薮。"蔡邕注:"肴核,食也。肉曰肴,骨曰核。"《长沙方言考》:"今长沙言核音如户骨切。""核"表上义在韵书中有两个反切,都是入声。《广韵·入声·麦韵》音"下革切",合今普通话 hě;《集韵·入声·没韵》音"胡骨切",合今普通话音为 hú。音为 hé 即为"原子核""核心"的"核"。亦作"棚"。《广韵·入声·没韵》:"棚,果子棚,出《声谱》。户骨切。"《集韵》:"棚,果中食。或作核。"也作"胡儿"。《薛仁贵》第三折【豆叶黄】:"你道不曾摘枣儿,口里胡儿那里来。"《金瓶梅》第二十五回:"哪个没个娘老子? 就是石头佫剌儿里迸出来,也有个窝巢儿;枣胡儿生的,也有个仁儿……"第六十七回:"我的儿,你肚子里枣胡解板儿,能有几句儿!"

【焴】 (hú),火盛貌。如说:火烧得焴焴的。《玉篇·火部》:"焴,胡谷切,火貌。"《广韵·入声·屋韵》胡谷切:"焴,火貌。"《类篇·火部》:"焴,呼木切,火貌。又胡谷切。"《五方元音》:"焴、爅、熇炎热。"今言"火呼呼燃烧",呼的本字当为"焴"。

【胡三】 《大词典》解释:胡闹;胡来。并引《儒林外史》第九回:"杨先生虽是生意出身,一切账目,却不肯用心料理,除了出外闲游,在店里时,也只是垂帘看书,凭着这伙计胡三,所以一店里人都称呼他是个'老阿呆'。"按:胡三应该是胡乱挥霍钱财的意思。"三"当为"撒"音变,撒即乱扔、乱花。古人常说撒馒,即任意用钱,挥霍。馒,本指钱背,代指钱钞,亦作"漫"。此说源于古代的一种赌博方法,即把钱扔到地上,以铜钱的正面、背面赌输赢,后引申为挥霍钱财。元杨显之《酷寒亭》第一折:"头顶军资库,脚踏万年仓;若将来撒馒,不勾几时光。"《醒世恒言》第三十八卷:"多蒙老翁送我三万银子,我只说是用不尽的,不知略撒漫一撒漫,便没有了。"《红楼梦》第六十二回:"袭人又本是个手中撒漫的,况与香菱相好,一闻此言,忙就开箱取了出来。"陇右方言至今常谓扔、打为三。如说:他把我三了一石头,即他用石头打了我一下。胡花乱用也叫三,如:那人有几个钱就胡三,存不住。胡三也指办事没把握。如说:他是胡三哩,你根本就不会。也有人认为胡三的三,当是散,似乎也通(雷汉卿:《近代方俗词丛考》,巴蜀书社2006年版,第314页)。

【华】　(huá),指用刀从侧面剖开。如将西瓜华成四瓣。《尔雅·释木》:"瓜曰华之。"邢疏:"此为国君削瓜之礼也。华谓半破也,降于天子,故破而不四析也。"郝懿行《尔雅义疏》云:"按:华犹刌也,盖言析之而不绝也。"《礼记·曲礼上》:"为天子削瓜者副之,巾以絺;为国君者华之,巾以绤。"郑玄注:"华,中裂之不四析也。"钱绎《方言笺疏》:"中裂谓之华,故以舌入地使土中裂,即谓之铧矣。"张慎仪《蜀方言》卷下:"以刀剖瓜曰华。"《吴下方言考》卷四:"吴中用刀开物曰华。"胡祖德《沪谚》:"以刀切物而不四析曰华,音花。"《新方言·释言》:"今谓以刀分物为华开。"并以为"华"当为"刳"之借字。蒋礼鸿先生也认为"华"实是"刳"字之借也(《义府续貂·华》条)。《说文·刀部》:"刳,判也。"《易·系辞》:"刳木为舟。"《释名·释器用》:"铧,刳也,刳地为坎也。"上古音"华",匣纽模部,"刳"溪纽模部,音近,故可借"华"为"刳",北宋以后"刳"变为苦瓦切,与今音同。今陇右犹有以"华"代"刳"者,谓削瓜牙为华,如云华成几牙;也谓劈开为华,如谓劈开的木柴为破华子。也用"划""劃"。《玉篇·刀部》:"劃,以刀划破物也。"《唐韵》《集韵》胡麦切,音获:"裂也。"《俗书刊误·日用俗字》:"破物曰劃,一作划。"今通用划。

【锽锽】　(huáng),拟声词,形容钟鼓声。《说文·金部》:"锽,钟声也。《诗》曰:钟鼓锽锽。"《说文》引《诗》见《周颂·执竞》,今本《诗》作"喤喤"。《尔雅·释乐》:"锽锽,乐也。"郭注:"钟鼓音。锽音黄。"《广韵·平声·庚韵》:"锽,大钟,户盲切。"《吏部韵略》:"锽,钟声。"《文心雕龙·原道》:"至于林籁结响,调如竽瑟;泉石激韵,和若球锽。"《后汉书·马融传》:"锽锽玱玱,奏于农郊大路之衢。"《新唐书·东夷传·新罗》:"幡旗既赫赫,钲鼓何锽锽。"明罗懋登《三宝太监西洋记通俗演义》:"幡旗既黑黑,征鼓何锽锽。"清黄景仁《平定两金川大功告成恭纪》诗:"铙奏月捷喧锽锽,降王衔璧躯裸裎。"茅盾《子夜》:"在他耳边,立刻又充满了锽锽锽的锣声。""锽"从"皇"声。"皇"有广阔空旷之义。《汉书·胡建传》:"列坐堂皇上。"颜注:"室无四壁曰皇。""锽"为钟声;"瑝"为玉声;城池无水曰隍,皆取空虚之义。今陇右方言除了用它形容钟鼓之声外,也指人光虚张声势、并无实际才能。如说:那人是个锽锽子。即雷声大、雨点小。

【烩】　huì,熟、烂熟。《广韵·上声·贿韵》:"烩,呼罪切,熟完。"《集韵·上声·贿韵》:"熟谓之烩。"《类篇·火部》:"烩,烂也……熟谓之烩。"《吴音奇字·饮食门》:"烩,音悔,物再煮也。"《蜀方言》卷上:"熟食以火再煮曰烩。"《嘉定县续志·方言》:"烩,俗言物再煮也。"光绪《黄岩县志》卷三十二:"熟物和五味曰烩,呼罪切,俗音晦。"笔者认为,"烩"应该就是回锅肉的"回"之本字,"回"即《集韵·平声·灰韵》之"呼回切"。

【豗】　(huì),猪用嘴拱土。《玉篇·兀部》:"豗,猪豗地也。"《正字通·豕部》:"豕掘地曰豗。"《广韵·平声·灰韵》呼恢切,《集韵·平声·灰韵》呼回切,并音灰。《朝野佥载》卷一:"医书言:虎中箭药,食清泥而解;野猪中药箭,豗荠苨而食。"卷五:"上元中,华容县有象入庄家中庭卧。其足下有槎,人为之出,象乃伏,令人骑。入深山,以鼻豗土,得象牙数十,以报之。"韩愈《咏雪赠张籍》诗:"岸类长蛇搅,陵犹巨象豗。"王安石《次韵耿天骘大风》诗:"云埋月缺晖寒灰,飚发齐来如巨象豗。"字亦作"蟤""㻁"。《广韵》平声十五灰:"蟤,豕掘地也。呼恢切。"慧琳《一切经音义》卷五十五引《埤仓》云:"蟤,豕以鼻垦地取虫谓之蟤也。"《玉篇·虫部》:"蟤,呼回切,豕蟤地。"《敦煌掇琐》所载《字宝碎金》:"猪蟤地,音灰。"《类篇》:"蟤,呼回切。豕掘发土也。"《正字通·豕部》:"㻁,豗本字。"陇右方言谓猪以嘴拱地为猪豗地,"豗"音"灰",与《广韵》同。如:这谁家的猪,看把人家的地豗成啥样子? 猪豗着吃是猪的本能。也用"猪豗出来的"形容东西来的容易。如:我的钱又不是猪豗出来的,哪能随便给别人?

【昏忘】　也作浑忘、魂亡,或倒言作忘浑、忘昏,义为头脑迷糊,健忘。如酒泉方言:人老了忘昏大了,记不下了。《梁书·刘显传》:"约曰:'老夫昏忘,不可受策;虽然,聊试数事,不可至十也。'"《隋书·王韶传》:"况桑榆云晚,比于畴昔,昏忘又多,岂敢自宽,以累及政务,亏紊朝纲耳。"《旧唐书·窦诞传》:"太宗常与之言,昏忘不能对。"杜甫《送率府程录还乡》:"鄙夫行衰谢,抱病昏忘集。"《救风尘》第三折【滚绣球】:"你则是忒现新,忒忘昏。"《替杀妻》第一折【滚绣球】:"母亲又无甚证候,咫尺有些老忘浑,托赖着俺哥哥福阴,那里有半星儿疾病缠身。"戴善甫《风光好》第三折:"呵,我便认了有何妨? 难道小官直如此忘魂?"关汉卿《拜月亭》第二折【收尾】:"你心间莫昏忘,你心间索记当,我言词更无妄,不须伊再审详。"《陈母救子》第一折:"我说的言词有些老混忘。"这些用例中,浑、魂、昏、混都是同音借字,本字应为"惛"。《说文·心部》:"惛,不憭也。从心昏声。呼昆切。"《广雅·释诂三》:"惛,痴也。"《广韵·平声·魂韵》:"惛,不明了也。"又:"迷忘也。"《诗·小雅》:"以谨惛恢。"笺:"惛,乱也;恢,亦乱也。"《管子·四时篇》："五漫漫,六惛惛,孰知之哉。"《战国策·秦策》："皆惛于教。"《韩非子·南面》："事有功者必赏,则群臣莫敢饰言以惛主。"《礼·曲礼》："八十九十曰耄。"郑注："耄,惛忘也。"可见汉代已有"惛忘"一词。杜预《春秋左传集解后序》："不知老叟之伏生或致昏忘,将此古书亦当时杂记,未足以取审也。""昏"当为"惛"。

【浑】（hūn），表示完整、完全。《齐民要术·大小麦第十瞿麦附》："种瞿麦法,以伏为时。亩收十石。浑蒸,曝干,舂去皮,米全不碎。""浑蒸"即整粒蒸。《羹臛法第七十六》："筑淡:用肥鹅鸭肉,浑煮。""浑煮"指将鹅、鸭、鱼等完整的放入锅中蒸煮。刘宋宝云译《佛本行经》卷一"因缘品第一"："若能以手指,举拂世界地;四海诸渊池,一吸能令尽;若能都浑吞,铁围金刚山。"失译《别译杂阿含经》卷三："所可食者,杂糠麤涩。若作羹时,浑煮姜罢煮已。"唐孙元宴《谢玄》："百万兵来逼合肥,谢玄为将统雄师。旌旗首尾三千里,浑不消它一局棋。""浑不消"即全不需。后来又出现"浑身""浑全"等复音词。"浑身"即全身。唐杜荀鹤《蚕妇》诗："年年道我蚕辛苦,底事浑身着苎麻。"杜荀鹤《伤病马》："只今筋骨浑全在,春暖莎青放未迟。"《王梵志诗·道士头侧方》："道士头侧方,浑身总着黄。"《景德传灯录》卷二十"前抚州曹山本寂禅师法嗣"："师曰:'浑身不直五分钱。'"敦煌变文《汉将王陵变》："小阵彭原都无数,遍体浑身刀箭疮。""浑全"即完全、整个。宋白玉蟾《快活歌》："真土归位为至真,水火金木俱浑全。精水神火与意土,炼使魂魄归其根。"《朱子语类》卷三十四："德是有得于心,是未事亲从兄时,已浑全是孝弟之心。此之谓德。"《琵琶记》第三十七《书馆悲逢》【夜游湖】白："孔子颜子是大圣大贤,德行浑全。大凡人非圣贤,能忠不能孝,能孝不能忠,所以名节多至欠缺。"林则徐《致邵懿辰》："今日时势,观其外表,犹一浑全之器也,而内之空虚,无一足以自固。"（《林则徐书简》,福建人民出版社1985年版,第299页）李渔《闲情偶寄·选剧》："如铜器玉器之在当年,不过一刮磨光莹之物耳,迨其历年既久,刮磨者浑全无迹,光莹者斑驳成文,是以人人相宝,非宝其本质如常,宝其能新而善变也。"《白鹿原》第十章："'你住的那间窑洞浑全不浑全?''没啥大麻达倒塌不了!'"今陇右普遍以完整为浑全。浑本当作楎。《说文·木部》："楎,梡,木未析也。"段注："此梡当作完,全也。……凡物浑大皆曰楎。"朱骏声《说文通训定声》："楎,今苏俗常语谓之或仑。或勿仑者,楎之合音。""楎"也作囫囵。囫囵即浑之缓读。《蜀语》："浑全曰囫囵○音忽伦。"《俗书刊误·日用杂字》："物完曰囫囵,音笏伦,与浑仑同义。"《列子·天瑞篇》："浑沦者,言万物相浑沦而未相离也。"

【货郎】　在农村集市上,挑着小担,卖妇女日用品的小贩叫货郎,手里摇的小鼓叫货郎鼓,形状跟拨浪鼓相同而比较大,也叫惊闺或惊闺叶。宋周密《武林旧事·舞队》:"大小全棚傀儡:……散钱行、货郎。"元石德玉《秋胡戏妻》第二折:"等那货郎儿过来,你买些胭脂粉搽搽脸。"《水浒传》第七十四回:"扮作山东货郎,腰要插一把串鼓儿,挑一副高肩杂货担子。"《醒世恒言》第十三回:"冉贵却装了一个杂货担儿,手执着一个玲珑珰琅的东西,叫做个'惊闺'。"《论语·阳华》:"阳货欲见孔子。"孔传云:"阳货,阳虎也。"刘宝楠《论语正义》曰:"货、虎一声之转。疑'虎'是名,'货'是字也。"渭水流域至今呼"货"为"虎","货郎"就变成了"虎郎"。"社火"如读"社虎",也应该是保存了古音。

J

【鸡瞀眼】　雀盲症,西北方言又叫鸡雾眼。"雾"当作"瞀",义为视不明也。宋罗愿《尔雅翼》:"雀性多欲,止曛黑辄盲。人至其时用目力不止者,亦得雀盲之疾。"《玉篇·目部》:"瞀,目不明貌。"《庄子·徐无鬼》:"予少而游于六合之内,予适有瞀病。"《埤雅》:"瞀,莫不切,音木,雀目夕昏,人有至夕昏不见物者,谓之雀目。"《蜀语》:"目不见物曰瞀○瞀音务。"《蜀方言》卷上:"目不见物曰瞀。"《亢仓子·全道篇》:"夫瞀视者,以鞋为赤。"《扬子·太玄》:"视也见而晦也瞀。"俗作雾。《说文·夕部》:"婄,瞀也。"段注:"瞀当作雾。《雨部》曰:'雾,晦也。'诸家霿瞀通用。"《庄子·让王》:"汤又因瞀光而谋,瞀光曰:'非吾事也。'"瞀光他本作务。务光,古介士也。《柳河东集》卷十六《复吴子松说》:"其所升,常多蒙瞀祸贼僻邪,罔人以自利者;其所降,率多清明冲淳,不为害者。"注:"瞀,音务,又莫候切,目不明也。"

【痞】　(jì),瘦小。《方言》卷十:"啙、耀,短也。江湘之会谓之啙,凡物生而不长大亦谓之鳖,又曰痞。"郭注:"今俗呼小为痞。音荠。"《广雅·释诂》:"痞,短也。"《集韵·去声·霁韵》:"痞,才诣切,音荠。"《蜀方言》卷上:"体小曰痞。""啙"或作"呰",音zǐ,与"痞"音近。《集韵·上声·纸韵》蒋氏切:"呰,弱也,亦短也。"《汉书·地理志》:"呰窳偷生而无积聚。"师古注:"呰,短也;窳,弱也。言短力弱材,不能勤作。如淳曰:啙或作鳖。"按:《史记·货殖传》作"呰窳"。"啙""痞"本指人生病。《尔雅·释诂》:"痞,病也。"《礼记·玉藻》:"亲瘠,色容不盛。此孝子疏节也。"注:"瘠,病也。"后指小儿营养不良、身体瘦弱。丁惟汾《方言音释》:"俗谓小儿身体不发育者,谓之小瘠瘠。"章炳麟《新方言·附岭外三州语》:"三州谓人瘦小曰瘠。"后引申为凡小之称。《长沙方言考》:"今长沙谓小物曰瘠。"或作傁。《集韵·入声·职韵》:"傁,节力切,小也。"《蜀语》:"小子曰傁傁〇傁,音绩。小也。"今西北方言也谓小孩瘦小曰"碎傁傁",兰州一带则说尕傁傁。

【墼】 (jī),未烧的砖坯,在先秦即已使用。《墨子·杂守篇》:"若治城,上为擊,三隅之,重五斤以上。"按:"墼"当为正字。又《礼记·杂记》:"三年之丧,居垩室之中。"郑注:"垒墼为之,不涂墍。""墼"之音当读"甓"。《说文·土部》:"墼,令适也。"《瓦部》:"甓,令适也。"二字同训而以甓较常用。《诗·陈风·防有鹊巢》"中唐有甓"《传》:"甓,令适也。"《尔雅·释宫》:"瓴甋谓之甓。"《仪礼·丧服》墼,《释文》云:"古狄反(见纽锡韵)。刘薄历反(并纽锡韵)。"考此字《广韵》古历切(见纽锡韵),各书皆无并纽一读。刘昌宗墼音薄历反者,古音韵部虽同而声组相隔甚远,断非通假之类,当是以"甓"之音读"墼"。令当为前缀,无义,故也作"令甓""令辟""灵壁"。如《文选·长门赋》:"致错石之令甓兮。"《汉书·尹赏传》:"致令辟为郭。"《隶释》卷十二:"蔚府灵壁,阳朔四年,正朔始造。"从东汉时就开始叫砖。应劭《风俗通》:"甓,聚砖修井也。"谯周《古史考》:"乌曹氏作瓵砖。"也有叫瓵甋的。《魏志·胡昭传》注引《魏略》:"扈独具道侧,以瓵甋为障。"甋,同砖。墼有烧过和未烧过的两种。《急就篇》颜注:"墼者抑土为之,令其坚激也。"《后汉书·周纣传》:"纣廉洁无资,常筑墼以自资。"筑当训为杵。《左传·宣公十一年》"称畚筑"疏:"筑者,筑土之杵。"今西北农村仍用石杵作墼。《隶续》也记载"永平七年作官墼"。汉简中戍卒的劳务之一就是制墼,如"第廿四燧。燧卒孙良,治墼八十,治墼八十,出土……"每人每月所造墼数,多的有150块,少的也有65块。王筠在《说文句读》中说:"京师谓之土坯,吾乡谓之墼。"尚秉和说:"今江北、河北人砌墙多以墼"(《历代社会风俗事物考》卷十)。也作基。《金瓶梅》一回:"听知,奴是块金砖,怎比泥土基。"

【洎】 (jì,方言音 jiān),往锅里添水。《说文·水部》:"洎,灌釜也。从水自声。"《周礼·士师职》云:"祀五帝则洎镬水。"郑玄注:"洎谓增其沃汁也。"《左传·襄公二十八年》:"公膳,日双鸡。饔人窃更之以鹜。御者知之,则去其肉而以其洎馈。"正义:"洎者,添釜之名。添水以为肉汁,遂名。肉汁为洎,去肉而空以汁馈。"《史记·封禅书》:"水而洎之。"《吕氏春秋·应应言》:"市丘之鼎以烹鸡,多洎之则淡而不可食,少洎之则焦而不熟。"《广韵·去声·至韵》具冀切,《集韵·去声·至韵》巨至切,音暨。今陇右方言谓往锅里舔水为"洎",音读如"见",应为"暨"的音转。如说:蒸两锅馍馍之后,给锅里洎点水,以免锅烧干了。又如:锅快烧干了,赶快洎点水。

【蘽】　(jì),一种苦味。《说文·艸部》:"蘽,狗毒。从艸,繋声,古诣切。"《尔雅·释草》:"蘽,狗毒。"郭璞注:"樊光云:俗语'苦如蘽'。"徐锴《说文系传》说是狼毒草。可见是一种很苦的草。蒋礼鸿《义府续貂》:"按:嘉兴状苦曰苦蘽蘽,并施于味觉情识。"今秦陇一带状苦曰"苦不蘽蘽",凡不合口味的均状之以"蘽蘽","蘽"音"击"。也有用济济,挤挤等的。如:酸不济济、辣不济济、咸不济济等,"不"衬字,无义。

【屌】　男性外生殖器。《新方言·释形体》:"《说文》:屌,尻也,诘利切。今人移以言阴器,天津谓之屌,其余多云屌把。把者,言有柄可持也,若云尾云尾把。读平声如稽。"黄侃《蕲春语》:"今人通谓前阴曰屌巴,吾乡谓赤子正阴曰屌儿,正应作屌字。蜀人曰屌,亦尻之音转也。"章太炎先生言"把者,言有柄可持也,若云尾云尾把"者,恐不确,"把"应为词缀,无意义。姜亮夫《昭通方言疏证》(975):"'且'即阳石文化男性生殖之象也,中土则变为'土、且'字,世言祖妣,则读为祖,言男根,则读为屌,诘利切,屌音者,'祖'音之 j 化也。……俗曰屌巴,屌者义根,把者语音附尾尔。"也就是说"屌"是从"祖"演化而来的。除了叫把、鸡巴、鸡㞗、乩㞗等外,也作"赟"。《醒世姻缘传》第三十七回:"只见里面走出一个半老女人来说道:'人家这么大闺女在此,你却抽出'赟子'来对着溺尿!'唬的狄希陈尿也不曾溺完,夹了半泡,提了裤子就跑,羞的绯红的脸。"又第四十五回:"狄周媳妇问说:'你见你姑夫的赟子来? 没够多大? 有毛没毛?'玉兰说:'我怎么没见? 他后晌没脱裤么?'玉兰使手比着,也有四五寸长,也有个小鸡蛋粗。狄周媳妇问说:'你没的一宿也没睡觉么? 单单的看着他?'玉兰说:'我后晌见姑夫那挺硬的赟子,我这心里痒痒刷刷的,睡不着。看着弄俺姑,我越发这心里不知是怎么样的,只发热。'"也作"峻"。蒲松林《日用俗字·身体》:"女奶儿峻犹可说,止言屙尿不为村。"自注:"峻音即。"《斋俚曲集·墙头记》第二回:"落了草叫欢欢,摸摸有峻甚喜欢。"陇右方言中多作"鸡",小孩的"小鸡鸡"或"鸡鸡""小麻雀"等。

【罶】　(jǐ),挤,汁的"挤"的本字。《广雅·释诂二》:"罶,漉也。"王念孙疏证:"罶之言挤也。"《玉篇·网部》:"罶,手出其汁。"《广韵·上声·荠韵》:"罶,手搦酒。又作挤。子礼切。"《俗书刊误·日用杂字》:"以手握物出汁曰罶,音济上声。"《蜀语》:"搦汁曰罶。罶音挤。"《俚语征实》:"搦汁曰罶。罶音'挤'。"

杨树达《长沙方言考》:"古怛作齐。邹阳《酒赋》云:且筐且漉,载茜载齐,是也。按今长沙谓笮汁曰齌,上声读。"按:今通作"挤",非本字。《说文·手部》:"挤,排也。从手齐声。子汁切。"《广雅·释诂》:"挤,推也。"《左传·昭公十三年》:"小人老而无子,知挤于沟壑矣。"孔颖达《左转正义》解此句文义曰:"谓被推褥坑中。"《史记·项羽本纪》:"汉军却,为楚所挤。"则"挤"本义谓排挤、推挤之义,与"齌"并非一字。压榨出汁的jǐ,本字当作"齌"。

【鸡爪风】 亦作鸡爪疯、手抽。因产后风湿性关节炎形成的手足拘挛、无法伸展的疾病。明龚信纂辑《古今医鉴》卷十二:"妇人鸡爪风,因月家得此,不时举发,手足挛束如鸡爪状,疼痛难伸。"清代官修的《医宗金鉴·妇科心法要诀·筋挛》:"产后筋脉拘挛疼痛,不能舒展,俗名鸡爪风。皆由产后血液亏损,不能荣筋,又被风乘,故令拘挛疼痛也。"也用鸡爪风形容人难看的姿势。元乔吉《两世姻缘》第一折:"狗沁歌嚎了几声,鸡爪风扭了半边。"这里用"鸡爪风"形容老妓女难看的舞姿。《品花宝鉴》第五十七回:"看来这个鸡爪风更不济事,蓉妹不如带了他们来跪献三杯罢。"《金粉世家》第二十回:"那柴先生发了鸡爪风似的,把你那两张收据,向保险柜子里乱塞。"沈从文《秋》:"只是还无法事可作的老师傅,手上闲着发鸡爪风,得找寻一种消遣的办法。"克非《春潮急》二七:"读着读着,文如仁那皮肤白净的手,发起鸡爪疯来。"陇右形容一个人懒惰,不肯动手,是"手鸡爪风"了。

【即溜】 (jíliū),形容动作敏捷、机智灵敏。也作"鲫令""唧溜""机溜"。宋祁《宋景文笔记·释俗》卷上:"孙炎作反切语,本出于俚俗常言,尚数百种故。谓就为鲫溜,凡人不慧者即曰不鲫溜;谓团曰突栾;谓精曰鲫令。"洪迈《容斋三笔》:"世人语音,有以切脚而称者,亦间见之于史书中。如以篷为勃笼,盘为勃阑,铎为突落,团为突栾,钲为丁宁……精为即零。"《西湖游览志余》:"杭人有以二字反切一字以成声者,如以秀为鲫溜是也。"可见唧溜即"精"或"秀"缓言,"秀"有"聪慧"之意,我们常说"外秀慧中"。胡文英《吴下方言考》卷十:"吴中谓人之钝者曰不唧溜。"《嘉定县续志》:"唧溜,俗言敏捷也。"唐卢仝《扬州送伯龄过江》:"不唧溜钝汉,何由通姓名。"《渑水燕谈录》卷十:"伸足误踏瓿倒,糠流于地,小商弹指叹息曰:'甜采你即溜也,怎奈何?'左右皆笑。俚语以王姓为'甜采'。"《董西厢》卷二:"怪得新来可唧溜。"《气英布》第一折:"曹参,你去军中精选二十个唧溜军士,跟随何出使九江去者。"元冯子振《正宫·鹦鹉曲》(山亭逸兴):"嵯峨峰顶移家住,是个不唧溜樵父。"《警世通言》卷十九:"那一夜我眼也不曾合,他怎么拿得这样即溜。"卷二十三:"乐和身材即溜,在人丛里推挤进去，一步一看。"《石点头》第四回："自此孙三郎忙里偷闲，不论早晚，趱来与方氏尽情欢会。又且做得即溜，出入并无一人知觉。"陇右也有此说法。新疆旧时民谣"吃一个油花子'即溜'三天"就是说吃的有油水，则人可以聪明三天。酒泉方言：一个好唧溜娃子。

【驾火】　即生火、点火。明陈嘉谟《本草蒙筌·石部》："先入水飞净砂土，后驾火炒变褐黄。"《跻春台》卷四《哑女配》："朱泰大惊，想：'他当真要杀我吗？他又杀人做啥？哦，是了，他在烧陶，今日架火，定是杀我祭陶。'"又："即问牧童曰：'你水烧开么？'牧童曰：'方才驾火。'"此词《汉语大词典》失收，陇右方言常用。

【价】　或作"家"，语助词，放在状语后面可构成"价字结构"，成为一个有标记功能的虚字。或表示时量。《大宋宣和遗事》元集："那杨志为等孙立不来，又值雪天，旅途贫困；缺少果足，将一口宝刀出市货卖，终日价无人商量。"《墙头马上》第一折："这些时困腾腾每日家贪春睡，看时节针线强收拾。"《东墙记》第一折："我一会家不想起来便罢，一会家想将起，好是凄凉人也。"《二刻拍案惊奇》卷三十八："终日价没心没想，哀声叹气。"《红楼梦》第二十六回："宝玉便将脸贴在纱窗上，往里看时，耳内忽听得细细的长叹了一声道：'每日家情思睡昏昏。'"或表示动量，略同于"这样地"，起着指示代词的作用。元邓学可《端正好·乐道》套曲："喒能够几番价欢喜厮守，都在烦恼中过了春秋。"刘时中《端正好·上高监司》套数："一任你叫得昏，等到午，伴呆着不瞅不觑，他却整块价卷在包袱。"洪升《长生殿·疑谶》："一迷价痛饮豪粗。"陇右方言"价"字的功能与用法，至今与元曲相同。如酒泉方言：赶早价，就是清早的时候，飚时量。又如：女人那们价说者哩，男人这们价听者呢；拼命价干者呢，就是拚命地干着呢，表示动量。

【牮】　(jiàn)。《现代汉语词典》收有"牮"字，其第①义项即为："斜着支撑：打牮拨正（房屋倾斜，用长木头支起弄正）。"《俗书刊误·俗用杂字》："撑屋使不欹斜曰牮，音箭。"也作"𡐦"。《篇海类编·地理类·石部》："𡐦，徒念切，俗呼为牮，𡐦房屋也。"《字汇·牛部》："牮，作甸切，音荐，屋斜用牮，又以土石遮水亦曰牮。"《蜀语》："正屋曰𡐦○𡐦音荐，俗作牮。"《蜀方言》卷上："屋斜用柱曰𡐦。"顾张思《风土录》卷十五："屋欹侧用木撑正曰牮，案字书无此字，惟梅氏《字汇》收入，音作间切，注：屋斜用牮。盖明人方俗字。"范紫东《关西方言钩沉》卷四亦收"𡐦、牮"条："以大力高支房屋谓之𡐦。音荐。字或作牮。……今工人高起房屋以抽梁换柱是也。"对于此"牮"字，李荣先生在《考本字甘苦》一文中指出:"屋斜使正"曰"椾"。椾屋之"椾"本字为"荐"。他在唐代文献中找到了两条书证。姚永铭先生认为"荐"表"屋斜使正"义恐不始于唐代。慧琳《一切经音义》卷六十六"为枕"条:"下针审反。《考声》云:'枕,支也。'顾野王云:'枕,荐也。'《毛诗》云:'角枕粲兮。'《论语》云:'饮水曲肱而枕之也。'《文字黄说》云:'荐头也。'"又卷七十四"为枕"条:"下针荐反。《说文》:'枕,卧时头荐也。从木尤声也。'"由此可知,"荐"表"屋斜使正"义在唐代以前即有(姚永铭:《慧琳〈一切经音义〉研究》,江苏古籍出版社2002年版,第153页)。清桂馥《札朴》卷三"荐柱"条:"《南齐·王敬则传》:'材官荐易殿柱。'按:工欲换柱,先承以他木而荐其下,使高于旧柱,则旧柱方可抽去,荐犹藉也。"清刘心源《凡海书》:"屋斜以木支之使正,俗谓之找椾。案《说文》:'栫,以柴木壅水也。'讹作拵。《左·哀八年传》:'拵之以棘。''拵,拥也。'椾屋宇当用栫,俗作椾。"

【椾】 (jiǎn),陇右方言谓捆好待打碾的庄稼为椾,如麦椾子、一椾麦等。俗用"缄",其本字当为"椾"。《说文·束部》:"椾,小束也,从束开声,读若茧。古典切。"段注:"《齐民要术》曰:麻椾欲小欲薄,为其易干。《广雅·释诂》:"椾,束也。"《玉篇·束部》:"椾,小束也;或作秆,禾十把也。"《广韵·上声·铣韵》:"椾,古典切,小束。"《集韵·上声·铣韵》:"椾,《说文》:'小束也',或作秆。"徐光启《农政全书》卷三十六《麻》:"缚作小椾搭于房上。"山东方言也用椾。《蒲松龄集·日用杂字·泥瓦章》:"一间只有箔三椾,或扎穑更拖泥。"赵文运、匡超等纂修民国《胶志》:"草一束曰一椾,椾音检。"

【剪】 古文写作"翦",并不一定作剪刀解。本字当为"剬"。《说文·刀部》:"剬,齐断也。从刀耑声。子善切。""耑"是"前"的本字。《诗经》中已有提及,如《召南·甘棠》有"蔽芾甘棠,勿翦勿伐"句;《鲁颂·门必宫》有"实始翦商"句。各家注释:"翦,割断也",或"剂(齐)断也"。《墨子·公孟》:"昔者越王句践,剪发文身,以治其国。"所说的意思是一致的,都作为动词使用。《事物原始》引《古史考》:"剪,铁器也,用以裁布帛,始于黄帝时。"但是在先秦墓葬中似未发现铜剪,汉墓中则已多出铁剪。不过,汉代并不称之为剪刀,而叫做剂刀。《尔雅·释言上》:"剂,翦、齐也。"郭璞注:"南方人呼翦刀为剂刀。"疏:"剂、翦,齐也。"《南史·范云传》:"云之幸于子良,江祏求云女婚姻,酒酣,巾箱中取翦刀与云,曰:'且以为娉。'"汉代的剪刀呈"8"字状,加工方法是一铁条两端出刃,然后将铁条拧作"8"字状,使两刃相合,利用弯簧的弹力使其合放。因此文献中称之为"交(铰)刀",张敞所撰《东宫旧事》记,太子纳妃时,有龙头金缕交刀四。作为妃子,也需常用剪裁。《释名·释兵》"铰刀",王先谦《释名疏证补》称"亦作交刀,剪刀两刀相交,故曰交刀耳"。《广韵·平声·肴韵》:"铰,铰刀。"古肴切。《六书故·地理》:"铰,交刃刀也,利以剪。"《正字通·金部》:"铰,即今妇功缝人所用者,俗呼剪刀。"唐代人剪刀、铰刀混用。唐曹唐《病马》:"欲将鬃鬣重剪裁,乞借新成利铰刀。"而在另一首称《小游仙》诗中称剪刀:"蛟丝玉线难裁割,须借玉妃金剪刀。"李贺《五粒小松歌》:"绿波浸叶满浓光,细束龙髯铰刀翦。"王琦汇解:"铰,交刃刀也,利以翦,盖今之剪刀也。"《太平广记》卷第一百二十二"陈义郎":"行李有日,郭氏以自织染缣一匹,裁衣欲上其姑,误为交刀伤指,血沾衣上。启姑曰:'新妇七八年温清晨昏,今将随夫之官,远违左右,不胜咽恋。然手自成此衫子,上有剪刀误伤血痕,不能浣去,大家见之。即不忘息妇。'"(出《乾馔子》)前称交刀,后又谓剪刀,其实是同一物。"剪""铰"也可组成同义复词。P.3449 号《刺史书议》:"只半张纸,切须铰剪齐正,小书字。"也作剪铰。梅尧臣《依韵和宣城张主簿见赠》:"君方佐大邑,美锦同剪铰。""铰"也表"剪"义。《齐民要术·养羊第五十七》:"白羊,三月得草力,毛床动,则铰之。"白朴《阳春曲·题情》:"百忙里铰甚鞋儿样。"《红楼梦》第二十五回:"(马道婆)向赵姨娘要了张纸,拿剪刀铰了两个纸人儿,问了他二人年庚写在上面;又找了一张蓝纸,铰了五个青面,并在一处,拿针钉了。"某些方言中"铰""剪"混用,现在民间仍多称剪为铰,如"铰花""铰花样"等。

【搛】 (jiān),意思是用筷子夹。搛,《集韵·平声·沾韵》坚嫌切:"夹持也。"清天花才子《快心编》第三集第二卷第四回:"二刁子道:'……想来搛东西吃,也自然要放错了……'"《红楼梦》第四十一回:"你把茄鲞搛些喂他。"《春柳莺》第六回:"内有一老者,叫人斟了一碗酒,搛了两块肉,递与石生。"王安忆《前面有故事》:"我有点看不下去,一桌吃饭,总是把小菜搛来搛去,又不是他们请客。"陆文夫《还债》:"宋坤宁搛起腐乳酱方向嘴里一丢:'呵!这酱方好,入口便化。'"本作"敱"。《说文·竹部》:"箸,饭敱也。"段玉裁注:"敱者,侧倾意,箸倾侧用之,故曰饭敱。"《广韵·平声·支韵》:"敱,居易切,音羁。以箸取物也。"玄应《一切经音义》卷十五引《通俗文》曰:"以箸取物曰敱。"《集韵·平声·支韵》:"敱,以箸取物。"赵叔向《肯綮录·敱》:"以箸取物曰敱。"敱音 jī,由阴转阳则变为 jiā 或 jiān。民国《嘉定县续志·方言》:"俗谓以箸取物曰搛。按:搛应作敱,俗读坚或洁,皆声转。"《越言释》卷上:"北人以箸取物,尚谓之夹,南人谓之兼,兼字无义,要是夹之转。"也作"兼"。齐如山《北京土话》:"兼,夹取也。北京人嫌'夹''挟'不好听,故特说'兼'字,如挟给我一筷子,曰'兼给我一筷子'或'兼给他一口'。按此与《说文》兼,持二禾;秉,持一禾之义亦通。"今兰州、白银等地把夹菜都说成"搛菜"。如:你多给客人搛些。

【尖担】 挑禾谷、柴草用的扁担,竹木制成,两端尖,可插入柴束内,故称。古代叫㮇。《玉篇·木部》:"㮇,七红切,尖头檐。"《广韵·平声·东韵》仓红切:"㮇,尖头担也。"《集韵·平声·东韵》粗丛切:"㮇,担两头锐者。"敦煌本《俗务要名林》:"檐,当滥反,㮇檐之两头小大者,音恩。""㮇"是"㮇"的俗字,音cōng。元明以后俗称尖担。《警世通言·俞伯牙摔琴谢知音》:"此人上船,果然是个樵夫;头戴蓑笠,身披草衣,手持尖担,腰插板斧,脚踏芒鞋。"《跻春台》卷三《比目鱼》:"其父听得益怒,曰:'等我将这奴才打死!'便去拿根尖担。"卷四《孝还魂》:"手执根长尖担候至人静,从堰坎杀进去水往下倾。"由于挑的时候将两头插入柴草中,一旦一头脱落,另一头也就很快脱落,于是就有了"尖担两头脱"(也作"尖担担柴两头脱"),比喻两头落空。有不少词典解释为:两头尖的扁担无法挑东西,比喻两头落空,这种说法是不对的。《气英布》第一折:"你这里怕不有千般揣摩,却将咱一时瞒过,则怕你弄的咱做的尖担两头脱。"《救风尘》第三折:"这婆娘他若是不嫁我呵,可不弄的尖担两头脱?"《西游记》第五十七回:"但你去,讨得讨不得,次早回来,不要弄做尖担担柴两头脱也。"今陇右农村还少不了用这种尖担。

【袺】 手执衣襟以兜物。《说文·衣部》:"执衽谓之袺。从衣吉声。"《诗·周南·芣苢》:"采采芣苢,薄言袺之。"《毛传》:"袺,执衽也。"王力《古代汉语》:"袺,手提者衣襟兜着。"高亨:"袺,用手提衣襟兜东西"。字又作襭、撷。《说文·衣部》:"襭,以衣衽扱物谓之襭。从衣頡声。撷,襭或从手。"《尔雅·释器》:"执衽谓之袺,扱衽谓之襭。"注:"扱衣上衽于带。"《玉篇·衣部》:"襭,袺也,以衣衽扱物也。"《康熙字典》:"撷与襭同,以衣贮物,而扱其衽也。"陈奂《诗毛氏传疏》说:"袺者,手执衽以盛物。襭者,插衽于带以纳物,非袺但手执衽,而襭乃纳物于衽也。"袺,《广韵·入声·屑韵》古屑切,《集韵·入声·屑韵》古屑切,并音结。今渭水流域谓以衣襟兜物为 jiān,本字当袺,古义之沿用。音与普遍话的 jiē 属阴阳对转。

【楗】 (jiàn),关门。《说文·木部》:"楗,限门也。从木建声,其献切。"即门上关插的木条,横的叫"关",竖的叫"楗"。老子《道德经》:"善闭,无关楗而不可开;善结,无绳约而不可解。"《淮南子·人间训》:"家无筦钥之信,关楗之固。"李贺《公莫舞歌》:"铁枢铁楗重束关,大旗五丈撞双镮。"至今陇右甘谷一带仍将关门称为楗门,音转为 qiàn。也指河工填塞堤坝决口所筑的柱桩。如:楗石(堵决口用的木石)、楗竹(治水用的竹木桩)、楗柱(河工用的柱桩)。《墨子·

兼爱中》："以楗东土之水,以利冀州之民。"这里的"楗"作动词用,意为堵塞。
《史记·河渠书》："下淇园之竹以为楗。"如淳注："树竹塞水决之口,稍稍布插接
树之,水稍弱,补令密,谓之楗。以草塞其里,乃以土填之。有石,以石为之。"意
思是以大竹为桩,竖插在决口处,并逐渐加密,即所谓的楗;待水势减弱后,在密
布的竹桩上游塞草断流,并抛洒土料和石料,完成堵塞决口的工作。《汉书·沟
洫志》"隤林竹方楗石菑",师古注:"石菑为舌石立之。""楗"为动词。后有"水
楗"一词。《水经注·浙江水》："孔灵符遏蜂山前湖以为埭,埭下开渎,直指南
津;又作水楗二所,以舍北江,得无淹渍之害。"今陇右犹有"作水楗"之语,工程
与此同;也作动词,指修丁字形堤坎楔入河中,以逼走水流,如说:把水楗过去。
"楗"音"健"。

【犍】 （jiān）,阉割过的牛或指阉割。《说文新附·牛部》："犍,犗牛也。
从牛建声。"明张自烈《正字通·牛部》："犍,以刀去势也。"章太炎《新方言·释
动物》："《通俗文》:'以刀去阴曰劇。'字变作犍。《广雅》犍作犗。今淮西、淮南
皆谓去畜阴曰犍。"邹汉勋《读书偶识》卷十："犗,犍一也。古害曷通用,字从害
者,多可从曷,声同类。则犗、犗、犍又一也。"犗、犗、犍为阴阳对转。《齐民要
术·养猪第五十八》："其子三日便掐尾,六十日后犍。"也指已阉割过的公牛。
《北史·蠕蠕传》："蠕蠕之人,昔来号为顽嚚,每来抄掠,驾牸牛奔遁,驱犍牛随
之。"陆游《稻饭》："买得乌犍遇岁穰,此身永免属官仓。"黎锦熙《同官谣谚志·
方言分类词汇》："已骟者曰犍。"李季《王贵与李香香》："紫红犍牛自带楼,闹革
命的心思人人有。"《陕北民歌选·二月里来打过春》："犁铧肩在肩膀上,手里拉
的黑犍牛。"字也作劇、㨻。玄应《一切经音义》卷十四："犍又作劇、㨻二形,同居
言切。"

【趼】 （jiǎn）,手或脚上因长久磨擦而生的硬皮叫趼子或老趼。《广韵·
上声·铣韵》："趼与𧿒同。皮起也。"《类篇·足部》："久行伤足谓之趼。"《蜀
语》："足皮曰趼○趼,通作茧。"《庄子·天道》："吾固不辞远道而来愿见,百舍
重趼而不敢息。"陆德明释文引晋司马彪曰:"（趼）,胝也。"唐元载《故相国杜鸿
渐神道碑》："自西徂东,足趼头蓬,简稽衣食,赋政理戎。"《朱砂担》第一折:"小
二哥,将个针来,烦兄弟与我挑破这趼者。"又通作"茧"。《战国策·宋卫》："墨
子百舍重茧,望见公输般。"《淮南子·修务训》："（申包胥）曾茧重胝,七日七夜
至于秦庭。"高注:"足生胝也。"杜甫《观公孙大娘弟子舞剑器行》："老夫不知其
所往,足茧荒山转愁疾。"《玉梳记》第四折:"脚背踵是脚心里踏破的茧。"足证
"趼"通"茧"。大概以足伤皮皱如蚕茧。因此又与"𧿒"同。《肯綮录·俚俗字

义》:"皮起曰皸皮。"自注:"音茧。"也作"䐈"。《说文·黑部》:"䐈,黑皱也。"《类篇·黑部》:"䐈,胝。"《蜀方言》:"手足老皮曰䐈。""跰""茧""䐈"音同,俗又称为鸡眼,即"茧"之音的缓读,或因跰形圆如鸡眼。

【见不得】　看不惯、看不顺眼。如说:卖米的见不得卖面的。即同行是冤家。元无名氏《争报恩》楔子白:"丁都管,我嫁你相公许多年,不知怎么说,我这两个眼里见不得他。"张国宾《合汗衫》第一折【天下乐】:"白呸! 我两个眼里见不的这等穷的。"第三折白:"只是我偏生见那小厮不得,常是一顿打就打一个小死,只要打死了他方才称心。"萧德祥《杀狗劝夫》楔白:"还有一个小兄弟,叫做孙虫儿,虽然是我的亲手足,争奈我眼里偏生见不得他。"李文蔚《燕青博鱼》第一折白:"不知我这兄弟,为着那一件来,偏生两个眼里见不的我那嫂嫂。"武汉臣《老生儿》楔子:"我那伯伯为着我父亲面上肯看觑我,我那伯娘眼里见不的我,见了我不是打便是骂,则向他女婿张郎。"《儿女英雄传》第七回:"要不了你的小命儿,我见不得!"《红楼梦》第三十四回:"薛蟠本是个心直口快的人,一生见不得这样藏头露尾的事。"《官场现形记》第二十六回:"我若是不答应你,怕的你今天没有脸出去;就是出去了,也见不得姓贾的。"

【浆】　古代一种微酸的饮料。具体做法是将粟米煮熟后,放在冷水里,浸五、六天,利用乳酸菌发酵变酸,面上生白花后,即可饮用。《说文·水部》:"浆,酢浆也。一曰水米汁相将也。从水也,将省声。"《周礼·天官·酒正》:"辨四饮之物,一曰清,二曰医,三曰浆,四曰酏。"郑注:"浆,今之䵻浆也。䵻浆,䵻之言载也。米汁相载也。"孙诒让正义:"案:䵻、浆同物,累言之则曰䵻浆,盖亦酿糟为之,但味微酢耳。"《说文·酉部》:"䵻,酢酱也。"《玉篇·酉部》:"䵻,释米汁也。"《诗·小雅·大东》云:"或以其酒,不以其浆。"又曰:"维北有斗(星宿),不可以挹酒浆。"《仪礼·公食礼》:"饮酒、浆饮,俟于东房。"《孟子·梁惠王下》:"箪食壶浆以迎王师。"《齐民要术》卷五《种红蓝花、栀子》:"取醋石榴两三个,擘取子,捣破,少著粟饭浆水极酸者和之,布绞取沈,以和花汁。"李时珍《本草纲目·水·浆水》《释名》引陈嘉谟曰:"浆,酢也。炊粟米热,投冷水中,浸五六日,味酢,生白花,色类浆,故名。"《发明》又引朱震亨曰:"浆水,性凉善走,故解烦渴而化滞物。"陇右的浆水是和酸菜连在一起的,具体做法是将芹菜等洗净切碎,入开水渫到半熟,拌入少量的面粉后倒入大缸中发酵,五六天变酸后即可食用。陇右浆水的主要用途是吃面,最好是手擀面。先炝浆水:在锅里放少许油,油热后放入蒜片、盐、辣椒粉,炝出香味后再倒入浆水,开锅后即可放凉后备用。接下来是煮面,煮熟后先用凉开水浸过,盛入碗内,再浇上浆水汤,撒上葱花或芫荽末,便可食用。浆水不仅是一种调味品,还能调中引气,开胃止渴,解烦去睡,调理脏腑,利小便。另外,浆水含有多种有益的酶,它不仅能利肠润肺、醒酒解腻,消暑解渴,对高血压、泌尿病也有一定疗效。

【将军不下马】　将军不下马——各奔前程。元代以来的歇后语,比喻各走各的路。元尚仲贤《气英布》第二折【乌夜啼】:"随何也,你怎么不言语,不承领。从今后将军不下马,各自奔前程。"无名氏《争报恩》楔子:"梁山路尽苦难行,家属权时旅店停,方信将军不下马,也须各自奔前程。"《西游记》第五十四回:"我们如今招的招,嫁的嫁,取经的还去取经,走路的还去走路,莫只管贪杯误事,快早儿打发关文,正是将军不下马,各自奔前程。"《红楼梦》第六十六回:"说毕,大家又饮了几杯,方各自上马,作别起程。正是:将军不下马,各自奔前程。"《何典》第九回:"正是将军不下马,急急奔前程。"现在多指一种锁,开锁后,钥匙不能拨下,只有锁锁上后才能拨下,俗称"将军不下马"。这样设计可以预防主人把钥匙锁在屋子里面。

【浆糊】　通常谓以麦面作糊为浆糊,本字当为"糡"。《蜀方言》卷上:"面浆曰糡。"又作糨。敦煌遗书 P. 2717《碎金》:"糨,其亮切,强去声。浆糡也。"《蜀语》:"面浆曰糨○凡表背、浆衣裳皆曰糨。糨音绛,糡同。"《篇海》:"其亮切,强去声。与糡同。"方言把说话不清楚,办事不利索的人也称为浆糊或浆子。秦腔《玉虎坠》第五场:"你幸亏没坐官,你要是当了大官,必定是个糊涂官、浆子官。"陈忠实《乡下》七:"他在许多秦腔戏里看到过浆子官,却没有想到自己的党里头,也有这号浆子官。"

【浇头】　也叫做浇,指盖在盛好了的面或饭上的菜肴。梦元老《东京梦华录·店食》:"精浇、臕浇之类。"邓之诚注:"浇,今犹谓之浇头。"清顾实《嘉庆录·三伏天》:"面肆添卖半汤大面,日未午,已散市。早晚卖者,则有臊子面,以猪肉切成小方块,为浇头。"李斗《扬州画舫录·虹桥录下》:"面有浇头。以长鱼、鸡、猪为三鲜。"《红楼梦》第六十一回:"这几个,预备菜上的浇头。姑娘们不要,还不肯做上去呢,预备接急的。你们吃了,倘或一声要起来,没有好的,连鸡蛋都没了。"周而复《上海的早晨》第二部十八:"他吃了一口又停下来,彷佛没有浇头,很难咽下这碗面。"骆宾基《父女俩》:"那作浇头儿的本是用芝麻油炸的辣椒酱,喷香喷香的,油黄油黄的,谁吃了舌头尖都辣的麻酥酥的。"陇右地区饮食习惯,吃面多是先做好臊子汤,再下面,把臊子汤浇在煮好的面上,这种臊子汤有的地方也叫浇头。

【酵】　(jiào),《广韵·去声·效韵》:"酵,酒酵。古孝切。"《集韵·去声·

效韵》:"酵,酒酵也。古效切。"《六书故·工事部》:"酵,发酒剂也。"《正字通·酉部》:"酵,以酒起面曰发酵。"《蜀方言》:"发酵曰起面。"《蜀语》:"发馒头曰起酵○酵音教,见《齐民要术》。"《正字通》:"饹馈,起面也,发酵使面轻高浮起,炊之为饼。贾公彦以酏食(酏:酒;以酒发酵)为起胶饼,胶即酵也。涪翁说,起胶饼即今之炊饼也。""胶"通"酵",也作"教"。《汉书·李陵传》"媒蘗其短"孟康注:"媒,酒教。""酏食"应该是中国最早的发酵饼。面粉发酵技术的出现源于酿酒,因为最早是用甜酒酿的汁来和面发酵。《四民月令》:"夏月饮水时,此二饼(指煮饼及水溲饼)得水即坚硬难消,不幸便为宿食作伤寒矣。试以二饼置水中观即见验,惟酒溲饼入水则烂也。"《齐民要术》卷九《饼法》引《食经》曰:"作白饼法:面一石,白米七八升,作粥,以白酒六七升酵中,着火上。酒鱼眼沸,绞去滓,以和面,面起可作。"即用甜酒酿的汁来和面,这就是后来"教"发展为从"酉"的"酵"的原因。清梁同书《说酒二百四十字诗》:"不见起酵饼,块然弹丸比。"嘉庆《东台县志·方言》:"以酒发面谓之酵。"黄侃《蕲春语》:"……制字曰酵,《大般涅槃经音义》引吕静《韵集》:酵,古效切,酒酵也,谓起曲酒也。吾乡……以曲与水和生米麦屑,使发张为糕及曼首者,曰酵子;其发张,曰发酵;音正同吕氏。"二是酸浆酵发面法,约行于公元6世纪前后,方法似《齐民要术》中的"作饼酵法":"酸浆一斗,煎取七升。用粳米一升,著浆,迟下火,如作粥了,六月时,溲一石面,著二升;和一石面,放三升酵。冬时,著四升作。"即用酸浆加粳米等熬煮成粥,得饼酵,再用于和面。三是酵面发酵法,行于公元12世纪。宋代学者程大昌在《演繁露》中指出,1276年已流行面种(面肥)发酵法。四是兑碱酵子发面法,流行于13世纪。《饮膳正要》有"钲(蒸)饼",方法是将酵子、盐、碱加温水调匀后,掺入白面,和成面团,第二天再掺入白面,揉匀后每斤面做成两个饼,即可入笼蒸。酵子可认为是干面肥。五是酵汁发面法,见于公元15世纪初,明初的《多能鄙事》记载了这种发馒头的方法。总之,无论哪种发酸方法,都离不开酵,今人多误读xiào,陇右方言读jiào,反而正确。

【熇】 ①(xiāo、hè,方言读jiào),火热、炽热。《说文·火部》:"熇,火热也,从火,高声。火屋切。"徐铉曰:"高非声,当从嗃省。"《诗·大雅·板》:"多将熇熇,不可救药。"《毛传》:"熇熇然炽盛。"疏:"熇熇,是气热之盛,故为炽盛也。"《素问·疟论》:"无刺熇熇之热,无刺浑浑之脉。"《文选·左思〈魏都赋〉》:"宅土熇暑,封疆障疠。"《集韵·上声·宵韵》:"熇,虚娇切,音嚣。炎气也。或作乔。"关陇一带谓天起酷热为熇,如:"天气熇",音"叫",与《集韵》音近。或作"嗃"。《易·家人》"家人嗃嗃",郑注:"苦热之意。"《释文》:嗃嗃,刘作熇熇。

嗃,从嗃声,《广韵》呼各切,音 hè。②(kào),一种烹调方法,用微火煮,使食物的汤汁变浓变稠。《齐民要术》卷八《八和齑》:"《食经》作芥酱法:'熟捣芥子……微火上搅之,少熇,覆瓯瓦上,以炭围瓯边,一宿则成。'"缪启愉校释:"熇,指火干;少熇,待稍稍干燥。"字也作"烤"。南宋吴自牧《梦粱录》卷十六"面食店"中说:"南渡以来,凡二百余年,则水土既惯,饮食混淆,无南北之分矣。大凡面食店,亦谓之分茶店。若曰分茶,则有四软羹,石髓羹……软羊烤腰子。"又《分茶酒店》所记部分食品有:烤腰子、盐酒腰子、脂蒸腰子、酿腰子、荔枝烤腰子、腰子假炒肺等。烤,《玉篇》苦告切,《集韵·去声·号韵》口到切,《类篇·火部》苦浩切,音考。今陇右谓收干菜汁为烤,如把菜汁熇干,音靠,与《类篇》音同。此义《现代汉语词典》作"燺"。今"烤"字后出,最早见于《醒世姻缘传》及《红楼梦》。《醒世姻缘传》第三十二回:"谁烤着我粜谷?"《红楼梦》第四十二回:"你那里知道,那粗色碟子保不住火上烤。"

【交割】　官吏离职、到职交接班,有交割档案、物资、风土人情、下属状况等。《旧唐书》卷十七《文宗纪》:"太和甲寅,勅诸道节度观察使去任日宜具交割状,仍限新使到任一月分析闻奏,以凭殿最。"刘禹锡《汝州谢上表》:"交割之时,户口增长。"《唐会要》卷六十九:"凡刺史交割之时非因灾荒大郡走失七百户以上,小郡走失五百户以上,三年不得录用。"《敦煌变文集·韩擒虎话本》:"陈王闻语,便交点检在城兵士,便令交割。"《桂苑丛谈·太尉朱崖辩狱》:"且初上之时,交领既分明,及交割之日,不见其金,鞠成具狱,伏罪昭昭。"《靖康稗史》之二:"《大金吊伐录》卷一南宋誓书:'缘辽国尚为大金所有,以自来与契丹银二十万两、绢三十万疋,并燕京每年所出税利五六分中只算一分,计钱一百万贯文,合值物色,常年搬送南京界首交割……'"《京本通俗小说·错斩崔宁》中小娘子的道:"我去之时,也曾央朱三老对我丈夫说,既然有了主儿,便同到我爹娘家里来交割。"秦简夫《东堂老劝破家子弟》第四折:"我存下这一本帐目,是你那房廊屋舍,条凳椅桌,琴棋书画,应用对象,尽行在上。我如今一一交割,如有欠缺,老夫尽行赔还你。"《水浒传》第三十六回:"那公人先去对管营差拨处替宋江说了方便,交割讨了收管,自回江州府去了。"临夏话里有:手续哈交割清了、我啦再没有交割的了等。

【姣】　(jiāo),谓人长得好看、漂亮。《说文·女部》:"姣,好也。从女交声。"段注:"姣谓容体壮大之好也。"徐灏笺:"凡从交声之字其义多为长……壮佼亦谓其壮而高长,非谓大也。"《史记·苏秦传》:"前有楼阁轩辕,后有长姣美人。"姣指身材窈窕而丰满。《方言》卷一:"自关而东,河、济之间谓之媌,或谓之

姣。"郭注:"言姣洁也。音狡。"《诗·陈风·月出》:"佼人僚兮。"《经典释文》作
"姣",义同美丽、漂亮也。《荀子·非相》:"前有楼阙轩辕,后有长姣美人。"刘
向《说苑·修文》:"貌者,男子之所以恭敬,妇人之所以姣好也。"《汉书·东方朔
传》:"(董偃)年十三,随母出入主家,左右言其姣好。"颜注:"姣,美丽也。"敦煌
变文《丑女缘起》:"女缘前生貌不敨,每看恰似兽头牟。"(原校"敨"作"敷")。
郭在贻先生认为"敨"应为"姣"的音近借字(郭在贻:《敦煌变文校勘拾遗续
补》,《郭在贻文集》第3卷,中华书局2002年版,第219页)。今陇右方言把长
得美的女人称"姣",是为古语。

　　【脚手】　方言指为了实现某种企图而暗中采取的行动,同普通话"手脚";
也指借助某人力量以成其事,如搭个脚手。做脚手(手脚)。《朱子语类》卷第一
百一十六《训门人四》:"德修向时之事,不合将许多条法与寿皇看,暴露了,被小
人知之,却做了脚手。"元无名氏《小孙屠》戏文第十出:"前日不是我走得急,险
些个遭小孙屠脚手。"《水浒传》第六十六回:"因此累累寄书与梁中书,教道且留
卢俊义、石秀二人性命,好做脚手。"《醒世恒言》卷十四:"俱是日间安排下脚手,
下刀挑开石板下去。"卷二十七:"那时出其不意,弄个脚手,必无疑虑,可不妙
哉!"《挂枝儿·私部一》:"(早是)不曾做脚手,险些露出马脚儿。""脚手"本应
作"藉手",谓得其凭借也。"藉"中古精母昔韵,"脚"中古见母药韵,精、见虽分
属齿、牙音,但同为全清,发音方法相同,发音部位接近,昔药两韵上古同属铎部
(今天普通话"脚"有文白二读,文读 jiǎo,白读 juē),因此"藉""脚"两字可通。
《左传·襄公十一年》:"苟有以藉手,鲜不救宥。"《三国志·吴志·鲁肃传》"目
使之去"裴注引三国吴韦昭《吴书》:"今(刘备)已藉手于西州之土,又欲剪并荆
州之土、斯盖凡夫所不忍行,而况整领人物之主乎!"《晋书·陶侃传》:"陶公之
救仲真,乃感叔真之惠,而藉手其兄以报之耳。"白居易《杂兴三首》:"奸邪得藉
手,从此幸门开。"《琵琶记》第廿九出:"是奴公婆的真容,待将路上去,藉手乞告
些盘缠,早晚与他烧香化纸。"

　　【噍】　(jiào),嚼。《说文·口部》:"噍,啮也。从口焦声。嚼,噍或从爵。
才肖切。又,才爵切。"方以智《通雅·疑始》:"粒食曰噍,肉食曰嚼。"《礼·少
仪》:"小饭而亟之,数噍毋为口容。"按:《释文》噍又作嚼。《荀子·荣辱》:"亦
呥呥而噍,乡乡而饱已矣。"杨倞注:"呥呥,噍貌,如盐反。噍,嚼也,才笑反。"
《论衡·道虚》:"口齿以噍食,孔窍以注泻。"另外,古语称活着的人或动物叫"噍
类"。《汉书·高帝纪》:"襄城无噍类。"注:"如淳曰:噍,祚笑反,无复有活而噍
食者也。师古曰:青州俗呼无子遗为无噍类。"今方言说这个东西没"噍头",那

个东西有"噍头"，有"噍头"也就是吃起来有味道，说好面有精噍，即有噍头。

【嚼用】　花销，日常开支。也作"缴用"。《现代汉语词典》:〈方〉生活费用:人口多，嚼用大。《红楼梦》第十回:"你这二年在那里念书，家里也省好大的嚼用呢。"又:"若是站不住，家里不但不能请先生，反倒在他身上添出许多嚼用来呢。"《情梦柝》第十三回:"你两个先取二百五十两，兑还典价，余俟进京缴用。"郑观应《盛世危言》卷四:"余细考华人之舞弊者，大抵西人俸重足以开销，华人俸薄不敷缴用。"毛泽东《寻乌调查》(一九三〇年五月):"店主范祖先，本城人，家中二十多人吃饭，生意赚项仅敷缴用。"又"他自己两公婆，请了两个先生(年薪各六十元)，除缴用外，每年至少赚两三百元，财气好的年头，千把八百也要赚。"(《毛泽东农村调查文集》，人民出版社1982年版)也作"搅用"。《醒世姻缘传》第五十三回:"锡器化成锭块，桌椅木器之类，只说家中没的搅用，都变卖了钱来收起。"第七十六回:"托丈母将寄姐合珍珠并一切带不了的衣服俱照管回去，留下了几十两银子与寄姐搅用，别的余银交寄姐收贮，等选官时好用。"庆阳民歌《收洋款》:"兵要吃来马要喂，兵多将广搅用多，不摊个洋款没法养活。"亦作"浇用"。吴研人《糊涂世界》里有"你老爷拼出三年的浇用"。

【讦短】　(jié)，攻击别人的短处或揭发别人的阴私。《说文·言部》:"讦，面相斥罪，相告讦也。从言，干声。居谒切。"《玉篇·言部》:"讦，攻人之阴私也。"《广韵·入声·月韵》:"讦，面斥人以言也。"又"持人短也"。讦，《唐韵》《集韵》《韵会》均居谒切，音揭。《中华大字典》:"讦，吉谒切，音羯。谓面发人之阴私也。"《论语·阳货》:"恶讦以为直者。"皇疏:"谓面发人之阴私也。"《汉书·贾谊传》:"所上者，告讦也。"《赵广汉传》:"吏民相告讦。"方言常说:打人不打脸，骂人不讦短。俗书作揭，误。《金瓶梅》第八十六回:"潘金莲道:'你打人休打脸，骂人休揭短! 常言一鸡死一鸡鸣，谁打罗，谁吃饭。谁人常把铁箍子戴，那个常将席篾儿支着眼。'"柳青《土地的儿子》四:"胡秃子这一下把李老三顶得一声也不响了，只好用眼睛向乡长和我求援。对手却开始盛气凌人地尽情揭短了。"

【羯羊】　(jié)，是经过阉割的公羊。《说文·羊部》:"羯，羊羖犗也。从羊曷声。居谒切。"《广雅·释兽》:"羖羊犗曰羯。"《急就篇》颜注:"羖之犗者为羯。"《本草纲目·兽一·羊》:"去势曰羯羊。"《法苑珠林》卷三十一:"譬如羯羊斗，将前而更却。"羯，《广韵》居竭切，音讦。文献中常提到羯膻。传蔡文姬《胡笳十八拍》:"毡裘为裳兮骨肉震惊，羯膻为味兮枉遏我情。"其实，羯羊肉质肥美，优于一般羊。西北人特别喜欢吃羯羊肉。北京等地的饭馆里卖的煮羊脊椎骨到底应该叫"羊羯子"还是"羊蝎子"呢？答案是肯定的，应该是后者——"羊蝎子"，指的是羊带里脊肉和脊髓的脊椎骨（羊龙骨），从横切面上看去，羊龙骨成"丫"字状，下面还有一个小的分叉，就是蝎子张扬的形状，因而得名，其肉为羊之精髓，有壮阳补腰之功，曾为蒙古人所喜食。民间多误写"羊羯子"。羯还可以指阉鸡。翟灏《通俗编》："羯鸡，阉鸡也。"

【精】　光、裸露。郑延玉《后庭花》第一折【金盏儿】："你口快便施恩，则除是胆大自包身，我其实精皮肤捱不过那批头棍。《黑旋风》第三折【得胜令】白："还有精着腿，无个裤儿穿的。"王和卿《双调·拨不断（王大姐浴房内吃打）》曲："精尻上匀排着七道青，扇圈大膏药刚糊定，早难道外宣无病。"刘庭信《寨儿令·戒嫖荡》："精屁眼打响铁，披芦藤把狗儿牵者，大拜门将风月担儿赊。"《西厢记》第三本第三折【得胜令】："你既是秀才，只合苦志于寒窗之下，谁教你贪夜辄入人家花园，做得个非奸即盗。先生呵，准备精皮肤吃顿打。"《金瓶梅》第二十八回："你看胡说！我没穿鞋进来，莫不我精着脚进来了？"第九十三回："一个眼瞎，穿着皂直裰，精着脚，腰间束着烂绒绦，也不会看经，只会念佛，善会麻衣神相。"《红楼梦》第九十七回李纨道："难道他个女孩儿家，你还叫他失身露体，精着来，光着去吗？"《阿Q正传》第九章："他下半天便又被抓出栅栏门去了，到得大堂，上面坐着一个满头剃得精光的老头子。""精着脚"即"光着脚"。方言借义组成"精光"（什么也没有），"精身儿"（裸体），"精屁脸"（光臀），"精脚两片"（赤脚）等语汇。例：方言俗语：驴学马走裆崩了，穷汉学富汉精光了；歇后语：精尻子撵狼——胆大不要脸。

【腈】　（jīng），即瘦肉。《玉篇·肉部》："子盈切，腈肉。"《集韵·平声·清韵》："腈，音精。肉之粹者。"《类篇·肉部》："腈，咨盈切，肉之粹者。"腈肉和肥肉、白肉相对。通作"精"。《齐民要术·脯腊第七十五》："作度夏白脯法：……用牛、羊、麞、鹿肉之精者（杂腻则不耐久）。破作片……"《水浒传》第三回："鲁达坐下，道：'奉着经略相公钧旨：要十斤精肉，切做臊子，不要见半点肥的在上面。'……郑屠道：'说得是，小人自切便了。'自去肉案上拣了十斤精肉，细细切做臊子。"第十回："有财帛的来到这里，轻则蒙汗药麻翻，重则登时结果，将精肉片为把子，肥肉煎油点灯。"《警世通言》卷二十八："许宣将些碎银子，买了一只肥好烧鹅、鲜鱼、精肉、嫩鸡、果品之类，提回家来。"《水浒后传》第二回："两三架蒸笼，热腾腾地盖着精肉馒头；案上堆大盘熟牛肉。"《汉语大词典》"精肉"例引《水浒传》，太晚。

【瘷】　（jiǔ），表示物体收缩，或指物体收缩后表皮所产生的皱纹、疙瘩。本作"襐""挙"。《说文·韦部》:"襐,收束也。从韦,糜声。读若酉。鞥,襐或从要,或从秋手。"《方言》卷二:"敛物而细谓之挙。"《汉书·律历志》:"秋,襐也,物襐敛乃成孰。"《礼记·月令》《正义》引《汉书》"襐"作"挙","襐"音义与"挙"相同,当为或体。今吴方言、江淮方言犹谓物之收缩、缩小曰挙,俗语有"挙筋""挙脚""挙拢"。朱骏声曰:"秋之言挙也,挙之言细也、小也。"字或作"瘚"。《广雅·释诂》:"瘚,缩也。"王念孙疏证:"《众经音义》卷下五引《通俗文》云:缩小曰瘚。……今俗语犹谓物不伸曰瘚矣。"《广韵·去声·宥韵》:"瘚,缩小",侧救切。《蜀方言》卷上:"筋不舒曰瘚。"《新方言》:"湖北谓缩小为瘚。"《蕲春语》:"今吾乡谓物体由长而短,曰瘚,音即就切。"《淮南子·天文训》:"月虚而鱼脑减,月死而螺蚌瘚。"许慎注:"瘚,减蹴也。"高诱注:"瘚,肉不满。"今多为之"揪"。《现代汉语词典》"揪"字的解释中,收了一个方言词条"揪揪",释其义曰"(物体)不舒展",并举例云:"衣服没烫,还揪揪着呢。"就这个词义来讲,"就""揪"互通。《西游记》第七十七回:"妖精轮利爪刁他一下,被佛爷把手往上指,那妖翅膊上就了筋,飞不去,只在佛顶上,不能远遁,现了本相,乃是一个大鹏金翅雕。"《西游记》三十八回:"你可把他(指猎获的兽类)都捻就了筋,单摆在那四十里路上两旁,教那些人不纵鹰犬,拿回城去,算了汝等之功。""就了筋"即抽筋了。陇右方言谓衣服上褶皱叫揪揪、身上起的疙瘩也叫小揪揪。陇右方言也说"抽",如抽抽(缩小):人老了,骨节都抽抽了。"抽"乃"揪"之音转。

【鞠育】　就是养育、抚养。《尔雅·释言》:"鞠,生也。"《方言》卷一:"台、胎、陶、鞠,养也。晋卫燕赵曰台(音颐),陈楚韩郑之间曰鞠,秦或曰陶,汝颍梁宋之间曰胎,或曰艾。"《诗·小雅·蓼莪》:"父兮生我,母兮鞠我,抚我畜我,长我育我,顾我复我,出入腹我。"毛苌注云:"鞠,养也。腹,厚也。"郑玄注云:"畜,起也。育,覆育也。"《书·盘庚》:"鞠人谋人之保居。"嵇康《幽愤诗》:"母兄鞠育,有慈无威,恃爱肆姐,不训不师。"《晋书·王羲之传》:"不蒙过庭之训,母兄鞠育,得渐庶几。"《宋史·李肃之传》:"季弟承之,生而孤,鞠育海道,至于成人,遂相继为侍从。"《初刻拍案惊奇》卷十三:"又指望他聪明成器,时刻注意。抚摩鞠育,无所不至。"今陇右方言音转读如"究忧",如说:究忧娃娃、把娃娃究忧大啦。实本"鞠育"。"鞠"与"究"音近。《诗·大雅·公刘》:"芮鞠之即。"传:"鞠,究也。"吐鲁番出土文书中"蹹鞠囊""蹹臼囊""答究囊""合究囊"都是同一样东西,即古代的足球。鞠、究、鞠同属见纽,幽觉对转。"忧"可能是"育"的音转。"育",《广韵·平声·尤韵》音余六切,以母屋韵;忧,《广韵·入声·屋韵》于求切,云母尤韵,育与忧,声组同属喻母,韵属屋尤旁对转。"杭育"的"育",通行的一些词典中注为 yō,《现代汉语规范词典》则注为 yāo,轻读时注为 you,单韵母的音色同复韵母 ɑo、ou 相近,是可证"育"可读如"忧"。

【黢】 或作"焌",黑而亮的意思。《玉篇·黑部》:"黢,七戌切,黑也。"《集韵·入声·术韵》促律切:"黢,黑也。音焌。"《字汇》:"黢,黑也。"《札朴·乡言正字·杂言》:"暗曰黑黢。"茹敦和《越言释》下卷:"象黑者谓之焌黑,今亦谓之焠黑。"《醒世姻缘传》第四回:"只见那个戴方巾的汉子:焌黑张飞脸,绯红焦赞头。"曾衍东《小豆蓬·驴市雷》:"李家人群视所击之物,跪阶泥中,头髻尽秃,面目黢黑若炙。"黑黢黢表示很黑的意思。徐怀中《西线轶事》五:"皮肤那样白净,两道浓密的眉毛黑黢黢的。"熊召政《张居正》第七回:"狱卒打开牢门,陪半老头子走了进去,房子内黑黢黢的连人影儿都看不见,狱卒点亮了随身带来的竹架捻子灯,这才看见二位囚犯半躺在霉味呛人的稻草堆上。"黢普通话读 qū,陇右方言有时读如 jù。如说:天好热,我被晒的黑黢黢的。

【掬】 (jū),两手捧起曰掬。本作"匊"。《说文·勹部》:"在手曰匊。从勹米。"段注:"会意。米至散,两手兜之而聚……俗作掬。"《小尔雅·广量》:"掬,一升也。今俗谓两手所奉为一掬,则数合也。"《诗·唐风·椒聊》"蕃衍盈匊",《小雅·采绿》"不盈一匊",《毛传》"两手曰'匊'"。今把两手捧起曰"一匊匊","不盈一匊"即不够一匊匊。《礼记·曲礼》:"受珠玉者以掬。"释文:"两手曰掬。"《左传·宣公十二年》:"中军、下军争舟,舟中之指可掬。"杜注:"两手曰掬。"《文子·上德》:"土之势胜水,一掬不能塞江河。"《齐民要术·种胡荽》:"先燥晒,欲种时,布子于坚地,一升子与一掬湿土和之,以脚蹉令破作两段。"《南史·何点传》:"点少时尝病渴。积岁不止。后在吴中石佛寺建讲,于讲所昼寝,梦一道人形貌非常,授丸一掬,梦中服之,自此而差。""匊"是"掬"的本字。而"臼"又是匊的本字。《说文·臼部》:"臼,叉手也。"即双手承取。徐铉音"居玉切。"《玉篇·勹部》:"臼,古文匊字。"慧琳《一切经音义》卷十六"满匊"条:"匊,……古作臼,今通俗作掬,经文作匊。"掬也有捧起之义。杜甫《佳人》:"摘花不插发,采柏动盈匊。"《酉阳杂俎·贝编》:"上令左右掬庭水嗅之,果有檀香气。"贾岛《望山》诗:"虬龙一掬波,洗荡千万春。"于良史《春山夜月》:"掬水月在手,弄花香满衣。"

【犋】 (jū),一犋,牵引犁、耙等农具的畜力单位,能拉动一种农具的畜力叫一犋,各地情况不同,或两头以上的牛共挽一犁叫做"一具"。《王祯农书·垦耕篇》:"中原地皆平旷,旱田陆地,一犁必用两牛、三牛或四牛,以一人执之。"《农桑辑要》卷七引《韩氏直说》:"牛一具,三只。"丁惟汾《俚语证古·兽》:"两牛服一犁,谓之一俱。"在《齐民要术》中作"具",盖"具"当为本字,"犋"是增累字。《齐民要术·杂说》:"假如一具牛,总营得小亩三顷(据齐地大亩,一顷三十五亩也)。如一具牛,两个月秋耕,计得小亩三顷。"敦煌文书 S. 542 背 + 国图09606《戊年沙州诸寺丁壮车牛役部(簿)》:"与番种麦,牛一具,三日。……卯〔年〕耕桃园黎(犁)牛一〔具〕三日。"马致远《四块玉·叹世》:"二顷田,一具牛,饱后休。"高茂卿《儿女两团圆》第二折:"往常问我姐夫借一具牛,今年再借牛去走一遭来。"搭犋,指几家农户合用牲口、农具,共同耕种。柳青《创业史》第一部第二十一章:"要是生禄退了互助组,拴娃也和他家搭犋,他家的骡马捎种咱这点地。"也叫"插犋"。《暴风骤雨》第二部第二十四章:"老孙头站在旁边寻思着:要是赵家分了马,他插车插犋,不用找别家,别家嘎咕,赵大嫂子好说话。"明严从简《殊域周咨录》卷十五《西戎》:"其新附愿归原土,其不愿不敢归者,俱给牛犋种子,听其趁时耕牧。"安塞民歌:"桃花不开杏花开,撂下个牛犋看你来。"人们常说中国农民希望"三十亩地一犋牛,老婆孩子坐炕头"。今陇右犹谓一组在一起劳作的牛为一犋。如:一犋牛换十几个工。配合二头以上的牛共挽一犁,叫做"一具牛"。

【焗】　(jú),一种烹饪的方法。《广韵·入声·铎韵》:"焗,呵各切,热貌。"现在指将容器盖严,利用所剩余的热气使密闭容器中的食物变熟。如焗咸鱼、盐焗鸡。《汉语大词典》该条引《中国地方戏曲集成·广东省卷·采茶戏·补皮鞋》:"她呀,煮饭煮成粥,炒菜炒不熟,豆豉放盐煲,咸鱼用醋焗。"又引陈残云《香飘四季》第三十二章:"他不是要请你上广州吃盐焗鸡? 要得吃就吃,要得喝就喝。"粤语语音同"局",陇右方言也指盖上锅盖烘熟食物为"焗",读音同粤语。

【锔】　(jū),铜铁等制成的两头有钩的东西连合有裂缝的器物。《玉篇·金部》:"锔,以铁缚物。"《广韵·入声·烛韵》:"锔,以铁缚物。居玉切。"S. 617《俗务要名林》:"锔,以铁缚物,居玉切。"《集韵·入声·烛韵》:"锔,铁束物。"《俗书刊误·日用俗字》:"以铁束物曰锔。一作㔉,音菊。"玄奘《大唐西域记·羯霜那国·铁门》:"铁门者,左右带山。山极峭峻,虽有狭径,加之险阻,两旁石壁其色如铁。既设门扉又以铁锔。"用锔子修理。孙锦标《南通方言疏证》:"凡碗破,必以铜钮锔之。"锔是一门古老的手艺,笔者小时候常见的锔碗、锔锅的老匠人走街串巷,吆喝着"锔盆、锔锅、锔大缸"来招揽生意。随着生活的提高,锔盆锔大缸的渐渐地不见了踪迹。锔《广韵》《集韵》并居玉切,音 jū,今方言读音与此同。

【锩】(juǎn),刀剑的刃卷曲。《类篇·金部》:"锩,驱圆切,屈铁。又窘远切,屈金也。"《集韵·上声·阮韵》:"窘远切,音卷。屈金也。"《蜀方言》卷下:"刀锋屈曰锩。"《吕氏春秋·别类》:"柔则锩,坚则折,剑折且锩,焉得为利剑。"元无名氏《看铁奴》第三折:"你哪里知道,我的骨头硬,若使我家斧子剁卷了刀,又得几文钱钢。"今陇右谓卷曲为卷刃,当以"锩"为正。

【桊】(juàn),牛鼻上穿戴的小铁环或小木棍儿。《说文·木部》:"桊,牛鼻中环也,从木,关声。居倦切。"徐锴《系传》:"以柔木为环,以穿牛鼻也。"王筠《句读》云:"《埤苍》:'桊,牛拘也。'玄应曰:'今江以北皆呼为拘,以南皆曰桊。'"《吕氏春秋·重己篇》:"使五尺竖子引其桊,而牛恣所以之顺也。""桊",《广韵·去声》三十三线,居倦切,《现代汉语词典》音 jùan。陇右音正与此同。也作"棬""豢""弮"。《玉篇·牛部》:"棬,苦希切,牛鼻桊。"《蜀语》:"穿牛绳曰棬〇棬音倦,又作桊。"《方言据》下卷:"系牛索谓之棬。"《蕲春语》:"今吾乡犹有此语;以木为之,两端略巨,防其兑捝,中綢之,系绳焉,谓之牛豢;音如《广韵》。"《改并四声篇海·廾部》引《俗字背篇》:"弮,牛鼻穿曰弮。"《字汇·廾部》:"弮,穿牛鼻曰弮。"蒲松林《日用俗字·走兽章》:"栵木鼻弮閾灌角,准备遭瘟啖药汤。"中国给牛穿鼻的历史很早。《庄子·秋水》:"落(络)马首,穿牛鼻,是谓人。"有趣的是,上海博物馆藏有一件春秋铜牛尊,其牛鼻上正穿有一环,正好与文献记载相印证。

【帣】(juǎn),卷起衣袖。《集韵·上声·獮韵》:"帣,敛衣袖也。"《类篇·巾部》:"帣,古转切,音卷。敛衣褎也。"《史记·淳于髡传》:"若亲有严客,髡帣韝鞠膝,待酒于前,时赐余沥,奉觞上寿,数起,饮不过二斗径醉矣。"《索隐》曰:"帣音卷,纪免切,谓收衣袖也。"《集解》引徐广曰:"帣,收衣袖也。"苏轼《送宋朝散知彭州迎侍二亲》:"帣韝上寿白玉壶,公堂登歌凤将雏。"清汤佑曾《莽式歌》:"帣鞲鞠跽起上寿,千年万年歌未央。""帣韝"即卷束衣袖并加臂套。今通作"卷"。

【蹶】(juē),跳。《说文·足部》:"跳也,读若橜。蹷,蹶或从阙。居月切。"《尔雅·释诂》:"蹶,动也。蹶蹶,敏也。"《诗·唐风·蟋蟀》:"良士蹶蹶。郑笺传:"动而敏于事。"《礼·曲礼》:"足毋蹶。"注:"行遽。"《吕氏春秋·不广篇》云:"北方有兽,名曰蹶,鼠前而兔后,趋则跲,走则颠。"也作"趣"。《广韵·入声·月韵》,居月切:"趣,跳趣。"今陇右谓小孩又蹦又跳叫"跳蹶蹶""又趣又蹦";疾走叫"蹶蹶快走""蹶着走",都是沿用古意。

【趉】(juē),突然起行。《说文·走部》:"趉,走也。从走出声,读若无尾之屈。瞿勿切。"段注："《玉篇》：'卒起走也。'今俗语有之。"《广韵·入声·物韵》,九勿切："趉,走貌。"《龙龛手鉴·走部》："趉,卒走貌。"胡文英《吴下方言考》卷十二："趉,怒而走出也。吴中谓人含怒不别而行曰趉。"陇右方言中也有此语。如:三句话不到就趉掉了;一下子就趉脱走了。

【撅】　(juě),拔起、折断。《玉篇·手部》："撅,居越切。《说文》曰:'手有所把也。'"《广韵·入声·月韵》："撅,拨物也。居月切。"《集韵·入声·月韵》："撅,纪劣切,音蹶,拨也。"《韩诗外传》卷二："草木根荄浅,未必撅也。飘风兴,暴雨坠,则撅必先矣。"也指断裂,折断。《雍熙乐府·一支花·悲欢离合》："并头莲和蒂撅,连理树带根剜。"元高文秀《遇上皇》第一折："告到宫中,敢把你皮剥了,脚节骨都撅折了。"《黑旋风》第二折："我把那厮脊梁骨各支支生撅做两三截。"也作"搣"。《飞刀对箭》第二折【四边静】："这厮说大话,格支支搣折他腰脊骨。"《黄鹤楼》第三折白："嗨。我指望盗他这枝令下楼去,谁承望他搣折了,丢在这江里。"《破窑记》第二折【倘秀才】："我将这破砂锅打碎了,把这两个碗也打了,把这匙筯搣折了。"《遇上皇》第一折【天下乐】："你若惹下勾当,告到官中,敢把你皮也剥了,脚节骨都搣折了。"元佚名《盆儿鬼》第一折【天下乐】："我待搣枝在头上插。"《黄鹤楼》第三折："我搣箭为誓,丢在这江里。"《水浒传》第三回:"(鲁智深)跳上台基,把栅刺子只一扳,却似搣葱般扳开了。"又作"蒜"。马致远《岳阳楼》第三折："柳呵今日蒜葱般人脆,一口气不回来,教你落絮沾泥。"《水浒传》又作"劋"。《广韵·入声·薛韵》劋,子悦切,音绝:"劋,断物也。"如酒泉方言:鞭杆撅成两截子了。又如:锹把撅折了;撅了根树枝当拐棍儿;搣面片儿。

【跔】　第一个音义是指人或动物手足的关节,因天寒筋脉抽搐而导致不能屈伸。《说文·足部》："跔,天寒足跔也。从足从句,会意。句亦声。"徐锴《系传》曰:"筋遇寒不舒也。"段注:"跔者,句曲不伸之义。"《玉篇·足部》："跔,天寒足跔。寒冻,手足跔不伸也。"朱骏声《说文通训定声》说的更明白:"苏俗所谓膀牵筋。"《逸周书·太子晋》："师旷�其足,曰:'善哉,善哉!'王子曰:'太师何举足骤?'师旷曰:'天寒足跔,是以数也。'"《广韵·平声·虞韵》举朱切,见母,《集韵·平声·虞韵》权俱切,群母。今陇右方言读为 jū 或 jūe,常说:手冻跔了,要暖一下。"跔"字的第二个音义身体蜷曲。《集韵·平声·虞韵》："跔,一曰拘跔不伸。"拘、跔并用,意义相同,指四肢蜷曲不舒。《庄子·大宗师》："将以予为此拘拘也。"陆德明《经典释文》引司马云:"拘拘,体拘挛也。""拘"非仅指上肢。也通"痀"。《说文·疒部》："痀,曲脊也。从疒句声。其俱切。"《庄子·达生篇》："仲尼适楚,见痀偻承蜩,犹掇之也。"《通俗文》曰："曲脊谓之佝偻。""佝"
通"痀"。蒋礼鸿《义府续貂》"痀"条说："凡从句之字皆受曲义。嘉兴谓身蜷曲
为痀,如云:痀拢、痀紧、痀在身上。音群候切。《红楼梦》第十四回:'宝玉听说,
便猴向凤姐身上,立刻要牌。'猴当作此痀字。"可见"跔"字的本义为"蜷缩"义,
由足的蜷缩引伸为蹲,"跔"同时有"蹲""蜷痀"两义,即能说明其中的词义演变
关系。"跔"也与"勼"义近。《集韵·平声·尤韵》渠尤切:"勼,足不伸也。"《越
谚》:"勼,物屈不伸,及伸而屈脚筋,勼同跔。"陇右说人弓身或下蹲也谓跔,如:
疼得人跔起来了。又如:把腰痀下,我给你搓背。跔音钩。勼,音就,jiú,方言常
说就下,"就"应即"勼"。

K

【揩】　(kāi),陇右方言"揩"是"擦"的意思。如:揩一下汗;把脸揩一下。
《广雅·释诂》:"揩,揩摩也。又拉拭也。"《玉篇·手部》:"揩,可皆切,摩拭
也。"《广韵·平声·皆韵》:"揩,摩拭。"《字汇》:"揩,擦也。"《字林》:"揩,摩
也。"《六书故》:"揩,可皆切。拭之力也。"《越谚》卷下:"揩,客鞋切。指布光曰
'拭',掌布轻按曰'抆',揿实涤荡者'揩'也。"《文选·张衡〈西京赋〉》:"揩枳
落,突棘藩。"李善注:"揩,摩也。"《齐民要术》卷六《养羊》:"羊不揩土,毛常自
净;不竖柴者,羊揩墙壁,土、咸相得,毛皆成毡。"卷八《菹绿》:"茅蒿叶揩洗,刀
刮削令极净。净揩釜,勿令渝,釜渝则豚黑。"梅尧臣《送方进士游庐山》:"我方
坐垢难磨揩。"元无名氏《耍孩儿·拘刷行院》:"忍不得腹内饥,揩不得脸上羞。"
《西游记》第三十九回:"兄弟,你过去罢,用不着你了。你揩揩眼泪,别处哭去。"
《金瓶梅》第五十三回:"李瓶儿道:'只是做爷的吃了劳碌了。你且揩一揩身上,
吃夜饭去。'"

【看】　有招待,接待之义。东晋僧伽提婆译《中阿含经》卷二十三:"与我好
饮食,好看视我。""看视"同义连文。又失译《杂譬喻经》卷八:"昔北天竺有一
木师,作一木女,端正无双,衣带严饰,与世女无异,亦来亦去,亦能行酒看客,唯
不能语耳。""看客"即接待客人。元魏吉迦夜共昙曜译《杂宝藏经·贫人以糗团
施现获报缘》:"少失怙恃,居家丧尽。无人见看,是以是以困苦褴褛如此。"《世
说新语·贤媛》:"魏武帝崩,文帝悉取武帝宫人自侍。及帝病困,下后出看疾。"

《乐府诗集》卷八十九《杂歌谣辞七·北齐邺都童谣》："寄书与妇母，好看新妇子。""好看"犹言好好照顾。《诸病源候论》卷五十《胸胁满痛候》："看养小儿，有失节度，而为寒冷所伤……故令满痛也。"敦煌文书《下女夫词》："贼来须打，客来须看，报道姑嫂，出来相看。"王梵志诗："看客只宁馨，从你痛笑我。"《维摩诘经讲经文》："山林中无可交恭，幽室内惭亏看侍。"S.4373《癸酉年（913或973）六月一日硙户董流达园硙所用抄录》："羊一口，酒两瓮，细供四十分，去硙轮局席看木匠及众僧吃用。"牛僧孺《玄怪录》卷二《柳归舜》："阿春因呼凤花台鸟：'何不看客？三十娘子以黄郎不在，不敢接对郎君。'"冯翊《桂苑丛谈·史遗》："然公年幼时读书早起夜卧，看侍即要乳母；今年长为公相候伯，乳母焉用哉？"王定保《唐摭言·矛盾》"上水船，船底破，好看客，莫倚柁"，苏轼在《送杨杰》诗中借用此语作"过江风急浪如山，寄语舟人好看客"。王安石拟寒山拾得二十首之十六："打贼贼恐怖，看客客喜欢。"今陇右方言谓接待客的人为"看客的"，谓为客人斟酒为"看酒"或"看盅儿"。亦作"看盏"。吴自牧《梦粱录·宰执亲王南班百官入内上寿赐宴》："上公称寿，率以尚书执注碗斟酒进上。其教乐所色长二人，上殿于阑干边立……谓之'看盏'。如斟御酒，看盏者举其袖，引白绥，御酒进毕，拂双袖於阑干而止。"

【看承】　护持、照顾，由"看"的招待、接待之义引申而来。宋韩玉《生查子》："夫婿不风流，取次看承别。"韩琦《和袁陟节推龙兴寺芍药》诗："问得龙兴好事僧，每岁看承不敢暇。"辛弃疾《满江红·中秋寄远》："叹十常八九，欲磨还缺。若得长圆如此夜，人情未必看承别。把从前，离恨总成欢，归时说。"《京本通俗小说·错斩崔宁》："小妇人嫁与刘贵，虽是个小老婆，却也看承得好。"《窦娥冤》楔子："亲家，这不消你嘱付，令爱到我家，就做到亲女儿一般看承他，你只管放心的去。"叶宪祖《团花凤》第一折【前腔】："奴已无家可归，不知婆婆高姓？家住那里？乞带奴家回去，当个侍女看承，尊意肯否？"《水浒传》第五回："陆虞候道：'如今禁军中虽有几个教头，谁人及兄的本事？太尉又看承得好，却受谁的气？'"《牡丹亭》第五十四出："他道你、是花妖害怯，看承的柳抱怀做花下劫。"《红楼梦》第六回："二十年前，他们看承你们还好，如今是你们拉硬屎，不肯去就和他，才疏远起来。"秦腔《花厅相会》："文举你家把书攻，一样儿女两看承。"如酒泉方言：把婆子也看承的好者哩。《汉语大词典》未收录"看承"，而收录"看成"，认为"看承"与"看成"义同。《挂枝儿·糊涂》："来了去，去了来，似游蜂儿的身分。吃了耍，耍了吃，把我做糖人儿的看成。"《醒世恒言·两县令竞义婚孤女》："那王春临终之时，将女儿琼英托与其弟，嘱咐道：'我并无子嗣，只有此女,你把做嫡女看成。'"汤显祖《牡丹亭·仆侦》:"自小儿俺看成他快长。"《跻春台》卷一《仙人掌》:"倘若是为弟的一朝命尽,望哥嫂把弟媳格外看成。"

【康宬】 (kāngláng),《说文·宀部》:"康,屋康宬也,谓屋闲。从宀,康声。"徐锴《系传》:"《长门赋》曰:'委参差以康宬。''康'屋虚大也。宬与梁义同,屋康宬也。"又:"宬,康也。从宀,良声。"《方言》卷十三:"康,空也。"郭注:"康宬,空貌。"《广韵·平声·唐韵》康,苦冈切。《广韵·平声·唐韵》:"宬,康宬,宫室空貌。""宬"音"良",又力康切。康宬为迭韵连绵词,凡物中空者,都可以叫康宬。如闶阆,指建筑物中空旷的部分。《汉书·扬雄传》:"闶阆其寥廓兮。"注:"闶阆,空虚也。"或写作冈宬、圹埌、巘峗,也倒文作宬康、郎匡等。《俗书刊误·日用俗字》:"空室、空山曰宬康。"《庄子·应帝王篇》:"游无何有之乡,以处圹埌冈宬之野。"《淮南子·道应篇》:"若我南游乎冈宬之野。""圹埌""冈宬"均为空旷之义。今秦陇方言形容物体中空为"康宬宬的""匡朗朗的";谓大车的车厢为"车康宬"或"车康",应即《急就篇》"辐辀辕轴舆轮辌"之"辌",颜注:"辌,谓舆中空处所用载物也。"也可用于人,如谓没有头脑而狂妄自大、刚愎自用的人为"狼扛"。《世说新语·方正》:"处仲狼抗刚愎。"《识鉴》:"(周)嵩性狼抗,亦不容于世。"《宋书·始安王休仁传》:"休佑平生,狼抗无赖。""狼扛"即"宬康"之音转。《玉篇》:"躴躿,身长貌,读若郎康。"《俗书刊误·日用杂字》又云:"呼长人曰躴躿,俱音郎康。""狼扛"即自高自大的意思。也作"狼犺",指笨重之体大物。《西游记》第二十四回:"身子又狼犺,不能够动,只等行者来,与他计较。"也作"狼犺"。《红楼梦》第八回:"今注明此故,方不致以胎中之儿口有多大,怎能衔此蠢大之物。"

【溹】 (kāng),方言谓心虚为溹,如萝卜空心叫溹心。"溹"本来是空、虚之义。《说文·水部》:"溹,水虚也。从水康声。"段注:"《尔雅音义》引作'水之空也'。康者,谷皮中空之谓,凡从康之字皆训为虚。"《尔雅·释诂》:"溹,虚也。"《方言》卷十三:"溹,空也。"郭注:"康宬,空貌。"戴震《方言疏证》:"康,各本作溹。"丁惟汾《方言音释》:"溹空双声,俗谓芦苽中心虚为康。"溹,《广韵·平声·唐韵》苦冈切、《集韵·平声·唐韵》丘冈切,并音康。字亦作康。《诗·小雅·宾之初筵》:"宾之初筵,酌彼康爵。"郑笺:"康,空也。溹康音义同。"

【炕】 (kàng),《集韵·去声·唐韵》:"炕,口浪切,音抗。"①烤。《说文·火部》:"干也。从火亢声。苦浪切。"段注:"谓以火干之也。"《广雅·释诂》:"炕,曝也。"《集韵·去声·唐韵》丘冈切:"炕,灼也。"《诗·小雅·瓠叶》:"加火曰燔,燔之炙之。"《毛传》:"炕火曰炙。"孔疏:"炕,举也。谓以物贯之而举于火上以炙之。"《玉篇》"炕,炙也。"《札朴·乡言正字·杂言》:"炙物令干曰炕。""炙"就是"烤",可见"炕"至少汉朝已有,意思是"烤"。炕、烤一声之转。《长沙方言考》:"今长沙谓以火干物曰炕。"今秦陇一带将干烙叫炕。炕炕馍是一种圆形或长方形的烙饼。将东西烘干、烤干也叫炕,如:"炕胡桃""炕粮食"等。②大旱。《玉篇·火部》:"炕,干极也。"《韵会》:"愆阳曰炕旱。"《汉书·五行志》:"炕阳暴虐。"注:"炕阳者,枯涸之意。"由此引申人口渴为炕。如:把人炕死了;一天没喝水,把人炕坏了。《中国民间故事选·天牛郎配织女》:"老牛啊!你水有咧,草有咧,不饿不炕了。"这个"炕"应该是"渴"的音转。"炕",《广韵·去声·宕韵》苦浪切;"渴",《广韵·去声·曷韵》苦曷切,两字同属溪母,曷、唐两韵的主要元音都是[a],只是尾韵不同,可以通过对转形成同义关系。③"炕"作为烧火取暖的"床"用,可能较晚。《旧唐书·高丽传》:"冬月皆作长坑,下燃煴火以取暖。"这里的"坑"即"炕",宋朝时才写作"炕"。《三朝北盟会编》卷三记载,当时的女真人几乎家家户户"环为土屋床,炽火其下,相与寝食起居其上,谓之炕,以取其暖"。宇文懋昭《大金国志》卷三十九:"妇家无小大皆坐炕上。"内蒙古境内的辽上京城址、准格尔旗小庙金代遗址、宁城大明城金代遗存、科左中旗腰伯吐元代古城、清水河下城湾金代遗址中都有火炕的痕迹。后来这种火炕在北方地区蔓延开来。朱弁《炕寝诗三十韵》:"御冬貂裘敝,一炕且跧伏。"范成大《丙午新正书怀》诗:"稳作被炉如卧炕,厚裁棉旋胜披毯。"《正字通》:"北地煴床曰炕。"梁绍壬《两般秋雨庵随笔》亦云:"北人以土为床,而空其下,以置火。名之曰'炕'。"

【磕擦擦】　又作圪擦擦、圪搭搭、磕叉叉,形容物体磨擦碰撞声。《马陵道》第三折【离亭宴带鸳鸯煞】:"一声喊将征尘荡起,急颩颩搿旌旗,扑冬冬操画鼓,磕擦擦驱征骑。"《气英布》第二折【梁州第七】:"咱也曾湿浸浸卧雪眠霜,咱也曾磕擦擦登山蓦岭,咱也曾缉林林劫寨偷营。"《黄粱梦》第二折【后庭花】:"见他可擦擦拖将去,我与你气丕丕赶上来。"《柳毅传书》第二折【紫花儿序】:"则俺这两只脚争些儿踏空,可擦擦堕落红尘。""可"同"磕"。《黄花峪》第二折【哭皇天】:"阿,恼的我磕叉叉斧砍人。"

【肐膝】　膝盖。《水浒传》第二十五回:"武松说罢,一双手按住胳膝,两只眼睁得圆彪彪地看着何九叔。"《杀狗劝夫》第二折【叨叨令】:"则被这吸里忽剌的朔风儿那里好笃簌簌避,又被这失留屑历的雪片儿偏向我密蒙蒙坠,将这领希留合剌的布衫儿扯得来乱纷纷碎,将这双乞留曲律的胳膝儿罚他去直僵僵跪。"商挺《双调·潘妃曲》令:"直恁地肐膝软,禁不过敲才厮熬煎。"《酷寒亭》第三折【骂玉郎】："当日纷纷雪片席来大,衣服向身上剥,井水向阶下泼,肐膝儿精砖上过。"《禅真后史》第四回："还有那磕头当拜,肐膝当走,轻则骂,重则打,何等凌辱!""肐"本当作"骱"。《广韵·平声·歌韵》："骱,苦何切,膝骨。"《集韵·平声·歌韵》："骱,丘何切,膝骨。"《现代汉语词典》"胳"字之下列"肐"为异体字,与膝之义无关。"骱"今音 kē,"肐"今音 gē。元代北方入声消失以后,"骱"与"肐"同为平声歌韵,只是声纽"肐"不送气,"骱"送气而已。也借"磕"为之。《儒林外史》第五十三回："聘娘拿大红汗巾搭在四老爷磕膝上。"《七侠五义》第七十五回："只见郭氏坐在床上,肘打磕膝,手内拿着耳挖剔着,连理也不理。"

【科头】 谓不戴冠帽,裸露头髻。《说郛》卷十上："科头,俗谓不冠谓科头。"明顾起元《客座赘语》卷一："头不冠者曰科。"《集韵》："《战国策》曰:'虎挚之士虎跿科头。'谓不着兜鍪。"《史记·张仪列传》："虎鸷之士,跿跔科头、贯颐奋戟者,至不可胜计也。"集解曰:"科头,谓不着兜鍪入敌。夫入敌不着兜鍪,则其轻侮可知。又古者见客,衣冠必肃;科头露顶,以为不恭。"《抱朴子·刺骄》："或乱项科头,或裸袒蹲夷……此盖左衽之所为,非诸夏之快事也。"王维《与卢员外象过崔处士兴宗林亭》诗:"科头箕踞长松下,白眼看他世上人。"《通鉴·汉纪·献帝纪》："布将河内郝萌夜攻布,布科头袒衣,走诣都督高顺营。"胡三省注:"科头,不冠露髻也。今江东尤谓露髻为科头。"《老残游记》第九回:"着了一件深蓝布百衲大棉袄,科头,不束带,亦不着马褂。"字也作魁。《古音骈字》续编卷二:"魁头,科头。《后汉东夷传》:'魁头露纷。'"《昭通方言疏证》(909):"昭人以去冠为科头。声转为光头。声衍则为光光头,光浪头。"《挂枝儿·磨子》:"又茄子谜云:'小时皮包头,大来皮忒头。越大越忒头,紫金光郎头。'"《官场现形记》第三十八回:"拿些蕲艾,分为九团或十二团,放在光郎头上,用火点着;烧到后来,靠着头皮,把他油都烤了出去,烧的吱吱的响。"陇右方言也称头上无发为光头或光光头,与云南昭通方言同。

【窠子】 原称私科,隐名暗娼。宋洪迈《容斋俗考》:"鸡雏所乳曰窠,即科也。《晏子春秋》:'杀科雏者不出三月。'私科,盖言官妓出科,私娼不出科,如乳雏之恋窠也。窠,古文作科,鸡雏所乳曰窠云。私窠子一作私货,俗称半瓶醋。"明谢肇淛《五杂俎》:"今时娼妓,布满天下,又不隶于官家,家居而卖奸者,谓之土妓,俗谓之私窠子。"《扬州画舫录·小秦淮录》:"官妓既革,土娼潜出,如私窠子半开门之属。有司禁之。"翟灏《通俗编·直言补正》:"娼妓有不隶于官家居卖奸者,谓之土妓,俗谓之'土窠子'。"因此,明清小说俗曲中称私娼为"窠子"或"私窠子",也有的地方呼做"破鞋""半掩门""野鸡""私门头"等。《喻世明言》

卷三："原来这家是隐名的娼妓，又叫做私窠子，是不当官吃衣饭的，家中别无生意，只靠这一本帐。"《金瓶梅》第九十八回："原来不当官身，衣饭别无生意，只靠老婆赚钱，谓之隐名娼妓，今时呼为私窠子是也。"后来去掉"私"，就成了"窠子"。《金瓶梅》第一回："南街又占着窠子卓二姐，名卓丢儿，包了些时，也娶来家做了第三房。"或作"科子""私科子"。《百花亭》第二折："我苦着个科子，唤做白捉鬼。他没廉耻，每夜瞒了我去与他偷。"《救风尘》第三折白："不问官伎私科子，只等有好的来你客店里，你便来叫我。"《醒世姻缘传》第六十六回："你看这恶私科子浪淫妇么！打我这们一顿！这不是你这妙计，我还挨他的哩。"今陇右骂作风不正的女人为"科子"，应出于此。

【可可】　即恰巧、恰恰之义。"可"，《广韵》溪母歌韵，枯我切；"恰"，溪母洽韵，苦洽切。两字同组，韵为阴入对转。由于近代汉语入声趋于消失，《中原音韵》中"恰"在"家麻"韵，"可"在"歌戈"韵，二韵主要元音亦相近，是"可""恰"音近义通。元无名氏《破窑记》第一折："抛绣球招婿聘妇，可可的打着个贫子。"武汉臣《生金阁》第一折："今日买卖十分苦，可可撞见大官府，一个钱儿赚不的，不如关门学擂鼓。"萧德祥《杀狗劝夫》第四折："怎么这尸首可可的在你后门？"《鲁斋郎》第一折："也是俺连年里时乖运蹇，可可的与那个恶那咤打个撞见。"《西游记》第三回："这宝贝镇于海藏中，也不知几千百年，可可的今岁放光。"《醒世恒言》卷三十："今番打听着在此做官，可可的来了。"《金瓶梅》第八回："可可天假其便，王婆正在门首。"《儿女英雄传》第二十一回："今日天不亮便往这儿赶，赶到青云堡褚家庄，可可儿的大家都进山来了。"梁斌《播火记》二十："朱老忠最后一个走出小屋，可可一阵风顺着蓖麻地边上的小路吹过来，立时觉得浑身凉爽。"今酒泉方言、山西稷山口语、云南昭通方言也都有类似的说法，都管"恰恰"叫"可可"。

【空心】　空腹。"心"实际上指的是腹部，因此"空心"一词最早多用在医学文献中。中医认为饥饱服药关乎疗效，因此对不同疗效的药物，其服药的时间有饭前、饭后的严格规定。《神农本草经》卷一《序》云："病在胸膈以上者，先食服药。病在心腹以下者，先服药而后食。病在四肢、血脉者，宜空腹而在旦。病在骨髓者，宜饱满而在夜。"因此许多医典规定某些并必须空腹服用，即空心服用。《金匮要略·疟病脉证并治第四》："右二十三味，为末，取锻灶下灰一斗，清酒一斛五斗，浸灰，候酒尽一半，着鳖甲于中，煮令泛烂如胶漆，绞取汁，内诸药，煎为丸，如梧子大，空心服七丸，日三服。"《肘后备急方》卷三"老疟久不断者"方："藜芦、皂荚各一两（炙），巴豆二十五枚。并捣，熬令黄，依法捣，蜜丸如小豆。空心服一丸，未发时一丸，临发时又一丸，勿饮食。"敦煌写卷 P. 3093《杂方术·疾风方》："……取黑名，余药弃之。晒干，盒中盛之，每日空心酒下四十丸。"《本草纲目·果部·甜瓜》："腰腿疼痛。用甜瓜子三两，酒浸十日，研为末。每服三钱，空心服，酒送下。一天服三次。"另外，人们常说的烧心，不是心脏病的症状，而是常见的消化道症状。最常见的原因是由于进食过快或过多，或食用酒、辣椒等辛辣食物发生烧心现象，这些食物可以使您的食管下段括约肌松弛或胃酸分泌增多，以上这两种原因都能引起烧心。"空心"也用在人们日常口语中。寒山诗："暖腹茱萸酒，空心枸杞羹。"欧阳修《与梅圣俞书》："昨日早至薛二家，空心饮十数杯，遂醉。"《金瓶梅》第四十回："拿酒洗了，烧成灰儿，伴着符药，拣壬子日，人不知，鬼不觉，空心用黄酒吃了。"《醒世恒言》第十八卷："他本空心出门的，腹中渐渐饥饿。"《醒世姻缘传》第六十七回："好管家，那一日我吃了几钟烧酒，空心头就醉了。"《红楼梦》第五十一回："空心走来，一肚子冷气，压上些东西也不好。"《何典》第九回："黑漆大头鬼虽然勇猛，无奈是空心肚里，又遇那些阴兵尽是敢死之士，一个个越杀越上的，再不肯退。"《姑妄言》第十六回："那老儿嘴里不干不净，嚷嘟几句是有的，不提防被他夹脸一掌，不想有年纪的人，大清早空心肚里，被这一掌打昏了，一交跌倒，刚刚撞在一块石头上，把脑后磕裂，当时身死。"陇右方言至今仍称空腹为"空心"，如：空心吃萝卜要搣人哩（胃里难受）；大夫说这种药要空心里吃。谓肠胃不舒服为"心窝疼"。

【苦苣】(qǔ)，苦菜的一种。"苣"本作"蕖"。《说文·艸部》："蕖，似苏者，从艸虑声。强鱼切。"《广雅·释草》："蕒，虞也。"王氏疏证："此亦苦菜之一种也。虞或作蕖，或作苣。《说文》云：'蕖，菜也，似苏者。'《玉篇》云：'蕖，今之苦蕖，江东呼为苦蕒。蕒，苦蕒，菜也。'《广韵》云：'蕒，吴人呼苦蕒。'《颜氏家训》云：'苦菜，叶似苦苣而细。'是苦苣即苦菜之属也。"《齐民要术》卷三《襄荷芹蕖》引《诗义疏》："蕖，苦菜，青州谓之苣。"《嘉佑本草》："苦苣，即野苣也，野生者，又名褊苣。今人家常食为白苣，江外、岭南、吴人无白苣，尝植野苣以供厨馔。"《重修政和经史证类备用本草》说："苦苣，味苦，平。……今人种为菜，生食之。"《本草纲目·菜二·苦菜》："苦菜，即苦荬也。家栽者呼为苦苣，实一物也。"《伍子胥变文》："知弟渴乏多时，遂取葫芦盛饭，并将苦苣为齑。"又："葫芦盛饭者，内苦外甘也，苦苣为齑者，以苦和苦也。"陇右以旧历三月三萌芽的苦苣新菜，十分脆嫩，汆熟后，在凉水浸泡数小时，捞出沥干。加热油、盐、醋拌成凉菜，清爽可口。如果做成酸菜，汤白味醇，经久不腐，是其他蔬菜无法替代的。天水一带有"三月三，苦苣芽儿打搅团"的民谚，就是指清汤味醇的苦苣酸菜。又叫"曲曲菜"。《蒲松龄集·附录·学究自嘲》："馆谷渐渐衰,早饭东南晌午歪,粗面饼卷着曲曲菜。"《蒲松龄集·日用杂字·菜蔬章》："莴苣味如曲曲菜,驴驹嘴似婆婆钉。"

【捯】 《说文新附·手部》:"捯,横大也。从手,瓠声。"《广韵》去声祃韵胡化切:"捯,宽也;大也。"本作"瓠""楇"。《玉篇·瓠部》:"瓠,胡化切,宽也。"《左传·昭公二十一年》:"小者不窕,大者不楇,则和于物。"杜预注:"窕,细不满。窕,他雕反。楇,横大不入。楇,户化反。"孔颖达疏:"言小不至窕,则窕是细之意也;大不至楇,则楇是大之义也。"《汉书·五行志》引此文作"捯",颜注:"窕,轻小也。捯,横大也。捯音胡化反。"洪亮吉《春秋左传诂》:"徐铉《新附》有捯字,《五经文字》本收楇字,云:户化反,见《春秋传》。则此字不应从木旁。"如此则楇、捯二字,音义俱同,或相通也。胡化切,应为 huà,今陇右方言音转为 kuà,如:这件衣服穿起来松捯捯的。

【快】 陇右方言谓刀锋利为快,由来已久。蒋礼鸿《敦煌变文字义通释》(第三版 220 页)引《敦煌掇琐》所载《字宝碎金》以证:"快当锋利解,唐人已经有这个说法了。"其实这一说法出现的更早。北魏菩提留支译《大萨遮尼乾子受说经》卷二:"犹如快利刀,剪除诸细草。"《齐民要术·杂说》:"欲善其事,先利其器……且须调习器械,务令快利。"《北史·綦母怀文传》:"怀文造宿铁刀,……斩甲过三十札。今襄国冶家所铸宿柔铤,是其遗法,作刀犹甚快利,但不能顿截三十札也。""快利"同义连文。杜甫《戏题王宰画山水图歌》:"焉得并州快剪刀,剪取吴淞半江水。"陆龟蒙《杂讽九首》之九:"古铁久不快,倚天无处磨。"李商隐《行次西郊作》:"快刀断其头,列若猪牛悬。"《大目乾连冥间救母变文》:"铁钻长交利锋剑,镵牙快似如锥钻。"《挂枝儿·私部·耐心》:"熨斗儿熨不开眉间皱,快剪刀剪不断(我的)心内愁,绣花针绣不出鸳鸯扣。"

【款】 本义是心有所思、心有所爱。《说文·欠部》:"意有所欲也。"徐锴曰:"今人言诚款也。"《广雅·释训》:"款,爱也。"《玉篇·欠部》:"款,诚也,叩也。"玄应《一切经音义》卷五十三引《仓颉篇》:"款诚重也,至也。"《后汉书·卓茂鲁恭传赞》:"卓鲁款款,情悫德满。"注:"款款,忠诚也。"《楚辞·卜居》:"屈原曰:'吾宁悃悃款款朴以忠乎? 将送往劳来斯无穷乎?'"五臣注:"悃款,诚实倾尽之貌。"由此产生出"贡款"(贡诚)、"就款"(归顺臣服)、"投款"(诚恳地归顺,投降)等词,这种心理表现在行动上则是小心、谨慎、缓慢。《诗·大雅·板》:"老夫灌灌,小子蹻蹻。"《毛传》:"灌灌,犹款款也。"《后汉书·马援传》:"乘下泽车,款段马。"李注:"款,犹缓也。无稹《冬日纾歌》:"吴宫夜长宫漏款,帘幕四垂灯焰暖。"《董西厢》卷五:"香烟上度过把封皮儿拆,明窗底下,款地舒开。""王实甫《西厢记》第二本第二折【四边静】:"你索款款轻轻,灯下交鸳颈。"《水浒》第五十六回:"时迁便学老鼠厮打,溜将下来,悄悄地开了楼门,款款地背着皮匣,下得胡梯,从里面直开到外面。"《醒世恒言》第三十三卷:"轻轻的收拾了随身衣服,款款的开了门去。"《红楼梦》第五回:"于是众奶妈服侍宝玉卧好了,款款散去,只留下袭人、秋纹、晴雯、麝月四个丫鬟为伴。"茅盾《绝盲》:"一对洋男女挽臂款步从榆树后转过来。"今陇右方言仍谓因小心而缓慢为款款。如临夏话说:你上楼是款款的,楼板嫑踏者响的。山丹话说:汤满得很,款款端过来。

【困】　倦极力乏也。《广韵·去声·慁韵》:"困,瘁也。苦闷切。"《管子·宙合》:"夫鸟之飞也,必还山集谷;不还山则困,不集困则死。"《盐铁论·结和》:"良御不困其马以兼道。"《后汉书·耿纯传》:"世祖至营劳纯曰:'昨夜困乎?'"白居易《卖炭翁》:"牛困人饥日已高,市南门外泥中歇。"又作"疲倦欲睡"解。宋王定国《甲申杂录》:"忽昏困如梦。"由倦而引伸至欲睡,由欲睡而引伸至睡觉。《新方言·释言》说:"今直隶、淮西、江南、浙江皆谓寝曰困。"《老残游记》第五回:"我困在大间旁边南屋里。"周立波《暴风骤雨》:"萧队长困了,只迷糊地回答这一句,又合上眼了。"也可组成"困觉"一词。《官场现形记》第二回:"天不早了,战老俗也好困觉了。"《阿 Q 正传》第四章:"我和你困觉,我和你困觉。阿 Q 忽然抢上去,对伊跪下了。""困"字后出,大抵有人在"困"字旁加一"目"字,以形声构字法另造"睏"字以表示瞌睡之义。

【毃】　(kè,方言读 kuò),用棍、棒打。《新方言·释言》:"《说文》:考,敂。敂,击也。今人谓以鞭棰讯因为考打,俗作拷。音转为毃、为毃。《说文》:毃,从上击下。苦角切。《广雅》:毃,椎也。苦果切。蕲州人振物击人曰毃。"《齐民要术·種瓠》:"《氾胜之书》曰:种瓠法,著三实,以马棰毃其心,勿令蔓延;多实,实细。"今按:《广雅·释器》:"毃,椎也。"又《释诂》:"击也。"王念孙疏证:"椎与击同义。"《集韵·上声·果韵》苦果切:"一曰击也。"李庆富《合肥方言考》:"今合肥谓击人亦曰毃。"又《广韵·去声·过韵》《集韵·去声·过韵》苦卧切。"毃"与"挝"音义相通。挝义为击打。《后汉书·祢衡传》:"曹操召为鼓吏,衡方为渔阳参挝,声节悲壮。""参挝"一作"掺挝"或"参挝"。苏轼《守岁》诗:"晨鸡且勿唱,更鼓畏添挝。明年岂无年,心事恐蹉跎。"挝,《字汇补》古禾切,音戈,与毃苦卧切相近。秦陇方言称用棍子击打为"毃",如"毃枣""用棍子毃""毃着打"等。音"kuò,读去声,"即"苦卧切"。

【科】　在中古时期,"科"常作为动词,表"斫削""修剪"义。明顾起元《客座赘语》卷一:"今芟树木蔬茹者曰'科'。"这一用法出现较早。薛能《寄终南隐者》诗:"扫坛花入梦,科竹露沾衣。"无可《题崔驸马林亭》:"宫花野药半相和,藤蔓参差惜不科。"白居易《偶吟》:"晴教杀药泥茶灶,闲看科松洗竹林。"以上之"科"均为斫削、修剪(树枝)之义。《北梦琐言》卷二云:"葆光子尝有同僚,示我调举时诗卷,内一句云'科松为荫花',因讥之曰:'贾浪仙云,空庭唯有竹,闲地拟栽松。吾子与贾生,春兰秋菊也。'他日赴达官牡丹宴,栏中有两松对植,立命斧斫之,以其荫花。""科松为荫花"意谓松树荫花,所以将它砍去。《太平广记》卷五十一"侯道华"条:"一旦,道华执斧,科古松枝垂且尽,如削,院中人无喻其意。"也是此义。卷三六四"僧智圆"条:"居之数年,暇日,智圆向阳科脚甲,有妇人布衣,其端丽,至阶作礼。""科脚甲"即修剪脚指甲。梅尧臣《和孙端叟蚕具·科斧》:"科桑持野斧,乳湿新磨刀,繁枝一却余,肥条更丰润。""科"表"斫削""修剪"义,虽中古方见,然究其渊源,乃"刊"之声转耳。《说文·刀部》:"刊,剟也。从刀干声。"段玉裁注:"凡有所削去谓之刊。""刊"之本义为"砍削",秦汉屡见。《书·禹贡》:"禹敷土,随山刊木,奠高山大川。"《周礼·秋官·柞氏》:"夏日至,令刊阳木而火之;冬日至,令剥阴木而水之。"郑玄注:郑司农云:"'刊、剥,互言耳,皆谓斫去次地之皮。'""刊"上古音溪母元部、"科"上古音溪母歌部,两字同声母,韵部为对转关系,故"科"为"刊"之音变。另外,我们从异文中,亦可证明"科"与"刊"通。如宋吴处厚《青箱杂记》卷六:"王公随雅嗜吟咏,有宫词云:'一声啼鸟禁门静,满地落花春日长。'又《野步》云:'桑斧刊春色,渔歌唱夕阳。'""桑斧刊春色"之"刊",《诗话总龟》卷十二作"科"。今天在西北广大地区,把修剪树枝说成"科树"或"科树股子"却是随处可闻的。王汶石《风雪之夜春夜》:"树木不科不长,竿不扶不正。""科"方言音如"括",与中古音近。

L

【燣】　焦黄色。《玉篇·火部》:"燣,黄色。"《广韵·上声·感韵》:"燣,黄焦。"《集韵·上声·感韵》卢感切,音 lán。后读 lá,如:老王刚病了起来,脸上黄燣燣的。俗作腊。又作蜡,一说蜡经过提取后剩下的渣子,色白或黄。蜡黄即源于此。元张国宾《薛仁贵》第一折:"但听一声催战鼓,脸皮先似蜡渣黄。"《赵礼让肥》第一折:"饿的这民饥色,看看的如蜡渣。"《金瓶梅》第五回:"王婆当时就地扶起武大来,见他口里吐血,面皮蜡楂也似黄了。"第九十回:"那雪娥唬的脸蜡渣也似黄了。《醒世姻缘传》第五十九回:"狄希陈唬的个脸蜡渣黄,逼在墙上。"

【擽】 (là),研破粮食或粗磨一下。《广雅·释言》:"擽,研也。"《玉篇·手部》:"擽,研破。"《广韵》入声十二曷卢达切、《集韵》郎达切,并音辣。或作粝。《玉篇·米部》:"粝,亦作擽。"《齐民要术》卷八《作酢法》:"用石硙子辣谷令破,以水拌而蒸之。"缪启愉校释:"凡在磨谷物时,由于在磨眼中一次所添谷物的数量多少不同,其粉碎程度亦不同。添得愈多,磨得愈粗。再多再多,就仅仅脱壳,稍稍轧破而已。"有时需要这样做,就采用这样的磨法。这个磨法,正字应作"擽",音辣。这里的"辣"应为"擽"的同音借字,唐韩鄂《四时纂要》"七月"作麦醋法正作"磨中擽破"。《吴下方言考》卷十一:"粝,磨不细也。吴中谓粗麦类曰粝。"今西北方言仍在使用这个字,如说:擽点包谷糁子;小磨上擽黑豆。擽成的谷类磨成的碎粒即糁子,也叫糁糁子。如:给咱熬些糁糁子。糁,《集韵》直炙切,音掷,方言音 zhēn。

【擥】 (lǎn),同揽。《说文·手部》:"擥,撮持也。从手监声,卢敢切。"《管子·弟子职》:"饭必捧擥。"擥有聚积、收拾之义。屈原《离骚》:"夕擥洲之宿莽。"注:"擥,采也。"或作揽、挏。《集韵》:"擥,揽、挏。《说文》:'撮持也。'或从览从监。"今陇右把用手或簸箕撮起土或粮食叫做揽。如揽土、揽粮食等。又有搂抱之义。《释名·释咨容》释为"敛":"揽,敛也,敛置手中也。"《广韵》卢敢切:"手揽物。"《重订直音篇·手部》:"揽,音览,手揽取也。"《红楼梦》李纨揽着平儿道:"嗳哟! 这硬的是什么?"陇右也谓把一大东西抓在手中或抱怀里为揽,如把小孩揽在怀里。"揽"还有霸占之意。《金瓶梅》第六十七回:"饿眼见瓜皮,甚么行货子,好的歹的揽搭下。不明不暗,到明日弄出个孩子来算谁的?"《醒世姻缘传》第八十七回:"你没本事挣件衣服给老婆穿,就不消揽下老婆! 你既揽下老婆,不叫穿件衣裳,难道光着屁股走么?""搭下""下"为词缀,表示动作的结束,"揽"即占有。今青海、甘肃方言常用"揽搭下""揽下"表示包揽一切之意。如说:我这个南山里的瘿瓜瓜,热哩冷哩揽搭下;臭的香的你都揽搭下,够丢人显眼的。

【燷】 (lǎn),因火花、火焰窜行而延烧。《玉篇·火部》:"燷,火焱行。"《广韵·上声·敢韵》:"燷,火貌。"《集韵·上声·敢韵》:"卢甘切,音蓝。火延貌。"《吴中方言考》卷七:"燷,滥也。火光滥及他处,因以延烧也。吴中谓火光所及因以烧灼为爁。"1935 年《萧山县志》:"火焰外窜曰爁。"《淮南子·览冥训》:"火爁焱而不灭。"魏刘邵《人物志·林理篇》:"立事要则爁炎而不定。"爁,《广韵·去声·阚韵》卢瞰切,又《上声·敢韵》卢敢切。元贾仲民《萧淑兰》第二折:"将韩王殿忽然火爁,蓝桥驿平空水淹。"又为烤。《西厢记》第二本楔子:"这些时吃菜馒头委实口淡,五千人也不索炙煿煎爁。"又指用猛火快炒。林洪《山家清供·鸳鸯炙》:"得之(指吐绶鸡)焊,以油以爁,下酒、酱、香料煨熟。"忽思慧《饮膳正要·聚珍异馔·米哈讷关列孙》:"右件,用净锅内干爁熟。"如方言:爁肉、爁炒面;放到锅里快快一爁;爁羊肉燥子;肉爁给起再倒水炖。爁,方言读上声。

【滥酒】　(làn),嗜酒如命而无酒德。其本字当为"阑""烂"。《新方言》:"《通俗文》:纵失曰阑(《一切经音义》引)。今井市谓债不可收者为烂账,烂即阑也。凡人纵弛无检亦曰阑。《列子·说符篇》:宋有兰子者。应劭注云:'阑,妄也。'兰与阑同。今人谓舒纵不节曰烂。烂亦阑字也。"杨伯峻《列子集释》:"今世俗谓无赖子为烂仔,其义疑于此。"因此"烂"有放纵、不加节制之意。欧阳修《定风波》:"春到几人能烂赏? 何况,无情风雨等闲多。"史浩《粉蝶儿·元宵》:"愿年年,伴星球、烂游灯市。"僧道潜《春日杂兴》:"去岁春风上苑行,烂窥红紫厌平生。"葛长庚《水调歌头》:"奉陪诸友,今宵烂饮过三更。"这些"烂"都有放纵、无制之义。后也作"滥",如滥酒。《跻春台》卷二《捉南风》:"劝世人,莫心偏,莫滥酒,莫发癫。若能以我为证鉴,无灾无难乐平安。"卷四《血染衣》:"该因朱荣从前忤逆不孝,又爱滥酒,于今恶贯满盈,所以被黑牛杀死。"《广东小儿歌·劝商》:"莫滥酒,莫好赌,多积银钱办家务。"还有"滥赌"等。沙汀《丁跛公》:"这青年人烂酒烂赌,放荡得像一条野马。"

【醪】　连汁带滓一起吃的酒,古时叫"醪"。醪,《广韵》来母豪韵鲁刀切,读 láo,醪的酒化程度与醴相似,都是酒精含量很低而味甜的酒,而且都是汁滓混合。《说文·酉部》:"醪,汁滓酒也。从酉翏声。"段注:"《米部》曰:糟,酒滓也,许意此为汁滓相将之酒。"徐灏笺:"醪与醴皆汁滓相将,醴一宿熟,味至薄,醪则醇,酒味甜。"慧琳《一切经音义》卷七十三引《苍颉篇》云:"醪谓有滓酒也。"《汉书·文帝纪》"为酒醪以靡谷者多",《李广传》"持糒醪遗广",颜注:"醪,汁滓酒也。"《后汉书·樊倏传》"又野王岁献甘醪膏饧",注云:"醪,醇酒汁滓相将也。""糟",古也指未漉清的带滓的酒。《说文·米部》:"糟,酒滓也。"段玉裁注:"今之酒但用沛者,直谓已漉之粕为糟。古则未沛带滓之酒为糟。"朱骏声《说文通训定声》:"古以带滓之酒为糟,今谓漉酒所弃之粕为糟。"字又作"醩",因在米酒之间,故可为糟,又可为醯。醴和糟都是人们酿出酒后是连汁带滓一起享用的。《仪礼·聘礼》:"宰夫实觯以醴,加柶于觯。"《周礼·天官·浆人》:"清醴医酏糟而奉之。"郑注:"饮醴用柶者,糟也;不用柶者,清也。"大概柶主要用来抶取酒糟,为便于从容酒器中抶取,故制成曲体形。《楚辞·渔父》:"众人皆醉,何不哺其糟而啜其醨?"《文选》"醨"作"醨"。吕向云:"餔糟歠醨,微同其事也。餔,食也。歠,饮也。糟、醨,皆酒滓。"明人李实在《蜀语》中说:"不去滓酒曰醪糟,醪音劳,以熟糯米为之,故不去糟,即古之醪醴、投醪。"醪糟至今是全国各地都喜爱的小吃。醪糟不仅有酒香、酒味,吃了还可以饱肚子。同样多的粮食酿成酒后,给人体提供的热量增加,而食用量相对减少,又何乐而不为呢?与醪糟相似还有甜醅子。醅也是酿成而未漉的酒。《广韵·平声·灰韵》:"醅,酒未漉也。"醅即带糟未经压榨的酒,义与"醪"同。《齐民要术》卷七《神曲粳米醪法》:"此酒合醅饮之可也。""醅"即是连糟酒,因亦称糟为"醅"。"合醅饮之",即连糟吃喝。甘肃人喜欢吃甜醅子。和醪糟的区别在与醪糟多用糯米制成,而甜醅子多用小麦或青稞制成。《说文》:"醪,汁滓酒也。从酉翏声。"本义是汁滓混合的酒。糟,《说文》:"酒滓也。屈子《渔父》:'何不哺其糟而啜其醨。'"

【老者】　陇右方言尊称老年人为老者。"者"或当为"耆"解。《广雅·释亲》:"耆,父也。"曹宪音止奢切。《玉篇·父部》:"耆,父也。"《广韵·平声·麻韵》:"耆,吴人呼父。"《篇海》:"之奢切,父也。"《新唐书·高力士传》:"肃宗在东宫,兄事力士,它王、公主,呼为翁戚里诸家尊曰耆。"明杨维桢《铁厓咏史·李五父》:"李五父,高家奴。一日尊尚父,乃胜高家耆。"又《昭通方言疏证》(1371)谓:"'者'者,指事词也,则'老者'谓年老之人也,用者为之,本亦不误。《广雅》所收乃当时方言俗语。"也可通。

【老哥】　对成年同辈男子的尊称,老为长者之称。《周礼·地官·乡老》注:"老,尊称也。"《张天师》第一折【浑江龙】白:"老哥,你着那患子来,我看。"又:"(张千云)你家有什么丁香奴?(净云)老哥不知,但是我家的小的每,都是生药名。"《绿野仙踪》第五十九回:"他有什么首饰、衣服?老哥何出此问?"还有"老爹""老爸"等词,都是对成年长辈的尊称。《初刻拍案惊奇》卷三十一:"正寅又说道:"去请间壁沈老爹老娘来同吃。"《二刻拍案惊奇》卷二十六:"老伯伯,借问一声,此间有个高愚溪老爹否?"陇右方言至今仍有这样的称呼,多针对不相识的同辈或长辈。

【潦】　(lào),西北方言称雨后的积水坑或水库为涝坝。"涝"当作"潦"。《说文·水部》:"潦,雨水大貌。从水尞声。卢皓切。"段注:"《召南》'于彼行潦',传曰:'行潦,流潦也.'按传以'流'释'行'。服注《左传》乃云'道路之水';赵注《孟子》乃云'道旁流潦',以'道'释'行',似非。潦,水流而聚焉,故曰行潦,不必在道旁也。"按照段注,"潦"就是汇集起来的雨水。潦,《广韵·去声·号韵》郎到切,劳去声:"与涝同,淹也,一曰积水。"《诗·大雅·泂酌》:"泂酌彼行潦。"《毛传》:"行潦,流潦也。"《礼记·曲礼》:"水潦降,不献鱼鳖。"郑注:"潦音老,雨水谓之潦。"《左传·隐公三年》:"潢污行潦之水,可荐于鬼神。"杜预曰:"行潦,流潦也。"《韩非子·外储说右上》:"天雨,廷中有潦。"由此可知雨水汇集起来就称为"潦"。西北地区干旱缺少,人畜饮水则主要靠储存雨水,即涝坝里的水。嘉靖《固原州志》卷一记载,"平虏守御千户所,……地无井泉,惟蓄潦水供饮,不堪多驻军马",说的就是这种情况。《说文》"涝"为水名,非本字,俗借为"潦"字。

【獠】　(láo),即僚,中国古族名,分布在今广东、广西、湖南、四川、云南、贵州等地区。《玉篇·犬部》:"獠,力道切,夷名。"《广韵·上声·皓韵》:"獠,西南夷名;僚,上同。卢皓切。"《集韵·上声·皓韵》:"獠,卢皓切,西南夷谓之獠。或从犬、从人,亦作獶。"《蜀语》:"谓人村曰山巴土獠○獠音老。巴州以西,旧獠人所居,故云。"按照郑张尚芳先生的说法,"獠"是台语词,如石家语平辈自称用ruu4,第三人称用raw2(郑张尚芳:《台语人称称谓承袭中华古礼节》,载《东方语言学网》论坛),也是古时南方骂人的话。屈大均《广东新语·土言》:"广州谓平人曰佬,亦曰獠,贱称也。《北史》周文帝讨诸獠,以其生为贱隶谓之曰厌獠。"《喻世明言》第四十卷:"你这獠子,好不达时务。"《昭通方言疏证》(1427):"昭语乡愚曰土老老,老老即獠之音变也。"村獠,乡巴佬。刘克庄《水龙吟·癸丑生日》词:"吟歇后诗,说无生话,热瞒村獠。"今天称为乡愚为土老冒,"老"为"獠"之音变。

【癆】　(lào),药物中毒或下毒药。《说文·疒部》:"朝鲜谓毒药曰癆。"《方言》卷三:"凡饮药、傅药而毒,南楚之外谓之癫,北燕、朝鲜之间谓之癆。""癆"郭璞音"涝"。《广韵·去声·号韵》郎到切,同郭璞音。《蜀语》:"以毒药药人曰癆○癆音涝。"黄侃《蕲春语》:"今吾乡有此音,正同《广韵》。"《长沙方言续考》七十一《癆》引曹孟其云:"今长沙以药毒鱼毒鼠曰癆鱼、癆鼠。树达按语其药则曰癆药。"陇右方言将因毒药而死称为"癆死",毒药叫"癆药","癆"正读"郎到切"。由于有的方言l、n不分,故也作闹、呐、酙,均为音近借字。《大宋宣和遗事·贞集》:"是时止有赵妃当宠,累欲以阴计中金主,以雪国耻。又因暑月,常以冰雪调脑子以进,因此金主亦疾。""脑子"应即"闹药",也就是毒药。

《白兔记》第二折丑白："如今拿上三钱银子,去上角头拘捆胡同丘生药家,买些巴豆、人言、闹子,碾成一服,茶里不著饭里著,把这个光棍药死了。"《红楼梦》第八十一回："把她家中一抄,抄出好些泥塑的煞神,几匣子闹香。""闹香"是一种有毒可熏人致死的香。《跻春台》卷一："夫呀! 莫不是背时,吃了好药咘死人?""咘"当作"咘",不见古今字书,为方言造字,当音"闹"。郭沫若《孔雀胆》第三幕:"公主,公主,兔子通同闹死了! 通同闹死了。"《蜀籁》卷三:"明晓得酙人的药,你要去吃一包。"卷四:"酙人的药不在多。""酙"的情形当同"咘"。这个词流行范围非常广,北京官话、冀鲁官话、中原官话、兰银官话、江淮官话、西南官话、湘语、赣语等皆有之。

【捞毛】　陇右方言谓劳而无获为"捞毛"或"白捞毛"。"毛"就是"无"的古音。《敦煌变文集·唐太宗入冥记》:"皇帝闻此语,毛地自容。""毛地自容"就是"无地自容"的意思。在敦煌吐鲁番出土的契约中,常有"若身东西毛""奴身东西毛"之类的词语,"毛"即"无"的意思。《客座赘语·诠俗》:"一无所得曰毛。"《蜀语》:"谓无曰耗○耗,莫褒切,音毛,亦有呼毛清音者。"钱大昕《十驾斋养新录》卷五"古无轻唇音"条:"古读无如模。《曲礼》'毋不敬',《释文》云:'古文言毋,犹今人言莫也。'……无又转如毛。《后汉书·冯衍传》'饥者毛食',注云:'按《衍集》,毛字作无。'《汉书·功臣侯表序》:'糜有子遗,耗矣。'注引孟康曰:'耗,音毛。'师古曰:'今俗语犹谓无为耗。'大昕按:今江西、湖南方音读无如冒,即毛之去声。《方言别录》:'耗,冒平声,无也。'今蜀人语犹然。"清赵翼《陔余丛考》卷四十三"毛作无字"条云:"天津、河间等处,凡无字皆作毛字。《佩觿集》所谓河朔人谓无曰毛,盖声之转也。宋人小说:有人邀东坡吃'毳饭',乃芦服、豆腐、白菜,三者皆白也。坡明日邀其人吃'毳饭',其人意必兽之有毛者,及至,则竟日不设饭。诘之。坡答云:'酒也毛,菜也毛,饭也毛。'借河朔间土音以无为毛也。相与大笑。按:此虽土音,亦有出处。《后汉·冯衍传》:'饥者毛食。谓无食也。'《五代史》述黄幡绰赐绯毛鱼袋,谓无鱼袋也。则古人文字中亦用之矣。"章太炎《新方言》卷一:"毛,无也。……今湖南、闽、广皆谓无为毛。可能早于汉代即有此用法。"也有写作"冒""冇",冇音[məu214]。

【立逼】　紧急催促。《金瓶梅》第七十六回:"立逼着撵他去了,又不叫小厮领他,十分扫兴人不过。"《醒世姻缘传》第七十九回素姐为了散闷:"立逼住狄希陈叫他在外面借了几根杉木条,寻得粗绳,括得画板,扎起大高的一架秋千。"《红楼梦》第三十七回:"宝玉听了立身便往贾母处来,立逼着叫人接去。贾母因说:'今儿天晚了,明日一早再去。'"《姑妄言》第十一会:"要了一个丫头的青布衫蓝布裙,立逼叫她穿上。"清无名氏《说唐》第五回:"当下王小二立逼秦琼,又说:'你那匹尊骑,再两日饿死了,却不关我事。'"《长生殿》第二十三出:"争奈监军内侍,立逼出战。势不由己,军士海,与我并力杀上前去。"秦腔《花厅相会》:"恩姐讲话差又差,立逼的文举把誓发。"《二进宫》:"……大战场,小战场,九人九马九根枪,立逼得霸王把命丧。"青海花儿:娶不上媳妇嫖不上风,立逼着当和尚哩。《汉语大词典》释为"当场逼迫人",不妥。

【劙】 (lí),陇右方言谓用刀割开为劙,其本字应为劙。《说文·刀部》:"劙,剥也。划也。"慧琳《一切经音义》卷十四"劙解"云:"《考声》:'劙,割也,划也'。《字林》作剺。"《尸子》卷下:"弓人劙筋,则知牛长少。""劙",《集韵·平声·支韵》邻知切,音离。又写作"剺"。《文选·扬雄〈长杨赋〉》:"分剺单于,磔裂属国。"李善注引韦昭曰:"剺,割也。""劙面"即"割耳劙面",即以刀划面,这是我国古代西北及北方一些少数民族在举行丧葬、送行、诉冤等活动时的一种风俗,用以表示哀伤之极。《东观汉记·耿异传》:"耿秉为征西将军,镇抚单于以下,及薨,赐朱棺玉衣。南单于举国发哀,劙面流血。"《北史·突厥列传》:"其俗:……死者,停尸于帐,子孙及亲属男女各杀羊、马,陈于帐前祭之,绕帐走马七匝,诣帐门以刀劙面且哭,血泪俱流,如此者七度乃止。"《张义潮变文》:"千人中矢沙场殪,铦锷剖劙坠贼头。"《五灯会元》卷一"鸠摩罗多尊者":"言讫,即于座上,以指爪劙面,如红莲开出,大光明照耀四众,而入寂灭。"又作鑗、劙、劙。《说文·金部》:"鑗,一曰剥也。"段注:"剥者,裂也。剥训裂,知鑗与劙义同音。别《方言》:蠡,分也。注谓分割也。此即鑗之假借。《方言》又曰:劙,解也。又曰:蠡,分也。皆其义也。"《玉篇·刀部》:"劙,解也,分割也。"《广韵·去声·霁韵》:"劙,分破也。郎计切。"《荀子·强国篇》:"(莫邪)则劙盘盂,刭牛马忽然耳。"杨倞注:"劙,割也,音戾。"《太平广记》卷四百〇六"荔枝木"引《扶南记》:"荔枝为名者,以其结实时,枝条弱而蒂牢,不可摘取,以刀斧劙取其枝,故以为名。"《聊斋志异·大男》:"至夜,以刀自劙。贾不敢逼,俟创瘥,又转鬻于盐亭贾。"《齐民要术》卷四《种桃柰第三十四》:"桃性皮急,四年以上,宜以刀竖劙其皮。不劙者,皮急则死。"缪启愉校注:"'劙',同'劙',亦作'劙',是划破。《多能鄙事》卷七'栽桃李杏':'桃,三年实,五盛,七衰,十死。至六年以刀劙其皮,令胶出,可多活五年。'"由此可见劙、鑗、蠡、劙、劙其义都是"划破"。还有借用"犁"的。《单刀会》第二折:"我则怕刀尖儿触抹着轻犁了你手,树叶儿提防打破我头。"《金瓶梅》第七十九回:"但溺尿,尿管中犹如刀子犁的一般,溺一遭,疼一遭。"这个词在山东方言中还在使用,如:手被刀子劙了一道口子。陇右天水以西将以刀划开物品也说劈开。

【利市】 古时有"吉利"的意思。清杨慎《俗言》卷六十三:"俗语利市,古已有之。《易·说卦传》:'为近利市三倍。'《左氏·成公十六年》:'尔有利市宝贿,我勿与知。'"按:"利市"原本指由贸易获得利润。后来才衍绎为"幸运""喜钱"二义。《焦氏易林·观之离》:"入门笑喜,与我利市。""不利市"则谓遇事不顺利、运气不好。唐孙光宪《北梦琐言》卷三:"夏侯孜相国未偶,伶俜风尘,蹇驴无故坠井,每及朝士之门,舍逆旅之馆,多有龃龉,时人号曰'不利市秀才'。后登将相,何先塞而后通也。"《武林旧事》卷十"岁晚节物":"市井迎傩,以锣鼓遍至人家,乞求利市。"元康进之《李逵负荆》第二折:"我这光头不赌他罢,省的你叫不利市。"《水浒传》第五回:"俺猜这个撮鸟是个翦径的强人,正在此间等买卖,见酒家是个和尚,他道不利市,吐了一口唾,走入去了。"《金瓶梅》第三十回:"入门利市花红,坐下就要管待。"冯梦龙《挂枝儿》卷三《揉枕》:"一从枕了你,只做得半月夫妻。莫非是做时节时辰不利。另拣个好日子,再做个利市的。"《初刻拍案惊奇》卷三十四:"我家官人正去乡试,要讨彩头,撞将你这一件秃光光不利市的物事来。"《儒林外史》第五十回:"他才这两出戏点的就不利市,才请宴就饯别,弄得宴还不算请,别倒饯过了!"也指额外赏赐。明陈士元《俚言解》卷三:"百工起手,或毕工,主人于工价之外,赏给财物,谓之利市。""市"陇右方言音"萨",把"利市"说成"利萨"。

【连枷】 (liánjiā),一种打谷的工具。是由两根木棍组成,即在一根长木棍的一端系上一根短木棍(后来用几根木棍绑在一起),利用短木棍的回转连续扑打使谷穗脱粒。《说文·木部》:"枷,柫也,从木,加声。"又:"柫,击禾连枷也。"段注:"《释名》曰:'枷,加也,加杖于柄头,以挝穗而出其谷也。'或曰罗枷,三杖而用之也。或曰了了,杖转于头,故以名之也。戴先生(戴震)曰:'罗、连语之转,今连枷之制与古同。'"《广释·释器》:"柫谓之枷。"王念孙疏证:"柫之言拂也。《说文》:'拂,过击也。'谓转头击谷也。"《蜀语》:"挞谷器曰连枷○枷音加。"《俗书刊误·俗用杂字》:"打谷器曰麷夹,《正韵》作连枷。"按:"枷"为"枷"的后出字,为农具故从"耒"。戴侗《六书故》:"连枷以击落禾谷也,……军器亦用此。"《国语·齐语》:"权节其用,备其械器,比耒耜枷芟。"韦注:"枷,拂也,所以击草。"《汉书·王莽传》:"予之北巡,必躬载柫。"师古注:"柫所以击治禾者也。"连枷还有其他许多名称,《方言》卷五提到"佥""㭒䘒""度""棓""柫""柍""梓",都是同一器物在各地的不同名称,郭璞注:"今连枷,所以打谷者。"《释文》更补充了"罗枷""丫丫"这样两个别名。嘉峪关魏晋墓画像砖上有件工具作"丫"形,很像"丫"字,正是打场用的连枷,可能"丫丫"之名就是这样来的。敦煌莫高窟壁画中也有许多打连枷的场面(如 445 窟、205 窟等)。范成大《四时田园杂兴》诗之四十四:"新筑场泥镜面平,家家打稻趁霜晴。笑歌声里轻雷动,一夜连枷响到明。"陇右至今仍有地方用这种农具打谷。

【联手】　指合作者或好朋友。《金瓶梅》第十九回:"嗔道叫我拿贴儿请他,我还说人生面不熟,他不肯来,怎知和他有连手。"《品花宝鉴》第十六回:"或与地主勾通,或与花儿匠工头连手,赚下人的钱。"《官场现形记》第五十一回:"兄弟有利可图,伏伏贴贴听他的使唤,做他的联手。"也指情人。《金瓶梅》第十六回:"(月娘道)……第三件,你又和他老婆有连手。买了他房子,收着他寄放的许多东西。"《明珠缘》第四十三回:"向日有个尚日监太监记信赠在东宫伏役过的与客氏是联手。"陇右方言谓合作者为联手,也用来称情人。如青海花儿唱道:九月里到了九月九,黄菊花开在个路口,人没有连手了没话头,阳世上没有个闹头。

【脸脑】　即脸。脑,助词。顾学颉、王学奇《元曲释词》(中国社会科学出版社 1990 年版,第 346 页):"脑、道和老一样,在元曲中称人身体的某一部分时,作为语尾助词,不为义。"如称身为"躯老"、头为"顶老"、手为"爪老"、称腰为"腰脑"、称眼为"眼脑"(或"䁖老"),鼻子为"嗅老",等等。《敦煌变文集·燕子赋》:"者贼无赖,眼恼蠹害,何由可奈。"张元干《点绛唇》:"减塑冠儿,宝钗金缕双绥结。怎教宁帖,眼恼儿里劣。"《景德传灯录》卷九"黄檗希运禅师":"师云:'夫出家人须知有从上来分,且如四祖下牛头融大师,横说竖说,犹未知向上关捩子。有此眼脑,方辨得邪正宗党。'"眼恼同眼脑,即眼睛。《西厢记》第四本第四折:"贼心肠馋眼恼天生得劣。"秦简夫《赵礼让肥》第二折:"我见他料绰口凹凸着面貌,眼嵌鼻眍,挠着脸脑。"高文秀《黑旋风》第一折:"呸,脸脑儿恰似个贼。"《对玉梳》第一折:"都是俺个败人家油鬏髻太岁,送人命粉脸脑凶神。"刘庭信《折桂令·忆别》:"我这里眉儿眼儿脸脑儿乜斜。"蒋士铨《北中吕·粉蝶儿·题陈其年先生填词图》套:"浑不是画麟台容貌,画凌烟脸脑。"今西北方言也称脸为脸脑。如青海花儿:尕妹的身材一炷香,尕脸脑活像个太阳。甘谷人说人不要脸为不要皮脸脑。

【捩】　(liè),扭转,扭筋。《说文·犬部》:"戾者,身曲戾也。郎计切。"宋玉《大言赋》:"壮士愤兮绝天维,北斗戾兮太山夷。"此处的"戾"即"转"义,当为"捩"之本字。《玉篇·手部》:"捩,物捩。"《集韵·入声·屑韵》力结切,戾入声:"拗也。"《慧琳音义》卷七十九"捩取"条:"《考声》:'捩,绞也,扭也。'手拗

捩也……用力扭取也。”卷八十五“揉木”条引《集训》：“烧木拗捩令曲,即今之
犁辕、犁牵是也。”方言常说:胳膊捩了,筋捩了。也指人发脾气,性子拗。《广
韵·入声·屑韵》：“捩,拗捩。出《玉篇》。”《古今韵会举要·效韵》：“拗,心捩
也。《玉篇·口部》：‘拗捩。’固相违也。”《新唐书·张说传》：“未知明主之心,
已捩贵臣之意。”《燕子赋》：“当时骾骾劝谏,拗捩不相用语,无事破啰啾唧,果见
论官理府。”方言称不合群的人为“捩捩子”。谓脾气犟为拗。如:这老头脾气
犟,你可拗不过他。甘谷人骂某人一时犯性为“天风捩下的”(方言“下”音
“哈”)。

【另】 指分割家产或另起炉灶过日子。如:现在村子里的年轻人一结婚没
几个月就与老人分家单另过了。《玉篇·口部》：“另,别也。”《集韵》作㖵:“别
也。”《字汇·子集·口部》：“另,力正切,音令,分居也。”《越谚》卷下：“另,分居
也、割开也。见《五音集韵》。越言舍此论彼曰‘另’,‘另开’、‘另外’是也。”《红
梨花》第二折【四块玉】：“我对着这烛底花前说叮咛,则愿的灯休灭花休谢人休
另。”《梧桐雨》第一折【赚煞尾】：“长如一双钿盒盛,休似两股金钗另,愿世世姻
缘注定。”《陈州粜米》第三折【梁州第七】：“都只是庄农每争竞桑田,弟兄每分
另家缘。”《黄绣球》第七回：“黄绣球忙又另开了一个西瓜,逼了一碗瓜汁送去。”
《中国民间故事选·天牛配夫妻》：“就像这样,昨个坏犁,你就甭耕地啦! 明个
另吧。”原注：“另,内蒙方言,分家另过的意思。”也作“分另”。《元典章·户部
三》：“随处诸色人家,往往父母在堂,子孙分另。”也作“单另”。柳青《创业史》
第一部第二十六章：“他和他妈妈商量,以后不要给他单另做面条吃。”第二十九
章：“……挣了一笔钱,就不想实行互助组的生产计划了,反而要脱离互助组买
牛,单另发家创业。”又作“另过”。《聊斋俚曲集·墙头记》第一回：“不如我自
己另过,饥与饱与您无关。”又有劙、霝、劄、刉等字均表示分离,与“另”同源。

【淋醋】 今陇右民间酿醋多采用固体原料发酵法,发酵完成以后,要把它
放进底下有孔的醋缸,用水把醋淋出来,因此称酿醋为淋醋。这是一种很古老的
工艺。《齐民要术》卷八《酒糟酢法》：“七日后,酢香熟,便下水,令相淹渍。经
宿,醡孔子下之。夏日作者,宜冷水淋;春秋作者,宜温卧,以穰茹瓮,汤淋之。以
意消息之。”缪启愉校释：“《要术》二十三种醋中,唯此醋为固体状态发酵,其余
都是液态发酵……因系固态发酵,故醋醅成熟后要加水淋醋,醡孔即为淋醋而
设,即上面淋水之后,下面醡孔中流出醋。固态发酵的醋,通常多采取此法……
液态发酵者,多采用压榨法。”下文“夏日作者,宜冷水淋;春秋作者,……汤淋
之”,是淋法的申说。有趣的是,1972 年考古工作者在甘肃嘉峪关市东北 20 公

里的新城戈壁滩上发掘了一批魏晋壁画墓,其中3号墓前室东壁砖墙上有一幅《滤醋图》,画面上有一长条案子,案上放3个陶罐,案下有两个盆,陶罐上有流孔,有液体(醋)从罐中流出,注于案下的盆中。案上另外一陶罐可能是用来盛水的。嘉峪关新城魏晋壁画墓出土的随葬品中,还有一种灰陶滤罐,罐的下部有一滤孔,与图中所绘陶罐相似。这幅《滤醋图》真实地再现了古代酿醋的场面,所表现的制醋方法民间一直都在使用。明宋诩撰《竹屿山房杂部》卷十八《造糠糟法》:“再煎汤淋取第二醋,如要极酸,即将头醋煎,重淋新糟,其酸极佳。如此欲得酸,只将第二醋煎沸汤淋新糟,已是重淋醋。若更将逐瓮头醋再淋,恐太酸了。”最先淋出的醋叫头醋,酸度最大,以后每次淋出来的就不如头醋酸。《醒世姻缘传》第二十六回:“且是那极敦厚之乡也就如那淋醋的一般,一淋薄如一淋。”元曲《气英布》第二折:“常言道‘头醋不酸,二醋不酽’,咱还待他个甚的?”《金瓶梅》第三十一回:“你家是王十万!头醋不酸,到底儿薄。”《水浒传》第五十一回:“‘头醋不酽彻底薄’,官人坐当其位,可出个标首。”“薄”,稀薄,指醋不酸。第一道醋若不酸,底下的醋自然更不酸了,用以比喻事情开头没有办好,往后就更难办了。

【淋酒】　如方言常说:杀鸡淋酒。但淋酒则不同于淋醋,淋酒即沥酒。“沥”字《说文》作“醨”,训“酾”。段注:“按谓滴沥而下也。在《水部》作沥,在《酒部》作醨。”《广韵·入声·锡韵》郎击切,《集韵·入声·锡韵》狼狄切,并音历:“下酒也”。大汶口文化时期的陶器中,有一些大口尊、瓮、底部有孔的漏器等大型陶器,可能是供沥酒之用。内蒙古托克托汉闵氏墓壁画中,有用三孔沥酒之图,上书“酒”字。酒泉嘉峪关1号曹魏墓的壁画中有类似之图。洛阳烧沟46号、47号、125号等西汉墓中均出土过腹部近底下挖一圆孔的陶瓮,系当时沥酒所用的。用此法沥过的酒,酒液一滴一滴流下,即在瓮肩或瓮下边开的嘴孔,用这种方法沥过的酒比糟床滤过的酒要清澈一些,但比糟床沥酒要慢得多,因而后代多用糟床下酒。《周礼·天官·酒正》郑玄注:“缇者,成而红赤,如今下酒矣。”贾公彦疏:“下酒谓曹床下酒。”孙诒让正义:“下酒,盖糟床漉下之酒。”“沥酒”之义也变为洒酒于地,表祝愿或起誓。唐姚合《晦日送穷三首》:“年年到此日,沥酒拜街中。”王建《岁晚自感》诗:“沥酒愿从今日后,更逢三十度花开。”五代杜光庭《虬髯客传》:“靖(李靖)知虬髯成功,归告其妻,乃沥酒东南贺焉。”陶宗仪《南村辍耕录·释怨结姻》:“具白前所仇事,沥酒为誓,语酣儿曰:‘子识之,试用此警世间人。’”清毛祥麟《对山馀墨·田臾传》:“客大笑,掖臾起沥酒言曰:‘公休矣。’”方言所说淋酒即保存了上古义,即酿酒的一个步骤。甘肃礼县有一种麦淋酒,在酒料发酵完成之后,把密闭贮存的酒料装入大锅,上盖大套盆,旁边放置套缸,套缸里层加入凉水,用竹筒连接套盆与套缸的通气孔,并安装好套缸底部出酒孔的漏管,然后用慢火在锅下加热,酒蒸气便通过竹筒通往套缸夹层冷却后,在套缸底部出酒孔流出,盛入器具,这样麦淋酒就生产出来了。"沥"和"淋"一声之转。

【临了】　(línliǎo),临到末了,到最后。"了"有完毕、结束义。《广雅·释诂四》:"了、阕、已,讫也。"徐仁甫《广释词》卷七:"了,犹'已'。"汉王褒《僮约》:"晨起早扫,食了洗涤。"《三国志·蜀书·杨仪传》:"常规划分部,筹度粮谷,不稽思虑,斯须便了。"《晋书·傅咸传》:"生子痴,了官事,官事未易了也。了事正坐痴,复为快耳!"《庾纯传》:"充谓曰:'君行常居人前,今何以在后?'纯曰:'旦有小市井事不了,是以来后。'"《世说新语·文学》:"吾久欲注,尚未了。"《宋书·颜延之传》:"拒捍余直,垂及周年,犹不毕了。"晚唐有"了手"一词,即"了"为结束之义,"手"字用作词尾。《敦煌变文集·李陵变文》:"诛陵老母妻子了手,所司奏表于王。"《秋胡变文》:"秋胡辞母了手,行至妻房中。"元关汉卿《四春园》第二折:"既是招了也,外郎着他画字,将枷来下在死囚牢里,等府尹相公下马,判个斩字,便是了手。"《金瓶梅》第十四回:"今日只当丢出事来,才是个了手。""临了"一词出现在宋元时期。《朱子语类》卷五十六:"人臣之道,但当以极等之事望其君,责他十分事,临了只做得二三分;若只责他二三分,少间做不得一分矣。"《王直方诗话》:"黄山谷云:'作诗正如作杂剧,初时布置,临了须打诨。'"盖在宋时已有此语。《单刀会》第一折【赚煞尾】:"曹操埋伏将校,隐慝军兵,准备下千般奸狡,施穷智力,费尽机谋,临了也则落的一场谈笑,倒倍了一领西川十样锦征袍。"《剪发待宾》第三折:"如今陶侃家请客吃酒,俺两个到那里,与他递酒搬汤抬桌儿,临了咱两个务要吃个醉。"《金凤钗》第四折【雁儿落】白:"临了也说我图财致命,着我犯法遭刑也。"《醒世姻缘传》第十二回:"高四嫂,你千万受些委屈,我自有补报,只是临了叫你老人家足了心,喜欢个够。"《金瓶梅》第十九回:"临了招进蒋太医去了。"《金瓶梅》第三十二回:"临了等我一总赏了你每罢。"《红楼梦》第一一〇回:"老太太这一辈子也没有糟塌过什么银钱,如今临了这件大事,必得求二奶奶体体面面的办一办才好。"鲁迅《我之节烈观》:"可是文人学士,已经不甚愿意替他作传;就令勉强动笔,临了也不免加上几个'惜夫惜夫'了。"今陇右方言也作"临了",如:临了临了,事情还是没办成。

【檩】　本作檁。《说文·木部》:"檁,梦也。从木㒳声。于靳切。"《林部》:"梦,复屋栋也。"段注:"按湖湘间称檁为檩。"徐灏《段注笺》:"屋之中极谓之栋,其次谓之檼,浑而名之皆栋。"王筠《句读》:"栋为正中一木之名,今谓之脊檩者是。"《释名·释宫室》:"檼,隐也,所以隐桷也。或谓之望,言高可望也。或谓之栋。栋,中也,居屋之中也。"《广雅·释宫》:"檼,栋也。"《广韵·去声·掀韵》:"檼,屋脊也。"《正字通》:"檼,屋脊也。即今之复屋栋,复屋之栋不可见,故从隐省。"可见"檼"为"栋",后称为"檩",是"檼"声之转。李诫《营造法式·大木作制度二·栋》:"栋,其名有九……八曰檩。"《集韵·上声·寝韵》:"檩,屋上横木,力锦切。"《蜀语》:"屋上承橼梁曰檩○檩音领。"《蜀方言》卷上:"屋上承橼梁曰檩。"今陇右方言称梁上之栋为檩。

【脔】 (luán),切成小块的肉。《说文·肉部》:"脔,一曰切肉,脔也。"《正字通》:"脔,块割也。"《庄子·至乐》:"奏九韶以为乐,具太牢以为膳。鸟乃眩视忧悲,不敢食一脔。"《淮南子·说林训》:"尝一脔肉,而知一镬之味。"《礼记·曲记》:"毋嘬炙。"注:"嘬,谓一举尽脔。"《后汉书·边让传》:"未受牺牛大羹之和,久在煎熬脔割之间。"《齐民要术·作鲊》:"取新鲤鱼,去鳞讫则脔。"《易·噬嗑疏》正义曰:"干肺,是脔肉之干者。"脔《唐韵》力沇切,《集韵》《韵会》力转切,《正韵》卢转切,并音 luán。可组成脔肉(犹言一块肉,谓其量少)、脔脔(切肉成块)、脔脍(切成块的鱼肉)、脔制(分割而制伏之)、脔割(分割,切碎)、脔股(谓割股疗疾以示虔敬)、脔身(分割身体)等词组。在甘谷方言中,脔音变为 liàn(联)。如说:"一 liàn 肉""肉 liànliàn"等。

【练】 狗交配叫练。明李诩《戒庵老人漫笔·今古方言大略》:"驴马曰罩,鸡鸭曰撩水,余鸟曰打雄,猪曰付,蛾曰对,狗曰练,蛇虎曰交。"也作"链"。《汉语方言大词典》卷四:"链蛋,〈动〉狗交配,晋语,陕西岚县。"《姑妄言》第三回:"刚到家门口,他妻子师氏正在门内看看街上两条大狮子狗链在一处。"林钝翁评:"师氏看狮狗链帮,也可谓方物以类聚。"第十二回:"忽见两条狗搭链在一处,他家那条大黑狗急得在旁边乱跳,张着嘴,伸着舌头喘。抱住那母狗头,伸出个通红的臁子来混耸。"把"练"用在人身上则有戏谑或责骂的色彩。《姑妄言》第五回:"正说着,那鸡冠丫头暮地走来看见。笑道:'没廉耻的,大白日里,你两个怎就链在一块儿了?'姚泽民连忙拔出,搂着鸡冠亲了个嘴,将他按在一张杌子上……"《吴下联谚》卷二"老和尚看狗练我不如他":"至于狗,乃众生畜中尤贱者,披毛食屎撅,无与伦比,野合而练,固与人风马牛不相及也。于人间无谓之周旋,度外之耽乐,扰扰纷纷,皆当作狗练观也。"也用"恋""连"等字。《金瓶梅》第八十五回:"(潘金莲)因见阶下两只犬儿交恋在一处,说道:'畜生尚有如此之乐,何况人而反不如此乎?'"张竹坡在此批曰:"求为狗而不能矣。"《婆罗岸全传》第四回:"刚走出门,只见冯家的小狗和一个狗连在一块,冯家孩子笑道:'欧哥哥,我这狗是怎样的?'"陇右方言说狗交配为狗练儿子,两条狗链到一搭了。

【凉】(liǎng),有薄义。本字为"涼"。《说文·水部》:"涼,薄也。从水京声。吕张切。"又作"䣼"。《说文·旡部》:"䣼,事有不善言䣼也。《尔雅》:䣼,薄也。从旡京声。"(今《尔雅》无此训)《诗·大雅·桑柔》:"民之罔极,职凉善背。"传:"凉,薄也。"谓百姓没有道德中正之标准。《左传·庄公三十二年》:"虢多凉德。"注:"凉,薄也。""凉德"就是不善德。居延汉简《相剑刀》册:"剑凉者利善","凉"当为"涼"。"剑谅者利善实际上是"剑薄者利善良"。《全唐文》卷六百七十白居易《策林一》:"必欲以凉德弊政,严令繁刑,而求仁义行,奸宄息,亦犹飘风暴雨,慆阳伏阴,而望禾黍丰,稂莠死,其不可也,亦甚明矣。"《明史·庄烈帝本纪》记载着崇祯帝自杀前所写的遗诏:"朕凉德藐躬,上干天咎,然皆诸臣误朕。""凉"由薄而生寒义。《字林》:"凉,微寒也。"《诗·邶风·北风》:"北风其凉,雨雪其雱。"《释名·释州国》:"凉州,西方所在寒凉也。"毕沅引《太平御览》曰:"或云河西土田薄故曰凉。"王夫之《说文广义》:"凉,本谓薄也,春气发而晶厚,秋气敛而凉薄,故谓清爽之气曰凉。以为其薄也,故借为寡德无情之辞。河西土产微薄,正当兑方而应乎秋,故曰凉州。""凉"是"涼"的俗字。《广韵》《玉篇》皆云:"凉,俗涼字。"今按:"涼"轻、薄之义,今已不多见。"涼"已多改为"凉","涼州"也作"凉州",几乎无人知晓本当作"涼州"。只有兰州方言谓薄为"薄的凉凉",似乎保存了"凉"之"薄"义。

【敹】(liáo),缝缀。敹贴边,敹上几针。清史梦兰《燕说》卷三:"衣物略用针线曰敹。"屈大均《广东新语》:"细曰缝,粗曰敹。著里曰缝,著边曰敹。"《蜀方言》卷上:"粗略治衣曰敹。"《通俗编·杂字》:"敹,按今谓粗略治衣曰敹一针。"《越谚》卷中:"针线直穿曰缝,回曰钩,平曰锹,斜曰敹。"卷下:"敹,'辽',凡绽裂曰'为我敹一针'。"《新方言·释器》:"《周书》:善敹乃甲胄。郑注:敹谓穿彻之。释文:敹,了雕反。凡非绽裂而粗率缝之亦曰敹。"即言甲绳有断绝,当使敹理穿治之。按:敹,《广韵·平声·萧韵》落萧切,《集韵·平声·萧韵》怜萧切,并音聊。《说文·攴部》:"敹,择也。"可见本义为选择,缝制义为后起。《新唐书·程日华传》:"敹甲训兵。"俗也作"撩"。《金瓶梅》第五十一回:"(潘金莲)拣一条白绫儿,将磁盒内颤声娇药末儿装在里面,周围用倒口针儿撩缝的甚是细法。"《醒世姻缘传》第五十三回:"这晁无晏只见他东瓜似的搭了一脸土粉,抹了一嘴红土胭脂,漓漓拉拉的使了一头棉种油,散披倒挂的梳了个雁尾,使青棉花线撩着。"又可作"寮"。章太炎《訄疏·订孔》:"百物以礼穿敹。""穿""敹"同义连用。《说文·宀部》:"寮,穿也。"段注:"《仓颉篇》:'寮,小穿也。'"敹、缭、寮音同义通,当为同族词。陇右方言常说:缭衣缝,缭贴边,缠针缭上。

【蓼】 (liǎo),食物因存放时间过长而产生的一种不太舒服的辣味。蓼本是一种一年生或多年生草本植物,开白色或浅红色小花,生长在水边或水中,也叫水胡椒、辣蓼草、蓼辣草、白辣蓼、辣蓼等。茎叶有辣味,俗名蓼辣,可用以调味,也可以入药,为中医五辣之一。中医认为五辣各有所主:蒜辣颊,姜辣颊,葱辣鼻,芥辣眼,蓼辣舌。《说文·艸部》:"蓼,辛菜,蔷虞也。从艸翏声。卢鸟切。"《尔雅·释草》:"蔷虞、蓼。"《本草纲目》卷十六:"蓼类性皆高扬,故字从翏,音料,高飞貌。"《诗·周颂·良耜》:"其镈斯赵,以薅荼蓼。"荼是苦菜,蓼是辛菜。《礼记·内则》:"脍,春用葱、秋用芥,春韭,秋用蓼。"可见"蓼"的作用与"葱、芥、韭"一样,是用来和味的(和味时,蓼用其茎叶,非用其实)。《本草纲目·菜部》:"五辛菜,乃元日、立春以葱、蒜、韭、蓼蒿、芥,辛嫩之菜杂和食之,取迎春之意。"《金瓶梅》第六十二回:"西门庆旋教开库房,拿出一坛夏提刑家送的菊花酒来。打开碧靛清,喷鼻香,未曾筛,先搅一瓶凉水,以去其蓼辣之性,然后贮于布甑内,筛出来醇厚好吃,又不说葡萄酒。"也作"熮"。《说文·火部》:"熮,火貌,从火翏声。《逸周书》曰:味辛而不熮。洛萧切。"段注:"《吕览·本味篇》曰'辛而不烈'。《周书》作熮,字异义同。"王筠《说文句读》:"吾乡谓辛之不正者曰蓼辣,或即此熮。"陇右甘谷、武山一带称黍稷之未经善调而味带辛辣者为"熮人味",人是后缀,构成自感形容词,如烧人(表示感到烫)等。

【撩】 (liáo)。①有"收拾""治理"之义。《说文·手部》:"撩,理也。从手,寮声。"段注:"《通俗文》曰:理乱谓之撩理。"张舜徽《约注》:"理乱谓之撩,犹治病谓之疗耳。事物纷乱,以手区处而条理之,斯谓之撩也。"《广雅·释诂》:"撩,理也。"王念孙《疏证》:"撩与理声近义同。"《玉篇·手部》:"撩,撩理。"南唐史虚白《钓矶立谈》:"望其旄麾之所指,举欣欣然相告曰:'是庶几其撩理我也。'"《敦煌变文集·燕子赋》:"使人远来衝热,且向窟里逐凉。卒客无卒主人,蹔坐撩治家常。"唐李涉《却归巴陵途中走笔寄唐知言》:"橹声轧轧摇不前,看他撩乱张帆走。"承此古义,陇右方言常说"撩成"(操办)、"撩光阴"(做生意、挣钱)、"撩乱"(快快行动)等词,"撩"都是"治理"之义。②抬起手或者脚。如:"撩起一巴掌""抬脚撩手"。《燕子赋》:"燕若入来,把棒撩脚。"《醒世姻缘传》第三十八回:"你这不去,惹的大的们恼了,这才漫墙撩胳膊,丢开手了。"③揭起或掀起。石君宝《秋胡戏妻》第四折："我这里便破步撩衣，走向前来，揝住罗裳。"《董西厢》卷一《绣鞋儿》曲词："手撩着衣袂，大踏步走到跟前。"《西游记》第一回："龙王指定道：'那放光的便是。'悟空撩衣上前，摸了一把，乃是一根铁柱子，约有斗来粗，二丈有余长。"《金瓶梅》第六十四回："西门庆即令左右把两边帐子撩起，薛内相进去观看了一遍。"《红楼梦》第二十八回："（蒋玉菡）撩衣将系小衣儿的一条大红汗巾解了下来，递与宝玉。"《海上花列传》第十七回："把洋纱帐子四面撩起掼在床顶。"④同"撂"，抛掷或扔，置之不理。慧琳《一切经音义》卷十九："撩，辽调反，谓遥掷也。"又卷四十四："撩掷，力雕反，谓相撩掷也。"《三国志·魏志·典韦传》："太祖募陷阵，韦先占，将应募者数十人，皆重衣两铠，弃楯，但持长矛撩戟。"《红楼梦》第四十一回："那茶杯虽然腌臜，白撩了岂不可惜？"茅盾《委曲》："她这样想着，忍不住叹一口气，随手拎起这件衣服往地上的箱子里一撩。"俗作"料"。《醒世恒言》第三十七卷："我何不把这银子料在水里，也呼地的响一声！"⑤挑逗，招引，逗引。《字汇·手部》："撩，挑弄也。"《三国志·魏志·庞德传》："但持长矛撩战。"《北齐书·陆法和传》："凡人取果，宜待熟时，不撩自落。"韩愈《次硎冠峡》诗："无心思岭北，猿鸟莫相撩。"陆游《闭户》诗："三日不作诗，幽禽语撩人。"《聊斋志异·促织》："屡撩之。""又试以猪鬣撩虫须。""撩"的这几种词义陇右方言中都有。

【橑】（liáo），屋椽，檐前木。《说文·木部》："橑，椽也。从木，尞声。卢浩切。"《广韵·上声·皓韵》："橑，屋橑，檐前木。"《集韵·平声·萧韵》怜萧切。《楚辞·九歌·湘夫人》："桂栋兮兰橑，辛夷楣兮药房。"王逸注："兰橑，以木兰为榱也。"《韵会》："通作橑。"《汉书·张敞传》："得之殿屋重橑中。"苏林曰："橑，重梦也。"师古曰："今之廊舍，一边虚为两夏者。"即橑为复屋之椽。《文选·班固〈西都赋〉》："列棼橑以布翼，荷栋桴而高骧。"李善注："橑，椽也。"橑檐则指钉在最前面檐椽上的木条，又叫橑檐榑或橑檐枋。《新方言·释宫》："近檐则橑易见，故连言橑檐。杭州谓檐为橑檐。"《淮南子·本经训》："乃至夏屋宫驾，县联房植，橑檐榱题，雕琢刻镂。"今陇右称房檐为橑檐。也作"撩檐"。

【燎浆泡】　皮肤烧伤或烫伤后鼓起的水泡。《说文·火部》："燎，放火也。"从火尞声。加小切。《广雅·释言》："燎，烧也。"《广韵·去声·啸韵》："燎，火炙也，音了。"《肯綮录·俚俗字义》："火烧物曰燎。"《文选·张衡〈西京赋〉》："燎，京薪。"薛综注："燎，谓烧之。"《医宗金鉴·外科心法要诀·杂证》"汤火伤"注："此证系好肉暴伤，汤烫火烧，皮肤疼痛，外起燎疱。"《张生煮海》第三折【滚绣球】："则见锦鳞鱼活泼剌波心跳，银脚蟹乱扒沙在岸上藏，但着一点儿，就是一个燎浆。"《三遂平妖传》第三十回："只见那李二向的火盆飞起来，望李二脸上只一掀。李二大叫一声，忽然倒地。浑家慌忙来救，扶起看时，栗炭火烧得燎浆泡也似。"《水浒传》第八回："林冲看时，脚上满面都是燎浆泡，只得寻觅旧草鞋穿，那里去讨，没奈何，只得把新草鞋穿上。"第六十一回："卢俊义看脚时，都是燎浆泡，点地不得。"《西游记》第二十五回："却教二十个小仙，扛将起来，往锅里一掼，烹的响了一声，溅起些滚油点子，把那小道士们脸上烫了几个燎浆大泡！"《禅真后史》第三十四回："扯来拽去，恰似熏腊猪的一般，屁股上燎浆泡胀起来象鼓钉大。"也作"料浆泡""撩浆泡"，料、撩都是借字。武汉臣《生金阁》第三折："我打你个促掐的弟子孩儿！醞这么滚汤般热酒来烫我，把我的嘴唇都烫起料浆泡来。"明无名氏《拔宅飞升》第二折："登时间这湖海之中，变的如滚水相似，荡（烫）得我满身都是撩浆泡。"甘谷方言称为"亮浆泡"或"良浆泡"，"亮""良"盖"燎"受"浆"而类化后的读音。

【爒】（liǎo），在火上炙烤令焦。《说文·炙部》："爒。炙也。从炙尞声。力照切。"段注："其义同炙，其音同燎，汉时盖存此语。"《类篇》或作"爒"。《蜀方言》卷上："炙物令焦曰爒。""爒"同"燎"。今通语谓毛发近火而烧焦曰燎。如把鸡燎一燎；离火远一点，不然衣服就燎着了。又谓人举动轻率匆忙曰："他是个燎毛子。"盖以火燎毛之形，形容某人急急忙忙之性格。《金瓶梅》第三十六回："你说你是个火燎腿行货子！这两三个月，你早做什么来？""火燎腿"喻急。

【瞭】（liǎo），本指眼睛明亮，形容词。《玉篇·目部》："瞭，目明也。"《广韵·上声·篠韵》："瞭，目睛明也。"《孟子·离娄上》："胸中正，则眸子瞭焉。"《周礼·春官·大师》："眡瞭三百人。"注："瞭，目明者。"师旷《禽经》："瞭曰鹔。"张华注："能远视也。"章太炎《訄书》："瞭者以为嚳而重困之也，瞍者以为利国而不可去也。""瞭"指明目人，"瞍"指失目人。此义今废。又指瞭望、远看。读去声。《醒世姻缘传》第五十七回："小琏哥只说：'老三奶奶，你藏着我罢，再别叫我往他家去了。'晁夫人道：'怪孩子，我叫你去来么？谁叫你专一往街上跑，叫他撩着了？'"黄注："撩着——逮住、捉住。"按：此"撩"读去声，本字应为"瞭"。瞭着，就是看见。又可组成双音词如瞭哨。京剧《四郎探母》杨宗保："奉了父帅将令，巡营瞭哨。"秦腔《辕门斩子》："儿有命，命奴才瞭哨巡营。""了"当是"瞭"的同音借字。河西山丹话词义扩大，指看。如：我瞭喀这个书上写的啥？三娃瞭媳妇子（相亲）去了。又指看望。如：你带进城的去瞭喀姨妈病好些耶没。又指邀约他人（吃饭或帮忙办事）。如：你去把亲戚们瞭到这个屋里吃饭；你瞭下了个厨子耶没。

【料礓石】 料礓石是存于黄土层中富含碳酸钙的结核体,地质学上称之为黄土结核,因外形很像食用的生姜,因此俗称"料礓石"或"料姜石",其中含有约30%的黏土,煅烧后可以为石灰。这一材料在中国黄土地带广为分布。原作礓石,最早见于《齐民要术·安石榴》:"栽石榴法……竖枝于坑畔,环口布枝,令匀调也。置枯骨、礓石于枝间,下土筑之。"《南史·到溉传》:"溉第居近淮水,斋前山池有奇礓石,长一丈六尺。"《玉篇·石部》:"礓,砾石也。"《广韵·平声·阳韵》居良切,音姜:"砾石也。"慧琳《一切经音义》卷十九引《通俗文》曰:"地多小石谓之礓。"卷三十七又引《埤苍》云:"礓,石也。色白似姜,因以为名之。"卷九十四又云:"土化为石也。"《蜀语》:"鹅卵石曰礓石。"陇右方言又称料礓石,"砾"与"料"古通。《释名·释山》:"小石曰砾;砾,料也。小石相枝柱其间料料然也。"笔者认为礓石与鹅卵石还是有所不同,鹅卵石多生在水中,经过流水的冲刷和相互碰撞,表面已经相当光滑,而礓石多产在土中,表面凹凸粗糙。所以又叫顽礓。清查慎行《桂江周行口号》:"过尽顽礓乱石堆,绣山一穴忽天开。"礓石可作为建筑材料。卢纶《题伯夷庙》:"中条山下黄礓石,垒作夷齐庙里神。"也有药用价值。唐苏恭《新修本草》中说:"薑石所在有之,生土石间,状如薑。有五种,以色白而烂不磋者良。齐城、历城东者好。其性碱、寒、无毒,可以主治热痋豆疱、丁毒等肿。"

【馏】 (liǔ),即再次上笼蒸。《说文·食部》:"馏,饭气蒸也。"朱骏声《说文通训定声·孚部》:"谓米一蒸为馈、再蒸为馏。"《尔雅·释言》:"馈馏,稔也。"郭璞注:"今呼糁饭为馈,馈熟为馏。"孙炎曰:"烝之曰馈,均之曰馏。"郑樵曰:"报蒸曰馈,复蒸曰馏。"《广韵·去声·宥韵》力救切,音溜:"馏饭。"章太炎《新方言·释器》:"《方言》:'甑,自关而东或谓之酢馏。'邓廷桢曰:《尔雅》注蒸之曰馈,均之曰馏。故今河南人蒸面为饼,再蒸谓之馏。"陈邦怀按:今河北人亦谓再蒸为馏(《新方言跋》《一得集》齐鲁书社1989年版,第382页)。杨树达《长沙方言续考》:"长沙今言饭蒸气曰馏。"黄侃《蕲春语》:"今北京谓食冷复蒸,曰馏,音正同《唐韵》。"《齐民要术·造神曲并酒等》:"初下酿,用黍米四斗。再馏,弱炊,必令均热,勿令坚刚生减也。"今天馏的这一含义仍在大量使用。如:把凉饭馏一馏,把馒头馏一馏。

【绺】 (liǔ),本为"剪绺",指窃取他人身上的钱物,称窃贼为"剪绺贼""绺贼""绺娃子"。"绺"原指系荷包的丝线,《说文·糸部》:"纬十缕为绺。"扒手常剪断此绺以行窃。《方言据》卷下:"凡小而小皆曰绺,绺(音柳),丝缕也。稠人中割取衣袂间物谓之剪绺。"《清稗类抄·盗贼类》也说:"插手,即剪绺贼也。但用手指者曰清插,用银皮纸者曰浑插。翦绺二字,见于《明会典》。京师谓之小绺,疑是音转之讹。"清代佚名《燕京杂记》中有这样的说法:"窃行道人佩物者,南方谓之'剪络',京师谓之'小利'。"《蜀方言》卷下:"窃人腰间物曰剪绺。"自注:"《集韵》:绺,力九切,音柳。后讹为柳字。"其实这个词在元代就有了。元岳伯川《铁拐李》第一折【金盏儿】白:"这老子倒乖,哄的我低头自取,你却叫有剪绺的,倒着你的道儿。"《勘头巾》第二折白:"(令史云):'这个是甚贼?'(张千云):'这是剪绺的。'"明蒋一葵《尧山堂外纪》载诮唐皋下第诗:"状元必在荷包里,争奈京城剪绺多。"《二刻拍案惊奇》卷三十五:"谁知程老儿老不识死,想要剪绺。四儿走来回了他话,他就呆呆等着日晚。"《醒世姻缘传》第九十三回:"原来这人是剃头的待诏,又兼剪绺为生,专在渡船上乘着人众拥挤之间,在人那腰间袖内遍行摸索,使那半边钱磨成极快的利刃,不拘棉袄夹衣,将那钱刀夹在手指缝内,凭有几层衣服,一割直透,那被盗的人茫无所知。"《石点头》第八回:"有了这般做买卖的,便有偷鸡、剪绺、撮空、撇白、托袖拐带有夫妇女。"《官场现形记》第四十三回:"长江一带剪绺贼多得很啊,轮船到的时候,总得多派几个人弹压弹压才好。"也作"翦柳"。《渔樵记》第二折【脱布衫】:"由你写,或是跳墙蓦圈,剪柳搠包儿,做上马强盗,白昼抢夺。"如酒泉方言:身上的钱叫剪绺子偷上跑掉了。也可单用一个"绺"。黎锦熙《同官方言谣谚志·方言分类词汇》:"扒手曰绺娃子。"甘谷方言也称扒手为"绺娃子",其行为称为"绺人"。

【笼火】　生火。《合汗衫》第一折白:"小大哥,笼些火来与他烘。"《杀狗记》第十二出:"你每起来,笼些火救了他。"《金瓶梅》第二十三回:"当晚众人席散,金莲吩咐秋菊,果然抱铺盖、笼火,在山子底下藏春坞雪洞里。"第七十九回:"到次日起来,头沉,懒待往衙门中去,梳头净面,穿上衣服,走到前边房中,笼上火,那里坐的。"《红楼梦》七十九回:"黛玉瞧瞧,又闭了眼坐着,喘了一会子,又道:'笼上火盆。'"张恨水《贫贱夫妻》二十六:"胡先生,你没事,多睡一会,我给你笼上火。"也作"烓"。明李开先《宝剑记》第三十二出:"用剑劈些柴薪烓火,烘烘身上。"《红楼梦》第二十七回:"你只是疯罢! 院子里花儿也不浇,雀儿也不喂,茶炉子也不烓,就在外面逛。"

【漉】　(lù),液体慢慢地渗下或滤过。《说文·水部》:"漉,浚也。一曰渗也。从水鹿声。渌,漉或从录。"徐锴曰:"水下谓之渗漉。"张舜徽《说文解字约注》:"漉以浚为本义,浚者,抒也。今语尚称物自水中取出为漉,盖古遗言也。"从表面上看,《说文》这两个释义是相反的,但实际上是一致,都是让水流掉。"浚"是从水里掏东西,掏起后让水流走;"漉"则是让水流到下面去。《方言》卷十二:"漉,极也。"郭注:"渗漉极尽也。"钱绎笺疏:"漏、漉,一声之转。"按:漏,《广韵》"卢侯切",上古属来母侯韵;漉,《广韵》"卢谷切",上古属来母屋韵,侯屋阴入对转。王念孙《读书杂志·荀子·王制》:"漏之言漉也。"《礼记·月令》:"仲春,毋漉陂池。"释文:"漉,竭也。"指不要把陂池所蓄的水都漉干涸了,这里的漉和竭同义。《战国策·楚策四》:"漉汁洒地,白汗交流。"刘禹锡《浪淘沙》:"千淘万漉虽辛苦,吹尽黄沙始到金。"即指从河底捞沙淘金。今陇右方言常说:漉一碗干饭,即从锅底捞一些较稠的汤饭。俗谚:马杓是木头的,锅底里漉稠的。也通盝。《尔雅·释诂》:"盝,涸,竭也。"《玉篇·皿部》:"盝,沥也。"《广韵·入声·屋韵》卢谷切:"盝,去水也。"《周礼·考工记》:"练帛,以栏为灰,渥淳其帛,实诸泽器,淫之以蜃,清其灰而盝之。"也指水中探物。《云笈七签》卷一一八:"有光从水面出……众人瞻之,以为有宝器之物,捞摝求访,又无所见。"梅尧臣《宣州杂诗》之十:"小鳞随水至,三月满江边。少妇自捞摝,远人无弃捐。"慧琳《一切经音义》卷七十九引《方言》:"捞摝,取也。""捞漉"本作"捞摝","摝"是"漉"的同音借字。"捞漉",在佛经文献中是指水中取物,也指从尘世中救拔众生。然该词的频繁出现是在唐代的经卷里。俄藏敦煌写卷《维摩碎金》中有:"汝还知庵园有佛,捞漉众生,有千般之福德严身,具万种威仪在体。"《敦煌变文集·维摩诘经讲经文》:"不欲见四座流浪,长行捞漉之心。叹常于三界轮回,但作拔救之愿。"

【落】 (luǒ,方言音 lè),暗中克扣经手钱财。民国《定海县志》:"乾没人物曰落,所没之物曰落头。"罗翙云《客方言》:"乾没人财曰落。"《宋朝事实类苑》卷六十三引石曼卿集句:"司空爱尔尔须知,月下推门更有谁? 叵耐一双穷相眼,得便宜是落便宜。"《邵氏闻见录》卷七载康节诗亦云:"珍重至人尝有语,落便宜是得便宜。""落"即得到之义。元刘唐卿《降桑椹》第一折:"与了我十两银子,着我买办,我倒落下他七两九钱八分半。"《刘弘嫁婢》第二折:"我落他些银子儿,买羊肚儿吃去来。"《水浒传》第九回:"原来差拨落了五两银子,只将五两银子并书来见管营。"《醒世姻缘传》第二十一回:"银匠打些生活,明白落你两钱还好,他却搀些铜在里面,叫你都成了没用的东西。裁缝做衣服,如今的尺头已是窄短的了,他又落你二尺,替你做了'神仙摆',真是扯襟露肘。"《金瓶梅》第二十一回:"玳安道:'娘使小的,小的敢落钱。'"第五十八回:"金莲道:'纵然他背地里落,也落不多儿。'"《聊斋俚曲集·磨难曲》第一回:"奉旨各处都开饭场,那米未曾发县,上司就落了八千石。"今日此语仍流行,如俗话说:"裁衣不落布,三天赚条裤。"今陇右方言也谓截留、侵吞所经手的财物为落。"落"的本字,当为

"略"。《方言》卷二:"略,强取也。"《新方言·释言》:"今谓摅取为捞,其乾没者淮南谓之捞,吴越谓之略。略音洛,所乾没者曰略头,声亦如洛,广州索取亦曰略,声亦如洛。"

【落台】　指收场,结果。《儒林外史》第五回:"黄家的借物,我们中间人立个纸笔与他,说寻出作废纸无印,这事才得落台,才得个耳根清静。"还珠楼主《云海争奇记》第十五回:"等敌人真火激动,比武也落了败着,无法落台之际,才说出这样话来,使人进退两难。"梁羽生《龙凤宝钗缘》第二十七回:"我只要挨过了五十招,看她如何落台? 谅她这样的身份,说出的话,绝不能收回。"民谚道:"人无笑脸休开店,会打圆场自落台。"温州永嘉凤南宫戏台联:"无非戏耳,做戏忙,看戏闲,临场时须防失足;犹是凤也,上台易,落台难,当局人尽量关心。"谚语:人无笑脸休开店,会打圆场自落台。陇右方言常用"落台"表示某件事情的结束。

【摅】　(luán),是方言字,义为弄、搞。如:你摅啥着哩。你给我也摅一个。可能是乱、纞的同音借字。《说文·乙部》:"乱,治也。从乙,乙,治之也;从矞。郎段切。"段玉裁注云:"治丝易棼,丝亦不绝,故从丝会意。"矞,《说文》谓"乱"之古文:"治也,幺子相乱,叉治之也。读若乱,同。"杨树达《积微居小学述林》云:"余谓当从爪从又,爪又皆谓手也。……人以一手持丝,又一手持互以收之,丝易乱,以互收之,则有条不紊,故字训治训理也。"《说文·言部》:"纞,乱也。一曰治也。一曰不绝也。从言、丝。"又引"纞"古文"嬲",正如用手理丝之形。可见乱、纞等都是理丝之意。《尔雅·释诂》:"乱,治也。"《玉篇·乙部》:"乱,理也。"《书·皋陶谟》:"乱而敬。"《孔传》:"有治而能敬谨。"又《盘庚》:"乱越我家。"《梓材》:"厥乱为民。"《洛诰》:"四方迪乱,乱为四辅。"《立政》:"丕乃俾乱。"《论语·泰伯》:"予有乱臣十人。"这些"乱"皆可训"治"。西北方言"撩乱"(不辞辛苦的干事)的"乱"也是这个意思。

【擸】　(luán),笼络、讨好。陇右方言常说"能擸住人""会擸人"。《集韵》桓韵,卢丸切:"擸,聚也,择也。"南朝梁陶弘景《冥通记》卷一:"于是子良擸屣横在床前,又不著前眠。"也作"团"。《昭通方言疏证》(1135):"团,昭人谓以曲言蜜语导人之密或以慰藉人之言曰团,如'团她快乐''团她的心事等。'"《董西厢》卷六:"旧日做下的衣服件件小,眼谩眉低胸乳高,管有兀谁厮般着,我团着这妮子做破大手脚。"石宝君《紫云庭》第一折:"你觑波比及擸断那唱叫,先索打拍那精神。起末得便热闹,团搭得更滑熟。"擸、团一声之转。陇右方言也说"团",如说会团人,能团住人。"团"去声,义与昭通方言同。

【嘞】（luán），义为言语繁琐、语意不明，或语言不清。如：你胡嘞什么？那人口里胡呜嘞着哩。方言还谓大舌头或说话不清的人为"嘞端儿"。元杨桓《六书统》："嘞，卢玩切，言语烦乱也。"《正字通·口部》："嘞，言语烦乱，从品，从夑，夑音乱，与矞同。"俗也作"嚻"。

【罗】　一种细密的筛子，可以使细面罗下去，粗面或麸皮留在上面，多用绢或马尾、马鬃编成。《齐民要术》卷七《造神曲并酒》："又作神曲方……净簸，细磨，罗取麸，更重磨，唯细为良，粗则不好。"后蜀何光远《鉴诫录·高僧论》："莫怪狂言无次第，筛罗渐入籮中细。"绢罗为细罗，《齐民要术》多有"绢罗之""细绢筛"的记述；马尾罗多是粗罗。根据罗面的次数可分为一罗面与重罗面。重罗面是白细面，最先罗出来，是麦子最精华的部分。宋应星《天工开物·粹精第四·攻麦》："凡小麦，其质为面，盖精之至者，稻中再春之米；粹之至者，麦中重罗之面也。"可见重罗面是细白面。晋束皙《饼赋》："重罗之面，尘飞雪白。"关汉卿《蝴蝶梦》第三折【叨叨令】："叫化的些残汤剩饭，那里有重罗面，你不想堂食玉酒琼林宴。"明初通俗读物《明心宝鉴·正己篇》云："命合吃粗食，莫思重罗面。"《增广贤文》："命合吃瓮饭，莫思重罗面。"重罗面又叫头面。敦煌文书S.653《拾伍人结社条》："三长之日，合意合欢，积聚头面净油，供养僧佛，后乃众社请斋。"如果中间不罗留到最后果，将后面都混在一起，这就是一罗面。一罗面就是把白面和黑面混合在一起的混合面，是一般人平常吃的。"罗"也音转为"栏"。《醒世姻缘传》第五十八回："相于廷道：'头年七月十五待往三官庙看打醮，我就依着他往三官庙去，跟着老侯婆合老张婆子坐着连椅，靠着条桌，吃着那杂油炸的果子，一栏面的馍馍，对着那人千人万的扑答那没影子的话。"雷汉卿先生在《〈醒世姻缘传〉方言词补释》一文中说："'一栏面'即头栏面，白而细，属于精粉。""西北方言中把头栏面叫'白面'，细而白。二栏面叫'二面'，三栏面叫'黑面'。"（《古汉语研究》2006 年第 3 期）此说有误。从上下文义看，相于廷是在抱怨三官庙里的条件不好，如坐连椅、靠着条桌，吃的是杂油炸的果子，并且周围人多嘴杂，闹哄哄的，都是不好的东西，在此情形下，一栏面的馍馍也不会是白细面做的。雷先生所说的情形，应指今天用电磨磨面，磨面和罗面是一起进行的，最先磨出的（应该说是第二次，第一次麦子刚被碾破，还没有面粉出来）的是细白面，以后随着次数的增多，面就不那么白了。所以一罗面白，二罗面一般，三罗面就是黑面了。而古代用石磨磨面，磨面和罗面是分开的，所以要吃白面，就得在磨的同时罗面，把白面分离出来，最先罗出来白面就是重罗面。《醒世姻缘传》第五十四回："一日磨麦二斗，尤聪挑了上街，除赚吃了黑面，每斗还赚银三分,还赚麸子。若是两口子一心做去,岂不是个养家过活的营生?不料卖到第三日上,尤聪的老婆便渐渐拿出手段,拣那头拦的白面才偷,市价一分一斤,只做了半分就卖。"这里尤聪老婆所偷的白面,是最早罗出来的白面,也就是上文所说重罗面。如果中间不罗面,留到最后罗,将白面和黑面都混在一起,这就是一罗面,这种面不太白也不太黑,古代只有身份地位很高的人才能吃到重罗面(即白面),一般人只能吃到一罗面。相于廷在家里吃惯了白面,一旦吃一次一罗面心里就不舒服。重罗即细罗,是用细绢制成,粗罗则是用马尾巴或马鬃制成。《齐民要术》中有"绢罗之""细绢筛"的记述,可见重罗筛出极细的面粉。清顾张思《风土录·重罗面》:"面之细者曰重罗面,以用细罗筛筛之也。"今陇右方言仍谓用细罗罗面为"重"。罗面的过程叫"捣罗"或"打罗"。元无名氏《快活三过朝天子》套曲:"亲检名方,真诚修合,自炮自捣罗。"刘君锡《来生债》第一折(磨博士)云:"唤我做什么,误了我打罗。"又:"晒了麦又要磨面,磨了面又要打罗,打了罗又要洗麸。"《金瓶梅》第八十六回道:"常言一鸡死一鸡鸣,谁打罗,谁吃饭。谁人常把铁箍子戴,那个常将席篾儿支着眼。'"《红楼梦》第六回:"姥姥只听见咯当咯当响声,大有似乎打罗柜筛面的一般。不免东瞧西望的,忽见堂屋中柱子上挂着一个匣子,底下又坠着一个秤砣般一物,却不住乱幌。""打罗柜"即用双脚踩动的封闭式多层大型筛面柜。古代的全麦面俗称连麸面,也叫大麸面,就是麦麸和精面混在一起的粗糙面粉。唐末五代敦煌净土寺的出纳文书(唐僖宗中和四年)有:"连麸面,陆硕贰□,三月砲入;连麸面,三石二斗,六月砲入。"(那波利贞:《中晚唐时代燉煌地方佛教之碾砲经营》、《东亚经济论丛》一之四)又叫连面。S.6452《某年净土寺诸色斛破历》:"廿四日,东河庄看木,连面伍斗,白面叁斗,造胡饼面贰斗。"粗面则是用粗罗罗过的,一般都比较黑。P3875:"粗面八斗,油半升,氾都都知、郎君、张乡官三团拽锯人食用。""面陆斗,粗面壹石叁斗,油半升,氾家庄上所斫及载木看博士用。""面玖斗,粗面捌斗,油壹升,酒壹瓮,索都知庄上载木博士两团僧破用。"

【朒】　(luó),手指文也。《玉篇·肉部》:"朒,力戈,古华二切,《声类》云:'手理也。'"《广韵·平声·戈韵》:"朒,手指纹也,落戈切。"《集韵·平声·戈韵》:"卢戈切,手指纹。"《龙龛手鉴·肉部》:"朒,古蛙反,手理。又音螺,亦手中文也。"焦竑《俗书刊误·日用杂字》:"手足指纹曰朒,音罗。"《蜀语》:"手指纹曰朒○朒音罗。""朒"也作"螺""蠃"。苏轼《前怪石供》:"石似玉者……多红黄白色,其文如人指上螺、精明可爱。"《越谚》:"指头圆文,东坡文作'螺'。"《广韵》又作"蠃"。"蠃""螺"为古今字。《集韵·平声·歌韵》:"蠃,或作螺。"《仪礼·士冠礼》："羸醢两边无滕。"郑注："今羸为蜗。"《淮南子·本经训》："冠无觚羸之理。"高注："羸，读指端漩文之羸。"皆以手指端漩形文像螺甲壳上的纹路而得名。今民间将指纹漩涡称为脶，俗称筶箩，将不漩者为簸。清和邦额《夜谈随录·阿凤》："转坏我一两新绫袜，污印十个脶纹。"据说指纹中脶的多寡与一个人的命运有关。俗谚说：一脶穷，二脶富，三脶、四脶开当铺四脶做官，五脶打砖。

【稽】 (lǔ)，未经种植而自生谷物叫稽。本作秜、旅。《广韵·上声·语韵》："秜，自生稻也。力举切。"《集韵·上声·语韵》："秜，禾自出，或从吕。通作旅。两举切。"《龙龛手镜·禾部》云："秜，音吕，自生稻也。"《史记·天官书》集解引晋灼曰："禾野生曰旅，今之饥民采旅也。"《后汉书·光武帝纪》："野谷旅生。"李注："旅，寄也，不因播种而生，故曰旅。今字书作秜，音吕，古字通。"《后汉书·献帝纪》："群僚饥乏，尚书郎以下自出采秜。"李注："秜音吕，《埤苍》曰：'秜，自生也。'"《古诗十九首·十五从军征》："兔从狗窦入，雉从梁上飞，中庭生旅谷，井上生旅葵。""旅谷""旅葵"都是不种自生的植物。《齐民要术》卷五《伐木》："今秋取讫，至来年更不须种，自旅生也。"《梁书·武帝纪下》："大同三年……北徐州境内，旅生稻稗二千许顷。"王安石《平山即事》诗之八："湖海元丰岁又登，旅生犹足暗沟塍。""秜"也作"稽"。《广韵·语韵》："稽，自生稻也。"《集韵·语韵》："稽，禾自生。或从吕，通作旅。"《齐民要术》种胡荽篇中有"稽生者亦寻满地，省耕种之劳"。《北史·宋翻传》："狱内稽生，桃树蓬蒿亦满。"《册府元龟》卷二十四记玄宗开元二十九年(731)四月，"扬州奏，稽生稻二百一十顷，再熟稻一千八百顷，其粒与常稻无异"。不种自生的野地生稻，在中古时是被视为"符瑞"或"物异"。今陇右犹称不种而生的谷为"秜谷"，"秜"音"吕"。如"旅生子谷子，旅生子黑豆。"

【律】 捆、捆。如酒泉方言：把那家伙律到会上整一顿。又如：钱挣下了，票子律上，编到腰里就来了。《延安府》第四折："张千，将一行人律上厅来。"《村堂乐》第四折："昨日蓟州申到王六斤等一干人犯。张千，你与我律上厅来。""律"的本字，当为"录"，义为捆绑。《汉书·叙传》："摄录盗贼。""摄"是捕捉，"录"是捆绑。《世说新语·政事》："吏录一犯夜人来。"《宋书·胡藩传》："高祖奋怒，命左右录来，欲斩之。"也与"拘"组成"拘录"。《后汉书·窦武传》："近者奸臣牢修，造设党议，遂收前司隶校尉李膺……太尉范滂等逮考，连及数百人，旷年拘录，事无效验。"《晋书·温峤传》："敦为大逆之日，拘录人士，自免无路。"唐康骈《剧谈录·说方》："新至之处，城府甚平，方为吏从拘录。""录"本音 lū，后来才有了 lù 这一音。如"录囚"一词，到唐代转为"虑囚"。《汉书·隽不疑传》："录囚徒。"颜注："省录之，知情状有冤滞与不。今云虑囚，本录之去声。力具切。俗讹遂为虑，失其原矣。"《通雅·事制》："虑事，录事也；虑囚。录囚也……遂讹为虑囚。北京人呼绿布为虑布，菉豆为虑豆，是可推也。"段玉裁《说文》"绿"字注也说："录与绿同音。……假借为省录字，虑之假借也。故录囚即虑囚。""录"本为拘押，并无原宥之意，后来对于拘录之人审问发现有冤曲时有宽免，录囚便有了宽恕之意。《集韵·去声·御韵》："录、音良倨切，宽省也。"方言"律"应为"录"的借音。

【捋】（lǔ），顺着抹取，本字当为"寽"。《说文·寽部》："寽，五指寽也。从爪，一声。读若律。"段注："今俗用五指持物引取之曰寽。《广韵》曰：今寽禾是也。""捋"为"寽"的后出增累字。《说文·手部》："捋，取易也。从手，寽声。"段注：《诗》'薄言捋之'、'捋采其刘'，传：'捋，取也。'此捋之本义也。"《广韵·入声·末韵》郎括切："捋，手捋也。"李实《蜀语》："手采曰捋○《诗》曰：'薄言捋之。'古作寽，从爪从手，音力辍切。俗又从手。赘矣。"《蜀方言》："以指历取曰捋。"《蕲春语》："今吾乡谓以五指持物循摩上下曰捋。"《诗·周南·芣苢》："采采芣苢，薄言捋之。"朱传："取其子也。"《诗诂》："以指历取也。"引申为用手指顺着抹过去，使物体顺溜或干净，整理。如：捋胡子。《乐府诗集·陌上桑》："行者见罗敷，下担捋髭须。"《三国志·吴志·朱桓传》裴注引晋张勃《吴录》："桓奉觞曰：'臣当远去，愿一捋陛下须，无所复恨。'权凭几前席，桓近前捋须曰：'臣今日可谓捋虎须也。'权大笑。"唐无名氏《菩萨蛮》："牡丹含露珍珠颗，美人折向庭前过。含笑问檀郎：花强妾貌强？檀郎故相恼，须道花枝好。一面发娇嗔，碎捋花打人。"五代冯延巳《谒金门》词："风乍起，吹绉一池春水。闲引鸳鸯香径里，手捋红杏蕊。"《水浒传》二十五回："武松捋起双袖，握起尖刀。"

【捋顺毛】　顺着毛生长的方向用手指顺着抹过去，比喻言行顺从对方。宋李遵勖编《天圣广灯录》卷十七："小牛儿，顺毛捋，角力未充难提掇，且从放在小平坡，虑上孤峰四脚脱。日已高，休吃草，拈起索头无少老，一齐牵向圈中眠。和泥看伊东西倒。"《何典》第十四回："这是独人国进贡来的，名为衣冠禽兽，捋顺了毛，倒也驯良。"潘慎注："捋顺了毛：依顺了性格。"《九尾狐》第一百九十回："我同他相识多年，深知他的性情，漫说是你们，即是我与选仁到他家里走动，也须和颜悦色，捋顺他的毛。"也作"撸顺毛"。陇右方言常说顺从别人为"顺毛捋"，与"捋顺毛"意思相近。如说：现在孩子正在青春期，逆反心理严重，一定要顺毛捋，不要和他站在对立面上。俗话说：倔毛驴，顺毛捋。此词《汉语大词典》

失收,当补。

M

【麻食子】　麻食子是一种西北风味小吃,不同地方有不同的叫法,宁夏同心叫麻食子,临夏叫秃秃麻食,兰州叫搓鱼儿,西宁叫麻食儿,中原地区也叫猫耳朵。具体做法:将揉好的白面团,切成小疙瘩,在木梳或草帽上,搓成螺丝状,在开水中煮熟后,浇上臊子汤食用。麻食子是西北人特别是回民喜爱的上等面食,故西宁有熟语"麻食儿弄成酸汤了",比喻好事办糟。麻食子源于元代回回食品"秃秃麻食",在元代文献中又叫脱脱麻食、秃秃麻食、秃秃麻失、秃秃么思、秃秃茶食等,都是突厥语(tutmaq)一词的不同音译,流译意为"别饿着"(马兴仁:《回回食品秃秃麻失》,《回族研究》1995年第2期)。"这是一种14世纪突厥人中普遍食用的面条……当今阿拉伯世界的烹饪书籍中也都有其名"(保罗·D·布尔勒:《13—14世纪蒙古宫廷饮食方式的变化》,陈一鸣译,《蒙古学信息》1995年第1期)。麻食子在元代是颇为流行的食品。仁宗延佑年间(1214—1321)"饮膳太医"忽思慧在《饮膳正要》中说:"秃秃麻食,回回食面,系手撇面。白面六斤,作秃秃麻食;羊肉一脚子,炒焦内乞马。右件,用好肉汤下,炒葱调和匀,下蒜酪、香菜末。"同时代的《居家必用事类全集》也记载:"秃秃麻食入水滑面和小弹剂,冷水浸,手掌按小薄饼儿,下锅煮熟,捞出过汁,煎炒酸肉,任意食之。"从这些行文看,和我们今天所吃的麻食大致相同。元杨显之在《酷寒亭》第三折中,描写回回人家"吃的是大蒜、臭韭,水答饼,秃秃茶食"。无名氏《延安府》第二折白:"都是三菩萨、济哩必牙、吐吐麻食。"可见确是当时回回人的食品。但在《老乞大》中却被列为"汉儿茶饭"之列。《老乞大》卷下:"咱们做汉儿茶饭着。头一道团撺汤,第二道鲜鱼汤,第三道鸡汤,第四道五软三下锅,第五道干安酒,第六道灌肺、蒸饼、脱脱麻食,第七道粉汤、馒头打散。"在《朴通事》中也多次提到。《朴通事》卷中:"熬些稀粥,你将那白面来,捏些匾食,撒些秃秃么思。"元明之时朝鲜人将"脱脱麻食"视为"汉儿茶饭",可见当时已是北方普遍食品。蒋一葵在《长安客记》中也提到:"水而食者皆谓之汤饼,今蝴蝶面、水滑面、索面、经带面、托掌面、米心其子、萝卜面、切面、拨鱼、冷淘、温淘、秃秃麻食之类是也。"如今西北地区的汉、回、撒拉等各族人民一直保持着吃这种面食的传统,名称也未改变,仍叫秃秃麻失、秃秃麻思,或叫秃秃麻、麻失、麻失子,麻食子则是汉化的叫法。

【鞔】 (mán),把布蒙在鞋帮上或把皮革蒙在鼓框上,钉成鼓面。《说文·革部》:"鞔,履空也,从革,免声,母官切。"段注:"空、腔古今字。履腔,如今人言鞋帮也。……《三苍》:'鞔,覆也。'《考工记》注:'饰车,谓革鞔舆也。'此鞔引申之义。凡鞔皆如缀邦于底。"李实《蜀语》:"皮冒鼓曰鞔〇鞔音瞒。《吕氏春秋》:宋子罕之邻为鞔工。玄女兵法:鞔鼓鼕以象雷霆。"《广韵·平声·桓韵》:"鞔,鞔鞋履。"《俗书刊误·日用杂字》:"以皮包物曰鞔,音瞒。"《新方言·释器》:"今人谓以革补履头为鞔鞋,以革冒鼓亦曰鞔鼓。"《周礼·巾车》郑注:"革路,鞔之以革而漆之,无他饰。"《释文》:"鞔。莫干反。"段成式《酉阳杂俎·语资》:"宁王尝夏中挥汗鞔鼓,所读书乃龟兹乐谱也。"杜牧《池州送孟迟先辈》:"鞔鼓画麒麟,看君击狂节。"宋范成大《桂海虞衡志》:"南人腊其皮,刮去鳞,以鞔鼓。"《张协状元》第十九出:"水牛皮。(末)只好鞔鼓。(净)也好做鞋。"姚守中《粉蝶儿·牛诉冤》套:"筋儿铺了弓,皮儿鞔做鼓。"《禅真逸史》第十九回:"老猪皮止可将去鞔鼓,那里还揎得哩。"《子不语》卷四:"北固山佛院有人皮鼓,盖嘉靖时汤都督名宽戮海寇王艮皮所鞔。其声比他鼓稍不扬,盖人皮视牛革理厚而坚不如故也。"今西北方言言蒙鼓曰鞔,绱鞋于底也叫鞔鞋。

【漫】 古与"曼"通,为否定副词或否定性不定代词。《广雅·释言》:"曼、莫,无也。"王念孙疏证:"曼、莫、无一声之转。"《小尔雅·广诂》:"曼,无也。"《法言·寡见篇》:"曼是为也。""曼为"即无为。又《五百篇》云:"行有之也,病曼之也。"皆当训"曼"为"无",曼、无一声之转。唐赵璘《因话录·角》:"(李纾侍郎)尝朝回,以同列入坊门,有负贩者呵不避,李骂云:'头钱价奴兵辄冲官长!'负者顾而言曰:'八钱价措大,漫作威风!'""漫作威风"即"不要作威风"。《太平广记》卷一百七十九《萧颖士》:"萧颖士开元二十三年及第,恃才傲物,曼无与比。""曼无可比"即"无可比"。《夷坚志》支戊卷十《程氏买冠》:"你且漫说本利,定见鬼!彼家孺人已殁,人口至少,那得更有妇女尚买冠子。""漫说"即不要说,也作"漫道"。古诗词中用"漫道"处极多,都作"不要说"解。杜甫《绝句十二首》诗:"漫道春来好,狂风大放颠。"王昌龄《送裴图南》诗:"漫道闺中飞破镜,犹看陌上别行人。"陆游《冬至》诗:"探春漫道江梅早,盘里酥花又斗开。"又《步至湖上寓小舟还舍》诗之五:"漫道贫非病,谁知懒是真。"毛泽东《忆秦娥·娄山关》:"雄关漫道真如铁,而今迈步从头越。"意为不要说"雄关"真像铁一样坚固,如今红军已经将它征服,从它的头上越过去了。有人把"雄关"和"漫道"

连在一起,为"雄关漫道",做名词使用,理解为"雄伟的关隘、漫长的道路",这是错误的。《现代汉语词典》的解释是:"漫道同慢道,漫说,别说。"并举例"漫道群众有意见,连我们自己也感到不满"。可见"漫道"并不是漫长的道路。也作"慢说",相当于"别说"。《儿女英雄传》第二十一回:"这班人虽说不守王法,也不过为着'饥寒'两字,他只劫脱些客商,绝不敢掳掠妇女,慢道是攻打城池;他只贪图些金银,绝不敢伤人性命,慢说是抗拒官府。"《红楼梦》第五十六回:"我们那一个只说我们糊涂,慢说拉手,他的东西我们略动一动也不依。"《七侠五义》第三十四回:"隔壁太和店是个大店口,什么俱有,慢说是祭礼,就是酒饭回来也是那边要去。"京剧《武家坡》王宝钏(白):"十担干柴,八斗老米,慢说是吃,就是数也数完了。"口语常说:慢说是狗,就是狼,我也不怕。秦腔中也常有"慢说慢道,有说有道"之类对白,意思为:你不要说,我就要说。

【满满当当】　形容很满的样子。《醒世姻缘传》第二十三回:"原来银包不大,止那七两多银子已是包得满满当当的了,那里又包得这十两银子去?"《聊斋俚曲集·禳妒咒》第三回:"箱子里满满当当,破家伙流流的一筐,匙箸碗碟掖打上。"《林海雪原》第一八章:"去时,桦子、平货车上装得满满当当;回来时,布匹、棉花包得花花绿绿。"

【谩讪】　因故说一些别人爱听的话以取悦别人。如:这小孩很会谩讪人,把他爷爷谩讪得高高兴兴的;她生气了,快过去谩讪谩讪吧!《说文·言部》:"谩,欺也。从言曼声。母官切。"《荀子·非相》:"向则不若,俏则谩之。"杨谅注:"谩,欺毁也。"《史记·秦始皇纪》:"下慑伏谩,欺以取容。"《汉书·匈奴传》:"是面谩也。"《晋书·刑法志》:"违忠欺上谓之谩。"虽然"谩讪"的"谩"有"欺诈"之义,但更多的是"狡黠",说的都是别人爱听的,能听进去的。《方言》卷一:"虔儇,慧也。秦谓之谩。……自关而东,赵魏之间谓之黠,或谓之鬼。"郭璞注:"言谩詑也。詑大和反。谩莫钱反,又亡山反。""讪"在这里没有"诽毁"、"讥刺"等意思,而是"不好意思,难为情的意思",与"讪讪""搭讪"等词中"讪"的含义相近,都是为把尴尬局面敷衍过去而找话说,因为"谩讪"这个词包含着与别人套近乎的意思。

【莽】　(mǎng),陇右方言义为粗大或粗壮,也指人块头大。如:喝得汤,长得莽(多喝汤就能长胖)。《小尔雅·广诂》:"莽,大也。"《吕氏春秋·知接》:"何以为之莽莽也。"注:"长大貌。"也作"髒"。《太平乐府·耍孩儿·拘刷行院》套曲:"摸鱼爪老粗如扒齿,担水腰肢髒似碌轴。""粗""髒"前后对举。也作"莽"。按前引套曲《雍熙乐府》作:"莽似碌轴。"《干禄字书》:"莽,俗莽字。"又作"脄"。《中华字海》收录"脄",谓音莽,义为粗壮,也引上例。字也作"厐"。《说文·厂部》:"厐,石大也,从广尨声,一曰厚也。莫江切。"《方言》卷二:"朦、厐,丰也。自关而西秦晋之间凡大貌谓之朦,或谓之厐;丰,其通语也。"《玉篇·厂部》:"厐,有也。"《左传·成公十六年》:"是以神降之福,时无灾害,民生敦厐,和同以听。"杜注:"敦,厚也,厐,大也。"孔疏:"言人之生计,若财物足,皆丰厚而多大。"也可作"胧"。《集韵·上声·讲韵》母项切:"胧,丰肉。"又《平声·江韵》莫江切:"胧,身大也。"

【猫鬼】　猫的鬼魂,迷信认为猫和人一样,死后会变成"猫鬼",施咒者利用"猫鬼"把想要害死的人杀掉,夺取其财产。民间蓄养猫鬼之风在隋唐时期风行。巢元方《诸病源候论》卷二十五"猫鬼候":"猫鬼者,云是老狸野物之精,变为鬼蜮,而依附于人。人畜事之,犹如事蛊,以毒害人。其病状心腹刺痛。食人腑脏,吐血利血而死。"《资治通鉴》开皇十八年:"延州刺史独孤陀有婢曰徐阿尼,事猫鬼,能使之杀人,云每杀人,则死家财物潜移于畜猫鬼家。会独孤后及杨素妻郑氏俱有疾,医皆曰:'猫鬼疾也。'上以陀,后之异母弟,陀妻,杨素异母妹,由是意陀所为。令高颎等杂治之,具得其实。上怒,令以轵车载陀夫妻,将赐死独孤后三日不食,为之请命曰:'陀若蛊政害民者,妾不敢言;今坐为妾身,敢请其命。'陀弟司勋侍郎整诣阙求哀,于是免陀死,除名为民,以其妻杨氏为尼。先是,有人讼其母为猫鬼所杀者,上以为妖妄,怒而遣之。至是,诏诛被讼行猫鬼家。夏,四月,辛亥,诏:畜猫鬼、蛊毒、厌媚野道之家,并投于四裔。"《太平广记》卷一百三十九:"隋大业之季,猫鬼事起。家养老猫为厌魅,颇有神灵,递相诬告。京都及郡县被诛戮者,数千余家。蜀王秀皆坐之。隋室既亡,其事亦寝。"(出《朝野金载》)隋代的禁令至唐代仍然延续。《唐律疏议》卷十八《贼盗律》规定:"若自造,若传畜猫鬼之类,及教令人,并合绞罪。"医书中还记载许多治疗猫鬼病的医方。唐王焘《外台秘要》卷二十八载猫鬼野道方,与《巢氏病源》同。孙思邈《备急千金要方》卷十二也有治猫鬼病的医方。孙思邈对抗蛊毒的方法,第一是服药,第二通过念咒解蛊。佛教密宗受道教符咒影响,也制定了镇压猫鬼的符咒。唐阿地瞿多译《佛说陀罗尼经》卷九有《大青面金刚咒法》,谓"若患猫鬼野道病者,诵咒千遍猫鬼即现一切人见"。敦煌文书 S. 2498 号《金刚童子真言》:"南□南方宝定光如来化身屈吒大将,梵语真身圣者,若有猫鬼、野道、伏尸,急急如律令摄。"中唐以后绝不复闻,但猫鬼病的说法一直流传至今,河湟一带的汉族、土族、藏族普遍都有猫鬼神信仰的习俗,还有家庭供养着猫鬼神。人们供养猫鬼神有的是出于敬畏,怕它作祟。也有的就是为了发些不正当的财,谋一些不正当的利。据清慵讷居士《咫闻录》卷一记："甘肃凉州界,民间崇祀猫鬼神,即北史所载高氏祀猫鬼之类也。其怪用猫缢死,斋醮七七,即能通灵。后易木牌,立于门后,猫主敬祀之。旁以布袋,约五寸长,备待猫用,每窃人物。至四更许,鸡未鸣时,袋忽不见,少倾,悬于屋角。用梯取下,释袋口,倾注柜中,或米或豆,可获二石。盖妖邪所致,少可容多,祀者往往富可立致。"还有的地方谓人得了怪病为"猫鬼病",小儿善祟人为"猫鬼神",民间至今还可以听到人们骂那些不分里外乱折腾的人属猫鬼神的。也作"毛鬼神"。李荣主编《西宁方言志》:"毛鬼神,迷信传说能在家里作祟使人神经失常的鬼怪。"

【髦角子】 指小孩的辫子。"髦"与"毛"通,指儿童下垂至眉的发式。《说文·髟部》:"髦,发也。从髟从毛。莫袍切。"《释名·释形体》:"髦,貌也,冒也。在表所以别形貌,且以自覆冒也。"《诗·墉风·柏舟》:"髧彼两髦。"注:"髦者,发至眉。子事父母之饰。"《仪礼·既夕》:"主人说髦。"注:"儿生三月,翦发为鬌,男角女羁,否则男左女右,长大犹为饰存之,谓之髦。所以顺父母幼小之心。"字又作"髳""髶"。《集韵·平声·豪韵》:"髦,本作髳。或作髶。"古代儿童将头发分作左右两半,在头顶各扎成一个结,形如两个羊角,故称"总角"。《诗·齐风·甫田》:"婉兮娈兮,总角丱兮。"《毛传》:"总角,聚两髦也。""角"也通"髻""纷""𦅸"。《说文·髟部》:"髻,簪结也。从髟介声。"《马部》:"𦅸,系马尾也。"段注:"此当依《玉篇》作'结马尾'。《广韵》作'马尾结也'。结即今之'髻'字。"古人驰马,为防止马尾系结在荆棘或树杈上,常将马尾包裹或编成辫,此即𦅸。扬雄《太玄·玄文》:"车軨马𦅸,可以周天下。"范注:"𦅸,尾结也。"《释文》:"𦅸音介,马尾髻也。"人的辫子则称为髻或纷,并与髻通。《广雅·释诂》:"髻,髻也。"王念孙疏证:"案,曹宪云:'《说文》髻即籀文髻。'"《仪礼·士冠礼》:"将冠者,采衣,纷"。注:"纷,结发。故纷为结。"《集韵》吉诣切、音髻。"束发也。"宋元以来的"䯼髻",在《水浒传》第三十一回又作"䯼角","角(髻)"在第二十六回、三十八回字别作"髯"。由上可证"角(髯)""髻""𦅸""纷""髻"等音义相通,都是同源词,只是在不同的场合选取不同的词而已。今天陇右方言中,无论梳女孩的羊角辫、牛角辫、马尾辫,还是麻花辫,都叫"毛角子","角"音[kə13],与"介"古音同。但绾起来后就不叫毛角子,而叫簪簪(音"钻")。王世贞《弇州四部稿》卷一百六十八《宛委余编》第十三:"露纷音即露髻也。"

【芼汤】 用菜、肉做成的汤。《集韵·上声·皓韵》:"芼,以菜和羹。"《礼记·内则》:"芼羹菽麦。"郑玄注:"芼,菜也。"孔颖达正义:"芼菜者,用菜杂肉为羹。"《昏义》:"教成祭之,牲用鱼,芼之以苹、藻。"邓廷桢《双砚斋笔记》谓

"芼,当训烹菜于肉渣"。《礼·内则》"芼羹"疏:"芼菜者,按《公食大夫礼》三牲皆有芼,牛藿、羊苦、豕薇也。"芼羹就是肉汤加蔬菜的菜羹,加菜的目的是为中和肉性和调味,不是主原料。不同的肉汤往往需加不同的蔬菜,所谓"牛藿、羊苦、豕薇"。这里的"藿、苦、薇"就是"芼菜","芼菜"放入肉汤,做成了"芼羹"。《诗·鲁颂·閟宫》:"毛炰胾羹,笾豆大房。"《毛传》云:"胾,肉也;羹,大羹、铏羹也。"孔疏引《特牲注》:"大羹者,煮肉汁不和,贵其质也。铏羹,肉味之有菜和者也。铏羹谓盛之铏器,大羹则盛之于登。"即不加调料清水煮的肉汤叫"大羹",有加调料和蔬菜调制的肉汤叫"铏羹",也就是"芼羹"。《齐民要术·羹臛法》:"食脍鱼莼羹:芼羹之菜,莼为第一。"韩愈《初南食·贻元十八协律》:"调以咸与酸,芼以椒与橙;腥臊始发越,咀吞面汗骍。"陆游《成都书事》:"芼羹笋似稽山美,斫脍鱼如笠泽肥。"《幽居》:"芋魁加糁香出屋,菰首芼羹甘若饴。"元郑元佑《书画舫小集,分韵得春字》:"芼羹青点沿墙荠,斫鲙冰飞出网鳞。"徐锴《说文解字系传》:"芼,犹冒也",即覆盖在肉上。芼《韵会》谟袍切,音毛。又《五音集韵》:"武道切,音媚。用菜杂肉为羹也。"《礼记·内则》"雉兔皆有芼"注"谓菜芼也"。吴小如先生在《说〈诗·关雎〉》一文中也谈道:"在现代汉语中,特别是北京方言,我们经常还听到用沸滚水把菜蔬'芼'(mào)一下的说法。即等水烧开后把生的菜放进去,'芼'之使熟,随即捞出。"(吴小如:《古典诗词札丛》,天津古籍出版社2002年版)也借"冒"为之。枚乘《七发》:"肥狗之和,冒以山肤。"至今渭水流域将肉汁和菜的汤称为"芼汤","芼"音"冒"。

　　【眊】　(mào),瞧,看。如酒泉人说:妈到医院里眊病去了。本字当为"覒"。《广雅·释诂》:"覒,视也。"《广韵·去声·号韵》莫报切:"覒,斜视也。"也作"覙"。《广韵·去声·号韵》:"覒,亦作覙。"与"覒"音义相同的还有"瞀"。《说文·目部》:"瞀,低目视也,从目,冒声。《周书》曰:武王惟瞀。"《集韵·去声·号韵》:"瞀,俯目细视谓之瞀。""眊"无视意。《说文·目部》:"眊,目少精也。一曰不明貌。"《孟子·离娄上》:"胸中不正,则眸子眊焉。"注:"眊者,蒙蒙目不明之貌。"《汉书·息夫躬传》:"愤眊不知所为。"

　　【枚】　做副词有"逐个","逐次"之义。《通雅·算数》:"枚,言其多而深难悉数也。"文献中有"枚卜"一词,也作"枚占""枚筮",即不告所卜何事的泛卜。《广雅·释言》:"枚,凡也。"王念孙《疏证》:"《昭十二年左传》:'南蒯枚卜之。'杜预注云:'不知其事,泛卜吉凶。'《正义》云:'或以为泛卜吉凶,谓之枚雷总卜。'今俗云'枚雷',即其义。"《尚书·大禹谟》:"枚卜功臣,惟吉之从。"郑注:"枚,一一卜之也。"孔颖达疏:"今人数物云一枚两枚,则枚是筹之名也。枚卜,谓人人以次历申卜之。"《左传·哀公十七年》:"王与叶公枚卜子良,以为令尹。"杜预注:"枚卜,不斥言所卜以令龟。是枚为凡也。"《新方言·释词》:"今人谓射覆为猜枚。""枚"也通"马"。《礼记·投壶》:"正爵既行,一马从二马,三马既立,请庆多马。"注:"马,胜算也。"清阮葵生《茶馀客话》卷十八:"俗猜枚为拳马;博塞衡钱,以筹为马;贸易者以铜衡金为法马。"今陇右凡将不直接明说,而让人广泛猜测者,叫做"枚","枚"读若"冒"。如:你冒一下我手里有几样东西;或者说:你冒冒。意思是随便猜,直到猜对为止。《客方言》卷二:"约举大数曰冒堆子,亦曰打冒。"贸与枚一声之转。

【昧】 在方言中有两读,意义略异。一读 mèi,义为违心、违背本意。如:昧信、昧良心、昧心等。《西游记》第四十八回:"今日果成妙计,捉了唐僧,就好昧了前言?"另一读 mī,义为因贪欲而私藏别人财物,昧有隐藏、隐瞒之义。《朴通事》:"开春时,打球儿,或是博钱拿钱。一夏里藏藏昧昧。咳,小厮们倒聒噪,按四时耍子。"《醒世姻缘传》第四十九回:"'老邹,你与他捎了去,务必替我捎到,我还要招对哩。'他尽情昧下,一点儿也没给。"《红楼梦》第七十二回:"贾琏听说,笑道:'既然给了你奶奶,我怎么不知道,你们就昧下了。'平儿道:'奶奶告诉二爷,二爷还要送人,奶奶不肯,好容易留下的。这会子自己忘了,倒说我们昧下。那是什么好东西,什么没有的物儿。比那强十倍的东西也没昧下一遭。'这会子爱上那不值钱的!"老舍《鼓书艺人》6:"宝庆一定是昧下了一些钱,这会儿又来装大方,我唐四爷可不能就这么着让他把钱拿走。"

【卖嘴】 用说好话来显示自己本领高强或好心肠而没有任何实际行动。元曾瑞《喜春来·闺怨》曲:"世间你是负心贼。休卖嘴,暗有鬼神知。"无名氏《货郎旦》第二折:"你也曾悬着名姓,靠着房门,你也曾卖嘴料舌,推天抢地。"徐渭《女状元》:"倒也不是我春桃卖嘴,春桃若肯改妆一战,管情取唾手魁名。"《西游记》第八十四回:"八戒在旁边卖嘴道:'妈妈儿莫说黑话。我们都会飞哩。'"《姑妄言》第十回:"金矿卖嘴道:'还不曾玩了一半工夫,你就想歇,等你告饶的时候,我才歇呢。'"清名教中人著《侠义风月传》(又名《好逑传》)第十回:"过其祖留铁中玉吃酒,原是好意,不料铁中玉吃到酒醉时,却露出本相来,将酒席掀翻,抓人乱打,打得众人跌倒,故卖嘴说出'千军万马杀他不过'谋反的言语来。"周立波《暴风骤雨》第一部六:"大伙说敢,就跟我来,革命的人不兴光卖嘴。"俗话说:卖嘴郎中没好药。现在有个新术语,叫"卖嘴皮"。

【节】 (mián),相当。《说文·丫部》:"节,相当也。阙。读若宁。母官切。"段注:"按:《广雅》:节,当也。……丫,取两角相当。"《广韵·平声·仙韵》：“今人赌物相折谓之芇。”《集韵·平声·仙韵》：“芇，折赌也。一曰相当，弥延切。”胡文英《吴下方言考》卷五：“《玉篇》：‘芇，相当也。’按：芇，均算也。吴中谓物之大小好丑合算曰芇算。”围棋不分胜负也称芇。明杨慎《升庵外集》卷十八：“围棋两无胜败曰芇。”清俞樾《茶香室丛钞·芇》：“按《广韵》有瞒、棉、眄三音，云：‘今人赌物相折谓之芇。’今无此称呼矣。”“芇”，读作“绵”。《陔余丛考》卷四十三“绵力”条：“谦言力之薄曰绵力，见淮南王安《谏汉武伐越书》，曰：‘越人绵力薄材，不能陆战。’”隋江总《辞行李赋》：“进学惭于枝叶，緜力谢于康衢。”苏轼《答李方叔书》：“至于富贵，则有命矣，非绵力所能必致。”则“芇”又成了“不相当”的意思。此义的产生源于这样一种心理，要战胜对手，就得比对手强，仅仅和对手实力相当要战胜他就比较困难。又从消费者来讲，买东西总想秤称得高高的方不觉得吃亏，若称平了，就货价不相当了。有些词义的反训大概就是这样来的。今陇右甘谷、武山一带，谓称称时称杆平为“芇”，说“称芇得很”，芇即有不相当之意。

【弥】（mǐ），缝。《方言》卷十二：“弥，合也。”卷十三：“弥，缝也。”戴震疏：“《广雅》：缋、弥，缝也。缋、啬古通用，弥即瓕。”《说文》无“弥”字而有“瓕”字，段注：“瓕，今作弥，盖用弓部之瓕代瓕，而又省玉也。弥行而瓕废矣。汉碑多作瓕，可证瓕之本义为久长；其引申之义曰大也，远也，益也，深也，满也，徧也，合也，缝也，竟也”。严元照《尔雅匡名》：“弥，《说文》（长部）瓕，从长，尔声，隶变从弓。”《易·系辞》：“易与天地准，故能弥纶天地之道。”疏：“弥，谓弥逢补合。”《左传·僖公二十六年》：“纠合诸侯，而谋其不协，弥缝其阙，而匡救其灾。”《昭公二年》：“敢拜子之弥缝敝邑，寡君有望矣。”杜注：“弥缝，犹补合也。”陶渊明《饮酒》诗之二十：“汲汲鲁中叟，弥缝使其淳。”元顾德润散曲《点绛唇·四友争春》：“一个空劳下巫山十二峰，一个虚担着雨迹云踪。那一个快弥缝，只落得燕懒莺慵。”《三国演义》第二十二回：“幕府方诘外奸，未及整训；加绪含容，冀可弥缝。”《现代汉语词典》有“弥补”、“弥缝”等复合词，“弥”不单用。而方言多单用。今秦陇方言谓东西不够长，再接一块为“弥”。如：把两根绳子弥起来；大襟不够长，弥上一块。

【湣】（mǐn，普通话读 mǐ），意为稍微呷一点。《说文·水部》：“湣，饮也。从水，弥声。绵婢切。”徐锴《系传》作“饮歃也”。段注：“杜子春注《周礼·小宗伯》读湣为泯。浴尸则湣尸口鼻，与饮歃义相近。”张舜徽《说文解字约注·水部》：“湘湖间称小饮甫至唇边而止曰湣。”《广韵·上声·纸韵》：“湣，绵婢切。”《新方言》：“今人谓小饮曰湣。”杨树达《长沙方言续考·湣》：“今长沙谓以口饮酒少许为涊,音正如泯。"今陇右方言称呷一小口茶酒为"泯一口",读音与杜子春同。

【蠛蠓】　一种小飞虫,体微细,将雨,群飞塞路。俗称"墨蚊"、"人咬",除了叮咬吸血之外,还能传播疾病和作为某些寄生虫的中间宿主。《说文新附·虫部》:"蠓,蠛蠓,细虫也。从虫蔑声。亡结切。"又:"蠓,蠛蠓也。从虫蒙声。"《尔雅·释虫》:"蠓,蠛蠓。"郭璞注:"小虫似蚋,喜乱飞,单呼曰蠓,累呼曰蠛蠓。"邢昺疏:"蠓,又名蠛蠓。"郝懿行义疏:"孙炎曰:'蠛蠓,虫小于蚊。'又郭曰:'蠓飞,砲则天风,春则天雨。'又图赞曰:'风春,雨砲。'二说不同。盖蠓飞上下如春,主风;回旋如砲,主雨。今俗语犹然也。"宋玉《小言赋》:"凭蚋眥以顾盼,附虫蠛蠓而遨游。"《列子·汤问》:"春夏之日有蠓蚋者,因雨而生,见阳而死。"杨伯峻集释:"谓蠛蠓、蚊蚋也。二者小飞虫也。"《蜀方言》:"小飞虫曰蠓。"李实《蜀语》:"酒醋中小虫曰蠓○蠓音猛。蠛蠓一名酰鸡,又生朽壤之上,因雨而生,见阳乃死。其飞砲则天风,春则天雨。言直撞或进或退如砲,或上或下如春也。"《汉书·扬雄传》:"历倒景而绝飞梁兮,浮蠛蠓而撇天。"南朝梁·何逊《苦热》诗:"蝙蝠户中飞,蠛蠓窗间乱。"《宋史·乐志六》:"以声言之,大而至于雷霆,细而至于蠛蠓,无非声也。"纪昀《阅微草堂笔记·槐西杂志四》:"水腐而后蠛蠓生,酒酸而后酰鸡集。"章炳麟《訄书·民数》:"丛林乔木不一日而兹,惟蠛蠓、酰鸡欻,蠕动群飞,其卵育亦不连。"甘谷方言读如"迷梦",称这些小飞虫为"迷梦子"。

【篾】　(mǐ),竹皮。"篾"字《说文》不见收录。《一切经音义》卷十七引《埤苍》:"篾,析竹皮也。"本字当为"筂"字。《说文·竹部》:"筂,竹肤也。从竹,民声。""筂"即竹外青篾,声转谓之"篾"。清桂馥《说文义证》卷十三:"篾、筂一声之转。"《广雅·释草》:"竹其表曰筂。"王念孙《疏证》:"今顺天呼竹篾为筂,声如泯。""筂",《广韵》武尽切,上古属明母真部;"篾",《广韵》弥列切,上古属明母月部,"篾"与"筂"明母双声,真月旁对转。《书·顾命》:"敷重篾席。"郑注:"篾,析竹之次青者。"《宋书·明帝纪》:"太妃乘青篾车,随相检摄。"唐彦谦《蟹》:"扳罾拖网取赛多,篾篓挑将水边货。"唐韩偓《奉和峡州孙舍人肇荆南重围中寄诸朝士》诗:"黄篾舫中梅雨里,野人无事日高眠。""篾"是入声字,转入平声,音"弥"。《一切经音义》卷十引魏李登《声类》:"篾,蔑也,今中国蜀土人谓竹篾为莜也。莜音弥。"说明方言从魏晋时已由入声转入平声。《蜀语》:"竹篾曰邅○邅音迷,薎同。"李登和李实都指出了"篾"不读为"蔑视"的"篾"音,而是读为"弥""迷"。今陇右方言仍谓细竹皮为竹篾。或作"薎",非。《说文·首部》:"蔑,劳目无精也。从苜从戍,人劳则蔑然也。"今蔑视之本义。篾引伸为小。《方言》卷二:"木细枝谓之杪,江、淮、陈、楚之内谓之篾。"周祖谟《方言校笺》:"篾,戴本作蔑。"

【縻】(mǐ),用长绳子将牲口拴住。与"拴"义有不同,拴是将牲口固定在某处;而縻则是将缰绳一头系住,让牲口在一个有限的范围内活动或吃草。《说文·糸部》:"縻,牛辔也。从糸麻声。"《苍颉篇》:"縻,牛缰也。"(《史记·司马相如列传》《索隐》按)应劭《汉官仪》:"马曰羁,牛曰縻。"《广雅·释诂》:"縻,系也。"《小尔雅·广言》:"縻,缚也。"《集韵·去声·寘韵》:"縻,靡寄切。羁绁也。"《晏子春秋·问上十二》:"其谋也,左右无所系,上下无所縻。"系与縻互文。《晋书·文帝纪》:"吾当以长策縻之,但坚守三面。"《广韵·平声·支韵》晋"縻为切",《汉语大字典》《汉语大词典》以此音mí。陆游《芳华楼夜饮》:"难觅长绳縻日住,且凭羯鼓唤花开。"姚雪垠《李自成》第二十章:"傻丫头,我是跟你说着玩儿的。看你的小嘴獗多高,可以縻住一头小叫驴!""縻"即拴的意思。二十五章:"好,随我来,縻住敌人,不让他们跑掉!"此处"縻住"作"拖住"解。《汉书·匈奴传》:"其慕义而贡献,则接之以礼让,羁縻不绝。"《张骞传》:"大宛以西,皆自恃远,尚矜恣,未可诎之以礼,羁縻而使也。"所谓"羁縻"就是一方面用军事或政治手段施加压力加以控制,另一方面以经济或物质上恩意联结之使内服。今秦陇方言仍多用此词,既指牲畜,也指人。

【苗子】(miáozi),陇右方言对长矛的称呼,如称长枪为苗杆子。《阅微草堂笔记》卷十八《姑妄听之四》:"乌鲁木齐参将海起云言,昔征乌什时,战罢还营,见崖下树桠间一人探首外窥,疑为间谍,奋矛刺之。"自注:军中呼矛曰苗子,盖声之转也。李宝嘉《官场现形记》第三十一回:"这长苗子是我们中国原有的,如今搀在这德国操内,中又不中,外又不外,倒成了一个中外合璧。""苗"当为"矛"的音转。

【蟆】(mò),一种小蚊子。玄应《一切经音义》卷十六:"蟆子,上音莫,案蟆蚊类也,山南多饶此虫,群飞蔽日,啮人痕如手许大也。"《韵会》:"蟆,末各切,音莫。虫名,山南多饶此物,如蚊而小,攒聚映日,啮人作痕。"《蜀方言》卷下:"蚊之小者曰蟆。"白居易《蚊蟆》诗:"巴徼炎毒早,二月蟆蚊生。咂肤拂不去,绕耳薨薨声。斯物颇微细,中人初甚轻。如有肤受谮,久则疮痏成。痏成无奈何,所要防其萌。虫何足道,潜喻儆人情。"元稹《长庆集》云:"蚋之小而黑者,名蟆子,微不可见,与尘相浮上下者,名浮尘子。"其《虫豸诗·蟆子·序》:"蚊类也,其实黑而小,不碍纱縠,夜伏而昼飞,闻栢烟与麝香辄去。蚊蟆与浮尘,皆巴蛇鳞中之细虫耳,故啮人成疮,秋夏不愈,膏楸叶而傅之,则差。"《浮尘子》三首序:"浮尘,蠓类也,其实微不可见,与尘相俘而上下,人若之。"今陇右所谓蝇蠓子,就是这种小蚊子。

【磨】　农具名,即摩田器。用荆条或藤条编成的长方形农具,用来平整地面和松土保墒。古曰"耰",亦曰"劳"。《齐民要术》卷一:"《说文》曰:'耰,摩田器。'今人亦名劳曰'摩',鄙语曰:'耕田摩劳。'或从未。"《慧琳音义》卷五十九"若耢"条:"借音力导反。关中名磨,山东名耢,编棘为之,以平块也。"《汉语大字典·石部》"磨":"《齐民要术·杂说》:'务遣深细,不得趁多。看干湿,随时盖磨着切。'石声汉校释:'盖磨,即用"劳"将耕过的地弄平。'"《力部》"劳":"一种用荆条或藤条编成的无齿耙。后作'耢'。"又《未部》"耢":"农具名。又名'耱'或'盖'。长方形,用荆条或藤条编成,用来平整地面和松土保墒。"缪启愉《齐民要术校释》:"盖磨:耕后碎土和平土的重要农具,就盖压说称'盖',就磨碎说称'磨',今写作'耱'。这里作动词用。《要术》称'劳',今写作'耢'。"元代《王祯农书》卷二《耙劳篇》:"今人呼耙曰'渠疏',劳曰'盖磨',皆因其用以名之,所以散塲去芟,平土壤也。"卷十二《劳》:"今亦名劳曰摩,又称盖。凡已耕耙欲受种之地,非劳不可。今北方随地不同,仍有'耢''耱''盖'的名称。"又云:"劳:无齿耙,现在写作'耢'。这里作动词用,即用耢耢也。耢是用荆条藤条之类编成的整地农具,也叫'摩',今写作'耱',……又叫'盖'。三名今仍沿称。用于耙后进一步平地和碎土,兼有轻压松土保墒作用。"明徐光启《农政全书》卷二十一《农器》:"劳,无齿耙也。但耙桯之间,用条木编之,以摩田也。耕者随耕随劳,又看干湿何如,但务使田平而土润。与耙颇异,耙有渠疏之义,劳有盖摩之功也。"今陇右仍在使用这种叫磨的农具,用树枝编成,呈长方形,后端有齿,用牲畜拉着走,走时上面站人或放重物,既可以碎土,也可以镇压、保墒。

【磨不开】　《奉天通志》卷一百《礼俗四·方言》:"磨不开是有所碍也。凡事碍于情面不肯即为,则曰磨不开,或曰不好意思,同斯义也。"《儿女英雄传》第二十七回:"舅太太这话是要叫姑娘心里过得去,无奈姑娘自己觉得脸上磨不开,只得说道:'好,连你老人家也赚起我来了!'"《红楼梦》第二十一回:"本要亲自上来求太太,只是脸上磨不开,也很可怜的。"《骆驼祥子》十七:"拉车的人晓得怎么赊东西,所以他磨不开脸不许熟人们欠账。""磨"的本字应当为"马"。《说文·马部》:"马,怒也;武也。"《玉篇·马部》:"马,武兽也。怒也。"《周礼·夏管》"夏官司马"郑注:"马者,武也,言为武者也。""武"有威严的意思,表现在面部即表情严厉或发怒。《新方言·释言》:"今荆州谓面含怒色为马起脸。"《昭通方言疏证》(941)："今昭人谓面含怒色为马马脸,俗解以马脸长,怒者面长如马,亦可通。"《汉语方言大词典》只说西南官话有这一说法。如李劼人《大波》第一部第六章："从那时起,马起一张脸,蹙起一双眉头。"高樱《悔》："一只手叉在腰上,马着脸,掀动两片刀刃一样的薄嘴唇训斥着说。""马"也作"骊"。《跻春台》卷一《过人疯》："他把儿看两眼就把脸骊,起身来往外走话也不答。"《节寿坊》："寿姑对花朝喊了几声'婆婆',花朝骊脸说曰:'怎倒喊啥?'"卷二《吃得亏》："人骂你不必把脸骊,人打你手莫去还他。""骊"也作"抹"。今陇右方言则说"把脸一抹",也就是变脸了,或生气了;"抹不下脸"就是碍于情面,不能严肃认真地对待、处理某事。《官场现形记》第三十二回："人家见他说得如此恳切,有些抹不下脸的,不免都得应酬他几块,然而大注捐款一注没有。"柳青《创业史》："当着郭振山的面,谁都抹不下脸。""磨"则为"抹"的音变。甘谷方言也说"洼"。如说脸洼着;一不高兴就洼着个脸。"洼"是"马"的音转。

【杌陧】 (wùniè,方言读 mòniè),不安;困厄。也作杌臬、兀臬、兀桅。杌、兀均为之阢借字。《释名·释言语》："危,阢也。阢阢不固之言也。"《玉篇·言部》亦作㐀。《书·秦誓》："邦之杌陧,曰由一人。"孔传："杌陧,不安,言危也。"这是把国家危难叫杌陧。陆贽《收河中后请罢兵状》："邦国之杌陧艰屯,绵绵联联,若包桑缀旒。"赵孟頫《晋公子奔狄图》诗："杌陧居蒲日,艰难奔狄时。"顾炎武《王官谷》诗："唐至昭宗时,干戈满天阙。贤人虽发愤,无计匡杌陧。"韩愈《赠刘师服》诗："羡君齿牙牢且洁,大肉硬饼如刀截。我今呀豁落者多,所存十余皆兀桅。"范成大《吴船录》卷上："将至峡,必舍舆,蹑草履,经营踠步于槎牙兀臬中,方至峡口。"上例指牙齿松动,下例指山路崎岖险峻。也倒文作"陧阢"。宋黄载《陪侍丞相安晚先生宿觉际寺夜遇大风可畏遂赋》："不然此处安乐国,何遽陧阢犹乘航。"严复《救亡决论》："致文具空存,邦基陧阢。"陇右天水方言谓人生计艰难为杌陧。如说"他家的生活过得很杌陧","那是一个杌陧人";甘谷方言则说陧阢,如"那人过得陧阢地很""兀是个陧阢人"。方言"阢"音 mò,由古之疑母转为明母。疑、明邻纽故可通转。

【谋】 指盘算、打算。《说文·言部》："谋,虑难曰谋。从言某声。"《尔雅·释言》："谋,心也。"注:"谋虑以心。"《广雅·释诂》："谋,议也。"《玉篇·言部》："谋,计也。"《字汇》："咨难虑患曰谋。"《诗·小雅·皇皇者华》："周爰咨谋。"传："咨事之难易为谋。"《周礼·春官·大卜》"四曰谋",郑注："谋,议也。"《论衡·超奇》："心思为谋。"《敦煌变文集·伍子胥变文》："其妇知谋大事,更亦不敢惊动。"方言承古"虑难"之义而用之,但更多的是从思虑者个人的思考角度出发,所以其考虑可能与客观情况不相符合,有自不量力的意思。陇右方言在表示"盘算、打算"之义时常用"谋","谋"音"沐"。如:"你在谋什么呀?""他还谋着当官哩!"

【木植】　方言植音(shì),是木材的通称。如:盖老式房子还要用木植,新式的小洋楼就几乎不用了。起源甚早。唐寒山《可惜百年屋》诗:"可惜百年屋,左倒右复倾。墙壁分散尽,木植乱差横。"《河南程氏遗书》卷二《二先生语》:"然要之,虽木植亦兼有五行之性在其中,只是偏得土之气,故重浊也。"苏轼《同桩管钱氏地利房钱修表忠观及坟庙状》:"此时差官检计到钱塘临安县所管钱氏坟庙,委是造来年深,木植朽损。"《南村辍耕录》卷十一:"承天阁平江承天寺,初畜大木,将造千佛阁。会浙省灾,责有司籍所在木植,官酬以价。"《水浒全传》第七十八回:"臣乞圣旨,于梁山泊近处,采伐木植,督工匠造船,或用官钱收买民船,以为战伐之用。"《西游记》第四十四回:"那车子装的都是砖瓦、木植、土坯之类。"《三国演义》第二百○四回:"吾已筹策多时也。前者所积木植,并西川收买下的木植,教人置造木牛流马,搬运粮草,甚是便益。"清陈康祺《郎潜纪闻》卷一:"广东奸民李光照,觊觎富贵,具呈内务府,请报效木植,重修淀园。"《儿女英雄传》第十八回:"只那屈死的官民何止六七千人,入己的赃私何止三四百万。又私行盐茶,私贩木植。"植,《集韵》入声职韵丞职切,又去声志韵时吏切,声属禅纽,应读 shì,今读 zhí,可能受直字的影响。方言保存了古音。

【殕】　物将腐败而长出细白毛,普通话音 fǒu,方言音 mǔ。《广雅·释诂》:"殕,败也。"王念孙《疏证》:"殕之言腐也。"慧琳《一切经音义》卷六十五:"敷九反,《广雅》:殕,败也;《埤苍》:殕,腐也。"《集韵·上声·有韵》斐父切,音抚:"物败生白曰殕。"《通俗编·杂字》:"殕,《集韵》:物败生白膜也。"殕,《广韵·上声·有韵》方久切,非母尤韵,可拟音为 pǒu,今读 fǒu,重唇转为轻唇;方音读 mǔ,非明邻纽,屋尤旁转。与"殕"音义相近的还有"醭",(旧时读 pu),醋或酱油等表面上长的白色霉。《玉篇·酉部》:"醭,醋生白。"《广韵·入声·屋韵》普木切:"醋生白醭。"《集韵·入声·屋韵》:"酒上白。"《札朴·乡言正字·名称》:"酒醋生白曰醭。"《齐民要术·作酢法》:"下酿以杷搅之,绵幕瓮口,三日便发,发时数搅,不搅则生白醭。"白居易《卧疾来早晚》诗:"酒瓮全生醭,歌筵半委尘。"这两例都指醋、酒表面的白衣。亦泛指一切东西受潮而表面出现霉斑。慧琳《一切经音义》卷六十一"白醭"条:"下普木反,于湿物上生白毛也,亦白衣也。"宋杨延龄《杨公笔录》:"物坏生青白衣谓之醭。"《俗书刊误·日用俗字》:"物久窨而气败曰盦醭气。"章太炎《五无论》:"微菌湿生,则有青衣、白醭之属。

欲去之者,惟得起洁净心,不得起损害心。"顾况《焙茶坞》:"新茶已上焙,旧架忧生醭。"王梵志《妇相对坐》诗:"镜匣尘满中,剪刀生衣醭。"梅尧臣《梅雨》诗:"湿菌生枯篱,润气醭素裳。"杨万里《初秋戏作山居杂兴俳体十二解》之八:"自暴群书旧间新,净揩白醭拂黄尘。"《醒世姻缘传》第八十七回:"把我的铺盖,卷到桅舱里,合周相公同榻,再不与这个两个臭婆娘睡! 闲出他白醭来!"以上例中的"醭"均指酶斑。醭方言仍音 mǔ。

N

【衲】 (nà),缝补或用大针钱缝衣。《广雅·释诂》:"衲,补也。"王念孙《疏证》:"密补缝隙谓衲。"《广韵·入声·合韵》:"补衲,袄也。"章太炎《新方言》:"今淮南、吴、越谓破布牵连补缀者为衲头,亦谓刺绣为衲绣。"直隶谓粗缝曰衲。即"衲"是刺绣,或是大针线缝衣。《论衡·程材》:"刺绣之师能缝帷裳,衲缕之工不能织锦。"钟嵘《诗品·序》:"拘挛补衲,蠹文已甚。"拉扯牵引,缝补缀合。比喻文章用事过多,反成弊害。杜荀鹤《登灵山水阁贻钓者》:"江上见僧谁是了,修斋补衲日劳身。"关汉卿《蝴蝶梦》第三折【倘秀才】:"叫化的剩饭重煎再煎,补衲的破袄儿翻穿了正穿。"杭州五云山去栖寺对联:"剪半岭闲云补衲,留一窗明月谈经。"也作衲补。唐唐求《赠行如上人》:"不知名利苦,念佛老岷峨。衲补云千片,香烧印一窠。"密针缝纫。也作"纳"。《玉篇》解"纳":"或作衲、鞟。"《正字通》:"纳,衣敝补也。"即谓"纳"是补衣服。《西游记》第八十五回:"那婆子又拿了一件破衣,补补纳纳,也不见睡。"《醒世姻缘传》第一回:"大官人穿一件鸦翎青袄,浅五色暗绣飞鱼;小阿妈着一领猩血红袍,细百纳明挑坐蟒。"黄注:"纳——一种精致的刺绣方法。"《姑妄言》第二十回:"一身虽都是绢衣服,却补补纳纳,旧而且破,不堪之甚。"方言如:衲鞋底;衲线(缝缀用的线)。

【纳】 (nà),本义为水打湿丝帛的濡湿貌。《说文·糸部》:"纳,丝湿纳纳也。从糸内声。奴荅切。"段注:"纳纳,湿意。……古多假纳为内字。内者,入也。"刘向《九叹·逢纷》:"裳襜襜而含风兮,衣纳纳而掩露。"王逸注曰:"纳纳,濡湿貌也。"杨树达《长沙方言考》:"今长沙谓衣服及百物濡柔者曰纳縠。"近代孔仲南《广东俗语考》:"纳,粤谓湿者,必以纳纳二字形容之。……盖丝方缫起时,水气未干,内仍带湿,故纳从内,湿在内也。"今陇右方言也说:湿纳纳的样子,意思为透湿。"纳"是后来才被借用过来替代"接纳"之义的,本作"内"。

【馕】 (nǎng),拼命地往嘴里塞食物。表示贬义或厌恶色彩。其本字应为"饻"。《原本玉篇残卷》:"饻,女江反,字书:饻饻,强食也。"《集韵·上声·讲韵》:"饻,河朔谓强食不已曰饻。"胡文英《吴下方言考》卷一:"饻饻,不可食而勉强食之也……又腹饱可以不食而强食之亦谓之饻饻。""饻"即吃饭迅猛,食量过大,或肚饱眼不饱的人。"馕"为"饻"的借字。《西游记》第十九回:"把两扇门打得粉碎,口里骂道:'那馕糠的夯货,快出来与老孙打么!'那怪王喘嘘嘘的睡在洞里,听见打得门响,又听见骂馕糠的夯货,他却恼怒难禁,只得拖着钯,抖擞精神,跑将出来。"三十一回:"那大圣坐在石崖之上,骂道:'你这馕糠的劣货!你去便罢了,怎么骂我?'八戒跪在地下道:'哥啊,我不曾骂你,若骂你,就嚼了舌头根'"馕糠,如畜生般吃糠。《鼓掌绝尘》第九回:"你看这和尚,尽着肚皮,囊了一顿饱斋,急站起身。"《聊斋俚曲集·富贵神仙》:"两个衙役,每日攮的是那臭烧酒。""囊""攮"均为"馕"借字。"馕嗓",谓人吃相不雅,对狼吞虎咽者的不敬之词。《飞龙全传》第十四回:"这驴球入的,怎么只管自己馕嗓,不来请乐子吃些? 实是可恶! 停一会,到了首阳山,叫他吃乐子的大亏,方晓得咱的手段。"也作"攮颡"。《醒世姻缘传》第十九回:"两口子拿着馍馍就着肉,你看他攮颡,馋的同院子住的老婆们过去过来,嗷嗷儿的咽唾沫。"《醒世姻缘传》第七十八回:"童奶奶后来知道,从新称羊肉,买韭菜,烙了一大些肉合子……他也妆呆不折本,案着绝不作假,攮嗓了个够。"还有"日(肏)攮"一词。《红楼梦》第四十回:贾母宴请刘姥姥,凤姐鸳鸯把一碗鸽子蛋放在刘姥姥面前,刘姥姥道:"这里的鸡儿也俊,下的蛋也小巧,怪俊的,我且肏攮一个。"第七十五回:"你听听,这一起子没廉耻的小挨刀的,才丢了脑袋骨子,就胡吣嚼毛了。再肏攮下黄汤去,还不知吣出些什么来呢?""日攮"则有胡吃海吃的含义。今甘谷方言说孩子"馕脏食",即"贪多嚼不烂",老年人骂小孩常说:肏攮饱了,还不滚一边去。酒泉方言:馕尕食——形容没本事的男人,只会吃不会干。如:跟上个馕尕食男人,一辈子受穷呢! 关中谓吃饭迅猛、食量大的人为"饭馕子"。

【攮】 (nǎng),从手,囊声,本义推入、插入。《正音撮要》:"攮,刺入也。"《蜀方言》卷上:"以手前推曰搋曰攮。"《醒世姻缘传》第一回:"计氏赶将来要打,或将计氏乘机推一交,攮两步。"也指用刀刺。旧《辞海》:"俗语以刀刺人曰攮,北方谓小刀为小攮子。"《儒林外史》第六回:"半夜里不见了枪头子,攮到贼肚里。"《聊斋俚曲集·磨难曲》:"一刀刀俱砍着硬头颅,一枪枪俱攮着揎泛肉。"《姑妇曲》:"还没问出来,只见他抽出那剪子来,嗤的一声照脖了一攮,就倒在地下。"也用作罾词,同合。《姑妄言》第十五回:"力太猛了,竟攮进去多半,把个丫头疼得要死。"《醒世姻缘传》第七十回:"陈公公骂道:'这狗攮的好可恶! 这不是欺我么!'"《歧路灯》第十六回:"希侨一声骂道:'狗攮的,客还没有茶,你们只记得我熟。'"也指推挤。《字汇·手部》:"攮,乃党切,音曩,推攮也。"《红楼梦》第九回:"贾菌如何依得,便骂'好囚攮的们! 这不都动了手么!'"今陇右方言谓"推"为"攮"。如说推前攮后、推推攮攮。用刀刺也叫攮;如攮了一刀子。

【攮包】 (nángbǎo),犹脓包,废物。"攮"也作"囊"。"攮"在方言中有"懦弱、无能"之意。形容人软弱无能叫"太攮了""攮得很",如:那个娃娃太攮了;把没有本事不能干的人叫"攮尕""攮㞞"。青海人则用"囊头"来骂脑子不大够用的人。这种用法在元代开始使用。元无名氏《博望烧屯》第三折白:"你退了五万,肯退了那好兵? 都是囊的懦的老的小的瘸的跛的,则留下精壮的。"《冻苏秦》第三折:"你比我文学浅,我比你只命运囊。"也可组成"囊揣""攮包"等词。张相《诗词曲语辞汇释》卷五:"囊揣,懦弱之义。言无能力或不中用也。"朱居易《元剧俗语方言例释》解为"软弱,衰软,懦弱",没有说明理由。"囊揣"(也作囊膪)本指猪胸腹部的肥而松的肉,由于它的松驰无力,所以人们拿来比喻人的虚弱或软弱。马致远《黄粱梦》第二折:"俺如今鬓发苍白,身体囊揣,则恁的东倒西歪。"《西厢记》第五本第四折【折桂令】:"俺姐姐更做道软弱囊揣,怎嫁那不值钱人样豭狗。"《介子推》第四折【混江龙】:"大太子申生软弱,小太子重耳囊揣。"前例"软弱""囊揣"连用,后例"软弱""囊揣"对举,可见"囊揣"义为"软弱,懦弱"。《醒世姻缘传》第五十三回:"没了我合老七,别的那几个残溜汉子老婆都是几个偎浓呕血的攮包,不消怕他的。"黄肃秋注:"攮包,也作脓包。废物、无能、不中用。"第八十一回:"俺那个是攮包,见了他,只好递降书的罢了。"《聊斋俚曲集·墙头记》第二回:"银匠说还是你忒也囊包,怎么依他这样揉搓?"《龙图公案》第九回:"冤家! 想不到你竟如此的攮包! 你今既已招成,我又如何推托!""囊"还有其他含义。如:铺囊,即用来形容软弱无能,又可用来形容人不注意卫生。《聊斋俚曲集·翻魇殃》第一回:"他虽是个男子汉,我却还嫌他铺囊。"又《禳妒咒》第十九回:"石庵说好铺囊货。"西北方言读"铺"音转如"磨""木",则说"磨囊、木囊"。碎娃,你咋这么木囊的啊! 也当"行动迟缓,磨蹭"解。如:那个是个磨囊鬼,跟不上趟。也指烦闷、苦恼。如临夏花儿:家里(嘛)磨囊者没心肠站,出门了宽心上两天。攮的本字应该是儾,《广韵》《集韵》《韵会》并奴浪切,囊去声:"缓也。"引申为软弱意。《三国志平话》卷中:"夫人烦恼,高声骂:'周瑜儾软! 长沙太守的女,托房将军亲妹,我今到来,更不相顾。'"揣也有软弱义。通渭方言谓人窝囊或身体不好、心情不好都曰撋。常说"撋的狠""撋死了"。

【年时】 原来义为当年,指过去的时光。张相《诗词曲语辞汇释》"年时":"年时,犹云当年或那时也。"王羲之《杂帖一》:"吾服食久,犹为劣劣,大都比之年时,为复可耳。"《初学记·乐部下·箜篌》录晋钮滔母孙氏《箜篌赋》:"遗逸悼行迈之离,秋风哀年时之速。"唐卢殷《雨霁登北岸寄友人》诗:"忆得年时冯翊部,谢郎相引上楼头。"《全唐诗》卷八九九无名氏《撷芳词》:"春衫窄,香肌湿,记得年时,共伊曾摘。"宋苏轼《蝶恋花》:"苦被多情相折挫,病绪厌厌,浑似年时个。"苏庠《菩萨蛮》词:"年时忆着花前醉,而今花落人憔悴。"《董西厢》卷七:"从别后,脸儿清秀,比是年时瘦。"上述"年时",均指当年、往年时节。宋元以后,"年时"便具有了"去年"的含义。赵佶《醉落魄》(预赏景龙门追悼明节皇后)词:"无言哽噎,看灯记得年时节,行行指月行行说。愿月常圆,休要暂时缺。今年华市灯罗列,好灯争奈人心别。"韩元吉《临江仙》(次韵子云中秋)词:"记得年时离别夜,都门强半清秋。今年想望只邻州,星连南极动,月满大江流。"元卢挚《清平乐》:"年时寒食,直到清明节。草草杯盘聊自适,不管家徒四壁。今年寒食无家,东风恨满天涯。早是海棠睡去,莫教醉了梨花。""年时","今年"相对为文,可证"年时"指去年。又如《小孙屠》:"怕别后,忆年时个桃花面,两东西。"关汉卿《新水令》:"若道伤春,今年更比年时甚。"明陈耀文《花草粹编》三曹元宠【十二时】词:"年时酒伴,年时去处,年时春色,清明又近也,却天涯为客。"《金瓶梅》第七十三回:"那一个因想起李大姐来,说年时孟三姐生日还有他,今年就没他了。"《醒世姻缘传》七十一回:"好鲜的果子,今年比年时到得早。"这些"年时"指是都是"去年"。清洪升《长生殿》第二十二出:"天宫原不著相思,报道今宵逢七夕,忽忆年时。""年时"也是"去年"的意思。陇右方言也多以"年时"称过去的一年。如花儿里唱道:年时价牵连到今年了,有缘法,才到了一处儿了。"时"读 shì,不读 shí。

【撵】 (niǎn),追赶,驱赶。本字当为"蹨"。《集韵·上声·跣韵》:"蹨,乃殄切,音撚。践也,续也,执也,紧也。"《类篇·足部》:"蹨,蹈也,逐也。或作跈。"《玉篇·走部》:"(趁)或作跈。"《庄子·外物篇音义》:"跈,本或作蹨。""蹨"应当说是从古"趁"发展而来。玄应《一切经音义》卷一"趁而":"趁,丑刃反,谓趁逐也。《纂文》云:关西以逐物为趁也。"《广韵·上声·狝韵》:"趁,践也。亦作碾。尼展切。"证之以敦煌变文。如《李陵变文》:"单于亲领乃万众兵马,到大夫人城,趁上李陵。""李陵闻言,即向南走,行径三日,遂被单于趁来。"徐复说:"趁"借作"蹨"(蒋礼鸿:《敦煌变文字义通释》,上海古籍出版社 1983

年版,第57—58页引)。《广韵》"趁"也作"趂"。《广韵》"趁"有四切:直珍切、乃殄切、丑刃切、尼展切。古无舌上,端系字与知系字相通,可见"趁"字上古属端、泥两纽,演变到中古而分化谓四切,其中乃殄切和尼展切二音与"蹍"相近。"蹍"字生僻,后人们多借用"碾""撚""捻"。《蜀语》:"赶曰碾。赶上前人曰'碾上',赶鸡曰'碾鸡',以转动易行及也。"《新方言》:"《方言》:'撚,续也。'《周书》曰:'后动撚之。'孔晁训从。今扬州、安庆谓盗贼既去接踵相追曰撚,俗作捻。"敦煌遗书 P.2976《驾幸温泉赋》:"狗向前捻,马从后逼。"按:今通作"撵"。《牟平方言词典》:"撵,追、赶。""撵"字不见古字书,最早见于《金瓶梅》。《金瓶梅》第二十回:"你趁早与我出去,我不着丫头撵你。"《红楼梦》第八回:"他是你哪一门子的奶奶,你这么孝敬她? 不过是我小时侯儿吃过他几日奶罢了,如今惯的比祖宗还大,撵出去大家干净!"

【茶】 (nié),①表示弱智。本当为"闑"。《说文·門部》:"智力力劣也。"段注:"诸韵书皆于茅韵作闑,屑、怗韵作茶,是不知为一字矣。"朱骏声《说文通训定声》:"繭,字亦作茶,假借为闑。"《颜氏家训》卷八:"茶然沮丧。"王利器按:"茶者繭之俗,繭又闑之变也。《说文》:'闑,智少力劣也。'《广雅·释诂》:'闑,弱也。'……'茶,奴结切。""茶呆呆""半傻不茶"都较为合适表达了茶的这一含义。如方言常说:像木头人似的呆茶儿。有地方民谣:痴呆茶傻满街走,聋子哑巴比画手,粗脖根人人有,大气瘤像个柳罐斗。②颓丧、疲惫的意思。《广韵·入声·屑韵》:"茶,茶然疲役。"《集韵·入声·屑韵》乃结切:"疲貌。"《庄子·齐物论》:"茶然疲役而不知其新归。"《释文》:茶然,简文云,疲病困之状。《新唐书·白敏中传》:"是时居易足病发,宰相李德裕言其衰茶,不任事。"杜甫《咏怀二首》:"疲茶苟怀策,栖屑无所施。"王夫之《姜斋诗话》卷下:"意在矜庄,只成疲茶。"今临洮以南至渭水流域,说人病后疲困曰"茶"。音义与"闑"。酒泉话说:茶兮兮,表示表情木然,目光呆滞的样子。又如:这老汉茶兮兮的,怕是快不行咧。北京话作"茶些"。齐如山《北京土话》:"茶些,不振作也。人做事无精神,曰'茶些';有病懒动也曰茶些。"也作"慹""慹"。《庄子·田方子篇》:"老聃新沐,方将被发而干,慹然似非人。"释文:"慹,音乃牒反。不动貌。"《汉书·严助传》:"天下摄然,人安其生。"孟康曰:"摄,安也。音奴协反。"

【宁】 宁可;宁愿。《说文·丂部》:"宁,愿词也。从丂,宦声。奴丁切。"《诗·小雅·伐木》:"宁适不来,微我有咎。"《史记·廉颇蔺相如列传》:"均之二策,宁许以负秦曲。""宁"用在谓语前作状语,表示反诘语气,常和"不"组成"宁(肯)……不……"的选择句,句子简洁而且显得选择语气坚定。《西游记》

第十二回:"宁恋本乡一捻土,莫爱他乡万两金。"清刘开《问说》:"宁使学终不进,不欲虚以下人。"《蜀籁》卷二:"宁肯截个脑壳,不(肯)割个耳朵。""宁"也作"能"。《诗·小雅·正月》:"宁或灭之。"《汉书·谷永传》引作"能或灭之"。宋吴文英《过秦楼》:"能西风老尽,羞趁东风嫁与。""能"字下原注云"去声",意即"宁可"之"宁"读"能",即宁愿在西风中老去,羞于像桃李那样趁逐春光嫁与东风。《琵琶记》第二十八出:"能可信其有,不可信其无。"《任风子》第二折:"俗说:'能化一罗刹,莫度十匕斜'。""匕斜",糊涂之意。言宁可化凶恶汉,不度糊涂人。《金钱记》第一折:"能为君子儒,莫为小人儒。"严忠济《天净沙》小令:"能可少活十年,休得一日无权。"元曲中也用"能可"表示"宁可"。《陈州粜米》第一折:"我能可折升不折斗,你怎也图利不图名?"《赵氏孤儿》第一折【赚煞尾】:"能可在我身儿上讨明白,怎肯向贼子行捱推问!"今山东济宁"宁愿"音如"能愿"。陇右方言也说:能……不……。如:能要命,不调姓(宁可要了命,也不改换名姓);能吃仙桃一个,不吃烂桃一筐。这些"能"都是"宁"的音转。宁,《韵会》囊丁切,平声,泥母青韵,青韵来自上古耕部,上古音读能 nēng。

【扽】《说文·丸部》:"扽,丸之孰也。从丸而声。奴禾切。"段注:"俗所谓圜熟,言旋转之易也。"徐灏笺:"今粤俗以手搓物使圆转曰扽。"《广韵·平声·戈韵》:"扽,丸熟。"一音奴禾切。奴禾切,今音 nuó。《巴县志》卷五《礼俗·方言》:"蜀语谓圜转迅熟曰扽扽转。"曾晓渝《重庆方言词解》作"螺螺旋",谓"犹言团团转"。也读作 nú,即由戈韵转为模韵。蒋礼鸿《嘉兴方言徵故·扽》:"嘉兴俗谓动作娴熟巧妙曰扽,音如怒。"今陇右方言形容旋转快而平稳为嘟努努转,笔者小时候常听大人讲神话故事,其中有一则说道:八宝盘子嘟努努转,三个神仙要吃饭。于是八宝盘子里就有了各种美味食物。现在人也常说把某人哄得嘟努努转。"努"的本字当为"扽"。

P

【炮】(pá),义为又烂又软。《跻春台》卷二《捉南风》:"但觉得滑溜溜又炮又硬,醉昏了不知他是个死人。"方言谓烂熟。如:荞面馍炮得很,老人吃去(音 qī)好。也形容软弱无力的样子。《跻春台》卷四《错姻缘》:"他子到十七八岁,如七八岁样,起坐行动要人拉抱,极其呆蠢……请张德长送期,德长方知是个炻子。"《蜀籁》:"炻子走路跟我爬。"四川方言谓患软骨病不能站立的人为炻子。《汉语大字典》收"炻",谓"方言。身体发软无力。如足炻手软"。今陇右方言形容人软弱无力为"软脚沓手"。"沓"的当为"炻"的音讹,即软脚炻手。又形容人累到极点为"累炻了",即累软了。也作"氾"。明岳元声《方言据》卷上:"物及地之湿者谓之氾。"《字汇补》:"氾,普八切,(方言)烂熟、疲软。"明李实《蜀语》:"氾即氾烂。"所谓肉之烂者,地湿者,果之烂者,粮食不干者,物不刚者,等等,皆得曰"氾"。四川,重庆人谓怕老婆的人为"氾耳朵",即耳朵软。亦作㲀、㱇。《集韵·入声·末韵》:"㱇,蒲拨切,腐气。""㱇"本指食物腐烂,引申指物之软烂。《蜀语》又曰:"烂曰㲀○㱇音跋,同。'八月为氾月'……见《杨升庵集》。以氾即烂义。考《尔雅》:氾音彬,'东至于泰远,西至于氾国。'西极之水也。又音普八切,攀入声。《韵会》云:水貌。波相激声。皆无烂义。而字书另有㲀、㱇,以俟博者正焉。"徐德庵先生《蜀语札记》云:"案本字当作爢。《说文》:'爢,烂也。'通假靡为之。爢,从靡得声,靡又从麻得声。古在戈部,变入支韵则读靡为切,此雅言也。变入麻韵,复转入滂母,则读如普巴切,即今四川语所作音也。"即"炻"的本字当为"爢"。

【杷】　(pǎ),又作耙、捌、朳等,分有齿和无齿两种,用于在场上推谷物,在地里播除杂草、疏松土壤、弄碎土块、整平土地。《说文·木部》曰:"杷,收麦器也。"《释名·释田器》:"杷,播也,所以播除物也。""杷"之得名,与"把"有关。程瑶田《通艺录·果蓏转语记》:"握物谓之把,指爪微屈焉谓之爬,此杷之所由名也。"《方言》卷五:"杷,宋魏之间谓之渠挐,亦谓之渠疏。"郭注:"有齿曰杷,无齿为朳。"《说文新附》:"捌,《方言》云:'无齿杷,从手别声。'"《急就篇》:"捃获秉把箁捌杷。"师古注:"无齿为捌,有齿为杷。皆所以推引聚禾谷也。"汉代王褒《僮约》"曲竹作杷",可见是用竹子制成。《汉书·贡禹传》:"农夫父子,暴露中野,不避寒暑,捽草杷土,手足胼胝。"汉简守御器簿中的杷则可能是用来平整天田中沙子。从"有齿""无齿"的注释来推断,"杷"先是无齿的,也就是长柄推板,后来又装上了齿。带铁齿的也写作"钯",或者"镂",如《齐民要术》里面所说的"铁齿镂榛"了。因为常常是用竹片制成,也叫做"竹扒"或"竹爬"。1972年出土的甘肃嘉峪关魏晋墓壁画画像当中,有两幅杷地图,图中均有一个丁字形铁杷,由牛牵引,为了增加杷的重量,杷地人自己蹲在杷上。元代王桢《农书》还有方杷和人字杷。这种杷在西北农村尚能见到,用带把手的木版制成,大的上面拴有绳索,前面有人拉,后面有人推,在打谷场用来堆积粮食。小的装一长柄,下面有齿,用来晒粮食时摊开或翻搅。还有烧炕时用的推杷,既可前推又可后拉。

【跁】（pǎ），伏地爬行，后作"爬"。《正字通·足部》："今俗谓小儿匍匐曰跁。"《证俗文》卷三："江淮之间谓小儿匍匐曰跁。"原本当作匍。《新方言》："《说文》:匍,手行也。鱼、模转麻,今谓受行曰爬,本匍字也。"匍即用手爬行。《战国策·秦策》说苏秦佩六国相印荣归故里,其"嫂蛇行匍伏"。匍,《广韵》并母模韵,其白读为后出的"爬"所保存。

【鎞】　把刀口在石头、缸沿、粗皮等物上反复磨擦,使其锋利,是一种简易的磨刀方法。理发店里常用"鎞刀布"。《广韵·去声·霁韵》："鎞,磨刀使利。"《集韵·去声·霁韵》："鎞,治刀使利。"《字汇补》："鎞音避,治刀使利也。"《蜀语》："以刀磨瓦盆或皮上曰鎞○鎞,蒲计切,音避。字书云:'治刀使利也。'"冯梦龙《笑府》第八卷："取厨下刀于石上一再鎞。"原注："鎞,音避。治刀使利也。"按:鎞即鎞字重文。《康熙字典》："鎞,蒲计切,音薜。治刀使利。"也作"捭"。《水浒传》第二十六回："（武松）提起刀来,望那妇人脸上便捭两捭。"《汉语大字典》"鎞"标音旧读 bì,今读 bèi;《现代汉语词典》音 bèi,二书释义同。因此有的文献径直作"备"。贾平凹《高老庄》："骥林娘手里早拿了一把剃头刀,在门栓上备了备刀刃,叫人拿盆子盛了热水端来。"陇右方言"鎞"音转读如"派",如说:把刀子在皮子上"派"（去声）一下。

【稗】（pài），一年生禾草,叶似稻,节间无毛,杂生于稻田中,有害于稻子的生长。有水稗和旱稗两种。水稗,生于沼泽,为稻田主要杂草;旱稗,又名"光头稗",无芒,为旱地杂草。子粒可制饴糖、酿酒或作饲料。《说文·禾部》："稗,禾别也。"徐铉曰："茎似禾而粗大者也。"《广韵·去声·卦韵》："稗,草似谷而实细。傍卦切。"《六书故》："稗,叶纯似稻,节闲无毛,实似黍,害稼。"《左传·定公十年》："用秕稗也。"注："草之似谷者。稗有米,似禾、可食,故亦种之。"释文："稗,皮卖反。"《孟子·告子上》："苟为不熟,不如荑稗。"《后汉书·光武纪》："建武三十一年,陈留雨谷,形如稗实。"注："稗,草之似谷者。"稗虽为杂草,但其果实也可实用,荒年多食之。《氾胜之书》："稗,既堪水旱,种无不熟之时,又特滋茂盛,易生芜秽。良田得二、三十斛,宜种之,备凶年。"(《齐民要术》卷一引)《汉书·艺文志》："小说家者盖出于稗官。"如淳曰："稗音锻家排。"即谓此"稗"字音如"排"。《集韵》《韵会》与《广韵》一样,音傍卦切,也音"排"。《颜氏家训·音辞篇》："《苍颉训诂》反稗为逋卖,反娃为于乖。"周祖谟曰："稗为逋卖反,逋为帮母字,《广韵》作傍卦切,则在并母,清浊有异。颜氏以为此字当读傍卦切,故不以《苍颉训诂》之音为然。"即"稗"读并母,今甘谷方言并母读送气音,故也近"排"去声。"稗"音如"排",保留了古音。

【輫】（pái），车箱。《方言》卷九：“箱谓之輫。”郭注：“音俳。”《广雅·释器》：“輫，箱也。”《玉篇》《广韵》并云：“輫，车箱。”《集韵·平声·皆韵》：“车箱，楚卫之间谓之輫。”《广韵》《集韵》并步皆切，音排。今陇右称有车箱的小胶轮车为“排子车”，架子车的车箱为“车排子”，“排”本字应为“輫”。

【墢】（pǎn），垒（仅限于炕、锅台或炉子）。《蒲松龄集·日用杂字·泥瓦章》：“墁墙泥版横三遍，墢炕瓦刀压几回。”“墢”此义不见字书，为方言借字。墢，《唐韵》薄官切，《集韵》《韵会》蒲官切，音盘。陇右方言也谓砌炕、锅台或炉子为墢，与山东方言同。

【㴄】（pào），浸泡之义。《集韵·去声·效韵》：“㴄，披教切，音泡，渍也。一曰清也。”《类篇·水部》：“㴄，披教切，渍也。”宋周辉《清波杂志》卷一：“（高宗）自相州渡大河，荒野中寒甚，烧柴，借半破瓷盂温汤㴄饭，茅檐下与汪伯彦同食。”《儿女英雄传》第四回：“接着饭来了，就用那店里的碗筷子，㴄茶胡乱吃了半碗，就搁下了。”第三十七回：“叫小丫头子舀了盆凉水来，先给他左一和右一和的往手上浇。浇了半日，才换了热水来，自己㴄了又㴄，洗了又洗。”今通作“泡”。“泡”本义为水名。《说文·水部》：“泡，水。出山阳平乐，东北入泗，从水包声。匹交切。”又指水上浮沤，水泡。又有盛义，虚张之义。《方言》卷二：“泡，盛也。……江淮之间曰泡。”郭注：“泡肥，洪张貌，水上浮沤也。”《广韵·平声·肴韵》：“泡，水上浮沤。《说文》水名。”梁同书《直语补正》：“凡物体虚大谓之泡。”丁惟汾《方言音释》二：“泡，本义为水泡，水泡内中空虚，外面洪张，故谓人胸无所有者为空泡。人之肥盛者，光润如水泡，故肥盛者谓之泡。”浸泡之后起义。《六书故》：“泡，披教切。浮沤也；以汤沃物亦曰泡；皮间有水勃亦曰泡，别作疱。又披交切，泡泡流貌；又水名。《说文》曰：出山阳平乐，东北入泗。”《六书故》汇集了泡的全部释义。今天水泡的“泡”读去声，是后起的变化。由以上例证得知西北名吃羊肉泡馍的“泡”，其本字当为“㴄”。

【奓】（pào），虚涨。《说文·大部》：“奓，大也。从大卯声。匹貌切。”段注：“此谓虚之大。”《玉篇·大部》：“奓，普教切，大也。”《广韵》去声效韵匹貌切：“奓，起酿，亦大也。”《集韵·去声·效韵》：“披教切，奓，起酿也，亦大也。”蒋礼鸿先生按：“起酿者，以谷物酿酒类，亦必胀大，今以酵母发面即如此。”（《义府续貂·奓》）《史记·建元以来侯者表》：“南奅侯公孙贺。”《索隐》：“空也，虚大也。”《卫青传》则作“窌”。《汉书·公孙贺传》师古注：“窌、奓二字同耳，音普教反。”字也作槖、橐。《说文·木部》：“橐，囊张大貌。从橐省，匋声。”《集韵·去声·号韵》：“橐普到切，囊张大貌。”槖同橐。也可指人。《正字通·大部》：

"方言:以言冒人曰夼。"孔仲南《广东俗语考》:"虚浮曰荒唐,曰大夼。"说谎话、大话欺骗人叫做夼。今陇右方言谓人虚而松软者为泡涨,"泡"本字当为"夼"。

【厞】　(fèi,方言读pèi),偏僻之义。《说文·厂部》:"厞,隐也。从厂非声扶沸切。"《玉篇·厂部》:"厞,陋也。"《尔雅·释言》:"厞,陋,隐也。"《广韵·去声·未韵》:"厞,隐也,陋也。扶沸反。"厞即宫室屋角隐蔽之处。字又作茀、啡、庯。《集韵·去声·未韵》:"厞、茀、啡,《说文》隐也。或从巾,从阜。"《康熙字典·非部》"庯"字下云:"茀、庯、厞、啡四字,皆一字而重文也。"《仪礼·士虞礼》"厞用席"郑注:"厞,隐也,于厞隐之处,从其幽暗者也。"《九歌·湘君》:"横流涕兮潺湲,隐思君兮啡侧。王逸注:"啡,陋也。"至今关陇一带谓偏僻隐蔽之处为"厞地""厞巷"等,说暗地里害人为"厞地里害人"。凉州把土炕靠门处起庶蔽作用的小墙叫厞墙子。《仪礼》《释文》音"厞"扶未反,古无轻唇音,扶未反则音如"配",与今关陇音同。俗书作"背",误。如元无名氏《杀狗劝夫》第二折:"我打这背巷里去,也略避些风雪。"李寿卿《度柳翠》第二折:"谁着你惹一缕清风,则在这背巷里走。"

【犕】　把鞍辔等套在牛马身上以备用。《玉篇·牛部》:"犕,皮秘切,服也,以鞍装马也。"《札朴·乡言正字·杂言》:"马施鞍曰犕。""犕"古通"服"。《史记·郑世家》:"周襄王使伯犕请滑。"《索隐》:"犕音服,按《易·系辞》:'服牛乘马。'《说文》引作'犕牛乘马'。"《后汉书·皇甫嵩传》:"义真犕未乎?"李贤注:"犕音服。《说文》曰:'犕牛乘马。''犕',即古'服'字也,今河朔人犹有此言,音备。"此"服"不读今房六切,而读蒲北切,而后音"逼"。方以智《通雅·器用》:"智谓许慎引《易》'服牛'作犕牛,人谓为备。而以避音服耳。"可见,"服"也是有将鞍具套在牲畜身上的意思。也作"备马"。《易·系辞》:"备牛乘马。"《宋史·吴昌裔传》:"至於治兵足食之法,修车备马之事,乃缺略不讲。"《通俗编》卷二:"《南渡録》:康王南奔,倦息崔府君庙,梦神曰:'追骑已至,宜速去,已备马矣。'《天禄志余》:'今北方言将出令人备马本此。'""备"古音"避",《广韵·去声·至韵》《集韵·去声·至韵》均平祕切。也作"鞁"。《说文·皮部》:"鞁,车驾具也。从革皮声。平秘切。"徐锴《系传》:"犹今人言鞁马也。"《俗书刊误·俗用杂字》:"马具鞍曰鞁,一作犕,音被。"后由名词转化为动词,即将马鞍具套在马身上。《东堂老》楔子:"便着下次小的每鞁马,送老的往庄儿上去。家中一应大小事务,你休管,有我哩。"《水浒传》第十八回:"却自槽上鞁马,牵出后门外去。"也作"被"。《后汉书·彭宠传》:"被马六匹。"《元史·列女传二·衣氏传》:"吾闻一马不被两鞍,吾夫既死,与之同棺共穴。"又作"背"。《儿女团圆》

第二折白:"下次小的每,背下头口儿,我到城中索取钱债,走一遭去来。"《陈母教子》第三折【普天乐】白:"下次小的每,与我背马者。"现通作"备马"。陇右方言读作"避"去声,乃"备"的方音。如说给马皮鞍子。儿歌:舅舅,鞍子皮到后头;前拉哩、后拖哩,要舅舅的老命哩。

【片粉】　秦陇方言把粉条叫做片粉,唯"片"字读成 piàn(骗)。这是尽人皆知的常用词。如说:土豆片粉不如豌豆片粉好吃;上席离不了片粉等。这在戏曲中多见。《西厢记》第二本楔子:"浮沙羹、宽片粉添些杂糁,酸黄韭、烂豆腐休调啖,万余斤黑面从教暗,我将这五千人做一顿馒头馅。"《蓝采和》第二折:"可知俺吃的是大馒头阔片粉,你吃的是菜饺馅淡齑羹。"《儒林外史》第四十五回:"一盘片粉拌鸡,一盘摊蛋。"

【谝】　(piàn),花言巧语。《说文·言部》:"谝,便巧言也,从言扁声。《周书》曰:截截善谝言。《论语》曰:友谝佞。"《重修玉篇·言部》:"谝,步连、符善二切,巧佞之言也。"《类篇·言部》:"辩佞之言也。"即花言巧语,夸耀、显示、欺骗自然也包扩其中。《新方言·释言》:"今通谓善欺者为谝子。"元佚名《黄鹤楼》第三折:"若论乖觉非是谝,跳下床来不洗脸。"关汉卿《陈母教子》第二折【菩萨梁州】白:"我劝世上人休把这口讪谝过了!……去时夸了大口,今日得了探花郎。"元汤氏《赠王观音奴》:"指山盟是谝,则不如剪发然香竟儿远。"蒲松龄《增补幸云曲》第十六回:"这奴才不弹琵琶,光谝他的汗巾子,望我夸他。"魏巍《东方》第一部第二章:"就一面嘟嘟地吹着,跑到那边孩子群里谝她的柳笛去了。"文献中也作"谝"。《庄子·人间世》:"巧言偏辞。"陆德明释文引崔注:"偏,本作谝。"按,"巧言"轻巧便利,因而名之为"谝"。谝的另一个含义是聊天,即北京话里的"侃大山"、四川的"摆龙门阵"、东北的"唠嗑"。如将聊天叫"谝闲传",聊聊叫"谝谝"等。也作"諞""哸"。如西安话称爱说大话的人是哸大嘴,乌鲁木齐、银川、西宁等地谓说闲话为哸闲传(椽),兰州人称说大话者为料哸子等。

【犏牛】　(piān),黄牛和牦牛交配所生的第一代杂种牛,外貌介于双亲之间,躯体高大,整体结构匀称,公牛多有角,比牦牛驯顺,比黄牛力气大。母牦牛和公黄牛生所的叫"真犏牛",公牦牛和母黄牛生的叫"假犏牛"。《正字通·牛部》:"牦牛与封牛合则生犏牛,状类牦牛,偏气使然。故谓之犏。"明叶盛《水东日记·牦牛饕羊》:"庄浪环雪山之地,产毛牛……毛牛与封牛合,则生犏牛,亦类毛牛,偏气使然。故谓之犏。"《明史·四川土司传一·松潘卫》:"松潘八积族老虎等寨蛮乱。官兵击破之,获马一百二十,犏牛三百,氂牛五百九十。"《康熙字典》："按：字书无犏字。《正字通》新增。"此说误。此前的"犏"所指的不是黄牛和牦牛的杂交种，而是单指牦牛。《山海经·北山经》："潘侯之山有兽焉，其状如牛，四节生毛，名旄牛。"郭注："旄牛，一名犏牛。即《尔雅》之犣牛。"《汉书·司马相如传》颜注："旄牛，即今所谓犏牛。"也作"偏"。《集韵·平声·豪韵》："牻，牛名。今所谓偏牛者，颜师古说。"可以认为"犏"是后起字，初指牦牛，明代以后指黄牛和牦牛杂交牛。

【儦】（piào，也读 biáo），方言形容轻捷快速。如：快得儦起来。《说文·人部》："儦，轻也。从人票声。匹妙切。"《方言》卷十："伣、儦、轻也。楚凡相轻薄谓之相伣，或谓之儦伣。"《广韵·去声·笑韵》匹妙切："身轻便也。"《荀子·议兵》："轻利儦遫，卒如儦风。"杨倞注："言楚人之矫捷也，儦亦轻也。"也作"剽"。《史记·礼书》："轻利剽速，卒如飘风。"张守节正义："剽速，疾也。"字也作"趬"。《说文·走部》："趬，轻行也。抚招切。"《广韵·平声·宵韵》："趬，甫遥切，轻行也。"《集韵·平声·宵韵》："趬，卑遥切。《说文》：行轻也。"也作"猋"。《说文·犬部》："猋，犬行貌。从三犬，甫遥切。"段注："引申为凡走之称。"唐训方《俚语征实》："快步曰猋。猋音'标'。又作'骠'音同。《玉篇》：'骁勇也。'《集韵》：'马行疾貌。'《礼·月令》：'猋风暴雨总至。'"屈原《九歌·云中君》："灵皇皇兮既降，猋远举兮云中。"王逸注："猋，去疾貌也。"也作"骉"。《玉篇·马部》："骉，风幽、香幽二切，走貌。"《广韵·平声·宵韵》："骉，逋遥切。群马走貌。"左思《吴都赋》："骉駥骊駽。"李善注："骉，众马走貌也。"儦、剽、趬、骠皆从票声，猋、骉分别从狗、马善跑而生意，音也同儦，故都同义。

【婆娘】《辞海》对婆娘一词解为：①对妇女的鄙称。②妻子。但是要截然区分哪些是鄙称，哪些是尊称却不太容易。在实际生活中，丈夫在跟别人介绍自己的妻子时，会说"这是我家婆娘"，显然是尊称；几个妇女相互打闹斗嘴时也会称对方为"婆娘"，显然是鄙称。有时妇女自称为婆娘，则很难说是尊是鄙，所以还要看具体的语言环境而定。笔者以为"婆娘"是个中性词。《刘知远诸宫调》第一："也合是，来到翁翁家里；向堂前，两个婆娘便生不喜。"《董西厢》卷一："众丫鬟簇捧着个老婆娘，头白浑一似霜，体穿一套孝衣裳，年纪到六旬以上。"王实甫《西厢记》第三本第一折："你看人似桃李春风墙外枝，卖俏倚门儿。我虽是个婆娘，有志气。"石君宝《秋胡戏妻》第四折："谁着你戏弄人家妻儿，迤逗人家婆娘？"《金瓶梅》第二回："我是个不戴头巾的男子汉，叮叮当当响的婆娘。"《水浒传》第二十回："那张三亦是个酒色之徒，这事如何不晓得？因见这婆娘眉来眼去，十分有情，便记在心里。"《警世通言》卷二："那婆娘精神恍惚，自觉无颜。解腰间绣带,悬梁自缢,呜呼哀哉!"《红楼梦》第二十二回:"婆娘回复了贾政。众人都笑说:'天生的牛心古怪。'贾政忙遣贾环与两个婆娘将贾兰唤来。"《二十年目睹之怪现状》第五十六回:"他婆娘听了,便去弄饭。"从这些例子看,婆娘一词并没有什么贬义。相反"婆娘"一词还略带一些尊称之义。孙锦标《通俗常言疏证·家族》:"《辰俗杂录》:'呼妻曰婆娘,婆而系之以娘,尊之也,非贱之也。'《陇俗记略》:'呼妻曰婆娘。'按他处多以为骂妇人之词,故讳言之。"关中人将婚后的女人统称为婆娘。黎锦熙《同官方言谣谚志·方言分类词汇》:"谓人妻,少曰媳妇,中年曰婆娘,老年曰老婆。"这大概是西北较为普遍的称呼。有地方俗语说:婆娘,婆娘,一半是婆,一半是娘,好婆娘能留住好男人!这明显是对"婆娘"的褒奖。确实有的地方或有时候,婆娘一词确实带有一些贬义。陶宗仪《南村辍耕录》卷十四"妇女曰娘":"谓妇人之卑贱者,曰几娘、曰某娘,鄙之曰婆娘。"又曰:"都下自庶人妻以及大官之国夫人,皆曰娘。"《蜀方言》卷上:"贱称妇人曰婆娘。"这种贬义是个别地区或个别时期,并不能代表普遍情况。西北方言对"婆娘"的贬义,不是"婆娘"这个词表达出来,而是通过上下文,或在婆娘一词前加许多定语,如:臭婆娘、贼婆娘、骚婆娘、恶婆娘、坏婆娘、浪婆娘等来表现,婆娘一词并不一定有贬义。

【泼】 (pō,也读 bō),义为次,回,起。明李诩《戒庵老人漫笔·今古方言大略》:"又以一番一起为一泼。"其《俗呼小录》又谓:"雨一番一起为一泼。"也多作"拨",如头一拨、最后一拨等。《水浒传》第四十六回:"写下告示,将下山打祝家庄头领分作两起,头一拨宋江、花荣、李俊、穆弘、李逵、扬雄、石秀、黄信、欧鹏、杨林,带领三千小喽罗,三百马军,被挂已了,下山前进。第二拨便是林冲、秦明、戴宗、张横、张顺、马麟、邓飞、王矮虎、白胜,也带三千小喽罗,三百马军,随后接应。"老舍《龙须沟》第三幕:"来了一拨儿,跟着就都来!""泼"的本字应为"番"。如《列子·汤问》:"迭为三番。"辛弃疾《摸鱼儿·置酒小山亭》:"更消几番风雨。""番"可读 bō 或 pō。番《广韵》《集韵》并平声戈韵博禾切,《韵会》《洪武正韵》并补禾切,均音波。《尚书·泰誓》:"番番良士,旅力既愆,我尚有之。"《释文》:"番番音波。"若声母读送气音转为 pō。今陇右人常说第一批为"头拨",一群人称为"一泼"。在敦煌文书中"番"也通"判"。如 XII1459《第一判普光寺正念等名录》:"第一判:普:正念,国:殊胜戒,国:照惠,普:精进……"也通"翻"。如 P.4765《都僧录为水则道场帖》:"第一翻:慈惠,广绍,庆弁,愿度,沙安住,进定,敬信、宝圆、理贞。第二翻:信德,绍建"等等。

【泼茶】 沏茶。《全唐诗》卷七百一十五卢延让《松寺》:"衣汗稍停床上扇,香茶时泼涧中泉。"张又新《煎茶水记》说桐庐严子滩,"溪色至清,水味甚冷",用来煎茶,即便"以陈黑坏茶泼之,皆至芳香。又以煎佳茶,不可名其鲜馥也"。宋钱易《南部新书》辛卷:"杜豳公悰,位极人臣,富贵无比。尝与同列言:'平生不称意有三:其一为澧州刺史;其二贬司农卿;自西川移镇广陵,舟次瞿唐,为骇浪所惊,左右呼唤不至,渴甚,自泼汤茶吃也。'"《太平广记》卷第一百八十"宋济":"上曰:'茶请一碗。'济曰:'鼎水中煎,此有茶味,请自泼之。'"(出《卢氏小说》)《云笈七签》卷一百一十三下《续仙传》聂师道寻蔡真人,夜投一舍,"主人曰:'合内物皆堪吃,任意取之。'乃揭一合,是茶。主人以汤泼,及吃,气味颇异于常茶"。刘学忠《钱钟书"泼茶"说补证》(《阜阳师范学院学报》2003年第6期)说,泼茶是一种简单随便的饮茶,即直接将沸水倾入茶碗中,与讲究茶道的"煎茶"是相对的。陆羽《茶经》中称之为"庵茶",这种亨茶法虽然如"汤渠间弃水",但是"习俗不已",在民间十分流行,"泼"的意思是以汤"沃""浇"。到了宋代,点茶之法大盛,点茶法即将茶叶末放在茶碗中注入少量沸水调成糊状,然后再注入沸水,或直接向茶碗中注入沸水,同时用茶笼搅动,茶末上浮,形成粥面。点茶与泼茶差异在于以沸水注汤的茶器与动作,点茶精巧而泼茶粗糙,然以沸水入茶是其共同之处,因此泼茶成为烹茶的泛称,与煎、煮、点、分、烹、瀹等混用。宋代苏东坡在《论雨井水》一文中说:"时雨降,多置器广庭中,所得甘滑不可名,以泼茶煮药,皆美而有益。"孔平仲《会食》:"仆夫无所馀,顾我色不满。泼茶旋煎汤,就火自哄盏。"王庭珪《次韵刘英臣早春见过二绝句》:"客来清坐不饮酒,旋破龙团泼乳花。"吴则礼《兰皋煎茶》:"今年未识云腴面,且泼去年官焙芽。"《代书寄净明道人》:"眷我梁宋游,茗碗屡浇泼。"明代罗廪《茶解》:"《仇池笔记》云,时雨甘滑,泼茶煮药,美而有益。"纳兰性德《沁园春·代悼亡》:"最忆相看,娇讹道字,手剪银灯自泼茶。"《歧路灯》第十五回:"希侨骂了两句,叫厨下照料泼茶去。"胡虞逸《敲冰煮茶》:"煮冰如煮石,泼茶如泼乳。"至今西北方言仍称沏茶为泼茶。

【脖脐】　在古文中𦜝、脐、脖胦都指肚脐。《说文·囟部》:"𦜝,人脐也。从囟,囟,取气通也,从比声。"《肉部》:"脐,𦜝脐也,从肉齐声也。"《释名·释形体》:"脐,剂也,肠端之所限剂也。"《正字通》:"子初生所系也。断之为脐带,以其当心肾之中,前直神阙,后直命门,故谓之脐也。"《玉篇·内部》:"脖,脐。"又:"脖胦,肚脐。"《广韵·入声·没韵》:"脖,蒲没切,音勃。脖胦。"《正字通》:"《灵枢经》,肓之原,出于脖胦。"脖脐、𦜝脐、脖𦜝等都是复义连文。唐李匡乂《资暇集》卷下:"若尔,则王莽末南方饿掘食,何不东观书载,其多患脖脐气乎?"

马致远《任风子》第一折："都是些猪脬脐狗奶子乔亲眷,都坐满一圆圈。"《聊斋俚曲集·森寒曲》第五回："亏了错的锯条快,一霎到脬脐以下,不多时一锯两开。"《笑林》："赵伯公为人肥大,夏日醉卧,有数岁孙儿缘其肚上戏,因以李子八九枚内肚脐中。"关中方言叫肚脐为"脬脐眼",甘谷方言称人的肚脐为"婆肶眼","婆即""脬"之音转。

【泼烦】　麻烦、厌烦。本作"颇烦"。"泼"乃"颇"同音借字。《说文·页部》："颇,头偏也。"是"颇""偏"二字同义都有"很、甚之义"。《盐铁论·本义篇》："先帝之时,郡国颇烦于戎事,然亦宽三陲之役。"《陈书·宣帝纪》："飞刍挽粟,征赋颇烦,暑雨祁寒,宁忘咨怨。"《玄怪录》卷二《居延部落主》："明日又至,戏弄如初。连翩半月,骨低颇烦,不能设食。"《清史稿·刑法一》"(清人入关后)人民既众,情伪多端。每遇奏谳,轻重出入,(世祖)颇烦拟议",因此命人制定了《大清律集解附例》。《聊斋志异·布客》："请即建桥利行人,虽颇烦费,然于子未必无小益。"《红楼梦》第七回："宝玉正要家去,忽听楼下叫叫嚷嚷,心中颇烦,便叫茗烟上来问话。"贾平凹《秦腔》"写的是一堆鸡零狗碎的泼烦日子"。《汉语大辞典》"泼烦"谓"方言,艰难"。引例为王老九《张老汉卖馀粮》诗："解放前,整得咱穷人叫苍天,吃不饱,穿不暖,日子越过越泼烦。"未及"麻烦",应补充。《四川方言词语疏证》只引《玄怪录》一例。陇右方言引申为心烦意乱,如临夏花儿:心上的颇烦们大得(呀)凶。

【铺盖】　被褥毡等睡觉铺炕盖身的用具。如酒泉方言:一铲(划)新房子,一铲(划)新的家俱,一铲(划)新的铺盖。苏彦文《斗鹌鹑·冬景》套："早是我衣服破碎,铺盖单薄,冻的我手脚酸麻。"《金瓶梅》第二十六回："西门庆满心欢喜,分咐家中小厮:'铺盖、饭食,一些都不许与他送进去。但打了,休来家对你嫂子说,只说衙门中一下儿也没打他,监几日便放出来。'"《醒世姻缘传》第十二回："既与人打官司,难道不收拾个铺盖,不刷括个路费?"《说唐》第四回："小二就掌灯引叔宝转弯抹角,到后面一间破屋里,地上铺着一堆草,那铺盖丢在草上。"叶圣陶《倪焕之》四："水根刚把铺盖捧上了床,手忙脚乱的解开了绳子,理出被褥来。"

【掊】　(póu,方言读páo),用五指扒。《说文·手部》："掊,把也。今盐官入水取盐为掊。从手音声。父沟切。"段注："掊者,五指把之,如杷之杷物也。"慧琳《一切经音义》卷七十七"掊地"："上蒲侯反今俗音呼为庖。"《广韵·平声·肴韵》："掊,手掊。薄交切。"《平声·侯韵》薄侯切。《汉书·郊祀志》："见地如钩状,掊视得鼎。"注:"谓手杷土也。"《后汉书·百官志·盐官》注引胡广曰:

"盐官捊坑而得盐。"又作"捊"。《说文·手部》:"捊,引取也。从手孚声。抱,捊或从包。"段玉裁曰:"把之引申义为引取。与'捊''抱'义略同。"玄应《一切经音义》卷四十三"捊发"条:"《说文》作枹、柢二形,同。步交反。柢引取也。《通俗文》作'捊',手把曰捊。"《昭通方言疏证》(369):"昭人谓以手捊聚之为捊,音如庖。《礼·礼运》:"人情以为田。"注:"田人所捊治也。"疏:"谓以手捊聚,即耕种耘锄也。"又作"裒"。《尔雅·释诂》:"裒,聚也。"《玉篇》始有裒字,音扶沟、步九二切。训云:"减也,聚也。"《易·谦卦·象》:"君子以裒多益寡。"《释文》:"裒,蒲侯切,郑、荀、董、蜀才皆作捊,云取也。字书作捊。"《诗·小雅·常棣》:"原隰裒矣。"至今秦陇方言谓引聚为"捊",音"刨"。如将分散之物聚集,则说"捊匝","捊到一搭"。小贩将卖到最后的不好卖的菜果凑成堆,一揽子处理,叫"捊堆堆儿"。挑选货物,拉来推去,叫"胡捊"。关中人常说:把鸡放到麦囤子里也要乱捊,这是天性。

【稫】 (pū),禾捆。《广雅·释诂》:"稫,积也。"《玉篇·禾部》:"稫,扶甫切,积禾也。"《广韵·平声·模韵》博模切:"稫,刈禾治稫。"《集韵》奉甫切,音釜:"稫,禾穳积也。"亦多用铺。《仪礼·聘礼》:"四秉曰筥。"注:"此秉谓刈禾盈手之秉,筥,穧名,若今莱易之间,刈稻聚把有名为筥者。"孔疏:"穧,禾之铺而未束者。引《诗》者,证此秉为盈手穧,即此筥亦一,即今人谓之一铺、两铺也。"足证"筥""穧"同义,四把即一稫。《管子·度地》:"当秋三月,山川百泉踊,降雨下,山水出,海路距,雨露属,天地凑泊。利以疾作,收敛毋留。一日把,百日铺。"《周礼·掌客》贾公彦疏:"刈麻者,数把共为一铺。"《诗·小雅·大田》:"彼有遗秉,此有不敛穧。""稫"与"抱"声转义通。今秦陇方言谓已收割待捆绑的禾麦,成为小堆,一次就可以抱起来的叫做一稫,如麦稫子、糜稫子。

Q

【缉】 (qī),用相连的针脚密密地缝。《释名·释衣服》:"缉,下横缝,缉其下也。"《释丧服》:"斩衰,不缉其末,直翦斩而已。齐,齐也。"《仪礼·丧服》"斩衰"传曰:"斩者何,不缉也。"郑注:"斩,不缉。齐,缉也。"与《释名》之义相符。用最粗的生麻布制布制成,断处外露不缉边,因称"斩衰"。字又作"緁"。《说文·糸部》:"緁,缏衣也。或从习作緝。"段注:"緁者,缏其边也。"《玉篇·糸部》:"緁,缝也。亦作緝。"《汉书·贾谊传》:"白縠之表,薄纨之里,绵緁以偏诸。"晋灼注曰:"以偏诸緁着衣也。"师古注曰:"緁音妾,谓以偏诸缠着之也。"也就是说缀以偏诸(花边、绦子)。緝,《广韵·入声·緝韵》:"七入切,音葺。"緁,《广韵·入声·緝韵》七入切,音葺。又《入声·叶韵》七接切,音妾。今陇右方言常说:緁鞋口,緁鞋底,緁衣裳边子,緁读若歧。

【饦子】　一种小菱形的食。最早见于《齐民要术·饼法》:"刚溲面,揉令熟。大作剂,按饼粗细如小指大,重萦于面中。更按如粗箸大,截断,切作方棋。簸去勃,甄里蒸之。气馏勃尽,下着阴地净席上,薄摊令冷。散,勿令相粘,袋盛举置。须即汤煮,别作臛浇,坚而不泥。"这种棋子面,形状像方棋那样,蒸熟阴干之后,铺在阴地净席上,然后再装入口袋里久藏,临吃的时候取出来,放进沸水里煮一煮,浇肉汁拌和,吃起来韧而不烂。不过这种棋子是蒸熟的。煮着吃的棋子面在宋代很流行。《东京梦华录·食店》:"大凡食店,大者谓之分茶,则有头羹……桐皮面、姜泼刀、回刀、冷淘、棋子、寄炉面饭之类。"《梦梁录》卷十六《面食店》中提到有"三鲜棋子、虾棋子、虾鱼棋子、丝鸡棋子、七宝棋子"等。朱弁《曲洧旧闻》卷三:"美叔退谓人曰:'丞相变家风矣。'问之,对曰:'盐豉棋子而上有肉两簇,岂非变家风乎。'""盐豉棋子"并且"上有肉两蔟",应该为擀成的面饼切成棋子一样的菱形块,煮熟后拌上盐豉,肉糜之类食之。元忽思慧《饮膳正要三下锅》:"丸肉弹子,丁头棋子,羊肉指甲匾食。"在明代的《朴通事》还提到"软肉薄饼、饼馇、煎饼、水滑经带面、挂面、象眼糕子、柳叶饦子、芝麻烧饼、黄烧饼、酥烧饼、硬面烧饼都有"。蒋一葵在《长安客记》中也记有"水而食者皆谓之汤饼,今蝴蝶面、水滑面、索面、经带面、托掌面、米心其子、萝卜面、切面、拨鱼、冷淘、温淘、秃秃麻食之类是也"。"饦""粿"应该和"棋"同义。"粿"字见《集韵·之韵》:"渠之切,饼属。亦作𪌂。""象眼糕子""柳叶饦子"都因象形而得名。今西北各地常吃的是一种菱形的薄面片,煮熟了吃。临夏方言叫"饦花"。山东也有这种面食。《聊斋俚曲集·富贵神仙》第八回:"娘子出的房来,听了听,天交三鼓,便回房来,炖了一壶茶,盛了一碗棋子,送来说道:'我儿略歇歇再念。'"又"方娘子把针线暂抛,怕娇儿肚里饥乏,一碗棋子一壶茶,亲身送到灯儿下"。《朴通事》中还有一种烧饼"饦子":"烧饼子你店里有么?官人们要时,这间壁磨房取将来。"明沈榜《宛署杂记》卷二十:"嘉靖三十年北房内犯,户部行二县领太仓银叁千,散给各烧饼铺户,每两上棋炒一石。其法:用白面少和香油芝麻为薄饼,断为棋子块样炒熟,工部车送至行军处所支用。"《金瓶梅》第七十一回:"煮出茶来,西门庆行囊中带得干鸡腊肉果饼棋子之类,晚夕与何千户胡乱食得一顿。"《醒世姻缘传》第三十八回:"连春元叫人送了吃用之物:腊肉、响皮肉、羊羔酒、米、面、炒的棋子、焦饼。"《型世言》第十七回:"项员外惊醒,擦擦眼,却见那壁树根下一个青布包,拿来看时,却是些棋炒肉脯。他道天赐之物,将来吃了些,又在石池内掏了些水吃,多余棋炒肉脯藏了,便觉精神旺相,就信步下山。"今甘肃、青海仍习惯将面擀揩后切成菱形炒而食之称为棋子,甘谷话叫"棋颗子",应该与《朴通事》中的"烧饼饦子"、文献中的"炒棋"同类。

【起面】 发面又叫起面。《正字通》:"餾餾,起面也,发酵使面轻高浮起,炊之为饼。贾公彦以酏食(酏:酒;以酒发酵)为起胶饼,胶即酵也。涪翁说,起胶饼即今之炊饼也。"《蜀方言》卷上:"发酵曰起面。""起面"一词最早见于《齐民要术》。《齐民要术》卷九《饼法》:"作白饼法:面一石。白米七八升,作粥;以白酒六七升酵中。着火上。酒鱼眼沸,绞去滓,以和面。面起可作。"又"餾餾"注:"起面如前法。""如前法"是指《要术》前文《食经》的起面法。《南齐书·礼志》:"永明九年,诏太庙四时祭:荐宣皇帝起面饼,鸭臐。"胡三省《通鉴》注说:"起面饼,今北人能为之。其饼浮软,以卷肉噉之,亦谓之卷饼。程大昌曰:起面饼,入教面中,令松松然。教,俗书作酵。"宋赵佶《大观茶论》:"上下透彻,如酵糵之起面。"明王世贞《游摄山楼霞寺记》:"摄级复上为方丈,供起面饼,茵陈菌而甘瞰之。""发酵"之叫"起溲"。《初学记》卷二十六引晋束皙《饼赋》:"肴馔尚温,则起溲可施。"清厉荃《事物异名录·饮食·饼》:"徐畅《祭记》:'五月麦熟,荐新作起溲白饼。'"今天仍有起面饼子(经发酵加碱中和)和死面饼子(不发酵)的区别,农村的一些家庭主妇仍把发酵的小面团就叫"面起子"。(包拟古《原始汉语与汉藏语》,潘悟云、冯蒸译,中华书局2009年版)

【歆】 歆有两读。一读音 tǎn。《说文·欠部》:"歆,欲得也。从欠臽声,读若贪。他含切。"《说文长笺》:"贪、歆音训同,当即一字。"《广雅·释诂》:"歆,欲也。"又"歆,贪也。""歆"从"欠"与"欲"从"欠"同义,实际上是"贪"的异体字。《玉篇·欠部》:"贪惏曰歆。"《孟子·尽心上》:"如其自视歆然,则过人远矣。"与此声义相近的有"歁"。《说文·欠部》:"歁,食不满也。从欠甚声,读苦坎。"《方言》卷一:"晋魏河内北谓惏(婪)曰残,楚谓之贪,南楚江湘之间谓之歁。"《广雅·释诂》:"歁、歆,贪也。"从欠甚声,读若坎。《集韵·平声·覃韵》:"枯含切,音龛。意不满。"另一读音 xiǎn,也读 qiǎn。黄侃《蕲春语》:"吾乡谓心有所欲曰歆,……读若欠。"《广韵》胡感切,《集韵》户感切;又《集韵》丘咸切,丘检切。也作"忺"。《韵会》:"忺,虚严切,音杴。意所欲也。"《字汇·心部》:"忺,《方言》:'青齐呼意所好为忺。'"《正字通·心部》:"忺,虚严切,险平声。

《篇海》'青齐呼意所好为忾，贪欲亦曰忾'，皆方俗语也。一说从欠音歉，意所欲未随会，欠义，亦通。"《蜀方言》卷上："心有所恋曰忾。"林逋《杂兴诗》："散帙挥毫总不忾。"韦应物《寄二严》："丝竹久已懒，今日遇君忾。"张元干《点绛唇》："小雨忾晴，坐来池上荷珠碎。"李清照《声声慢》："满地黄花堆积，憔悴损，如今有谁忾摘。"徐嘉瑞《金元戏曲方言考·补遗》："昆明俗语，挂念曰忾，谢人存问曰谢谢你忾。"还有"歉"。《玉篇·欠部》："歉，恨不出也。""欹""忾"都读"欠"。今秦陇方言谓眼馋、手馋都说"欹"。如说：娃欹俺们家的饭哩。形容小孩爱动手打人为"手欹"。"欹"的这几个读音具有同一个来源，都从"贪"而来，"贪"从"今"（中古 kjəm）得声，古代为复辅音 k－l－，后变为 t，在属于赣方音的临川方音中有 th－和 h－同源异式词，从 th－的今音 tǎn，从 h－的今音 xiǎn 或 qiǎn。（包拟古：《原始汉语与汉藏语》，潘悟云、冯燕译，中华书局 2009 年版）

【荐】　《说文·草部》："荐，荐席也。从草存声。"又《鹰部》："薦，兽之所食草。"王筠《句读》："荐、薦皆为席下之草。"《广雅·释器》："荐，席也。"通语稾秸之席曰草荐，扬州、镇江谓之稾荐。《仪礼·士昏礼》："妇席荐馔于房。"贾公彦疏："但醴妇时，唯席与荐，无俎。"《楚辞·九叹》："薜荔饰而陆离荐。"王逸注："荐，卧席也。"《韩非子·存韩》："韩事秦三十余年，出则为扞蔽，入则为席荐。"俞志慧直解："席荐，草席和座垫，相当于'侍奉'。"（俞志慧：《韩非子直解》，浙江文艺出版社 2009 年版）居延汉简 EPF22:236—239："省烽干、鹿卢、索完坚调利、候卒有席荐不？"《世说新语·赏誉》："著文章为锦绣，蕴五经为缯帛。坐谦虚为席荐，张义让为帷幕。"由于席荐长期连用，席荐成了同义连文，单指席。《宋史·职官志五》："内柴炭库，掌诸薪火，以给宫娥及宿卫班直军士薪炭席荐之物。"王安石《和钱学士喜雪》："颇欲携樽邀使骑，几忘温席荐亲闱。"元无名氏《鱼樵记》杂剧第二折："再无去处，借一领席荐儿来外间里宿，到天明我便去也。"李直夫《虎头牌》杂剧第二折【唐兀歹】："往常我幔幕纱幮在绣围里眠，到如今枕着一块半头砖。土炕弯着片破席荐，畅好足恓惶也波天。"《老乞大》卷上："行李且休搬入去，等铺了席荐时，一发搬入去。"今甘谷谓竹席为席荐，荐音转欠。

【千烦】　云南、四川、陕西、甘肃都有此语，用来形容孩子家很调皮捣蛋，到处惹是生非，不讨人喜欢。比如：老张家的娃娃千烦的很，看到就头痛。又作"千翻"。《跻春台》卷一《义虎祠》："在家庭将尔母尽心孝顺，出门去莫千翻又莫啖人。"又："那些弟子出门再不千翻，又不骂人，所以人人尊崇，个个钦敬。"也做"签翻"。《跻春台》卷三《假先生》："在馆中论学规全无半点，任徒弟去作孽打骂签翻。”《阴阳帽》:“父死后儿年轻无人教管,莫作孽莫唕人莫去签翻。”又作“千翻”。《跻春台》卷二《巧姻缘》:“晚来一人放大胆,骇了谁去把门拴？开口切莫把人唗,莫与儿童去迁翻。”《白玉扇》:“莫迁翻莫作孽莫乱开口,见人的小东西切莫去。”“千烦”“签翻”“千翻”都是记音。其本字是什么？各家说法不一。姜亮夫《昭通方言疏证》(467):“昭人谓小儿顽皮曰千翻。其本字不易得。近日思之,恐当作千般,言小儿变诈难捉摸也,音变如翻耳。”蒋宗福《四川方言词语考释》说:“《川方》作‘愆翻’,今从之。《说文》:‘愆,过也’。……今蜀方言之‘愆翻’,有越常规而犯错误的意思。因此‘愆翻’较有理据。”笔者认为当以“千烦”为是。小儿调皮是其天性,本无什么过错,只是过于调皮会使大人感到十分厌烦,因此就说“千烦”。“千烦”的意思是非常麻烦、令人烦恼万分。晋王叔和《脉经》卷五《病不可发汗证》第一:“津液四射,荣竭血尽,千烦不眠,血薄内消,而成暴液。”《全唐文》卷五百四十二载令狐楚《元日进马并鞍辔状》:“千烦宸严,伏增战汗。”

【劋】 (qiāo),刈、割。《广雅·释言》:“劋,刈也。”王念孙《疏证》:“《小雅·白华篇》:‘樵彼柔桑。’樵与劋通。”《玉篇·刀部》:“劋,刈获也。”《广韵·平声·宵韵》昨焦切,《去声·笑韵》才笑切。昨焦切,音 qiāo,才笑切,音 qiào。《齐民要术》卷一《收种》篇:“选好穗纯色者,劋刈高悬之。”卷二《种瓜》篇:“先种晚禾,熟,劋刈取穗。”“劋刈”谓同义复词。陇右人每年开春之时,刈取树枝作柴烧,又可使枝柯疏直,这种活动叫做“劋树”,“劋”音条。“劋”与“樵”通。《诗·小雅·白华》:“樵彼桑薪。”《正义》曰:“樵者薪之一名。但诸事皆反其名以名其事,此‘樵彼桑薪’,犹薪是获薪也。”《广雅·释诂一》又曰:“劋,断也。”方言阉猪叫劋猪,阉割过的小猪,陇右方言叫“奶劋”,顾名思义,“奶劋”即将刚断奶不久的小猪进行阉割。山东方言叫劀豟。《蒲松龄集·日用杂字·走兽章》:“劀豟也用泔喂。”“豟”即“豚”,指小猪,“劀”同“劋”。“劋”也作“劀”。《太谷县志》:“猪去势曰劀。”猪不劋不胖,劋过的猪容易上膘,又不发情跑圈,所以好养。“劋”也作“撬”。《儿女英雄传》第十五回:“褚大娘子说着,又望他胸前一看,只见带着撬猪也似的一大嘟噜,因用手拨弄着看了一看。”

【蹺】 (qiǎo),本作蹻。①表示举足。《说文·足部》:“蹻,举足行高也。从足,乔声。”《玉篇·足部》:“蹻,举足也。丘袄切。”《集韵·平声·宵韵》:“蹺,丘袄切。举趾谓之蹺,或作蹻、𨆾、𨇀。”元邓玉宾《村里迓古·仕女圆社气球双关》:“那姐姐见球来忙把脚儿蹺。”记述的是男女对踢足球的情景。古人也用“蹺足”形容时间之短。《汉书·高帝纪》:“可蹺足而待也。”诸葛亮《劝将士勤攻己阙教》："自今以后,诸有忠虑于国,但勤攻吾之阙,则事可定,贼可死,功可跷足而待矣。"(《三国志·蜀志》本传裴注引《汉晋春秋》)司马光《温公续诗话》引丁谓《蹴鞠诗》:"蹑来行数步,跷后立多时。"跷也指举腿。《西游记》第三十三回:"那呆子脱下青锦布直裰,取过衫儿,就穿在身上,还未曾系上带子,扑的一跷,跌倒在地,原来是几条绳紧紧绷住。"《红楼梦》第七回:"充管家!你也不想想焦大仰跷起一只腿,比你的头还高些。"《白鹿原》第三十章:"鹿子霖吃完以后,就仰躺在床板上,高高跷起一条腿,心里想:修下监狱就是装人哩喀!"秦陇一带常说"跷尿骚"。即抬起一条腿从别人的头上越过,多为侮辱人的动作,引申为让人遭受胯下之辱。②跱起脚后跟。赵树理《三里湾》:"跷起脚来,把一个一个脸面都看遍,哪个也不是菊英。"③高跷。在传统戏剧、舞蹈中供表演者绑在脚上使用的一种木制道具,高者三四尺,低者尺余。如:跷工(戏曲、舞蹈演员踩着高跷训练步伐的基本功)。道教的神仙法术中,则有"乘跷"之术。即以神兽为脚力,腾空飞遁,高下任意,远行不极之道,来往于鬼神之间。④作为长度单位,迈出一步的距离即一跷。在关陇地区,用跷作为长度单位主要在农村,是农民很常见也很方便的用法。如:从这儿到那儿长5跷。

【削】　(qiǎo),缝制衣边。杨树达《长沙方言续考》:"长沙谓缝衣峭之如平声,云'补补削削'。久疑不知当何字。近读《荀子·君臣道》云:'事暴君者,有补削,无挢拂。'王引之云:'削者,缝也。'……余因晤补峭当作补削字,盖古音读削如峭。《山海经·西山经》:'太华之山削成而四方。'注云:'削成,近山形上大下小。'峭峻也。《释名·释兵》:'刀,其室曰削,削,峭也。其形峭杀,裹刀体也。'今长沙言削如峭,削之古音也。"杨说甚是。按:《仪礼·丧服》:"凡衰,外削幅;裳,内削幅。"贾公彦疏:"云衰外削幅者,谓缝之边幅向外;裳内削幅者,亦谓缝之边幅向内。"《吕氏春秋·行论篇》:"庄王方削袂。"《战国策·燕策》:"身自削甲札。"《韩非子·难二》:"管仲善制割,宾胥无善削缝,隰朋善纯缘,衣成君举而服之。""制割""削缝""纯缘"皆同义连文。削,古读如鞘、峭。《方言》卷九:"剑削……自关而东或谓之廓,或谓之削。"戴震疏证:"削,亦作鞘。"《汉书·货殖传》:"质氏以洒削而鼎食。"颜师古注:"削,谓刀剑室也。""削"读qiǎo,有缝纫的含义湮没已久,若非王引之发明,则后世很难知晓;又非杨树达先生进一步诠释,则知之者甚少。《汉语大词典》将"缝"义的"削"音为 xiāo 显然是错,因为 xiāo、xuē 的读音没有"缝"义。《汉语大词典》《现代汉语词典》将其作"缲"。查"缲",《说文》是"帛如绀色"的意思,读 zǎo;按《广韵》是抽丝的意思,同"缫",音 sāo,均与"缝"风马牛不相及。《集韵·平声·宵韵》千遥切:"缲,以针絑衣。"也是借音。也作"跤"。《儿女英雄传》第二十四回："横竖会缝个缝儿,跤个带子,钉个纽襻儿的,我也弄不了。"也作"繑"。清王廷绍《霓裳续谱》卷七《奇怪奇怪》："我那双鞋儿……那是瘦瘦的鞋尖儿。若不信,白绫繑成的绊鞋带。"俗多作"撬",今陇右方言也谓缝边谓撬边,如:"撬边""撬边边""撬边机"等。

【鐎】 (qiáo),是一种带柄有嘴的小锅,三足,用沙土或金属制成。如方言:沙鐎儿,药鐎儿。《说文·金部》:"鐎,鐎斗也。"段注:"即刁斗也。"《埤仓》:"鐎,温器,有柄斗,似铫无缘。音焦。"(《史记·李将军列传》《索隐》引)汉人多作刁斗。《史记·李将军列传》"不击刁斗以自卫"《集解》引孟康曰:"以铜作鐎器,受一斗,昼炊饭食,夜击持行,名曰刀斗。"《急就篇》卷三"锻铸铅锡镫锭鐎"颜注:"鐎谓鐎斗,温器也,似铫而无缘。"《御定骈字类编》"龙首"注:"《博古图》汉龙首鐎斗,高七寸八分,深二寸三分。口径四寸三分,容一升。"也作"焦"。《集韵·平声·尤韵》:"焦,温器。《说文》:'鐎斗也,通作焦。'"《经典释文·五经总义类》"爨人焦斗"注:"本又作鐎,音同。"也通"铫"。《说文·金部》:"铫,温器也。从金,兆声。"《急就篇》卷三:"铜钟鼎鋞銅鉇铫。"颜注:"黄氏曰:铫,烧器。"《广韵·去声·啸韵》徒吊切。《六书故》:"今煮器之小而有柄有流者,亦谓之铫徒吊切。"鐎与铫近音义同。《慧琳音义》卷五十九"须铫"条:"铫,古文鐎,同余招反……山东行此音;又徒吊反,今江南行此音。"据此,则两音均为方音。章太炎《新方言·释器》:"铫、鐎本一字。今淮南谓小釜为铫子。音正作大吊反。"白居易《村居寄张殷衡》:"药铫夜倾残酒暖,竹床寒取旧毡铺。"《敦煌变文集·维摩诘经讲经文》:"煎汤幸有黄金铫,熬药宁无白玉锅。"敦煌文书S.2009载有:"温酒铫子两口。"苏轼《试院煎茶》诗:"且学公家作茗饮,砖炉石铫行相随。"《金瓶梅》第二十三回:"累你替我拿个大碗,盝两个合汁来我吃,把汤盛在铫子里罢。"《红楼梦》第四十五回:"每日早起拿上等燕窝一两,冰糖五钱,用银铫子熬出粥来。"文献中也作吊子。《红楼梦》第七十七回:"宝玉看时,虽有个黑煤乌嘴的吊子,也不像个茶壶。"评弹《玉蜻蜓》:"吊子就在手脚边,拎一拎有半吊,可惜是冷的。"《醒世姻缘传》第六十七回:"寻下药吊子,赵杏川开了药箱,攒了一帖煎药。"

【歊】 (qiáo),物体因为受潮或暴晒而变形弯曲。《周礼·考工记·轮人》:"是故以火养其阴,而齐诸其阳,则毂虽敝,不歊。"郑注:"歊,歊暴。阴柔后必桡减帱革暴起也。"《玉篇·艸部》:"歊,耗也,缩也。"《集韵·平声·宵韵》:"歊,歊暴,木器干而挠减也。"又:"暴,歊暴,干挠也。""歊暴"叠韵连文,与"槁暴"音近义同。《韵会》:"歊,虚到切,音耗。暴起貌。"《新方言·释言》:"今谓物不妥帖偏颇暴起为蕨,音如乔。"《蕲春语》:"《说文》:蕨,草貌。从艸歊声。引《周礼》曰:毂弊不蕨,许娇切。文见《考工记·轮人》郑注:蕨,蕨暴。案蕨与踄、翘声义均近,谓暴起也。吾乡谓木器先湿后干而暴起者,曰蕨;凡物之骤起向上者,亦曰蕨;作事欲成而中变者,亦曰蕨;弯曲不伸者,亦曰蕨;小儿始乐而后怒者,亦曰蕨。牵要切,亦读苦要切。"《昭通方言疏证》(173):"今昭人言物颇偏暴起为蕨,音如窍,或如窍平声,俗以踄。"俗写作"翘",如说:木头翘了。字也作"秞""航",《集韵》:"秞,高也。"《字汇》:"秞,音窍,高不不平也。"《篇海》:"航,苦吊切,音窍,高也。"《正字通》:"航,秞字之讹。"

【趄】 (qiè),歪斜。《篇海类编·走部》千谢切:"身斜也。"董解元《西厢记》卷三:"席上正喧哗,不道玉人低趄。"王实甫《西厢记》第四本第四折:"昨夜个翠被香浓薰兰麝,欹珊枕把身躯儿趄。"王季思注:"趄,斜靠意,不正意:韵书并七余切,元剧中读千卸切。"关汉卿《望江亭》第三折:"那厮也忒懵懂,玉山低趄,着鬼祟醉眼乜斜,我将这金牌虎符都袖褪者。"无名氏《陈州放粮》第一折:"休要量满了,把斛放趄着。"高文秀《黑旋风》第二折【一半儿】:"我适才途中马上见他些,那一个妇人迭坐着鞍儿把身体趄。"《水浒传》第二十二回:"宋江已有八分酒,脚步趄了。"也作揸、笡。《集韵·去声·祃韵》:"揸,七夜切,衷揸也。"《蜀语》:"斜曰揸○揸,切去声。"翟灏《通俗编》卷三十六:"凡由径者曰斜揸过去。"《广韵·去声·祃韵》:"笡,斜逆也,迁谢切。"《新语·怀虑》:"身无境外之交,心无笡斜之虑。"慧琳《一切经音义》卷四十"笡步"条:"上且夜反。《韵英》云:'柱斜也。'《古今正字》云:'逆枪也。从竹且声也。'"又卷四十二"左笡"条:"且夜反。《埤苍》云:'笡,逆插枪也。'按:此结立印屈右膝,而身临右膝上,邪展左脚,项头向左,曲身而立。《古今正字》:'从竹且声也。'"据此,则"笡"之歪斜义已见于唐代。释空海《篆隶万象名义·竹部》:"笡,子夜反。逆枪。"《汉语大字典》:"笡,方言。歪斜。如:嘴笡;字写笡。"也借用"姐"为之。《吴下方言考》卷九:"嵇中散《幽愤诗》:'恃受肆姐,不训不师。'按:姐,不整齐也。吴中谓物之斜角幅者曰姐角。"例如:李科长趄着身子坐在椅子上,嘴里叼着烟卷,带搭不理地瞅着小吴,一句话也不说。

【揭】 秦陇方言谓肩负为"揭",音 qiè,如"揭袋子"(扛口袋),俗语"斜(xué)揭着椽进城门"(讥讽不知随机应变),又"揭的碌碡(chú)攃(niǎn)月亮"(讽刺自不量力)。《说文·手部》:"揭,高举也。从手曷声。去例切。又基竭切。"《诗·小雅·大东》:"维北有斗,西柄之揭。"高亨注:"揭,高举。"《庄子·胠箧》:"然而巨盗至,则负匮、揭箧、担囊而趋。"《释文》引《三苍》:"揭,举也,儋也,负也。"《广雅·释诂》:"揭,举也。"王念孙疏证:"凡物上举者皆谓之揭。……举物谓之揭,负物亦谓之揭。"《小尔雅·释言》:"荷揭,儋也。"《战国策·齐策四》:"冯谖于是乘其车,揭其剑。"《史记·东方朔传》:"数赐缣帛,担揭而去。"《淮南子·精神训》:"今夫繇者揭钁锸,负笼土。"亦谓之"竭"。《说文·立部》:"竭,负举也。从立曷声。"段注:"凡手不能举者,负而举之。"《礼·礼运》:"五行之运,迭相竭也。"注:"竭犹负戴也。"释文:"竭,本亦作揭。"是揭、竭古字通。也作"擖"。《广韵·入声·月韵》:"擖,担擖物也,本亦作揭。"其谒切,群母。《集韵·入声·月韵》其谒切:"擖,揭,担也,亦从桀。"从"桀"即"摨"。《太平御览》卷二四八引侯白《启颜录》:"山东亦言'擎将去'为'摨刀去'。"又:"有人从其借弓者,乃曰'摨刀去'。岂非借一而得两。"陇右方言"揭"音合《广韵·入声·月韵》居谒切,清入派入去声。

【碶】 (qiē),用石头砌的水闸,起着蓄水、排洪等功能。曾巩《广德湖记》:"鄞人累石堙水,阙其间而扃以木,视水之大小而纵闭之,谓之碶。"《明史·张可大传》:"可大筑碶蓄淡水,遂为膏腴。民称曰:'张公碶'。"《天下郡国利病书·浙江六》:"侵湖之众,以水为病,春夏水盈,辄偷启诸碶而纵泄之,欲湖之无涸,不可得已。"碶在浙东地区是很普遍的水利设施,在宁波尤为常见。碶,普通话读 qì。陇右方言中也称可开启的水闸为碶,读为 qiè,如磨碶,就是为推动水磨而修建的水闸。也作动词,指筑坎抬高水位使水流改道,如说:把水碶过去。

【繲】 做棉衣、棉被时,为避免棉花滚成团,在上面按一定的距离缝上几趟针,这种动作叫做繲,普遍话读如引。《广雅·释诂》:"繲,绀也。"《广韵·上声·隐韵》:"繲,缝衣相著也。"即经缝合使里表与棉花连属相依也。《肯繁录·俚俗字义》:"缝衣曰繲。"自注:"音隐。"明杨慎《俗言》卷一:"《集韵》'缝衣曰繲'。今俗云'穿针繲线'是也。杜诗:'褥繲绣芙蓉。'"刘向《说苑·善说》:"缕困针而入,不因针而繲;嫁女因媒而成,不因媒而亲。"《游仙窟》:"线因针而达,不因针而繲;女因媒而嫁,不因媒而亲。"繲,古属影纽上声隐韵,今音 yǐn。故又作"挕",乃"繲"的借音俗字。《正字通·手部》:"挕,俗引字。"《蒲松龄集·日用俗字·裁缝章》:"未成挕(引)一揭(倘),搚(可)络先扨(崩)线几条。"挕是引的俗体。陇右方言音转读如侵(读去声),如侵被子、侵棉衣,本字当作繲。

【噙】 (qǐn),含、衔。《西游记》第十一回:"众僧不忍分别,直送有十里之遥,噙泪而返,三藏遂直西前进。"第九十回:"(老怪)张开口,把三藏与老王父子一顿噙出。"《红楼梦》第五十二回:"小丫头便用小茶盘捧了一盖碗建莲红枣儿汤来,宝玉喝了两口。麝月又捧过一小碟法制紫姜来,宝玉噙了一块。"今陇右方言"嗿"字仍用得很多，如嗿一口水、嗿一口饭、嗿一块洋糖(奶糖)等。

　　【鎻】(qīn)，低头、摇头。《说文·页部》："鎻，低头也。从页，金声。《春秋传》曰：迎于门，鎻之而已。"徐锴《系传》："点头以应。"韩愈《送无本师归范阳》："天阳熙四海，注视首不鎻。"鎻有低头义，引申有点头、摇头义。玄应《众经音义》卷五："《广雅》：'鎻，摇也。'谓摇其头也。今江南谓领纳摇头为俭鎻。"鎻，《广韵》一读上声感韵五感切，另读平声侵韵去金切、上声寝韵钦锦切。去金切，今音 qīn。《新方言·释言二》："今吴越谓低头曰鎻倒头，淮南曰鎻住。鎻音渠锦切。"自注："疑纽转入群纽。"《客方言》卷二："俯首曰尽(转上声)低。""尽"当是"鎻"的音借字。《汉书·扬雄传》："頗颐折頞。"頗，是鎻(qīn)的借字(依王念孙说，见《读书杂志》)。頗颐，即鎻颐，垂下下巴(依段玉裁说，见《说文解字注》)。《玉篇·页部》："鎻，又音钦，曲颐也。"东汉安世高译《佛说太子慕魄经》："大官设膳，皆须烹杀牛羊六畜，以具众味。烹宰之时，辄当先白王。心虽慈事，不获已，鎻头可之。"《列子·汤问》："巧夫鎻其颐，则歌合律。"殷敬顺释文："鎻犹摇头也。"宋沙门宝云译《佛本行经》卷五："时弊恶调达，心甚怀恚怒，按手索其掌，鎻头而还去。"韩愈《送无本师归范阳》诗："天阳熙四海，注视首不鎻。"又《说文·走部》："趚，低头疾行也。从走金声。牛锦切。""鎻""趚"二字同从金声，故音义相近。今秦陇方言犹谓低头为"鎻"，如：他把头鎻得低低的；把头鎻下。"鎻"方言音"寝"，与《广韵》音近。

　　【焪】(qiòng)，放水焖熟焖干食物。《广雅·释诂》："焪，干也。"曹宪《博雅音》："焪，穹之去声，应即巩声微转耳。"《广韵·去声·送韵》："焪，火干物也。"《类篇·火部》："焪，丘弓切，曝也，……又去仲切，火干物也。"《方言》卷七："巩，火干也。凡以火而干五谷之类，自山而东齐楚以往谓之熬，关西陇冀以往谓之憔，秦晋之间或谓之炽，凡有汁而干谓之煎，东齐谓之巩。"钱绎《笺疏》："'巩'即'烘'声之转。……焪与巩亦声近义同。"即"巩"是借字，本字当为"焪"。《新方言·释器》："巩，《广雅》作焪，本'炕'之转。"西北人有一种食品叫焪焪儿，与山西、陕乡间所吃的酷累相似，即把玉米面、荞面拌上洋芋等放水焖干、焖熟后吃，如洋芋焪焪、槐花焪焪等。这种方式就是《方言》所说的"有汁而干"。②暴晒。《集韵·平声·东韵》："焪，曝也。烬也。或作焗。"《集韵·平声·东韵》："焗，丘弓切，音芎。本作焪。"又《类篇》："晍憔，去仲切，日干物。"焪、晍、焗应为同族字。也指火烤。《诗·豳风·七月》："熏穹室熏鼠，塞向墐户"，《东山》："洒埽穹窒，我征聿至"。"穹"并当作"焪"，即用火烘烤房屋。郑玄注："穹，穷。窒，塞。"孔疏："言穷尽塞其窟穴也。"误。《太平广记》卷一百四十九"侯彝":"御史乃以鏊贮烈火,置其腹上。烟烽熇,左右皆不忍。彝怒呼曰:'何不加炭!'御史奇之。"卷第二百三十七"芸辉堂":"烧燕肉熏之,则熇熇焉若生云雾。"西北还有一种叫熇馍馍和熇锅子的面食,就是把发面放入灶火或炕洞中烤熟,烤出的馍馍大而厚状如圆面包。叫熇馍馍或熇锅子。天热也叫熇,如天气又干又热则说"熇得很""熇人哩"。

【屌】 ①男性生殖器。《字汇·尸部》:"渠尤切,音裘,尤平声,男子之阴部也。"黄侃《蕲春语》:"今人通谓前阴曰屌巴,吾乡谓赤子正阴曰屌儿,正应作屌字。蜀人曰屎,亦屎之音转也。"②口语中骂人的粗话,表鄙视意。赵树理《好消息》:"投降不投降,还是一屌样。"姚雪垠《李自成》第二卷第二十四章:"马元利用鼻冷笑一声说:他算个屌!"口语中常用"求"为之。民俗语言往往用指性交的语素组词来传示否定、鄙夷等情感语气。方言中像指性器官词儿"屌""必"等,既指男女生殖器,又表示不满或不同意,骂人的意思减轻了,兼有叹词的意思。这种情况在文献中大量出现。无名氏《举案齐眉》第一折:"教人道这乔男女,则是些牛马襟裾。"《哨遍·高祖还乡》【耍孩儿】:"瞎王留引定伙乔男女,胡踢蹬吹笛擂鼓。"《秋千架》第一折:"你看堂上罗列的一群乔男女。"元无名氏《杀狗劝夫》第四折【石榴花】:"他两个是汴梁城里谎乔厮。"上述例句中的"乔",就是"屌"的借字。也作"囚""球"等。《金瓶梅》第二十五回:"平日惹老娘骂你那球脸弹子。"第二十六回:"贼囚根子! 趁早与我拿了去,省的我摔一地。"《姑妄言》第十五回:"你把屄脸弹子放下来,我难道怕你不成?"《金瓶梅》中还有的词,如扯必淡、扯臊淡、必尿、必窟窿、必脸弹子、必声浪气儿、必声浪颡等,在许多方言中都有,但这样说话"太粗噜""难听"。而当地人认为这与人性格豪爽有关系,并且因说话风趣、直爽、实在、粗声大气而更显亲近,有意思。很多地方骂人都有"睁着两个必窟窿"之类。"操"和"靠"等习惯性口语,不骂人时使用,也只是语气助词而已,也不带有任何侮辱性攻击指向。方言中有含"日"字的词语也是如此。如《忻州方言词典》:"日:词缀,用来构成动词或形容词,大都含有贬义。"所附的例子有:"日怪:奇怪。""日嘬:大声斥责。""日脏:肮脏。""日能:能干。""日哄:哄骗。"《银川方言词典》:"日:前缀。可构成动词和形容词,大都是贬义的。"《太原方言词典》:"日怪:奇怪。""日脏:脏。""日能:善于算计。""日哄:哄骗。""日嘬:破口骂。"这些"日"字并没有骂人的意思,只不过是表示贬义或轻蔑。《西安方言词典》还有这样的词条:"失机:非常着急。""失嘬:责骂。""失蹋:糟蹋。""失鬼:捣鬼。""失弄:捉弄。"各词条的"失"字都标同音代替号。按:"失"字都是"实"字谐音,与所谓"日"是前缀的情况相同。还有像日鬼、日弄、日塌、日�’、日晃、日馕、日怪、日能等。例：来了几个，那个小子咋看咋日眼！这些"日"都是"实"的谐音，作状语。因为是贬义，所以特意用指性交的"日"字传示感情色彩。新疆话以"日"字带头可构成贬义的形容词和动词，如奇怪：日怪；聪明：日能；漂亮：日洋；吃饭：日攘；捣鬼：日鬼；捉弄某人：日弄某人；破坏、毁坏：日塌。

【陆】 （qū），猎人利用山谷等有利地形围猎禽兽。《说文·阜部》："陆，依山谷为牛马圈也。从阜，去声。去鱼切。"《史记·司马相如列传》："江河为陆，泰山为橹。"裴骃《集解》引郭璞曰："因山谷遮禽兽为陆，音去车反。"《文选·扬雄〈长杨赋序〉》："以网为周陆，纵禽兽其中。"李奇注曰："陆，遮禽兽围阵也。陆，音祛。"《文选·左思〈吴都赋〉》："陆以九疑，御以沅湘。"李善注引刘逵曰："陆，阑也，因山谷以遮兽也。"李白《大猎赋》："而南以衡、霍作襟，北以岱、恒为祛。"王琦注引苏林曰："猎者围阵遮禽兽也。"《清史稿·土司传四》："又旁步奇兵箐外以截逋逸，如祛兽网鱼，重重合围，以渐进逼。"字也作抾、肤。《后汉书·马融传》："暴斥虎，搏狂兕，狱罴熊，抾封豨。"蒋礼鸿按："抾当读为陆。"（《义府续貂》"抾"条）《荀子·荣辱篇》："鯈鉝者，浮阳之鱼也，肤于沙而思水，则无逮矣。"俞樾以为"肤"当作"陆"，"言遮阑于沙也"。今陇右甘谷、武山一带谓包围人曰"陆"，如："被一堆人陆住了"，"从四面八方往一处陆。""陆"音"区"。《金瓶梅》中又作"群"，第三十四回："被这起光棍不由分说，群住了打个臭死。"

【去】 收藏，本作"△"。《说文·△部》："△卢，饭器也，以柳为之，象形。"去鱼切。王筠《释例》云："△卢，饭器。加大为厺，相违也。再加竹为笡，则△之或体，窃意三字固一字也。△象形；厺，加大，大者，盖也。《昏礼》郑注之去笲，《方言》去旅簇，皆即△卢也。……字又加廾，廾，《说文》弅之字也。""去"加廾即"弆"。《慧琳音义》卷十一"藏举"条："下姜圄反。有《经》本或作弆，墟圄反，亦音举也。"又卷五十七"密弆"条："姜语反。弆，藏也。"郭在贻先生说："去字甲骨文作𠫟即饭器之形，下象器，上象其盖。引申之而得藏义弆。"（《训诂丛稿》，上海古籍出版社 1985 年版，第 54 页）《晏子春秋》："晏子之鲁，朝食进馈膳，有豚焉。晏子曰：'去其二肩。'"卢文弨云："'去'，藏也。下所以云'藏余不分'。"《左传·昭公十九年》："初，莒有妇人，莒子杀其夫，已为嫠妇，及老，托于纪鄣，纺焉。以度而去之。"杜注："因纺纑，连所纺以度城而藏之。"疏云："去，即藏也。字书'去'作'弆'。"《史记·周本纪》："卜请其漦而藏之，乃吉，于是布币而策告。龙亡而漦在，椟而去之。""去之"即藏之。《国语·郑语》作藏之，其明证也。《汉书·苏武传》："掘野鼠去草实而食之。"颜注："去，藏也。"又《陈遵传》:"遵善书,与人尺牍,皆藏去以为荣。"颜注同。《三国志·魏志·华佗传》:"卿今强健,我欲死,何忍无急去药以待不祥?"裴松之案:"古语以藏为去。"也作"举"。唐义净译《根本说一切有部毗奈耶药事》卷三十三:"若不收举,所有财货悉皆损毁。"也作"弆"。《敦煌变文集·句道兴本搜神记》:"其母告昆仑曰:'天衣向何处藏之,时得安稳?'……惟只阿娘床脚下作孔,盛着中央,恒在头上卧之,岂更取得。遂藏弆讫,昆仑遂即西行。"此字本作"去",后作"弆",作"举"者,盖同音通假。今西北方言尚存此义,当地人将东西放在器物内并加盖曰"去",音局。如:我把饭去到锅里了(即放到锅里盖上锅盖)。

【圈】　(quān),养家畜的棚栏。《说文·口部》:"圈,养畜之闲也。"段注:"闲,阑也。《牛部》曰:'牢,闲,养牛马圈也。'是牢与圈得通称也。"王筠《句读》:"《地官·充人》注:'牢,闲也。'《门部》:'闲,阑也。'无牢义,与此补之。然今亦呼圈为阑,阑牢双声,语转也。"《玉篇·口部》:"圈,惧免切,牢也。"《龙龛手鉴·口部》:"圈,又栏圈也。"可证牢、栏、圈同义。《里语征实》:"牛马栏曰圈。圈音'倦'。俗作'桊'。非。桊,盂也。见《蜀语》。又《管子》:'强国为圈,弱国为属。'苏轼诗:'但知眠牛衣,宁免刺虎圈?'"《论衡·须颂篇》云:"夫富无仁义之行,〔犹〕圈中之鹿,栏中之牛也。"《老生儿》楔子白:"那两间草房要留着圈驴哩,不要动俺的。"从汉代以来,人们多将厕所和猪圈相连。《汉书·武五子传》说"厕中豕群出,坏大官灶",就证实了这一特点。还有,东汉魏晋时的随葬冥器,郑州后庄王199号墓出土的汉代与厕所相联的灰陶猪圈,徐州十里铺姑墩出土的东汉晚期的厕所与猪圈,均可证实,这种猪圈与厕所相联。又汉代猪圈叫圂。《说文·口部》:"圂,厕也。从口,象豕在口中也。会意。胡困切。"《玉篇·口部》:"圂,豕所居也。"因而带猪圈的厕所也叫溷。《释名·释宫室》:厕"或曰溷。"《急就篇》颜注:"厕、清、溷其实一也。"《六书故》:"厕以秽故,亦谓之圂。"《晋书·左思传》:"门庭藩溷,皆著纸笔。"《礼·少仪》:"君子不食圂腴。"注:《周礼》"溷"作"豢"。《释文》:"圂音豢。"今陇右甘谷、武山一带谓马圈、牛牢、豕圂皆为圈。厕所也叫做圈。按:"圈""豢"皆从"弄"得声,"豢"与"圂"双声,因此这几个字可通。《颜氏家训·治家篇》:"蔬果之畜,园场之所产,鸡豚之善,埘圈之所生。"

【臞】　与癯同,义为削瘦。《说文·肉部》:"臞,少肉也。从肉,瞿声。字亦作癯。"《尔雅·释言》:"臞,瘠也。与癯同。"《史记·司马相如列传》:"形容甚臞。"《索隐》引韦昭云:"臞,瘠也。"《集解》引徐广曰:"臞,瘦也。"《周礼·地官·其民皙而瘠注》:"瘠,臞也。"《淮南子·修务训》:"盖闻传书曰:'神农憔悴,尧瘦臞,舜霉黑,禹胼胝。'"《文选·沈休文〈齐故安陆昭王碑文〉》:"若此移年,瘰瘵改貌。"王世贞《本草纲目》原序:"予窥其人,睟然貌也,臞然身也。津津然谭议也。"今陇右通称小孩瘦弱曰"臞",转读如"缺"之去声,但不可用于成人。

【皴】　(jūn,方言读 qūn),指皮肤因受冻而变得粗糙或坼裂。《说文·皮部》:"皴,皮细起也,从皮夋声。七伦切。"《广韵·平声·谆韵》:"皴,皮细起也,七伦切。"《续方言》卷上:"手足冻裂曰皴,曰龟。"《蜀语》:"皮裂曰皴。皴音村。"《齐民要术》卷五《种红蓝花、栀子》:"小儿面患皴者,夜烧梨令熟,以糠汤洗面讫,以暖梨汁涂之,令不皴。"又:"夜煮细糠汤净洗面,拭干,以药涂之,令手软滑,冬不皴。"《梁书·武帝纪》:"执笔触寒,手为皴裂。"也作"龟"。王念孙《广雅疏证》:"龟与皲声近义同。"吴文英《吴下方言考》卷四:"龟(读若春)。《庄子》:'宋人有为不龟手之药者。'按:龟,手冻裂也,吴中以冻坼裂手为龟。""龟"本之部字,而韵书相承入脂,脂、谆对转,故可假借为"皴",也作皲。《通俗文》:"手足坼裂曰皲。"《说文新附》:"皲,足坼也。从皮,军声。"《众经音义》卷十一"皲",居云,去云二反。《类篇·皮部》:"皴也,皲也,又手足坼裂也。"桂馥《札朴·乡言正字·疾病》:"手足寒裂曰皲。"《汉书·赵充国传》:"将军士寒,手足皲瘃。"颜注引文颖曰:"皲,坼裂也;瘃,寒创也。"《新唐书·李甘传》:"冻肤皲瘃。"《明史·张溥传》:"冬日手皴,日沃汤数次。"按:今西北方言读音群。

R

【讲】　(rān),反复地说,纠缠不清。《说文·言部》:"讲,多语也,从言冉声。乐浪有讲邯县。汝阎切。"《广韵·平声·盐韵》汝阎切:"讲讲多言。"《集韵·平声·盐韵》如占切:"《说文》:讲讲多语也。"今陇右方言谓话多,反复纠缠不清者为"讲讲子""讲讲匠""讲上没完"。

【繎】　(rǎn),本义丝纠结难理。《说文·糸部》:"繎,丝劳也。从糸然声。如延切。"《广韵·平声·仙韵》如延切:"繎,丝劳貌。"《集韵·平声·仙韵》:"繎,而宣切,音冉。繎丝难理。"方言引申为人、事纠缠难办。如:那个人真能繎;麻烦事都繎到一搭了;你这人说话咋繎麻汩董的,到底去还是不去!

【禳】　(ráng),用法术祛除灾害的行动。《说文·示部》:"禳,磔禳,祀除疠殃也。古者燧人氏自所造,从示,襄声。"徐锴曰:"禳之为言攘也。"段玉裁注:

"厉殃,谓厉鬼凶害。……周礼注曰:'却变异曰禳。'禳,攘也。"这表示禳是除邪除灾祭祀。《广雅·释天》:"禳,祭也。"《仪礼·聘礼》:"禳乃入。"郑注:"祭名也,为行道累历不祥,禳之以除灾凶。"《周礼·天官·女祝》:"掌以时招梗会禳之事以除疾殃。"郑注:"却变异曰禳。禳,攘也。"《春官·鸡人》孔疏:"禳,谓禳去恶祥也。"近人编纂的《辞海》对禳字直接解释为"祭祷消灾"。《左传·昭公二十六年》:"齐有彗星,齐候使禳之。晏子曰:'无益也,祇取诬焉。天道不慆,不贰其命,若之何禳之也?'"《史记·李斯列传》:"高乃谏二世曰:'天子无故贼杀不辜人,此上帝之禁也,鬼神不享,天且降殃,当远避宫以禳之。'"《汉书·孔光传》:"俗之祈禳小数,终无益于应天塞异,销祸兴福。"颜注:"祈,求福也。禳,除祸也。"《三国演义》一百〇三回:"孔明弃剑而叹曰:'死生有命,不可得而禳也!'"与"禳"相近的是"�"。《玉篇·示部》:"禳,于琰切。禳,禳也。"李实《蜀语》:"禳鬼曰禳〇禳音掩。""禳"俗作"厌"。《说文·厂部》:"厌,笮也,从厂猒声。"徐曰:"笮,镇也。压也。一曰伏也。"《汉书·王莽传》:"莽欲以厌凶。"又言:"国有大灾,则哭以厌之。"师古曰:"厌,当也。"所以通常又把厌胜法称作压胜法。杜甫《石犀行》诗:"自古虽有厌胜法,天生江水向东流。"今陇右方言仍多谓消灾除祸的迷信活动为禳。如:人有病就说禳一禳;新搬迁的院子也要禳一禳;谓闹洞房为禳媳媳妇。

【䑋】(rǎng),本指体肥,后指体质差。《说文·肉部》:"䑋,益州鄙言人盛讳其肥,谓之䑋。从肉襄声。如两切。"《方言》卷二:"梁益之间凡人言盛及其所爱,讳其肥臒谓之䑋。"郭璞注:"肥䑋多肉。"《玉篇·肉部》:"䑋,肥美也。"《全唐文》卷七百九十七载皮日休《遇谤》:"虒既䑋而必烹兮。""䑋"也指体质较差。《蜀方言》卷上:"质弱力薄曰䑋。"《华阳县志》:"体质薄弱曰䑋。"卢文弨《方言注》云:"今江淮谓质弱力薄者为䑋,亦语反之。"也作瓤。瓤瓜中最柔软之物,又与䑋同音,故得假借。童边《新来的小石柱》第十一章:"石柱,你的插秧技术真不瓤嘛!"《快板创作选集·带组入社》:"他的老伴也不瓤,吃苦耐劳个性强,白天下地把活做,夜晚灯下缝衣裳。"这"不瓤"即不差。在陇右方言中"瓤"也表示"软""弱"的意思,常与"弱"组成同义连文。如:咱是弱瓤人吗?也借"壤"为之。朱骏声说:"今俗语谓弱曰壤。"(《说文通训定声·壤》)如兰州方言:这人看起来很壤,可力气不小。也借用"让"。《歧路灯》第七十六回:"你这个婶子,人材也略让些,心里光景,便差位多着哩。"栾星注:"(让)豫语次于或低于的意思。"张生汉认为此让后来多写作瓤或穰。(栾星:《〈歧路灯〉校注》,中州书画社1980年版;张生汉:《〈歧路灯〉词语汇释》,河南大学出版社1999年版)"䑋"也音"囊"。古从襄字多读囊。《汉书·贾谊传》之抢攘,《庄子》作伧囊,罗翙云《客方言》:"腿肚谓之脚囊肚。"自注囊,当作膖。膖,肥也。"今陇右谓人肥为肥囊囊,"囊"作"膖"。

【蘘】　(ráng),绵软的作物秸秆。《说文·草部》:"蘘,菜也。"《蜀语》:"细苗及细毛皆谓之蘘○蘘,汝阳切,音穰。扬子《方言》:'苏、芥,草也。其小者谓之蘘茅。'"《玉篇·草部》:"菜,香菜菜,苏属也。"《集韵·养韵》引《广雅》:"蘘菜,苏也。"多以"穰"为之。《俗书刊误·日用杂字》:"稻草曰穰草,穰汝阳切。"李光庭《乡言解颐·开门七事》:"常烧者为秸,概为留柴,穗为穰子,而庄佃则只纳秸。"《齐民要术·种谷》:"烧黍穰则害瓠。"由此可知蘘和菜一样,都有柔软、细嫩之义。甘谷方言称秸秆、柴草之类的燃料叫做穰柴,与耐烧的木柴为硬柴相对,穰当作蘘。

【覜】　有两个读音。①读 yào,并见。《说文·覜部》:"覜,并视也。从二见。凡覜之属皆从覜。弋笑切。"段注:"按《祭义》:见以萧光,见闲以侠甒。注云:见及见闲皆当为覜,字之误也。覜不见于许书,盖即覜字,谓萧光与燔燎并见,侠甒与肝肺首心并见也。见者,视也。"《篆隶万象名义·覜部》:"覜,人召反、并视也,比也。"今本《玉篇》:"覜,昌召、弋召二切,并视也。"《方言据》卷上:"谓视曰覜,谓目曰覜。"北周卫元嵩《元包经·太阳》:"覜于丑,冏于垠。"苏源明传:"覜于丑,观夫众也。冏于垠,照夫远也。"《类篇》或作"矊"。一说,两人相对而视。饶炯《〈说文解字〉部首订》:"覜,并视,非二人同视一物,谓二人相对为视也。""并视"犹言相视。覜,《唐韵》《集韵》并弋笑切,音耀。②读 chào,普视。《广韵·去声·笑韵》:"覜,普视。"《集韵》昌召切,绍去声:"普视貌。""普视"犹言大略地看。"覜"古属以母,有的方言将它读成日母,进一步擦化则近照母,因此"覜"音转读若"绕"或"照",意思为专门看或仔细看。如:你覜一下(哈),那个人是谁? 气得两个人一个覜一个,谁也说不出话来。也指光线太耀眼,如说:"光线覜眼得很。"

【纴】　(rèn),陇右方言谓穿针谓纴针。如:人老了,眼睛花了,针也纴不上了,想做个针线活也不行了。按:"纴"字有多个义项,据《汉语大字典》有"搓线捻线""绳索""缝纴、缝补""连缀、联结"等,其义皆与"线""绳索"之义有关。"穿针引线"是其引申义。《方言》卷六:"擘,楚谓之纴。"郭璞注:"今亦以线贯针为纴,音刃。"《六书故》:"纴,女邻切。穿针也。"《礼记·内则》:"衣裳破绽,纴箴请补缀。"《离骚》:"扈江蓠与辟芷兮,纴秋兰以为佩。""杂申椒与菌桂兮,岂维纴夫蕙茝。"王逸注:"纴、索也。"江瑗补充:"以线贯针为纴。"意思是穿针引

线。《全唐诗》卷六百七十一唐彦谦《七夕》："而予愿乞天孙巧，五色纫针补衮
衣。"《全宋词》卷二百九十一郭应祥《鹧鸪天·戊辰七夕》："罗异果，炷名熏。
纫针捻线漫纷纷。"《儿女英雄传》第二十四回："姑娘看见，一把手抢过来道：'拿
来啵，纫个针也值得这么累赘！'说着，果然两手一逗就纫好了，丢给张太太。"柳
青《铜墙铁壁》第六章："兰英纫好针，来给银凤缀裤子上的破绽。"各地歇后语：
张飞纫针——大眼瞪小眼；裁缝拿线——认真（纫针）；筷子纫针——难通过。

【合搗】　同"㝵"，南方读 cào，北方读 rì，粗秽语。《金瓶梅》第十三回："我
这里与你两个观风，教你两个自在合搗，你心下如何？"第十六回："晚夕叫了你
去，合搗了一夜，合搗的了，才放回来。"第六十八回："你拿胳膊来，我且咬口儿
我才去，你两个在这里尽着合搗。""合搗"同义连文。黄侃《蕲春语》："今诸方
鄙语，谓中冓之事曰屌。南方读如侧角切，北方读如七到切。或曰此即涿字，流
下滴也。质以蜀语，谓中冓之事曰搗，则谓涿字亦是。"此语方言用的很多。

【肉头】　陈刚《北京方言词典》："肉：①行动迟缓。②（瓜瓢之类）不脆或
不沙。"陇右方言也谓人做事不利朗，慢吞吞为"肉"。如：这人怎么这样肉，都等
了半天了，他怎么还不出来？梁斌《红旗谱》五："他自小儿肉死，成天价碌碡轧
不出屁来。"也称为"肉头"。《中国歌谣资料·湖北民歌》："李师长，大肉头，穿
纺绸。鬼子来了，跑在我们前头。"陶钝《第三件棉袄》："他不懂得真正的赌棍倒
没有事，有事的就是他这样的肉头户。"这些例的"肉头"跟陇右所说的"肉头"意
思差不多。也作"肉头肉脑"。《吕梁英雄传》第十四回："那个木厂工程师，是个
四十多岁的老鬼子，身子不大，长得却很胖，肉头肉脑的。""肉头"与"寿头"有些
相似，"寿头"指老寿星的头，前额突出，一块肉包。《西游记》第二十六回说猪八
戒见了寿星就笑称寿星为"肉头老儿"。后"寿头"就有了傻、呆之义。《昭通方
言疏证》（1440）："按苏沪谓人颠不剌，似愚似笨曰寿头。"洪深《香稻米》第二
幕："乡下人无论是怎样笨，怎样好说话，也不肯张开了眼睛做肉头寿头！""肉
头"即有"寿头"的意思，指昧于世故，傻里傻气。另外肉吃起来得咬、得拽，因为
有纤维组织，扯不断、撕不开，所以称西瓜瓢子软而有筋绊的叫"肉瓢子"。

【挼】　搓揉或研物成末。《说文·手部》："挼，摧也。从手，委声。一曰两
手相切摩。奴禾切。"段玉裁注："摧，各本作推，今依《玉篇》《韵会》……正。摧
者，挤也。"《集韵·平声·戈韵》："挼，奴禾切，《说文》：'摧也；一曰两手相摩
也。"《新方言·释言》："今谓按摩为挼。"《南史·王志传》："因取庭树叶挼服
之，伪闷不署名。"句中"挼"正是"两手相切摩"的意思。或作挼、撋。《说文·
手部》："挼一曰两手相切摩也。奴禾切。"段注："阮孝绪《字略》：'烦撋，犹挼

莎。'今人多用此义,而字作挪。"《龙龛手鉴·手部》:"捼,又奴禾切,捼莎也,又捼也。"《集韵》平声戈韵:"捼……或从妥。又作㨽。"《蜀语》:"两手相摩切曰捼○捼,音磋,搓同。"按:李氏注音不确,《集韵》平声戈韵奴禾切,今音 ruò。今陇右,四川方言均读作 ruá。《西宁方言词典》:"捼,使物品变皱。"《晋书·刘毅传》,刘裕跟人赌掷骰(当时称为"五木"),刘裕将五粒骰子放在两手掌中,久久捼动,一掷便成"卢"(五子皆黑,为最胜采)。何超音义:"捼、奴禾。"韩愈《读东方朔杂事》:"瞻相北斗柄,两手自相捼。"南唐冯延巳《谒金门》:"风乍起,吹皱一池春水。闲引鸳鸯香径里,手捼红杏蕊。"杨万里《冻蝇》:"隔窗偶见负暄蝇,双脚捼挲弄晓晴。"宋陈造《谢韩干送丝糕》:"银丝万寻忽萦积,中疎外洁生搓捼。"方言也作"揉搓",同义复词,如说:把纸捼成团,把衣服上的土捼下来,引申为调戏、折磨等。如:你搓捼人,还是要酒钱呢? 这病捼人的很。

【擩】　(rù),硬塞东西或插东西。《广韵·去声·遇韵》:"擩,擩莶。手进物也。而遇切。"《集韵·去声·遇韵》:"儒遇切,音孺。手进物也。"也指随便或不礼貌地伸出或塞给。《金瓶梅》第六十八回:"俺每是后娘养的? 只认的你爹,与他磕头,望着俺每擩一拜。"邓友梅《烟壶》:"乌大奶奶没住多久,参领老爷偷偷擩给妹子四十两白银。"郭澄清《大刀记》:"永生又擩给尤大哥几颗手榴弹。"黄立新《日暮乡关》第一章:"她跑了上来,把手电筒往陈放怀里一擩,说:'拿上这个!'"西北方言谓往铡刀里面送草叫"擩草",也就是《广韵》所说的"擩莶"。把衬衣装进裤子里也说"擩到裤子里","把裤腰擩进去"。又如:把手擩在裤兜里;不知道把钱包擩到哪里去了? 俗话说:往活人眼里擩拳头。也借用"汝"。《醒世姻缘传》第四十一回:"如今有点子东西,不知汝唆在那里迷糊门了。"黄注:"汝唆,藏掖、塞、掩藏。"第九十八回:"素姐伶俐,爽俐把两只手望着狄希陈眼上一汝,说:'你看我那手待怎么? 我这是长冻疮的疤痕,没的是谁捥我来? 一个家大眼小眼的看呢?'"

【胹】　(rú),也作臑、腝,意为烂熟。《说文·肉部》:"胹,烂也。从肉而声。如之切。"《玉篇·肉部》:"胹,煮熟也。"《方言》卷七:"胹,熟也。……自关而西,秦晋之郊曰胹。"《左传·宣公二年》:"宰夫胹熊蹯不熟。"疏:"过熟曰胹,自关而西,秦晋之郊曰胹。或作腝。"《楚辞·招魂》:"胹鳖炮羔,有柘浆些。"注:"胹,一作臑。"又:"肥牛之腱,臑若芳些。"王逸注:"臑若,熟烂也。言取肥牛之腱烂熟之。"《史记·赵世家》:"宰夫胹熊蹯不熟。"《集解》引服虔曰:"蹯熊掌其肉难熟。"《正义》:"胹音而。"枚乘《七发》:"熊蹯之臑。"注:"臑,音而,熟也。"《广韵·平声·虞韵》:"臑,嫩奕儿。"《集韵·平声·之韵》:"臑,人之切,音而,与胹同,烂也。秦晋之郊谓熟曰胹。"字也作"炯"。《玉篇·火部》:"炯,如之切,煮熟也。亦作胹。"《类篇·肉部》:"炯,人之切,烂也。""胹"又作"腝"。腝,《集韵》:"人之切,音而。与胹同。烂也。"又指肌肉酸软疼痛。《蜀语》:"不脆曰腝;身困倦曰腝懒,亦曰酸腝○腝音如。"以上两义陇右方言都有。东西不脆也叫"腝"。如:炸得酥肉都腝了。食物嚼起来有韧劲更叫"腝实、腝滋滋的",如:蹄筋吃起来很腝实、嚼起来腝滋滋的。嚼不烂则叫"不腝",身体酸痛也叫"腝"。如:写字把手都写腝了;手举了很久,都举腝了;坐了一天,腰腝了。方言"腝"音 rǔ,与蜀方言相同。

S

【馺】　(sà),指快跑。《说文·马部》:"马行相及也。从马从及。读若《尔雅》'小山馺,大山岷'。苏苔切。"《方言》卷十三:"馺,马驰也。"郭璞注:"馺馺,疾貌也。"《广雅·释言》:"馺,驰也。"《玉篇·马部》:"馺,马行貌。"《汉书·扬雄传》:"轻先疾雷而馺遗风。"颜注:"车骑之疾也。"《楚辞·九叹·远游》:"雷动电发,馺高举兮。"王逸注:"馺,疾貌。"陇右方言中"馺"的含义扩大了,不仅用于人,还可用于动物及交通工具。如:他馺的一下就跑掉了;这条狗馺得多快呀;摩托车比汽车馺得快多了。

【臊皮】　臊,就是害臊;皮,就是脸皮、脸面。合在一起,就是脸皮害臊;引伸开来,凡是干了丢脸、出丑的事,都叫做"臊皮"。《汉语大词典》解释为"戏弄;乱开玩笑",不确。《红楼梦》第二十五回:"独有薛蟠更比诸人忙到十分去;又恐薛姨妈被人挤倒,又恐薛宝钗被人瞧见,又恐香菱被人臊皮。"《说唐》第五十回:"罗兄弟,昨日承你盛情,让我臊皮了一日。今日再让我臊皮臊皮,才算你是个知情识趣的好朋友。"《三侠五义》第一百〇四回:"小人以为幽山荒僻,欺负他是个孤行的妇女,也不过是臊皮打哈哈儿,并非诚心要把他怎么样。就是这么一件事情,你老听明白了?"《施公案》第三百二十九回:"你今日说了这话,你想可臊皮不臊皮么?""臊"也作"燥"。《姑妄言》第八回:"怪短命,我给你弄了,还说这样燥皮的话。"《说唐》第五十回:"真个不放。我看你在阵上八面威风,如今也被俺燥皮一燥皮。何不把前日的手段拿出来使一使?"《绿野仙踪》第六十一回:"还有少年妇女藉烧香为名,打扮的粉白黛绿,翠袖红裙,被那些浮浪子弟跟出跟入燥皮的。"《醋葫芦》第九回:"伯伯不守戒律,伯母何必出头露脸,送与官打,被他燥皮,又要吃惊吃吓,衙门使费。"李劼人《死水微澜》第五部分九:"第一,是任你官家小姐,平日架子再大,一旦被痞子臊起皮来,依然没办法,只好受欺负。"也作"搔皮"。《昭通方言疏证》(1098):"搔,使人羞之也。如'搔我的皮'……搔皮即搔乱之义,读去声。"陇右许多方言都有"臊皮"这个词。如:这事再不要说了,臊皮的很;他这人太可恶,我们这次趁机臊臊他的皮。

【燥不搭】　义同"臊",即害臊,丢人的意思。《醒世姻缘传》第十一回:"自己也甚没颜面,燥不搭的,大家都去了。"陆澹安《小说词语汇释》:"燥不搭,无精打采。"李之亮说:"'燥'的意义比较单纯,实即今规范语'烦躁'之省略形式,而'烦躁'亦包含有恼怒的成分"(《〈醒世姻缘传〉释词摭误》,《郑州大学学报》1990年第1期)。此两说均不确。《汉语大词典》"燥不搭"解释为"怪难为情",近似。其实"燥"通"臊",燥不搭即害臊。不搭,助词,表示程度,方言也作"不搭搭""不辣""不辣辣"。如说:我上次灰溜溜地走了,还能臊不搭搭的回来了吗?不要说了,怪臊不辣辣的;你当着那么多人这样说我,臊不辣辣的。也作"噪剌剌""臊辣辣"。《金瓶梅》第三十三回:"你没的说,倒没的倡扬的,一地里知道。平白噪剌剌的,抱什么空窝,惹的人动的唇齿。"方言如:我相信这是真的,真实得我脸上臊辣辣的,直想找见一条地缝。《汉语大词典》解释"噪剌剌"为"沸沸扬扬",并以《金瓶梅》第三十三回为例句。按:以"沸沸扬扬"释"噪剌剌"不确,"噪"是"臊"的借字,"噪剌剌"即"萨拉拉"。

【潲】　(shào),泔水,也指雨水打湿,或用水喷湿。本义是臭汁。《说文·水部》:"潲,久泔也,从水,脩声。息流切,又思酒切。"《广雅·释器》:"潲、濯,涤也。息朽切。"王念孙《疏证》:"臭汁谓之潲,亦谓之泔。"可见潲、泔互训。《淮南子·人间训》:"申菽、杜茝美人之所怀服也,及渐之于潲,则不能保其芳矣。"高诱注:"潲,臭汁也。音脩。"潲还指溺骚味。《荀子·劝学》:"兰槐之根是为芷,其渐之潲,君子不近,庶人不服。"杨倞注:"潲,溺也。言虽香草浸渍于溺中则可恶也。……潲,思酒反。"今把泔水叫作潲,与其有恶臭有关"潲"。也指猪食。《广韵·去声·效韵》:"豕食,又雨潲也。"又指雨斜落下或洒水。《广韵·效韵》:"水激也。一曰汛潘以食豕。"《类篇·水部》:"潲,山巧切。《博雅》:'潲、濯,涤也。'又所教切,水激也。"又今陇右谓口含水喷湿物为潲,音臊。如:把布潲湿;下水前,先往身上潲点水。雨斜落下也为潲,如雨把墙潲坏了。

【髞】　(sào),西北方言谓地势高为"高髞"。如:修房子的地势要高髞一些;这地方高髞,好者咧。《原本玉篇·高部》:"髞,《埤仓》:'髐髞,嵩貌。'"《宋本玉篇·高部》："齸,齸齸,高貌。"《广韵·去声·号韵》苏到切,《集韵·去声·号韵》先到切,音燥。释义与《玉篇》同。不过,文献中多以"燥"为之。《史记·韩信传》:"其母死以葬,乃行营高燥处。"司相如《子虚赋》:"其高燥则生葳苞荔。"《齐民要术·收谷种》:"择穗大强者斩,束立场中之高燥处,曝使极燥。"

【糁】　糁(sàn,糌同)饭,西北地区小吃,以本地特产黄米为原料,开水下米,用旺火煮熟至周身都有裂缝,在水份适度时,放入面粉搅拌均匀即可食用。俗话有"若要糁饭好,三百六十搅"之说。糁的本义为以米和羹也。《说文·米部》:"糌,以米和羹也。一曰粒也。糁,古文糌,从参。"段注:"古之羹必和以米,今南人俗语曰米糁饭。"则糌、糁古今字。《吕氏春秋·慎人》:"孔子穷于陈蔡之间,七日不尝食,藜羹不糁,宰予备矣。"明陈士元《论语类考》卷十六《饮食考》:"不糁,盖藜羹以米汁糁之,不糁者未成羹也。"在羹中加入米为的是使羹更加粘稠。《释名·释饮食》:"糁,黏也,相黏敄也。"王先谦《疏证补》引毕沅曰:"今人所谓饭糁,亦或曰饭相黏子。"因此糁又叫糜。《说文·米部》:"糜,糁也。"段玉裁改为"糜,糁糜",并注云:"以米和羹谓之糁;专用米粒为之谓之糁糜,亦谓之粥。"《礼记·内则》:"糁,取牛、羊之肉,三如一,小切之。与稻米二,肉一,合以为饵,煎之。"又曰:"析稌犬羹兔羹,和糁不蓼。"郑注:"凡羹齐,宜五味之和,米屑之糁,蓼则不矣。"由此可知,凡是以米(后也用面)加入菜羹、肉羹都可以称作"糁",因而糁也有参杂之义。《篇海类编·食货类·米部》:"糁,杂也。"用米面等杂和蒸煮成的饭团也就自然叫糁饭了。梁章巨《楹联四话》卷五《杂缀》载:"沙三者,苏州人,尝于端阳观竞渡,一日之内,手散万金,人因呼为'沙三标子',家遂中落,仅余五百金,复于中元广招僧道为盂兰盆,大施口食。糁米为团,杂以胡麻,筐承车载,堆塞道路。四方乞丐闻风奔赴,以数万计。""糁米为团"是南方人的糁饭。因而古今南北,糁饭的做法各有不同,但"糁"字"以米和羹"的理据未变。"糁"在《齐民要术》中作"栅",卷九《作菹、藏生菜法》:"秫米为饭,令冷。取葵着瓮中,以向饭沃之欲令色黄,煮小麦时时栅。"自注:"栅,桑葛反。"缪启愉注:"《集韵》:'糁也。'这里作动词用,即在瓮中撒些煮小麦作糁。"栅,《集韵·入声·曷韵》:"糁也。《齐民要术》:'时时栅之。'与糁与糁声纽同,韵为阳入对转。"

【苫】　(shàn),盖,遮盖、覆盖。《说文·艸部》:"苫,盖也,从艸占声。"失廉切。"盖,苫也。"《尔雅·释器》:"白盖谓之苫。"郭璞注:"白茅苫,今江东呼为盖。"李注:"编菅茅以盖屋者曰苫。"苫、盖同物,故多以苫盖互用。郝懿行《尔雅义疏》:"今四川人语通名苫为盖。"《新方言》:"今人谓华盖、雨盖皆谓之苫。

音正作失冉切。讹入元、寒作伞。《通俗文》曰:张帛避雨谓之伞盖。"可见"苫"与"伞"同源。《左传·襄公十四年》:"昔秦人迫逐乃祖吾离于瓜州,乃祖吾离被苫盖、蒙荆寒来归我先君。"《齐民要术》卷四《种枣》:"得霜露气阴雨之时,乃聚而苫盖之。"元稹《江边四十韵(此后并江陵时作)》:"栋梁存伐木,苫盖愧分茅。"陆游《幽居岁莫》:"刈茅苫鹿屋,插棘护鸡栖。"《通制条格》卷十八:"若苫盖不如法,装卸不用心,致有损失……追征不敷之物。"《西游记》第六十七回:"二层门是砖石垒的墙壁,又是荆棘苫盖,入里才是三间瓦房。"《金瓶梅》第九十一回:"头上打着盘头掩鬓,用手帕苫盖。"《聊斋志异·狼三则》有"苫蔽成丘"。《醒世姻缘传》第二十七回:"遂将苫房的烂草拿来磨成了面,水调了吃在肚内。"方言或作苫,或作盖,很少用连文。如:天要下雨,把场上的麦子苫住。

【燀】 (chǎn,方言音 shǎn),烧、煮。《说文·火部》:"燀,炊也。从火单声。"《左传·昭公二十年》:"和如羹焉,水火醯醢盐梅,以烹鱼肉,燀之以薪。"杜预注:"燀,炊也。"《文选·张协〈七命〉》:"燀以秋橙,酤以春梅。"吕向注:"燀,煮。"白居易《庐山草堂记》:"又有飞泉,植茗就以烹燀,好事者见,可以永日。"《宋高僧传·唐太原府崇福寺怀玉传》:"代病入庙劝其受归戒,绝烹燀牲牢,其神石像屡屡随劝,颔首听命。"《五国故事》卷上:"又别立一彩亭于山前,列以金银、锜釜之属,取御厨食料,烹燀于其间。衍凭彩楼以视之,谓之'当面厨。'"燀,《广韵·去声·狝韵》充善切,《集韵·去声·狝韵》蜀善切,音阐。以前陇右谓烹茶为煽茶,谓烧醪糟谓煽醪糟,本字应为"燀"。

【山水】 指山洪。起源很早。《竹书纪年》:"魏襄王九年,洛入成周,山水大出。"(《水经注·洛水》条引)《战国策·燕三》:"明日大雨,山水大出,所营者,水皆灭表。"《汉书·五行志》:"文帝后三年秋,大雨,昼夜不绝三十五日。蓝田山水出,流九百余家。"《后汉书·五行志》:"(灵帝建宁四年)五月,山水大出,漂坏庐舍五百余家。"《新唐书·五行志》:"永徽元年六月,新丰、渭南大雨,零口山水暴出,漂庐舍。"这些例证中的山水均指山洪,这一含义一直沿用到近代汉语、现代汉语。无名氏《来生债》第一折磨博士白:"呀,大雨了。罢了!罢了!水发了,山水下来了。好大雨,水淹将上来了。"《醒世姻缘传》第十九回:"旧年秋里,连雨了几日,住的一座草房被那山水冲坏。"《警世通言》卷二十八:"晋朝咸和年间,山水大发,汹涌流入西门。"刘鹗《老残游记续集》第二回:"本来是全的,历年被山水冲坏的不少,现在存的不过九百多字了。"柳青《铜墙铁壁》14章:"羊给山水冲完了。"陕北信天游:发一回山水冲一层泥,看一回哥哥脱一层皮。今陇右也称山洪为山水。《汉语大辞典》释"山水"为"山中之水",过于宽泛，与实际含义不相符。

【哨】　（shào），使狗；发出使狗咬人的声音。《方言》卷七："秦晋之西鄙，自冀陇而西使犬曰哨。"郭注："哨音骚，亦作嗾。"《说文·口部》："嗾，使犬声也。从口族声。稣奏切。"徐灏《说文解字注笺》："今粤俗嗾犬使进曰嗾，其声如族，与苏奏切一声之转。""秦晋之西鄙"、"冀陇而西"即今甘肃、青海一带。"陇"即今甘肃张川，"冀"即甘肃甘谷。通语作"嗾"。唐训方《里语征实》："呼狗曰嗾，嗾音漱。"朱骏声《说文通训定声·小部》："哨，按犹'嗾'也。嗾、哨双声。""哨""嗾"心母双声，韵部为旁转关系（"哨"为"宵"部字，"嗾"为"侯"部字）。《左传·宣公二年》："公（晋灵公）嗾夫獒焉，明（提弥明）搏而杀之。"服虔注曰："嗾，嗾也。"释文："素口反。'"唐韩偓《感事三十四韵（丁卯已后）》："只拟诛黄皓，何曾识霸先。嗾獒翻丑正，养虎欲求全。"李贺《公无出门》："嗾犬狺狺相索索，舐掌偏宜佩兰客。"宋刘克庄《沁园春》："况嗾獒者众，放麛人少，大将触网，小亦伤弓。"也作"属"。《公羊传·宣公六年》："呼獒而属之。"疏云："今呼犬谓之属。"钱绎《方言笺疏》："'哨''嗾''嗾''属'声转，义并同也。"也用来指指使别人做坏事。《魏书·宋弁传》："及彪之抗冲，冲谓彪曰：'尔如狗耳，为人所嗾。'"《旧五代史·杨彦温》："彦温愚昧，为人所嗾，故灭其族焉。"《醒世姻缘传》第二十一回："这实吃了晁无晏那贼天杀的亏，今日鼓弄，明日挑唆，把俺那老斫头的挑唆转了，叫他象哨狗的一般望着狂咬！《聊斋俚曲集·翻魇殃》第十一回："王四的外号是叫王哨子，猜他买不起，竟来哨他。"《醒世姻缘传》第五十八回："你行动就是哨我，我也不合你做这个，咱一递一个说笑话儿，咱使一个钟儿轮着吃。"近代文献中的"嗾使""唆使"就是西北方言中的"哨使"。李鼎超《陇右方言》："今谓舞智弄人曰哨使。"今甘谷方言谓使犬音如"烧"，则基本与"哨"同音。也用来唆使人，常称惯于唆使别人的人为"烧料子"。

【苕】　北方人所谓的地瓜、山薯、红薯等，也有的地方称为红苕，苕音sháo。《本草纲目》卷二十七"甘薯"条中提到"蒸煮食之，味同薯蓣"，"薯蓣"条中提到"江、闽人单呼为薯，音若殊及韶"。清光绪六年（1880）棣华馆生《鄂垣竹枝词》，其中有自注"俗呼山薯为韶，人之蠢笨者即称为韶家伙"。可见，"韶"与"薯"在江、闽音中为同音字。因为"韶"不像个植物名称，有人改用"苕"。"苕"，上古指凌霄花，本读作"tiáo"。《尔雅·释草》："苕，陵苕，黄花蔈，白花茇。"又读sháo。《诗·小雅·苕之华》徐邈音时饶切，《洪武正韵·十二萧》时招切"韶"与"苕"等字同小韵，此后便一直用"苕"。《蜀籁》卷二："披起蓑衣哨红苕，穿没有穿个啥，吃也没有吃个啥。"卷四："穿不完的烂布筋筋，吃不完的红苕皮皮。"茅盾《过年》:"离他们十多家门面,就有个卖烤红苕的。"由于"苕"外形肥厚,含有丰富的淀粉、实心、浑厚,给人的感觉是钝拙愚笨,就成了指某人犯傻、犯迷糊、不明事理的代名词。宦应清《欢迎铁路代表纪事竹枝词》(1909)有自注"俗语谓大冤桶为大苕"。苕的外形决定了它的贬义色彩,成为愚笨糊涂、不明事理、不会应变的代名词,这就是来源于劳动人民中的民俗义。陇右方言也称红薯为红苕,兰州人说某人脑子有问题、蠢笨或"缺心眼"时就说他是苕松、苕货,脑子苕着哩。

【杓杓答答】 呆傻。如酒泉方言:都十七八的人了,杓杓答答的没一点机溜气。青海方言则作"韶韶答答""韶儿巴呆""韶儿巴干""韶韶颠颠"。王元鼎《河西后庭花》套:"此不难评,可比涎涎邓邓冷眼而睄,杓杓答答热句儿浸。"《醒世姻缘传》第五十九回:"今日是这里姐姐的喜事,恐怕他韶韶摆摆的不省事,叫接他且往家去。"《昭通方言疏证》"韶宝"(1430)认为韶是傻的音变,即由歌麻韵转入萧豪韵。笔者认为"韶韶摆摆"和"杓杓答答"意思相同,与"韶道""韶刀""杓答""勺铎"也是同一个意思。明顾起元《客座赘语·方言》:"南都方言,其不聪敏者,曰鹘突,曰糊涂,曰懵懂,曰勺铎(音韶刀)。"《金瓶梅》第三十回:"金莲道:'这回连你也韶刀了,我和你怎算:他从去年八月来,又不是黄花女儿,当年怀入门养。一个后婚老婆,汉子不知见过了多少'。"第五十回:"俺这妈越发老的韶刀了。""老的韶刀了"等于说老糊涂了。《醒世姻缘传》第八十五回中的"韶道"也是"糊涂、傻"的意思:"这大舅真是韶道,雇个主文代笔的人,就许他这们些银子。"元曲中也有"杓俫"一词。《元曲释词》:"杓俫就是形容轻重不分、利害不明的蠢人,犹如今云浑小子、半彪子、二百五。"《玉梳记》第二折【黄钟煞】:"不晓事的颓人认些回和,没见识的杓俫知甚死活?"《玉壶春》第二折【梁州第七】:"着那等嫩鸽雏眼脑着忙,讪杓俫手脚慌张。"臧晋叔《音释》:"村,绳昭切,俫郎多切。"又可作杓子。元代陶宗仪在《辍耕录》中嘲谑蠢人为"杓子",明代田汝成《四平市语》:"粗蠢人曰杓子。"郝懿行《证俗文》卷十七:"杭州谓麤蠢人曰杓子。"陇右方言中也作"烧""韶""勺""苕"等。骂人脑子有问题为"烧包";说某人为烧料子,那就意味着他不仅傻,还有些自不量力。

【蕈】 《说文·艸部》:"菌,地蕈。从草,囷声。""囷"为"廪之圆者",是一种圆顶的粮仓。由此可以想见,菌字颇似伞菌的菌盖,因而得名。蕈也是伞菌。《说文·艸部》:"蕈,桑萸。从草,覃声。"《尔雅·释草》:"中馗,菌,小者菌。"郭璞注:"地蕈也,似盖。今江东名为土菌,亦曰馗厨,可啖之。"《玉篇·艸部》:"蕈,地菌也。"《唐韵》:"蕈,慈荏切,寻上声。菌生木上。"陆云《赠顾骠骑诗》诗之六:"思乐葛藟,薄采其蕈。疾彼攸远,乃孚惠心。"蕈字主要流行于吴语区。陈藏器《本草拾遗》说"地生者曰菌,木生者曰枯蠕,江东人呼为蕈",亦足资旁证。今江南仍呼菌为蕈,泛指所有的伞菌,可证古人所说的"蕈""菌"与现代分类学上的概念不完全相同,包括其他木生型的菌和土生型蕈,并形成一个同义复合词"菌蕈"。蕈字在于表达菇菌的风味。《本草纲目》解释蕈为:"从覃,延也。蕈味隽永,有覃延之意。""覃"像酒樽,上面的"西"是酒樽的盖,中间的'曰'是酒樽的大肚,"十"字为酒樽的底,可插入土中存放,因此"覃"有意味悠长之义。《说文·厚部》:"覃,长味也。"段注:"引伸之凡长皆曰覃。"属于同一语义场的字皆有此义。如酒味甜长和味之甘美皆称"醰",往深处看称"瞫"。还可引伸为延长,如称长条的海藻为"薄"。这个"覃"字十分准确地捕捉到菇菌"长味"的基本特征。蕈是多音字,除了慈荏(《唐韵》)、徐心(《集韵》)、渠饮、寻浸诸切外,还有式甚(《字林》)、徒感诸切。因此"蕈"读式甚切或作"椹"(《博物志》)、"葚"(《菽园杂记》卷十四),音shèn,陆容认为是蕈作"葚"是"土音之讹",实际上是从《字林》"式甚切"而来,今陇右渭水流域多称蘑菇为"椹儿",即由此而来。

【瘆】 (shèn),本为寒病。《玉篇·病部》:"瘆,山锦切,寒病。"《广韵·上声·寝韵》疏锦切,义同。后引申为恐惧,有毛骨悚然之感。《集韵·上声·寝韵》瘆,所锦切:"骇恐貌。"《牡丹亭》第二十七出《魂游》:"一霎价心儿瘆,原来是弄风铃台殿冬丁。"也作渗。《集韵·上声·寝韵》所锦切:"渗,骇恐貌。"又所禁切:"寒病也。"《广韵》释为"寒病"。《红楼梦》第八十八回:"将近三更,凤姐似睡不睡,觉得身上寒毛一乍,自己惊醒了,越躺着越发起渗来。""痒"是"瘆"的异体字。《说文·病部》:"痒,寒病也。从疒辛声。"段注:"凡《素问》《灵枢》《本草》言:'洒洒洗洗'者,其训皆寒。皆痒之假借,古辛声、先声、西声同在真文一类。"《正字通·疒部》:"痒,今感寒体战曰痒。"《广韵·平声·臻韵》所臻切、音申。"痒"常叠用,表示寒战貌。唐费冠卿《答萧建问九华山》:"入林塞痒痒,近瀑雨蒙蒙。"宋敖陶孙《大风怀林伯农》:"江湖易高风,六月寒痒痒。"在元曲中常与"嗦"同义连文。张相《诗词曲语词汇释》卷六有"嗦痒"条,释义为"发嗦之义",所引有:韩愈《斗鸡联句》"磔毛各嗦痒"、牛僧儒《李苏州遗太湖石》"嗦痒微寒早"、辛弃疾《菩萨蛮》"嗦嗦山花冷"。秦陇方言称寒冷为"瘆"。如:外头瘆得很、身上瘆得很。音"森"去声,与古音同。

【生活】 秦陇方言中把毛笔叫做"生活"。宋姚宽《西溪丛话》:"生活,笔也;颇烦者,厌弃不耐烦也。"清黎士宏《仁恕堂笔记》:"甘州人谓笔曰生活。"

《西北花儿精选·十更曲》:"生活吧砚台齐放下,对天者把密约写下。""笔"何以名"生活",令人费解,西安附近有的方言写作"生花","生花"则与"梦笔生花"的典故有关。王仁裕《开元天宝遗事·梦笔头生花》:"李太白少时,梦所用之笔,头上生花,后天才赡逸,名闻天下。"后以"生花笔"喻杰出的创作才能。宋代张孝祥《鹧鸪天》:"忆昔彤庭望日华,匆匆枯笔梦生花。"清赵翼《书怀》:"一枝生花笔,满怀镂雪思。"可见"生活"应即"生花","生花"由比喻诗才神奇地提高,转而用作毛笔的代称,人们慢慢忘了它的本字,忘了原来的理据,把它写作与原义毫不相干的"生活"。原因是有的方言 huā 可读作 huō。凉州方言把 huā 读作 huō,甘谷方言也是如此,笔者小学时有位老师就读"活塞"如"花塞"。有人认为笔为谋生手段,故称"生活"。如范紫东《关西方言钩沉》说:"人呼笔为生活,以持此可谋生也。吾得此笔,亦可以传播旧道德云云。"可认为是俗语源,未得词义转移之真谛,不足为据。

【使黑心】　故意给别人使坏。元郑光祖《倩女离魂》楔子【幺篇】:"可待要隔断巫山窈窕娘,怨女鳏男各自伤,不争你左使着一片黑心肠。你不拘箝我可倒不想,你把我越间阻越思量。"《盛明杂剧·团花凤》第四折【前腔】:"见青蚨改换曹刘面,使黑心拆散朱陈眷,到黄泉结下孙庞怨! 你道是弯弓下石少人知,又谁知冤头债主终须见!"《朴通事》卷下:"见国王敬佛法,便使黑心要灭佛教,但见和尚,便拿着曳车解锯,盖起三清大殿,如此定害三宝。"《红楼梦》第三十七回,麝月就说:"那瓶得空也该收来了,老太太屋里还罢了,太太屋里人多手杂,别人还可以,赵姨奶奶一伙的人见是这屋里的东西,又该使黑心弄坏了才罢。"欧阳山《苦斗》三十二:"你看,我对你没使黑心:我说应该革你们的命,可又没有认真动手去革。"西北方言说某人使坏为"使黑心"。《汉语大词典》失收是词,当补。

【紩】　缝补。《说文·糸部》:"紩,缝也,从糸失声。"又:"缝,以针紩衣也。直质切。"段注:"凡针功曰紩。"《礼记·玉藻》郑注:"缝,紩也。"缝、紩互训。《六书故》:"紩,直质切。《说文》曰:'缝也。'"《方言》卷四:"以布而无缘,敝而紩之,谓之褴褛。""紩衣"就是破旧后重新缝补的衣服。《广雅·释言》:"紩,纳也。"《玉篇·糸部》:"紩,古文纳也。"《急就篇》颜注:"纳刺谓之紩。"《潜夫论·浮侈》:"碎刺缝紩作为笥囊、裙襦、衣服。"可见"紩"与"缝""纳"同义。宋梅尧臣《巧妇》:"莠茶时补紩,风雨畏源摇。"关陇方言常说:紩被子;衣服破了,我给你紩上几针。《新方言》:"浙江又别言紩一针。《说文》:紩,缝也。直质切。今音丁直切,古无舌上音,紩本丁质切。"紩,《广韵·入声·质韵》直一切,《集韵·

入声·质韵》直质切，音直，关陇一带紩音“实”。字也作“緻”。《广韵·去声·至韵》：“緻，刺緻，针缝也。”《集韵·去声·至韵》直利切：“緻，紩也。”“黹”是“紩”的一字之变易。《说文·黹部》：“黹，箴缕所紩衣。”《尔雅·释言》：“黹，紩也。”郭注：“今人呼缝紩衣为黹。”

【齝】 本作“齝”。指牛、羊的反刍。《说文·齿部》：“齝，吐而噍也。”《尔雅·释兽》：“牛曰齝，羊曰齛，麋鹿曰齸。”郭璞注：“食之已久复出嚼之。”《广韵·平声·之韵》：“齝，牛吐食复嚼也。超之切。”《集韵·平声·之韵》：“齝，申之切，《尔雅》：‘牛曰齝。’吐而噍也。或作呞。”《蜀语》：“牛羊食已复吐而嚼之曰回嚼○上嚼音爵，下音醮。《尔雅》：牛曰呞，羊曰齛，鹿曰齸。回醮，总名也。齛音泄，齸音抑。”可见“齝”同“呞”。“齝”，《广韵》丑之切，超之切，并音chī；又《广韵》书之切，《集韵》申之切，并音 shī。齝同齝。玄应《一切经音义》卷十四引《韵集》：“齝，音式之反，今陕以西皆言诗也。”韩愈《赠刘师服》诗：“匙抄烂饭稳送之，合口软嚼如牛齝。”范成大《舫斋信笔》：“牛齝能几何？蝉腹易便便。”陆游《岁晚幽兴》诗：“眼暗观书如棘沥，齿疏啜饭似牛呞。”今陇右一带说牛反嚼为牛呞草，音“思”，与方言“诗”音同。

【䭭】（shǒu），初生子，本当作“首”。《尔雅·释诂》：“首，始也。”《方言》卷十二：“鼻，始也。兽之初生谓之鼻，人之初生谓之首。”也作“䭭”。《玉篇·页部》：“䭭，舒酉切，人初产子。”《广韵·上声·有韵》：“䭭，人初生子。舒九切。”宋赵德麟《侯鲭录》卷三：“人初生产子，俗言首子，亦使此䭭字（音首）。”《集韵·上声·厚韵》始九切：“䭭，产而不副谓之䭭，或曰人初产子。”《蜀语》：“初产子曰䭭胎○䭭音首，字书云：人初生子也。”《通俗编·杂字》：“䭭，按俗谓长子为头首儿，或嫌其语之复，不知古别有䭭字也。”《越谚》卷下：“䭭，（音）‘首’。群孩争雄长及初产男儿，皆曰‘头䭭’。初《玉篇》。”可见首、䭭指的都是妇女所生的第一胎。我国古代有杀首子的习俗。《墨子·鲁问》：“鲁阳文君语墨子曰：‘楚之南有啖人之国者桥，其国之长子生则鲜（“解”之误字）而食之，谓之宜弟，美则以遗其君，君喜则赏其父。’”《韩非子·二柄》：“桓公好味，易牙蒸其首子而进之。”《汉书·元后传》：“羌胡尚杀首子，以荡肠正世。”应该解释为把头生子女献给鬼神。陇右许多地方都称第一胎为头首子，山东牟平则称头胎为头首儿。

【舛气、踌气】 陇右方言形容不顺利或某事受到阻碍。《说文·舛部》：“舛，对卧也。从夂㐄相背。昌兖切。”段注：“谓人与人相对而休也，相背犹相对也。”舛的字形像两人相背，有违背义。《广雅·释诂》：“舛，背也。”贾谊《治安策》：“本末舛逆。”王勃《滕王阁序》：“时运不齐，命途多舛。”云中道人编《唐钟馗平鬼传》第七回:"舛鬼的武艺仗着舛气扑人,令人万事不利。""踳"为"舛"的别体。《说文·足部》:"踳,扬雄说舛从足春。"段玉裁曰:"按司马意'踳'、'舛'各字而合之,杨、许则云'踳'为'舛'之或也。"许叔重注《淮南子》云:"踳,相背也,亦差也。"(慧琳《一切经音义》卷八十四引)《庄子·天下篇》:"其道舛驳。"郭庆藩按:"司马作踳驳。《文选·左太冲〈魏都赋〉》注引司马云:'踳读曰舛;舛,乖也。"踳,《集韵·上声·狝韵》尺兖切,《一切经音义》春允反,音与舛同。方言音转为 shuǎn,意思是不顺利,当为延古意而用。如说:今天舛气得很;那是一时的舛气。

【馊】　今天谓饭腐烂变坏为馊。《玉篇·食部》:"馊,饭坏。色求切。"《俗书刊误·日用杂字》:"饭食坏曰馊,音搜。一作馊。"《六书故》:"馊,疏鸠切,饭臭酸也。《字林》曰:'饭伤湿热也。'"也可为"滫"。《六书故》又曰:"滫,疏鸠切。《说文》曰:'久泔也。'泔久则酢,故今人谓盦食之酢气为滫。"《礼记·内则》注:"秦人谓溲曰滫。"字又作餹。《类篇·食部》:"餹,思留切,久泔也。一曰溲也。"《蜀方言》:"饭变味曰馊。"纪国泰《〈蜀方言〉疏证补》:"食物因高温变质而发出酸臭味,蜀人或曰'馊([sou55])',或曰'(厮[si55])臭([ts'ou213])'。"(巴蜀书社 2007 年版)秦陇方言也读"馊"如"丝"。如说:把饭放厮气了。临夏花儿:一碗的羊肉们厮气(呀)了。《陕西民谣·长工谣》:死气麦仁短把杓,想捞稠的够不着。"死气"即"馊"了。从"叟"的字有可能读"丝"。《说文·犬部》:"獀,南越名犬獿獿。从犬叟声。所鸠切。"蒋礼鸿先生按:"嘉兴谓小儿善娆人曰獿獀狗,獀音变如丝。"(蒋礼鸿:《读〈说文〉记》,《蒋礼鸿集》第三卷,浙江教育出版社 2001 年版)今陇右也有此语,谓长毛狗为獀狮子,也形容人头发长为獀狮子。方言狮音"丝"。

【觋】　(sī),男巫叫觋。《说文·巫部》:"觋,能斋肃事神明也。在男曰觋,在女曰巫。从巫从见。胡狄切。"徐锴曰:"能见神也。"《荀子·正论》:"出户而巫觋有事。"杨注:"女曰巫,男曰觋。有事,祓除不祥。"《汉书·郊祀志》:"民之精爽不贰,齐肃聪明者,神或降之。在男曰觋,在女曰巫。"然也不尽如此,男也可以称巫。《周礼·春官·神仕》疏:"男阳有两称,曰巫,曰觋。女阴不变,直名巫,无觋称。"因此,《说文》段注曰:"统言则《周礼》男亦曰巫,女非不可曰觋也。"不过,后世男巫女巫可通称之巫、觋。《后汉书·张衡传》:"或察巫觋之言。"《北史·齐幼主纪》:"雅信巫觋,解祷无方。"《集韵》或作"击"。《荀子·王制篇》:"相阴阳,占祲兆,钻龟陈卦,主攘择五卜,知其吉凶妖祥,伛巫跛击之事也。"王先谦注:"击,读为觋,男巫也。古者以废疾之人主卜筮祝之事。"今陇右方言称以歌舞祈祷鬼神者为"司公"。如武威俗语:跟好人学好人,跟上司跳乍神,《团圆宝卷》:"请来了司公子再来跳神,麻鞭响鼓敲着雷鸣二阵。""司"本字应作"覡"。覡,古音匣纽锡韵,胡狄切,合今普通话读 xī,"司"是"覡"的方言音变,如靖远、镇原一带读"洗"如"司",说"洗脸"如"司脸"。南方称男巫为"师公子","师"音 sī。南方没有翘舌音。

【傱】(sǒng),骂人懒惰。《方言》卷七:"傢傱,骂也。燕之北郊曰傢傱。"郭璞曰:"傢,音邛。傱,相容反。羸小可憎之名。""傱"即"庸"之转。《方言》卷三:"庸谓之傱,转语也。"郭璞注:"傱,犹保傱也。今陇右人名嬲为傱,相容反。"戴震疏证:"嬲,即古嬾字。"《玉篇·女部》:"嬬,嬲女也。""嬬"与"庸"通。按:"傱",《广韵》息恭切,上古心母东部;"庸",《广韵》馀封切,上古余母东部;心余邻纽,东部迭韵,故而可通。也可能庸、傱为复声母 sl -,庸为喻四,傱属心母,远古当为 s 词头。《说文·女部》:"嬾,懈也,怠也,一曰卧也。从女赖声,洛旱切。"《集韵·上声·缓韵》:"嬾,鲁汉切,或从心,亦作嬾。"嬾、嬾均同懒。"懒"和"傱",其义一也。《吴中方言考》卷一:"傱,为人作事不用力也。吴中谓作事不用力曰傱,所作之物甚平常亦曰傱。"蒲松龄《聊斋俚曲集·俊夜叉》:"这《西江月》是说不成人的戆蛋,劝化那不长俊的傱种。"傱也为可憎、胆怯之名。《玉篇·女部》:"燕之北郊曰傢傱,谓形小可憎之貌。"《广韵·平声·韵钟》:"傢,傢傱,可憎之貌。"《集韵·平声·韵钟》:"傱,傱恭,怯貌。一曰嬲也。"《蜀语》:"不精采曰傱。傱,音松浊声。"歇后语:武大郎买豆腐,人傱货软。李恭《陇右方言发微》:"陇右骂人怯懦者通曰傱。"今陇右方言多用傱骂人,如懒傱、坏傱、愣傱、瞎傱等。《广雅·释诂》:"傱,骂也。"近代白话也有用"松""耸"的。《朴通事》:"那谎松,一个财主人家里招做女婿来。他如今吃的穿的无处发落里。"《聊斋俚曲集·张生逃难》:"秀才们做事松,得了胜都居功。"有人认为"傱"与表示精液的"尿(髓)"有关。这种说法没有根据。因为"尿"字不见历代字书,当是元明时期所造的俗字,读作 sóng。从字形分析,从尸从声,意为精液。最早见于《金瓶梅》第五十回:"玳安道:'贼村秌秌,你今日才吃尿?你从前已后把尿不知吃了多少!'"第五十二回:"(西门庆)一面叫呼道:'潘五儿,小淫妇儿,你好生浪浪叫达达,哄出你达达尿儿来罢。'"又第五十回:"书童把头发都揉乱了,说道:'耍便耍,笑便笑,腾剌剌的尿水子吐了人恁一口!'"这里"尿水"借指唾沫。应该说"尿"字,与"傱"无关。"傱"的中心意思是懒,其他意思都是从"懒"引申而来的。《现代汉语词典》"尿"字含义:①精液。②讥讽人软弱无能。而尿的软弱无能则可能是从射精后疲劳的状态产生出来的。或按照 s - 遇见 - i 变为 x

的一般音变规则,有些地方音变为 xióng,人们多用"熊"代之,如熊包,熊样等。陇右俗谚:宁给歪汉子牵马坠镫,不给尿汉子出谋定计。

【勖】《说文·力部》:"勖,勉也。《周书》曰:'勖哉,夫子!'从力,冒声。许玉切。"徐锴曰:"勉其事,冒犯而为之。"《尔雅·释诂》:"勖,勉也。"玄应《一切经音义》卷四"勖勉"条引《方言》:"齐鲁谓勉为勖也。"《诗·邶风·燕燕》:"先君之恩,以勖寡人。"《毛传》:"勖,勉也。"郑笺云:"戴妫思先君庄公之故,故将归犹劝勉寡人以礼义。"勖,《广韵》入声烛韵吁玉切,《集韵》入声屋韵许六切,并音蓄。《燕燕》"以勖寡人",《坊记》引作"畜"。也做"聳"。钱绎《方言笺疏》:"怂恿,单言之则曰聳。"章太炎《新方言》:"《方言》中心不顾而由旁人劝语,亦曰聳。'今通谓由他人劝使为聳。直隶或敚为许踊切,谓受人劝使为聳人。"蒋礼鸿《义府续貂》"勖"条说:"嘉兴俗谓以言激人曰勖。"并按:"聳许踊切者,声类与勖同。"今甘谷谓以言激人为"勖",音"苏",说:勖着某人干某事,或勖上着干某事;如果某人自己没有主意,老受人指使就说是"勖"的。"苏"应该是"勖"的音转。

【劋】凡物品因使用或存放而强度减损叫"劋"。《说文·刀部》:"劋,减也,从刀尊声,兹损切。"《广雅·释诂》:"劋,断也。"《玉篇·刀部》:"劋,断也。"《蜀语》:"物朽而断曰劋。劋,音尊上声。"唐训方《里语征实》:"物朽而断曰劋。"《广韵·上声·混韵》:"劋,慈损切。"陇右方言音"劋"为"损",主要表示物朽而未断之义。如说:时间长了,绳子就损了。绳子劋了,抓的时候小心些了!

T

【碏】在杵臼里反复舂捣使碎叫碏,如碏蒜、碏盐、碏调料等。《说文·石部》:"碏,舂已,复捣之曰碏。从石,沓声。"段注:"碏之言沓也,取重沓之意。"王筠《句读》:"沓者,重沓也。碏兼义。"《广雅·释诂》:"碏,舂也。从石,以石舂。"《玉篇·石部》:"碏,再舂也。"《广韵·合韵》徒合切,音沓。《正字通》:"今俗设臼,以脚踏碏舂米曰踏。"岳元声《方言据》卷下:"脱粟之米再舂之令精曰踏,徒合切,舂已复捣也。"俗作"踏","踏"与"碏"同音,但不同字。锅里踏蒜——一棰子买卖(喻成败在此一举)。临夏花儿:桦木的对窝里踏蒜呀哩,什样锦端馍(呀)馍哩;想起个阿哥是泪淌呀哩,打转个平轮的磨哩。

【勮】（普通话 dān，方言 tān），指因为疲劳过度而体力不支。《集韵·平声·寒韵》："勮，力竭。多寒切。"《吕氏春秋·重己》："使乌获疾引牛尾，尾绝力勮，而牛不可行，逆也。"高注："勮，读曰单，单，尽也。"《吴下方言考》卷五："今吴谚谓用力已倦为勮，字从力，宣声，俗用瘫，乃疾也。"即"勮"和"瘫"有所不同，"瘫"指的是因病而不能起床，"勮"仅指劳累过度。又作"癉"。《说文·疒部》："癉，劳病也。从疒单声。丁干切。"《尔雅·释诂》："癉，劳也。"《诗·大雅·板》："莫知我勩，维王之卬，哀我癉人。"《周礼·泉府》："故书货之癉于民用者。"《太平广记》卷二一二"资圣寺"条："棱伽劾之力所癉。""力所癉"即力尽之意。又写作"痑"。《说文·疒部》："痑，马病也。从疒多声。丁可切。"《玉篇·病部》："痑，吐安切，力极也。"《广韵·平声·寒韵》："痑，他干切，力极。"桂馥《札朴·乡言正字·杂言》："力极曰痑。"注云："音摊。"《诗·小雅·四牡》："啴啴骆马"，《说文》引作"痑痑骆马"。皮日休《上真观》诗："褦襶风声癣，跁跒地力痑。"《醒世恒言》第二十一卷："压得那马背郎当，担夫痑软。"又作"滩"。《敦煌变文集·破魔变文》："鬼神类，万千般，变化如来气力滩。"气力滩即气力尽。白居易《琵琶行》："间关莺语花底滑，幽咽泉流冰下滩。"郭在贻先生说："'滩'字承幽咽，当亦气力尽之义。"也作"摊"。敦煌文书 S.1477《祭驴文一首》："莫生官人家，车轭驮入长安；莫生将军家，打球力虽（须）摊。"今天方言仍用这个词，如方言说：干了一天活，快要累勮了；吃力坏了，快勮到地上了。"

【溏】（táng），本义为水池，现指不凝固、半流动的状态。《玉篇·水部》："溏，池也。"《集韵·平声·唐韵》释"溏""一曰池也"。我们说的"鱼塘""池塘"，自然可以写成"鱼溏""池溏"。也指泥浆。《广雅·释言》："浑溏，淖也。"慧琳《一切经音义》卷二十五引《通俗文》："和溏曰淖。"又："和泥曰淖。"作形容词则指未凝固的，流质的物体。《吴下方言考》卷七："溏，直流也。吴中谓直流而下为溏。"如：溏便，溏泻（轻度腹泻）。《素问·气变交大论》："病反腹满，肠鸣溏泄，食不化，渴而妄冒，神门绝者不治。"《伤寒论·辨阳明》："阳明病，发潮热，大便溏，小便自可，胸胁满不去者，与小柴胡汤。"方以智《物理小识·医药类》："小便赤、大便结者实；小便清、大便溏者虚。"《医宗金鉴·刺灸心法要诀·十二经表里原络总歌》："肺经原络应刺病，胸胀溏泻小便频。"此间的"溏"，意为"不凝固的、半流动的"大便。另外，煮鸡蛋，没煮到时候，蛋黄还是软的、没凝结的，叫"溏心"或"溏黄"。也可用"溏"形容流动的尘土。《农桑辑要》卷三"压桑"："至四五月内，晴天已午时间，横条两边，取热溏土拥横条上成垄，即为卧根。"元张英基《双调·水仙子·东湖新见》套："见软地八把金莲印，唐土儿将绣底儿踏,恨不得双手忙拿"。"唐土"当作"溏土"。溏,《集韵》《韵会》平声唐韵徒郎切,读音同"唐"。今陇右方言至今仍谓人拉稀为溏稀,称鸡屎溶烂的状态为鸡溏屎,称流动的尘土为溏土。"溏"音唐,与《集韵》同。动词则为去声,读若趟。

【漯】　(tā),汗、水把衣服、被褥等打湿。《玉篇·水部》:"漯,他盍切,湿也。"《集韵·入声·盍韵》:"漯,湿也。"托盍切,音榻。《字汇》:"漯,托甲切,音塌,湿也。"《忻州方言词典》:"漯,汗湿透(衣服、被褥等)。"陈屿《夜幕下的哈尔滨》第七十二章:"回来衣裳都让汗漯透了,躺在炕上直说腰疼。"王润滋《卖蟹》:"是这话,看这位小同志累的,身上都叫汗漯透了!"陆天明《泥日》第七章:"撅着的后身总是圆圆实实。被汗漯透了的青布单褂,整个儿都贴紧了也同样是圆圆实实的胸部。"也作"塌"。《村乐堂》第二折【乌夜啼】:"请同知自向跟前望,夫人为甚么汗塌湿残妆。(搽旦云)是露水珠儿滴在我脸上来!"《醒世姻缘传》第九十二回:"(看那陈师娘)穿着汗塌透的衫裤,青夏布上雪白的铺着一层虮虱;床上龌离龌龊,差不多些象了狗窝。"《儿女英雄传》第十一回:"那条裤子湿漉漉的,塌在身上,叫人怎么受呢!"也作"撎"。《聊斋俚曲集·磨难曲》第六回:"一伙人连跑了两回,还没歇过来,喘吁吁的,把衣服都撎了。"又作潜。《集韵·入声·合韵》:"潜,德合切,音答。湿也。"《札朴·乡言正字·杂字》:"借湿润物曰潜。"如:两个人被雨淋得湿漯漯的。陇右方言音转读为 tuō。如:身体出汗,把衣服"潜"湿了。

【吐倒】　陇右谓生孩子不易音如"吐倒"。如:我吐倒你们几个容易吗?"吐"当从"㐬"字演变而来。《说文·㐬部》:"㐬,不顺忽出也,从到子。《易》曰:'㐬如其来,如不孝子㐬出,不容于内也。凡㐬之属皆从㐬。㐬他骨切。'"从"㐬"的字如《说文》:"育,养子使作善也,从㐬肉声字。《虞书》:'曰教育子。'"徐锴曰:"㐬,不顺子也,不顺子亦教育之,况顺者乎? 余六切。"又作"毓"。《说文》:"育或从每。"今按:㐬当为逆产之形,逆产使母亲遭受巨大的痛苦甚至付出生命,因此"㐬"音如"毒"。又古"育"字也音读为"毒"。"育"中古余六切,以纽屋韵,以纽上古入端纽;毒徒沃切,定纽沃韵,二字古音很近。《老子》:"长之育之,亭之毒之,养之覆之。"河上公本作"成之熟之"。高亨正诂:"'亭'当读为'成','毒'当读为'熟',皆音同通用。"后引申为养育、化育,即"亭毒"为化育也。"毒""吐"一声之转。又"㐬"乃倒生,故称为"吐倒"。

【毻】　(tuò),指鸟兽蜕毛、易毛。字亦作"毤""毲"。《方言》卷十三:"毻,易也。"郭璞注:"谓解毻也。"钱绎笺疏:"今俗语犹谓鸟兽易毛为毻毛,即蜕之声转也。”按:毪为毨之或体。《管子·轻重甲》:“发、朝鲜不朝,请文皮、毪服而以为币乎?”尹知章注:“毪,落毛也”。《广雅·释诂一》:“毨,解也。”王念孙疏证:“毨亦蜕也。……毨、毪、蜕并同义。”《集韵·去声·过韵》:“毨,鸟易毛也。或作毪。”《龙龛手鉴·毛部》收“毪”,以为“毨”之或体,有他卧、他外二反:“鸟易毛也。”《文选·郭璞〈江赋〉》:“产毪积羽,往来勃碣。”李善注:“《字书》曰:毪,落毛也。毪与毨同。”庾信《老人庙应诏》:“毨毛新鹄小,盘根古树低。”清倪璠注:“毨,鸟易毛也。”《吴下方言考》卷五:“毨,脱也。吴中谓鸟兽落毛曰毨毛。”袁家骅等《汉语方言概要》第五章三:“毨毛,指鸟兽掉毛。”陇右方言“毨”读 tuō,读阳平。

【拕】 抢夺。甲骨文从手,从它(“它”本指蛇),屈翼鹏释:“象拖蛇之形。”(李孝定:《甲骨文字集释》第十二卷,第3575页)本义是捕蛇,引申为牵拉。《说文·手部》:“拕,曳也。从手它声。托何切。”《广雅·释诂一》:“拕,引也。”玄应《一切经音义》卷十二:“拖曳,牵引也。”《玉篇·手部》:“拕,曳也。”《广韵·平声·歌韵》:“拕,曳也。俗作拖。”朱骏声《说文通训定声》“拕”或作“拖,扡”。《释名·释船》:“其尾曰柂(即舵)。柂,拕也,在后见拕曳也,且弼正船使顺流不使他戾也。”《易·讼·上九》:“或锡之鞶带,终朝三拕之。”惠栋注:“拕,夺。郑义也。”《墨子·非攻上》:“至杀不辜人也,拖其衣裘,取剑戈者。”《墨子间诂》引毕沅曰:“拖读如‘终朝三拕’之拕。陆德明《易音义》云:‘褫,郑本作拕,徒可反。’拖即拕之异文。”《淮南子·人间训》:“秦牛缺遇盗,拕其衣。”高注:“拕,夺也。”《汉书·严助传》:“拕舟而入水。”颜注:“拕,曳也。”王先谦曰“拕,官本作柂。案当从手。”也作“敓”。《说文·攴部》:“敓,疆取也。《周书》曰:‘敓攘矫虔。’从攴,兑声,徒活切。”段注:“此争夺正字。后人假夺为敓,夺行而敓废。”今陇右谓抢夺别人手中的东西为 tuō,段注:“引伸为凡失去物之称,凡手中遗物当作此字。”其本字应为“拕”,不应作“夺”。《说文》:“夺,手持隹失之也。”段注:“引伸为凡失去物之称,凡手中遗物当作此字。”其本义为“丧失”。“拖”是“拕”的俗字。

【驮】 驮载的“驮”本字当为“佗”。《方言》卷七:“凡以驴马馲驼载物者谓之负佗。”《汉书·赵充国传》:“以一马自佗负。”师古注:“凡以畜产载负物者,皆谓之佗。”“佗”与“驮”同。《玉篇·马部》:“驮,马负貌。”《考声》:“驮,云驴马负物也。”(《慧琳音义》卷七十六引)《说文新附·马部》:“驮,负物也,从马大声。此俗语也。”徐铉注:“《史记》:匈奴奇畜有橐佗。今俗讹误谓之骆驼,非是。”《韵略》:“驮,亦负物等也。”《蜀语》:“凡驴骡所负曰佗子○佗音惰。……

负物曰驮,一曰背〇驮从大不从犬。"驮,《广韵》徒河切,歌韵,定纽,今为送气阳平,读 tuó,"大"中古为麻韵,上古为歌部。古大、驮同声韵,故驮从大声。而"他"(佗)古音属歌部,与驮音近而通假。驮也作量词。李白《对酒》:"葡萄酒,金叵罗,吴姬十五细马驮。"

W

【宠】　陇右方言谓在屋顶上盖瓦为"瓦瓦",前一个"瓦"读去声,作动词,音如"袜";谓翻盖屋顶为"翻瓦","瓦"也读去声。"瓦"字的这一读音源于古代。《经典释文·尔雅音义·释器》:"瓦,五寡反。"王仁昫《刊谬补缺切韵》(一般简称《王三》)"瓦"字五寡反又五化反,宋本《玉篇》午寡切,《广韵》同《王三》,大徐音五寡切,《龙龛手镜》五寡反。五寡切(平声)是"瓦"字本义的读音,是六朝至北宋的流行读音,吾化切这一读音在隋唐时代从五寡切中分化出来后,与"五寡切"并存了很长时间。《王三》五化反义为"苫屋",《广韵》此音义是"泥瓦屋",《集韵》为"施瓦于屋也"。按:"泥瓦屋"当是主谓结构,"瓦"是动词,以去声区别本义的读音五寡切,《集韵》吾化切来自《王三》、《广韵》。后为此读音专造"宠"字。《集韵·去声·祃韵》:"宠,吾化切,施瓦于屋也,或作㼚。"《康熙字典·瓦部》:"㼚,《正韵》作宠。"《俗书刊误·俗用杂字》:"以泥坐瓦盖屋曰宠,五化切。"《字汇·宀部》:"宠,宠泥屋。"《蜀语》:"盖瓦曰宠〇宠,瓦去声。""宠"当为瓦的后起区别字。

【歪】　(wài),中古汉语"歪"有厉害、蛮横之义。《汉语大词典》"歪":"(方言),横蛮。"元无名氏《射柳蕤丸》第二折:"我则要你人人歪战,个个胡缠。"武汉臣《老生儿》第一折:"你可便道他歪,不思量我年迈。"《西游记》第七十一回:"各星各象皆潜躲,大闹天宫任我歪。"《警世通言》卷四十:"孽龙,你如今学这等歪,却要放风,我那个听你!"《醒世姻缘传》第二十回:"晁思才这两个歪人再不料晁夫人只在庄上住了'一七'便进城来,老婆心疼住了,邀了那一班虾兵蟹将,带了各人的婆娘,瘸的瘸、瞎的瞎,寻了几个头口,豺狗阵一般赶将出去。"《二刻拍案惊奇》卷二十:"某家迹蒙暧昧,心地光明,错认做歪人,久行废弃。"歪人,横行霸道不讲理的人。在秦陇方言中"歪"是厉害的同义语。秦腔《镇台念书》:"哼!'歪'极了,'歪'极了。你看你'歪'的怕怕死人了。女人家想比男人高一头大一膀哩。"如说:他这个人很歪,能打过好多人。小孩常说"某人在班上是第一歪",意思是最厉害,在这一含义中,"歪"只表示体力方面的"厉害"。也指其他方面厉害。如说某个地方发展变化很厉害,也说"那地方这几年歪的很"。如:那个小伙子干得真歪,那么多麦子一下午就割完了;今年的麦子长得歪即指麦子长势好。也含有强词夺理或任我胡来的意思。《红楼梦》第二十七回:"想必是你的丫头懒得动,丧声歪气的也是有的。"第三十回:"紫娟笑道:'我看他素日在姑娘身上就好,皆因姑娘小性儿,常要歪派他,才这么样。'"注:"歪派:无理指责,故意找碴编派人。"周立波《暴风骤雨》第一部七:"我姓韩的桥是桥,路是路,一清二白的,怕谁来歪我不成。"方言也把训斥、责骂叫也"歪"。秦腔《夺锦楼》:"你娘正在撒歪。"又如:明知你不对,还嘴上歪得很! 姜亮夫先生认为"歪"的本字为"憎"。《昭通方言疏证》(191):"昭人言人凶恶曰憎,俗音如㿟,即以歪为之。某人凶恶,如你憎勒嘛,皆有无可奈何对待此等人之意象,故言此有畏而不能不礼之意。""憎"有凶恶义。《广雅·释诂三》云:"憎,恶也。"但"憎"不能涵盖陇右方言"歪"的全部义项。正因如此,秦陇方言"歪"的本字应另有其字。

【逭】 逃避,绕开。《说文·辵部》:"逭,逃也。从辵官声。"《尔雅·释诂》与《说文》同。《古经解钩沉·尔雅·释言》:"行相避逃谓之逭,亦行不相逢也。"《方言》卷十三:"逭,周也。"注:"谓周转也。"《广雅·释诂四》:"逭,转也。"《新方言·释言》:"《方言》逭,转也。郭璞音换,又音管。今谓物转于地,人在地转皆曰逭。"《尚书·太甲中》:"天作孽,犹可违。自作孽,不可逭。"郑注:"孽,灾;逭,逃也。言天灾可避,自作灾不可逃。"苏轼《书传》:"孽,妖也。违、逭皆避也。"由此可知逭的意思是躲避、逃避。字也作"�"等。《集韵·去声·换韵》:"逭、�、蓮、踷,胡顽切,《说文》:'逃也。'或作�,亦从辵从足。"《类篇·足部》:"踷,胡顽切,逃也。"胡顽切,匣纽桓韵,今音 huàn。在秦陇方言中,逭有回避、绕行的意思,声纽匣纽转入影纽,读 wàn。如俗语说:石头大了逭着走;路上有一条长虫(蛇),不得不逭过去;从这里走就逭远了。

【璺】 (wèn),是陶瓷、玉器物上出现的"裂纹"。《方言》卷六:"秦晋器破而未离谓之璺。"《广雅·释诂》:"璺,裂也。""璺"从"玉",本义当指玉裂。《周礼·大卜》陆德明释文:"璺,玉之坼也。"《集韵·去声·问韵》:"璺,文运切,音问,玉破也。"表示器破当为引申义。《广韵·去声·问韵》亡运切:"璺,破璺。"《新方言》:"今淮南谓器裂曰璺,音如'闷'。"《素问·六元正纪大论》云:"厥阴所至,为风府,为璺启,由风胜湿而为燥也。"注云:"璺,微裂也。"即器物微裂未破。段成式《西阳杂俎·物异》:"其父一日饮茗……食顷,爆破,一无新见,茶椀如旧,但有微璺。"黄庭坚《山谷诗外集补·卷一》中有一首《晓起临妆》,诗中有"野荒多断桥,河冻无裂璺"。元李文蔚《燕青博鱼》第二折:"把我这一个设口样囫囵的浅盆,可早是打一条通长璺。""打破砂锅问到底"其原意是"打破砂锅璺到底"。王实甫《破窑记》第二折:"端的是谁打了来? 打破砂锅璺到底,俺娘将着一分充饥饭,俺爷抱着一套御寒衣,他两口儿都来到这里。"元吴昌龄《花间四友·东坡梦》第四折:"葛藤接断老婆禅,打破砂锅璺到底。""璺"因为和"问"同声,所以就改用"问"字,比喻追根究底。宋黄庭坚《拙轩颂》:"觅巧了不可得,拙从何来? 打破沙盆一问,狂子因此眼开,弄巧成拙,为蛇画足,何况头上安头,屋下安屋,毕竟巧者有馀,拙者不足。""璺"也通"釁"("衅"的繁体)。凡坼罅谓之衅。《说文·爨部》:"釁,血祭也,象祭灶也。从爨省,从酉,酉,所以祭也;从分,分亦声。"焦循《孟子正义》说:"衅本间隙之名,故杀牲以血涂器物之隙,即名为衅。"璺也有 xìn 声。《周礼·大卜》释文曰:"璺,许靳切,又音问。"可见"衅"与"璺"音义相通。"衅"也指借口、机会。《禅真后史》第十八回:"这张氏正要寻个衅儿害他,奈没下手处。忽见丫鬟传说媚姐腹疼,张氏一天之喜,即到房中探望。"陇右方言也用"璺"指借口或机会。如说:这件事连一点璺璺儿都没有(一点成功的机会都没有);也说没衅动(音 xìn)。

【闻】　陇右方言"闻"有"趁"义,如:闻热吃,等一下就凉了;闻早走,要不然就赶不上车了。这种用法很早就有了。《晋书·孝愍帝纪》:"然念将士暴离斯酷,今欲闻城未陷为羞死之事,庶令黎元免屠烂之苦。""闻城未陷"即趁城还没有失陷之时。《降魔变文》:"(阿)谁能待世尊来,闻早不汝(如)归家去。"《欢喜国王缘》:"须知浮世俄尔是,闻早回心莫等闲。"杜甫《季夏送乡弟韶陪黄门从叔朝谒》:"莫度清秋吟蟋蟀,早闻黄阁画麒麟。"王建的《秋日后》诗亦云:"住处近山常足雨,闻晴晒暴旧芳茵。"白居易《题东山障子》诗:"多见忙时已衰病,少闻健日肯休闲。"所谓"闻健"就是耳目聪利,精神饱满,身体健康的时候。宋元以后,用例更多。柳永《木兰花令》中写道:"不如闻早还却愿,免使牵人虚魂乱。"段成己《行香子》:"自叹劳生,枉了经营,而今一事无成,不如闻早,觅个归程。"吴潜《满江红·上巳后日即事》:"蚱蜢也温钲鼓闹,秋千半当笙歌乐。"《七国春秋》卷下:"齐王温早献纳降书! 今子孙遭围,厮勾死也。"白朴《双调·庆东原》:"忘忧草,含笑花,劝君温早冠宜挂。"李致远《套数·拟渊明》:"想聚散若浮云,叹光阴如过隙。不如温早赋归,欷畅是一个美,美。"吕止庵《套数·叹世》:"不如温早去来兮,无辱无荣不萦系。守清贫绝是非,远红尘参道德。"杨立斋《套数》【般涉调】:"对江山满目真堪画,休把这媚景良辰作塌。清风明月不拈钱,温未老只合欢洽。"也作"温"。《敦煌资料》第一辑《分家书样文》之二:"今温家中殷实,孝行七传,分为部分根原,免后子孙疑误。"《敦煌变文集·搜神记》:"比来梦恶,定知不活,温我精好之时,汝等即报内外诸亲,在近者唤取,将与分别。"对于"闻"这一含义出现缘由,蒋礼鸿先生说:"闻者,声入于耳,必有虚以受之,如门之有隙可入者。凡事物恒有际会,早与晚有间,强健与衰弱亦有间,逾则早为晚矣,强为弱矣。乘间蹈隙,先乎晚与衰弱之至,是则为闻。闻既受义于门,门又孳乳为璺,此闻早、闻健之闻所以为趁也。"(《义府续貂·闻》,中华书局1985年版,第100页)可见"闻"含努力而通达的深层隐形性语义,"闻"的"趁"义由努力通达义而表示及时义。"闻"本从"门"得声,大约从唐代以后,"闻"的声母逐渐轻唇化:[m]>[ɱ]>[v]>[w],才变得与"门"字不同音。在今天广州话,上海话中"闻"字声母仍旧m,与"门"同音。又佛经中"曼"与"闻"有着完全相同的意思。三国支谦译《菩萨本缘经·善吉王品第四》:"曼此菩萨未成无上正真之道,当速坏之。"西晋竺法护译《佛般泥洹经》卷上:"庄当熟视佛,久远乃复有佛耳。曼有佛时,当受佛教命。"东晋竺昙无兰译《五苦章句经》:"汝等今去,为人家作子,当念孝顺,报父母恩,曼年盛时,当忍恶为善,笃信三尊,守戒奉道,修诸功德。"姚秦佛陀耶舍共竺佛念译《四分律》卷四十六:"善行王子若安隐还至,当夺汝等宝。曼今未还,可推船置海而去。"刘宋宝云译《无量寿经》下:"爱欲荣华不可常保,皆当别离,无可乐者;曼佛在世,当勤精进。"以上例中"曼"均为"趁""及"的意思。慧琳《一切经音义》卷五十九《四分律》音义"曼今"条引玄应音"莫盘反"并云:"高昌谓闻为曼,此应是也。律有作闻,勿云反。"王云路、方一新《中古汉语语词例释》认为"《广韵》'曼'无贩切,'闻'无分切,同纽邻韵,音近;高昌人读'闻'如'曼',当为方音之转,非'梵言讹'。""曼",《广韵》有二切,一为母官切,明母桓韵;一为无贩切,微母元韵。"闻",《广韵》亦有二切,一为亡运切,微母文韵;一为无分切,微母文韵。"曼"之"无贩切"音与"闻"之"亡运切"同为微母,文韵、元韵为邻韵,故可通用。据玄应所释"亦高昌谓闻为曼","今高昌人谓闻为曼",可知"曼"或为译经者依据西北方音记"闻"之"趁"义的记音字。可见西北方言以"闻"表示"赶""趁"义早在西晋时就已有了。

　　【镛】　本义指大钟。《说文·金部》:"镛,大钟谓之镛。从金庸声。余封切。"《尔雅·释乐》:"大钟谓之镛。"李巡曰:"大钟,音声大。镛,大也。"孙炎曰:"镛,深长之声。"《书·益稷》:"笙镛以间。"注:"镛,大钟。"又通作"庸"。

《诗经·商颂·那》:"庸鼓有斁。"《毛传》:"大钟曰庸。"《经典释文》:"庸,依字作镛,大钟也。"《广韵》:"镛或作鏞。"《六书正讹》:"周伯琦曰:用,古镛字,钟也。"可见古文字中用、甬、鏞、镛古代通用。今多称甬钟,甬钟多为圆形。按:古乐钟皆为扁钟,秦汉以后多为圆形钟,二者形体不同,故振动的发音不同。宋代科学家、音乐家沈括在《梦溪笔谈》一书中有着详细的记载:"古乐钟皆为扁,如盒瓦……后人不知此意,悉为圆形。"为此,他谈到钟圆余音延长,钟扁余音短促,演奏圆钟时,如遇到节拍急促的地方,余音会互相干扰,便会"不成音律"(即声音杂乱)、"清浊不辨"(即使人分不清音的高低);另外圆钟各部分比例相等,产生的泛音不分主次地混在一起,易使人听不清音高。而盒瓦形的扁钟两面为弧形,两边的锐角形、弧形发出的泛音比较响亮,锐角处发出的音较为短促,这样听起来扁钟的余音不长,且有较明确的音高,因此适合于音乐的演奏。商、周时期的乐钟便呈扁形。有正鼓、侧鼓两个音。钟圆则声长,故秦汉以后多为圆形钟,像钟鼓楼的报时钟、寺庙的钟都是圆形,为的是声音洪亮、悠长。今陇右形容钟声洪亮悠长曰"有翁声",翁当为"镛",即声长之声。"镛"上古音以纽钟韵;"翁"影纽东韵,先秦秦系方音以、影相通,钟、东同部,因而相通。

【**倭也**】 这是西北人日常爱说的一个方言词语,意思是生活舒适、满意、不操心等。例:今晚上你提的这个崆峒酒还倭也着呢(这酒很不错)。有许多人认为这个意思是从《广韵》"倭,顺貌"引伸而来。其实"倭"的本字应为"卧"。在中古时期,"卧"有生活舒适之义。李白《赠孟浩然》:"吾爱孟夫子,风流天下闻。红颜弃轩冕,白首卧松云。""卧松云"不是说睡卧在松云里,而是说在铺满松云之地上过着闲适的生活。又如杨浚《题武陵草堂》:"适知幽遁趣,已觉烦虑屏。更爱云林间,吾将卧南颖。"刘长卿《送道标上人归南岳》:"悠然倚孤棹,却忆卧中林。江草将归远,湘山独往深。"牟融《处厚优游杭作诗赠之》:"书沉寒雁云边影,梦绕清猿月下愁。念我故人劳碌久,不如投老卧沧洲。"陆游《七律·道院杂兴》:"征途暗尽旧貂裘,归卧林间喜自由。体倦尚凭书引睡,心安不假酒攻愁。"这些诗中的"卧"都表示了处于官场上的人对于乡里无拘无束、自由舒适生活的渴望。对于普通百姓来讲,首先生活有保障,衣食不愁就是"卧也"。如说:"你看那小俩口过得多卧也。"其次就是家庭生活舒适、屋舍整洁入眼也叫"卧也"。如:你娃把屋间拾掇得很倭也!其三,办事妥当、令人满意也叫"卧也"。如:那人心细,活做很倭也,没啥弹嫌的!最后指人漂亮,娇美。如:你看伢小伙娶的媳妇多倭也!"也"是助词,无义。

【**窝子**】 许多地方对暖鞋的俗称。"窝"的本字应当为"鞠"。《广韵·平声·东韵》:"吴人靴勒曰鞴。"《集韵·平声·东韵》:"鞴,乌公切,音翁。"桂馥《札朴·乡言正字·服饰篇》:"绵鞋曰鞴。"王梵志《思量小家妇》诗:"自著紫臭翁,余人赤殺翔。""翁"即"鞴"的省旁字。元高安道《哨遍·皮匠说谎》:"线脚儿深深勒,勒子齐上下相趁,鞴口宽脱着容易。"杨梓《敬德不伏老》第三折:"要他男子汉闸草喂马,女人家补衲袄鞴鞋。"《水浒传》第四十五回:"扬雄坐在床上,迎儿去脱鞴鞋。"《西游记》第六十七回:"行者叫沙僧脱了脚,好生挑担,请师父稳坐雕鞍。他也脱了鞴鞋,吩咐众人回去。"《醒世姻缘传》第一回:"七钱银做了一双羊皮里天青纻丝可脚的鞴鞋。"蒲松林《日用俗字》:"鞴鞋暖脚胜毡毛。""鞴"音转为"窝"("鞴""窝"双声)。《昭通方言疏证》(1561):"昭人谓绵鞋曰鞴(音如瓮)头鞋,或音变如窝则曰窝窝鞋,或曰绵窝子鞋。"贫苦人穿的窝子多用茅草、铺草编成,叫毛窝子。如江苏苏南一带的毛窝子,用苘麻做底做筋,鞋帮上编了布条和芦花,又保暖又透气,最冷的天里穿毛窝子也不冻脚。清蘧园《负曝闲谈》第二十九回:"回头再看王霸丹,身上一切着实鲜明,就是底下跐着双毛窝子。尹仁又道:'老八,你穿着这就出来了么?'王霸丹道:'我为着它很舒服,所以懒得换了。'尹仁道:'你图舒服,那还是蒲鞋。'"《儒林外史》第四回:"(他媳妇儿)那日在这里住,鞋也没有一双,夏天靸着个蒲窝子,歪腿烂脚的。"陇右旧时也称暖鞋为窝子,用毛毡制成的叫"毡窝子"或"毡窝窝",用牛皮等皮革制成的叫"皮窝子",牛皮窝子里面装上草以保暖。笔者小时常见山里人穿一种用架子车外胎制成的窝子,里面装入麦草以保暖,又利于走山路。武威话把棉鞋叫暖窝子。

X

【先后】　即方言娣姒之谓。《广雅·释亲》:"妯娌、娣姒,先后也。"王念孙《疏证》:"男子先生为兄,后生为弟,故妇从其夫而亦有先后之称也。先后,亦长幼也。"又:"或言娣姒,或言弟长,或言先后,或言长妇稚妇,其义一也。"《释名·释亲属》:"少妇谓长妇曰姒;长妇谓少妇娣。娣,弟也,己后来也。或曰先后,以来先后之第也。"《尔雅·释亲》:"长妇谓稚妇为娣妇,娣妇谓长妇为姒妇。"郭注:"今相呼先后,或云妯娌。"郝懿行《尔雅义释》:"少妇称长妇为姒,言其先来,己所当法似也。长妇谓少妇曰娣。娣,弟也,己后来也。或曰先后,以来先后弟之也。"均以为是按来家的先后次序而称先后。《史记·封禅书》云："神君者,长陵女子,以子死,见神于先后宛若。"《集解》引孟康曰:"兄弟妻相谓先后。宛若,字也。"《索隐》:"先后,邹诞音二字并去声,即今妯娌也。"韦昭曰:"先谓姒,后谓娣也。"《汉书·郊祀志》师古注:"古谓之弟姒,今关中俗呼为先后,吴楚呼之为妯娌。"韩愈《南山诗》:"或齐若友朋,或随若先后。"《广韵·候韵》:"《方言》云:'先后犹娣姒。'"《蜀语》:"嫂与弟妇曰先后○先音羡。"章太炎《新方言·释亲戚》:"《释名》:长妇、少妇或曰先后。《史记·封禅书》:见神于先后宛若。今山西太原以南兄弟妇称先后。"今陇右兄弟媳妇之间仍然互相称为"先后"。俩字均读去声。

【枕】　(xiān),农具名,似锹,而铲较方阔,柄端无短拐。有铁枕、木枕等。木枕用于播撒肥料、抛扬谷物等。《玉篇·木部》:"枕,锹属。"《集韵·平声·严韵》:"枕,虚严切,锹属,或作欣。"《六书故》:"枕,虚严切,木锹也。"徐光启《农政全书·农器》:"枕,臿属,但其首方阔,柄无短拐,此与铁臿异也。锻铁为首,谓之铁枕,惟宜土工,剡木为首,谓之木枕,可擞谷物。"最早见于南北朝。《齐民要术》卷六《养牛、马、驴、骡》:"细锉乌,枕掷扬去叶,专取茎,和谷豆秣之。"卷八《作豉法》:"三日开户,复以枕东西作垄耩豆,如谷垄形,令稀概均调。枕划法,必令至地——豆若着地,即便烂矣。"宋朱辅《溪蛮蘩笑》:"骨浪猛狫有舞枕,以长柄木枕跳舞,亦有音节。"也作"欣"。《蜀语》:"扬谷器曰欣欣音轩。"本当作"铦"。木制为枕,铁制为铦。《说文·金部》:"铦,臿属。从金舌声。读若棪,桑钦读若鎌。"段注:"俗作枕。《广韵》曰:'古作櫃,或作欣。'皆即铦字。"贾谊《过秦论上》:"锄櫌棘矜,非铦于钩戟长铩也。""铦"有锋利义,古铁制多从"铦"。

【蘞】　(xiān),一种咬人的毒草。宋张邦基《墨庄漫录》:"川峡间有一种恶草,罗生于野,土人呼为蘞麻,其枝叶拂人肌肉即成疮疱,浸淫溃烂,久不能愈。杜子美《除草诗》所谓'草有害于人,曾何生阻修。其毒甚蜂虿,其多弥道周。'盖谓此也。"白居易《送客南迁》:"飓风千里黑,蘞草四时青。"蘞《广韵·平声·盐韵》徐盐切,《类篇》慈盐切,这两切折合今音为 qiān、xiān。《蜀语》:"蘁草曰蘞麻蘞音涎,苗似苎麻,芒刺螫人,痛不可忍,又名蘁麻,蘁,毒螫也。"明代李时珍《本草纲目》云:"荨麻又作毛蘞,荨字本作蘞。杜子美有除蘞诗。""荨麻,荨音寻。"《辞源》说:"荨,草名。俗读如寻,本作蘞。"又:"荨麻,古谓之蘞草。"《中华大字典》云:"按古文蘞字皆作寻,故蘞通作荨。"即以为"荨"与"蘞"同。其实,这是误读,"蘞"当读 qiān 或 xiān,李时珍误以"荨"与"蘞"为异体字,认为"荨麻"即"蘞麻"。其实,"荨"与"蘞"是两种不同的植物。《说文·艸部》:"荨,芜藩。从艸寻声。徒含切。"《尔雅·释草》:"荨,芜藩。"注:"荨生山人,叶如韭,一曰蝭田。""荨"即知母。"荨"受声符"寻"影响读"寻",于是"蕁"和"荨"的读音和意义就产生了感染和混同。现代汉字"荨"行而"蕁"废,个别字典把"蕁"作为"荨"的异体字。因为蕁麻茎叶上的蜇毛能刺蜇人,民间又称"蜇人草"的,草原牧民则叫它"咬人草"。这种草陇右一带也很多。许多地方就读"蕁"音为"涎",与《蜀语》同。中古侵覃韵的字多有混同。在现在汉字形声字中,以韵读为-in、un声符组成的形声字,其读音多有-an者,如以"今"为声符的"含""念""贪"等,以"艮"为声符的"艰""限""眼"等。

【线鸡】 把小公鸡骟了育肥。"线"是"镟"的转音。《正字通·金部》:"镟音线。今俗雄鸡去势谓之镟,与宦牛、阉猪、骟马义同。"《蜀方言》卷下:"去鸡势曰镟。"镟,《广韵·上声·旱韵》苏旱切,《集韵·上声·旱韵》颡旱切,《去声·换韵》先旰切,音散读细音即为线。明尹直《謇斋琐缀录》卷八:"僧会郭师孔,少尝与芳洲同砚席。及芳洲自翰林归,以镟鸡为贺礼,而误书镟为线。芳洲改示之,僧会谢以一绝云:'泉丝不与镟金同,错认镟鸡用线缝。不是献芹将鄙意,肯教一字化愚蒙。'"《康熙字典》:"镟音线。今俗雄鸡去势谓之镟,与宦牛、阉猪、骟马义同。郭师孔误书'镟'作'线',说见《謇斋琐缀录》,旧注音散,非。《曜仙肘后经》作镟,鸡镟亦俗增也。"《康熙字典》据此以为"镟鸡"从明代开始。其实。早在宋代就有"线鸡"的说法。宋戴复古《访许介之途中即景》诗:"区别邻家鸭,群分各线鸡。"自注:"阉鸡一线则一群,各线则别作群。"可见以"线"为"镟"是很早的事了。元汤式《双调·庆东原·田家乐》:"黍稷秋收厚,桑麻春事好,妇随夫唱儿孙孝。线鸡长臕,绵羊下羔,丝茧成缲。"元孙周卿《双调·水仙子·山居自乐》:"暮醉两相宜,花落花开总不知。虚名嚼破无滋味,比闲人惹是非。淡家私付与山妻,水碓里春来米,山庄里上线了鸡,事事休提。"元代马谦斋《越调·柳营曲·自悟》中也有"线鸡肥、新筶酽"之句,"线鸡"即骟鸡也。清人李调元在《啁噜曲》序言中说:"'啁噜',本音国鲁,蜀人……。行常带刀,短曰'线鸡尾',长曰'黄鳝尾',皆象形而名。"临夏话中线字音转为(xuǎn),常写为"旋鸡"。如:墙头上站的是大(呀)公鸡,不叫个鸣它原是一个(嘛)旋鸡。

【癣】 (xuǎn),是由真菌(尤其是发癣菌属和小孢子菌属)所引起的人类和家畜皮肤、毛发或趾(指)甲的接触性传染病,特征为皮肤有环形脱色斑,覆以疱疹及鳞屑。《说文·疒部》:"癣,干疡也。从疒鲜声。息浅切。"《释名·释疾病》:"癣,徙也。浸淫移徙处自广也,故青徐谓癣为徙也。"可见"癣"字代表的就是皮肤霉菌感染,具有传染性。癣:元部 an 阳声,徙:支部 e 阴声,阴阳对转。或作瘲。玄应《一切经音义》卷十四“癬皰”:“又作瘲,同。私浅反。《字林》干疡也。案:有干湿两种。《释名》:瘲,徙也,移徙渐大也,故青徐谓癬为徙也。”《史记·越王勾践世家》:“吴有越,腹心之疾;齐与吴,疥瘲也。”司马贞索隐:“疥瘲,音介匙。”“匙”与“鲜”同音。又“鲜”有“白”义,癬的颜色多白。《山海经·中山经》:“其中是多豪鱼,状如鲔,赤喙尾赤羽,可以已白癬。”《诗·小雅·瓠叶》:“有兔斯首,燔之炙之。”郑注:“斯,白也。今俗语斯白之字作鲜,齐鲁之间声近斯。”《诗·小雅·蓼莪》:“鲜民之生不如死之久矣。”阮元《补笺》:“古鲜声近斯,遂相通假,‘鲜民’读为‘斯民’,如《论语》‘斯民也’之例。”《诗·大雅·皇矣》:“度其鲜原,居岐之阳。”《通释》:“鲜,古音近斯。”《列子·汤问》:“其长子生,则鲜而食之,谓之宜弟。”清人卢文弨说:“斯鲜古音义并同也。”癬今普通话读 xuǎn,陇右方言仍读 xiǎn,即保留了古音。

【熁】 (xiē),火烤;如同火烤,形容天热。《广韵·入声·业韵》:“熁,虚业切,火气熁上。”《集韵·入声·业韵》:“熁,迄业切,音胁,火迫也。”李实《蜀语》:“火炙曰熇,又曰熁〇熇音烤,熁音胁。”以火迫近使热,故曰火迫;熁之言胁也,如火在旁烧烤,故曰熁。唐冯贽《云仙杂记》:“程皓以铁床熁肉,肥膏见火,则油焰淋漓。皓戏言曰:‘羔羊挥泪矣。’”《北梦琐言》“逸文”卷四:“南人采龟溺,……又以纸炷火上熁热,点其尻,亦致失溺。”《宋诗纪事》卷四十三:“(曲端)为张浚所忌,诬以反,下恭州狱,糊其口,熁之以火,干渴求饮,予之酒,九窍流血而死。”《农桑辑要》卷四:“大眠时搭盖,以隔临簷熁热。”方以智《物理小识·医药类·龙脑》:“文武火熁之。”陇右方言常说:天太热了,太阳底下熁人哩;离火炉远点,熁人的很。

【睎】 (xí),陇右方言谓看为睎。如甘谷话:你把我睎出着做什么(你看着我干什么)?两个人一个睎着一个(一个看着一个)。《说文·目部》:“睎,望也。从目,稀省声。海岱之间谓眄为睎。”又:“看,睎也。从手下目。”《方言》卷二:“东齐青徐间谓眄曰睎。”《广雅·释诂》:“睎,视也。”《玉篇·目部》:“睎,眄也。”明章黼《直音》卷一:“睎,音希,望也、眄也,视也。”《淮南子·泛论训》:“夫绳之为度也,可卷而伸也,引而伸之、可直而睎。”高注:“睎,望也。”《古诗十九首·凛凛岁云暮》:“眄睐以适意,引领遥相睎。”《文选·班固〈西都赋〉》:“于是睎秦岭睋北阜。”潘安仁《怀旧赋》:“仰睎归云,俯镜泉流。”《文选·郭璞〈江赋〉》:“赋飞廉无以睎其踪。”韩愈《南山》:“苍黄望遐睎,所矚纔左右。”又《韵会》通作“希”。《孝经·序》:“希升堂者,必自开户牖。”疏:“希,望也。”《汉书·董仲舒传》:“公孙弘希世用事。”注:“希,观相也。”

【巇乎】 义同"险些"。巇,音 xī,如:巇乎从房上绊(跌)下来;巇乎撵不上你了。也单用"巇",如:这些饭巇吃不上了(差一点吃不完了)。也重叠为"巇巇",表示"几乎""差一点"等意思。如:他病的很厉害,巇巇等不到天亮了;我们的车在路上出问题了,巇巇回不来了。巇,《广韵·平声·支韵》许羁切,音義:"山相对危险也。"在文献中"险巇"一直为同义连文。《楚辞·九辩》:"何险巇之嫉妒兮,被以不慈之伪名?"马融《长笛赋》:"夫固危殆险巇之所迫也,众哀集悲之所积也。"韩愈《寄崔二十六立之》:"怜我还好古,宦途同险巇。"李昌符《秋夜作》:"迹避险巇翻失路,心归闲淡不因僧。"孙文《黄花冈七十二烈士事略序》:"满清末造,革命党人,历艰难险巇,以坚毅不扰之精神,与民贼相搏,踬踣者屡。"也作"希乎","希"是"巇"的同音借字。如《跻春台》卷二《白玉扇》天星曰:"这才是话,不然我做成的媒,希乎被他骗脱了。"又《万花村》:"只因错想看戏,惹下祸端,希乎害了丈夫。"蒲松龄《聊斋俚曲集》亦有用例,见《磨难曲》第十九回:"又把你希乎捆煞,几乎勒煞!""希乎"与"几乎"对文。今山东青州、曲阜话仍说"希乎"(董绍克:《山东方言词典》,语文出版社 1997 年版)。河北保定、邯郸等地亦有此说,《河北方言词汇编》记作"吸乎"。徐州话音近如"歇乎"。陇右甘谷方言音近"邂近"如说:邂近跘了一跘。"近"即"乎"的音转。

【繻】 (xū,方言读 xuē),布帛裂边散丝。杨树达《积微居小学金石论从》卷四《长沙方言考》:"《说文》七篇下《巾部》云:'输,正褊裂也。'引申谓凡裂之称。字或作'褕',又作'繻'。《春秋》'纪裂繻',《公羊》、《谷梁》二家经作'褕'。《汉书·终军传》云:'关吏与军繻。'苏林云:'繻,帛边也。'今长沙谓裂帛之散丝曰繻,读与需同。"褕,《集韵》平声虞韵容朱切,音俞,或作输:"裂缯也。"明周祈《名义考·裂繻封传》:"如淳曰:'两行书缯帛,分持其一,出入关合之,乃得过,此所谓裂繻也。'今路引乃繻之遗意。"或作罦。《蜀方言》卷上:"垂缕曰罦。"原注:"《集韵》:罦,音须。帕罦,缯头也。《玉篇》:罦,帕也。"今陇右方言谓布匹之裂边散丝也叫繻,读如雪,盖需声之转。

【齔】 儿童换牙,脱乳齿换恒齿。《说文·齿部》:"齔,毁齿也。男八月生齿,八岁而齔;女七月生齿,七岁而齔。从齿,匕声。"段注:"其字齿从匕。匕,变也,今音呼跨切,古音读如货。《本命》:'阴以阳化,阳以阴变,故男以八月生齿,八岁而毁;女七月生齿,七岁而毁。'毁与化义同音近。玄应书卷五:'齔,旧音差贵切';卷十一:'旧音羌贵切;然则古读如未韵之粲。盖本从匕、匕亦声。转入实至韵也。自误从匕旁。"这是古音的变化,化、毁是歌脂旁转。可见"齔"应为从齿从匕,匕声。匕音化。《管子·小问》:"未齔不入军门。"齓同齔。《正字通》:"亂,俗乿字。"《六书正讹》:"别作亂,非。"《史记·周本纪》:"漦水为鼋,入王后宫,后宫之童妾,既亂而遭之。"集解韦昭曰:"毁齿曰亂。"乿,《集韵》上声隐韵初谨切,今音 chèn。这一说音为误读。段注又云:"各本云以齿从七,初忍、初见二音,殆附会七声为之,今改正。"钱大昕《十驾斋养新录》卷五:"吴中方言,小儿'毁齿'的'毁',如'许'。"张文虎《舒艺室随笔》卷二也说:"今吴言毁齿之毁,如旭倨切,亦其音转,犹呼帷如于,呼贵如倨页。"陇右方言也谓小儿换牙为"许牙",与吴中方言同。这反映了汉语语音史上的一个很重要的现象,即"支微归鱼",就是支微韵的字韵母跟鱼韵读法一致,即合流了。

【旋】　当即,即刻。《说文·㫃部》:"旋,周旋,旌旗之指麾也。"因指挥需迅速旋转,引申为"疾速"义。《史记·仓公列传》:"菑川王美人怀子而不乳,臣意往,饮以莨茛药一撮,以酒饮之,旋乳。"《索隐》:"旋乳者,言回旋即生也。"回旋即转眼之间。《广韵·平声·仙韵》:"旋,还也,疾也。似宣切。"《太平广记》卷四百二十二录《博异志》:"寺东北百余步,有取水盆在岩下,围丈余,而深可容十斛,旋取旋增,终无耗。"《敦煌变文集·王昭君变文》:"纵有衰蓬欲成就,旋被流沙剪断根。"《庐山远公话》:"纵有些些施利,旋总盘缠斋供。"《东京梦华录》卷二《饮食果子》:"海鲜时果,旋切葛芭生菜,西京笋。"《夷坚丙志》卷四:"青城道会时,会者万计。县民往往旋结屋山下,以鬻茶果。"马致远《四块玉·恬退》曲之四:"酒旋沽,鱼新买,满眼云山画图开。清风明月还诗债。"睢景臣《高祖还乡》套曲:"少我的钱差发内旋还,欠我的粟税粮中私准除。"曹德《江头即事》曲:"低茅屋,卖酒家,客来旋把竹帘挂。"乔吉《鱼樵闲话》:"柳穿鱼旋煮,柴换新酒沽。"《金瓶梅》第十二回:"与我旋剥了衣服,拿板子打。"《金瓶梅》第十二回:"西门庆才起来,旋梳头包网巾,整衣出来。"第二十六回:"拿来,等我自家吃,去那等乔勾劳,旋蒸热卖的。"上述例句中的"旋"都是"现"的意思。也作"旋……旋……",相当于"现……现……"。唐实叉难陀译《地藏菩萨本愿经》第八《阎罗王众赞叹品》:"自是阎浮众生结恶习重,旋出旋入。劳斯菩萨,久经劫数,而作度脱。"章碣《陪浙西王侍郎夜宴》诗:"深锁雷门宴上才,旋看歌舞旋传杯。"清王有光《吴下谚联》"眼饥肚里饱":"有时肚中漫溢,呕而出之,旋吐而旋叫之。""旋"字此义,现在已不见于普通话,《汉语方言大词典》也未收此义,但在方言中仍很流行。关陇一带都有麦黄时要"旋黄旋割"的口语,"旋黄旋割"就是现黄现割(又《方言》卷六:"抠揄,旋也。秦晋凡物树稼早熟谓之旋,燕齐之间谓土抠揄。")。有鸟俗名旋黄旋割,也是依其鸣叫之近似音取名。孩子们唱:旋黄旋割,黄了就割,不要和人变活。"旋有的福旋享"有及时行乐的意思。也作"还",

表示时间短促,有"随即"的意思。(杨树达:《词诠》卷三)《礼记·檀弓下》:"敛手足形,还葬而无椁。"注:"还之言便也,言已敛即葬,不待三月。"音义:"还音旋。"《玉藻》:"周还中规,折还中矩。"《释文》:"还,本亦作旋。"还,《广韵》似宣切,《集韵》《韵会》旬宣切,并音旋,与旋同。

【衒】 (xuàn),本义为沿街叫卖,引申为炫耀、自夸、卖弄。《说文·行部》作"衒"云:"行且卖也。从行从言,衒,或从玄。"朱骏声《说文通训定声》:"行且卖者,从行从言会意,或从行玄声。"慧琳《一切经音义》卷十五"夸衒":"下玄绢反,玄字上声。《韵英》云:'行卖曰衒。'《集训》:'衒,自矜艺也。从行玄声也。'"《韵会》:"自矜也。"《广韵》:"自媒也。"《汉书·东方朔传》:"武帝初即位,四方士多上书言得失,自衒鬻者以千数。"师古注:"衒,行卖也。"《越绝书》:"衒女不贞,衒士不信。"柳宗元《答韦中立论师道书》:"而谁敢衒怪于群目,以召闹取怒乎?"刘基《卖柑者言》:"衒外以惑愚瞽。"又作"炫","衒"之重文。葛洪《抱朴子·博喻》:"冰炭不炫能于冷热,瑾瑜不证珍而体著。"《北史·江式传》:"巧谈辩士,以意为疑,炫惑于时,难以厘改。"柳宗《元梓人传》:"不炫能,不矜名。"《警世通言》第四卷:"生已沽名炫气豪,死犹虚伪惑儿曹。"亦作"贤"。《类篇·贝部》:"贤,荧绢切,《说文》:'行且卖也。'"也假借"眩"谓之。《集韵·去声·霰韵》:"扃县切,音胃。行且卖也。与衒衒同。"《三国志·魏志·武帝纪》裴注引《魏书》:"操知人善察,难眩以伪。识拔奇才,不拘微贱,随能任使,皆获其用。"明清小说中,也借"喧"为之。《西游记》第八十回:"兄弟,莫解他,他是个妖精,弄喧儿骗我们哩。"《初刻拍案惊奇》第十六回:"世人但说是盗贼,便十分防备他,不知那拐子便与他同行同止,也讲不出弄喧捣鬼,没形没影的。"《三宝太监西洋记》第二十八回:"一个和尚这等弄喧,寡人的龙坐不稳了。"陇右方言常谓说嘴为"衒嘴",称光说不干的人为"死衒",在人前卖弄谓在人前"衒一衒"。

【学】 犹如说、诉说。张相《诗相曲语辞汇释》:"学犹说也。"陆龟蒙《渔具诗·背蓬》:"见说万山潭,渔童尽能学。"皆能学,即皆能说。元刊本《魔合罗》第二折:"身躯被病执缚,难走难逃;咽喉被药把捉,难诉难学。""诉"和"学"对举。沈端节《醉落魄》词:"红娇翠弱春寒,睡起慵匀掠。些儿心事谁能学!"王修甫《八声甘圳》:"春闺梦好,奈觉来心情,向人难学。"《刘知远诸宫调》十一:"被你一生在村泊,不知国法事如何?有多少跷蹊处,不忍对你学。"对你学,即对你说。郑光祖《梧桐树·题情》:"疼热话向谁学,机密事把谁托。"也有把听到的、看到的事告诉别人,但决不是学舌。米芾《画史》:"余辄抚案大叫曰:'惭惶杀人!'王每见余作此语,亦常常道后学与曹贯道,贯道亦尝道之。"《金瓶梅》第八十六回:"你还不趁早去哩,只怕他一时使将小厮来看见,到家学了,又是一场儿。"《西游记》第三十一回:"哥哥息怒,是那黄袍怪这等骂来,我故学与你听也。"《醒世姻缘传》第八回:"他还嫌那屄嘴闲得慌,将那日晁夫人分付的话,捎带的银珠尺头,一五一十向着珍哥、晁大舍学个不了。"《歧路灯》第三十三回:"客姓啥?有啥话说,我好学与他。"三十六回:"王中回房,将话学与赵大儿,督促大儿起身。"秦陇方言也常用"学"表示诉说。秦腔《打镇台》:"包文正放粮庙门过、香莲把冤枉细对他学。"也可用来转述别人的话,"学说人"则说的是利用别人的话挑拨是非的意思。

【毵】 (xún),用开水煮肉。《说文·炎部》:"毵,于汤中爓肉。从炎从热省。㷆,或从炙,徐盐切。""汤"是热水,猛火滚水清炖叫"毵"。徐灏注笺:"毵,古通作寻,久而遂专其义,又增火旁作燖。"《肯綮录·俚俗字义》:"汤中瀹肉曰毵。"自注:"音寻。"《仪礼·有司彻》:"乃毵尸俎。"郑注:"古文毵皆作寻。《(礼)记》或作燖。《春秋传》曰:若可燖也,亦可寒也。"按:《左传·哀十二年》今本作"若可寻也"。《十六国春秋·前秦·符生》:"或生剥牛羊驴马,活毵鸡豚鹅鸭,数十为群,放之殿下。"苏轼《咏汤泉》诗:"安能长鱼鳖,仅可毵狐兔。"今陇右方言谓煮过肉的汤为"毵汤","毵"音寻,当是"毵"的本义。又"燖",用开水烫后去毛。《蕲春语》:"案吾乡谓杀禽兽已,纳之沸汤去毛,曰毵毛……而于《说文》本训稍有不合。"其实,"以汤去毛"是"燖"的方言引申义。《水经注·若水》:"又有温水,冬夏常热,其源可燖鸡豚。"也作歚。《龙龛手鉴》:"毵,古作歚、爓,今作燖,徐廉反,以汤沃毛令脱也。"《蜀方言》卷上:"以汤去毛曰歚。"

Y

【壋】 (繁体壓),音"言",堵塞。《说文·土部》:"壋,坏也,一曰塞补也。从土、厌声。"《集韵·上声·琰韵》:"壋,塞也。"《后汉书·王涣传》:"其冤嫌久讼,历政所不断,法理所难平者,莫不曲尽情诈,壋塞群疑。"韩愈《县斋有怀》:"劚嵩开云扃,壋颍抗风榭。"《金史·河渠志》:"止决旧壋河口,引导积水东南行。""壋"从厌得声,今简化作压。"壓"古音当在谈部,对转在盍部(今"压"音来源)。与"壋"同源的"堊"亦有塞义。《说文·土部》:"堊,塞也。《尚书》曰:

'鲧垔洪水.'从土西声。於真切。"音 yīn，与"匽"影纽双声，真谈对转。《荀子·修身》："厪其源，开其渎。"注："厪，塞也。"今秦陇方言至今仍谓填补物体（如墙体、地面之间）的缝隙为匽缝子；也谓垫桌子，床脚为匽桌子、匽床；往放在斜坡上的车轮底下放砖头叫匽车轮子，使用的都是匽的古义。

【烟杠杠】　"杠"也作"扛"，陇右方言形容烟雾腾腾的样子，或烟尘呛人。《醒世姻缘传》第七十二回："这家伙也不消要他的，值几个钱的东西？烧了烟杠杠的，叫人大惊小怪。况又风大，火火烛烛的不便。"黄注："烟熏火燎，烟气烘烘的。"按：黄释有误。"烟杠杠"即烟雾弥漫，而不是"烟熏火燎，烟气烘烘的"。杠也作动词，读上声。《醒世姻缘传》第八十五回："那年我做了个梦，梦见我在空野去处自家一个行走，忽然烟尘扛天。"第六十八回："（驴子）跐蹬的尘土扛天，臊气满地。"方言如：烧啥着哩（不知道在烧什么东西），把家里弄着（得）烟扛扫一的，呛死人了。与《醒》书中的用法完全相同。作形容词则有烟气升腾或尘土飞扬之意。又如：对面山上烟杠杠，可定有人住着哩；柏油路上一层泥土，工人还在小区内干着活，走到哪都是烟杠杠。不仅如此，还可用于蒸气、灰尘甚至雪花等。如：锅滚了，气扛脱了（水开了，开始冒蒸气了）；尘土扛着（得）眼睛睁不开；慢慢扫土，不要把土杠起来；把剩饭盖住些，要不然会杠一层土。东北方言也有这个词，"杠"作"刚"。如：抽！抽！看屋里烟气刚刚的怎么睡觉？（聂志平：《东北方言词语拾零（六）》，《大庆高等专科学校学报》2004 年第 1 期）。山东方言作"戀"，还有成语峬土戀烟或坡土戀烟。

【淹缠】　因事在某地久迁延，耽搁或长期疾病缠身叫"淹缠"。或单用"淹"，如：你把我淹住了（即你占我时间太长了）。《尔雅·释诂》："淹、留，久也。"《广韵·平声·盐韵》："淹，滞也。"《字汇》："淹，衣炎切。音阉，久留地，滞地。"《左传·僖公三十三年云》："吾子淹久于敝邑。"杜预注："淹，久也。"杨伯峻《春秋左传注》："淹，久也。成二年传'无令舆淹于君地'，久于君地也。故淹久亦可以同义词连用，宣十二年传'二三子无淹久'是也。"杨伯峻把"淹"和"淹久"都训为动词性"久"，即"久居"之义。《公羊传·宣公十二年》："晋，大国也，王师淹病矣。"何休注："淹，久也。"《楚辞·离骚》："日月忽其不淹兮。"王逸注："淹，久也。""淹久"与"淹留"，都是久留的意思。"淹"是假借字，本字是"奄"字。《说文·大部》："奄，大有余也，从大申，申，展也。""奄"字从"大"从"申"得义，"大""申"都与"久"义近，所以"奄"有"久"义。而由于"淹"与"奄"同音，所以古书也通用"淹"字。"淹缠"则为同义连文。元刘唐卿《降桑椹》第二折："他病痛苦淹缠，良方治不痊。"《醒世恒言》第二十六卷："若是灯明，则本身无事，暗则病势淹缠,灭则定然难救。"明梁辰鱼《浣纱记·效颦》:"姻缘有分,终谐晋秦,莫淹缠,速宜调养,佳期将近。"徐渭《翠乡梦》第一出:"不想路远走得我脚疼,坐得久了,淹缠得天又黑,雨又下。"吴又可《温疫论》:"有邪不除,淹缠日久,必至尪羸。"《续儿女英雄传》第二回:"若防刺客,止须用奇门遁甲法,设一疑阵,决无妨碍。但月令淹缠,不能速于建功。"

【埏】 (yán),揉合泥土以为器。《老子》第十一章:"埏埴以为器,当其无,有器之用。"朱谦之《老子校释》:"河上公曰:'埏,和也。埴,土也。和土为食饮之器也。'《太玄·玄文》:'与阴阳埏其化。'萧该《汉书叙传音义》引守忠注曰:'挻,和也。'《淮南·精神》篇:譬犹陶人之剋挻埴也。萧该引许慎注曰:挻,揉也。《齐策》桃梗谓土偶人曰:'子西岸之土也,挻子以为人。'高诱曰:'挻,治也。'义与和相通。由上可知挻有揉挻之义,惟经文自作埏。"《论衡·物势》篇:"今夫陶冶者,初埏埴作器,必模范为形。"《文选·马融〈长笛赋〉》:"丸挻雕琢,刻镂钻笮。""埏"也作"挻"。《说文·手部》:"挻,长也,从手从延。延亦声。式连切。"朱谦之《老子校释》:"纪昀曰:按'埏'各本俱作'埏',惟释文作'挻'。罗振玉曰:今本作'埏',释文出'挻'字,知王本作'挻',今据改。御注本同。景龙本、敦煌丙本作'埏'。马叙伦曰:《说文》无'埏'字,当依王本作'挻'。谦之案:'埏'、'挻'义通,不必改字。"今按:"埏"字本作地际。《说文·土部》:"埏,八方之地也。从埏声,以然切。《汉书·司马相如传》:"上畅九垓,下泝八埏。"颜注引孟康:"埏,地之八际也。"也作墓道。《后汉书·陈录传》:"民有赵宣葬亲而不闭埏隧,因居其中。"义为"水和土"时读为 shān,《广韵》尸连切,段玉裁《说文解字注》认为"挻"为正字:"若《老子》'挻埴以为器',其训和柔也,其音'始然切',音'膻',其俗字作'埏',见于《诗》《老子》,音义甚明,今本讹舛。"今人张永言也认为"挻"为正字,作"埏"当是受"埴"字类化的结果(张永言:《读王力主编〈古代汉语〉札记》,载《语文学论集》,语文出版社 1999 年版)。今陇右谓和泥而抟之使圜为挻,音延。如说挻泥、挻成泥蛋蛋等,即《说文》"延亦声"。轻柔也谓之挻。《字林》:"挻,柔也,今字作揉。"《广韵》:"挻,柔也,和也。"《集韵》:"挻,揉也。"《韵会》:"揉,音柔,以手挻也。"朱骏声《说文通训定声》乾部第十四"挻"字条曰:"凡柔和之物,引之使长,抟之使短,可折可合,可方可圆,谓之挻。"是知挻、揉义同。今陇右多谓"揉"为"挻"。如:我肩膀不舒服,你给我挻几下。"

【衍】 (yàn),溢出,水满而出。《说文·水部》:"衍,水朝宗于海也,从水从行。以浅切。"《韵会》:"衍,以浅切,音演。水溢也。""衍"字从水,因晃荡而溢出就是它的本义。《易·需卦·九二·象》曰:"需于沙,衍在中也。"虞翻注:

"流也。"河中的沙滩本来是干的,由于河水盈溢而变成水流,但困难很快就会过去。因此,虽"小有言",而"吉""终"也。《诗·大雅·板》:"昊天曰旦,及尔游衍。"《毛传》曰:"衍,溢也。"《书大传》:"至今衍于四海。"注:"犹溢也。"《诗·小雅·伐木》:"伐木于阪,酾酒有衍衍美貌、意溢多且美。"司马相如《上林赋》:"东注太湖,衍溢陂池。"《史记·河渠书》:"河菑衍溢,害中国也尤其。"其中的"衍"也是溢的意义。《后汉书·宋意传》:"衍食他县。"李贤注:"衍,谓流衍也。"今天秦陇方言称水溢为"衍",如说:桶里的水太满,会衍出来;形容水满为"泼衍泼衍"等,"泼"当与"斛"同。《说文·斗部》:"斛,量旁溢也。从斗,亏声。"普郎切。段注:"大徐无,非。斛者,溥也。形声包会意。"按:"斛"本滂母字,平声唐韵,陇右有的地方读为并母,转月韵,阳入对转,因此读为"泼"。或以为当以"泼"为本字,"泼"是主动向外倒或洒,"斛"则是初动的动作。

【约】 (yào),用绳捆挷。《说文·系部》:"约,缠束也,从系勺声,于略切。"《方言》卷十三:"药,薄也。"郭注:"谓薄裹物也,药犹缠裹也。"清钱绎《方言笺疏》曰:"约与药通。"《释名·释书契》:"约,缠束也,从系,勺声。"可见药与约同具缠束之义。《诗·小雅·斯干》:"约之阁之。"《毛传》:"约,束也。"《采芑》:"方叔率止,约轵错衡。"注:"约,束也。以皮缠束之毂。"《仪礼·既文礼》"约绥约辔",郑玄注:"约,绳也。"《老子》:"善闭无关楗而不可开,善结无绳约而不可解。"《庄子·骈拇篇》:"待绳约胶漆而固者,是侵其德也。""约"字亦是索,绳约犹今言绳索。《左传·哀十一年》公孙挥曰"人寻约,吴发短",杜注:"约,绳也,八尺为寻。吴发短,欲以绳贯其首。"章太炎《春秋左传读·哀公·人寻约吴发短》:"(人)寻约者,每人各持八尺绳也。"《仪礼·既夕记》"约绥约辔",郑注:"约,绳也"。又如谓束发曰约发。缠足曰约足。今妇女首饰,有约指、臂约,亦此义。约读作要。《新方言·释言》:"江宁谓一草束物谓草约,约读如要古言约如要,《释名》:'要,约也。'邓廷祯说。"《昭通方言疏证》(1246):"约,今昭人谓以绳束物,音如要……要、约双声之变。"草绳也作草"葽"。李诫《营造法式》卷三《城》:"海膊橼长三尺,用草葽一条,木橛子一枚。"元沙克什《河防通议》卷上《筑城》:"用草葽一条,木橛一个。""葽"与"约"音同。又作"绠"。《玉篇·系部》:"绠,绳。"《五方元音》:"绠,绳也。去癸切。"今陇右方言仍将用谷草扭绞而成的草绳称为草要,主要用来捆扎收割的禾麦等。

【闄】 (yǎo),从中间分隔。《广雅·释诂》:"闄,遮也。"《广韵·上声·小韵》:"闄,于小切,隔也。"《集韵·上声·小韵》:"于兆切,音夭,隔也。"《龙龛手鉴》:"闄,于小反,闭隔也。"《正字通·门部》:"闄,要遮,经史借用要,俗作闄。"

方言谓从中间分开谓闓开。如:这房间可以一闓两。又折迭。例:纸头一闓两。闓门,中间的隔门。闓歇,工作的间歇。

【尧婆】　西北方言至今贬斥继母为尧婆或姚婆,甚至叫妖婆。关中俗语有:云中的太阳,尧婆的指头。此词源于宋元时期。龙潜庵《宋元语言词典》释作"后母,多指恶毒的后母"。元杂剧《酷寒亭》第三折:"掬的些冷饭儿,又被尧婆擘手把碗来夺。"《灰阑记》第四折:"孩儿也,这臂膊似麻秆细,他是个无情分尧婆管甚的,你可怎生来参不透其中意?"顾随云:"姚婆,或作尧婆,继母也,元曲中常有之。"(赵景深:《元人杂剧钩沉》,古典文学出版社1956年版)说者多以"姚婆"原指舜的后妈。《史记》张守节《正义》和裴骃《集解》都说,舜"生于姚墟,故姓姚",即他以生地为姓,他的父亲自然也姓姚,"姚婆"就是姚家的婆娘。舜是大孝子,善待父母和兄弟,以致"孝感动天",有象为之耕、鸟为之耘的感人故事,而他的后母却很残忍,常虐待甚至谋害舜,所以后来指那些对非亲生子女如何苛刻、如何残忍的后妈都称为姚婆(董大中:《"妖婆"应是"姚婆"》,《山西文学》2005年第4期)。笔者觉得应该是"幺婆","幺"即"小"的意思。《说文·幺部》:"幺,小也。象子初生之形。於尧切。"《通俗文》曰:"不长曰幺。"(段书伟:《通俗文辑校》,中国古籍出版社1993年版)今南方多有幺叔、幺儿、幺妹等称谓。"幺婆"即小老婆。还有的叫"后尧婆"。《酷寒亭》第三折又道:"前家儿招了个后尧婆,小媳妇近日成亲,大浑家新来亡过。"《还牢末》第二折:"这都是后尧婆凶恶,把孩儿打拷捱揉。狠牢子又来添绳索,教我怎禁着!"《介子推》第二折【梁州第七】:"前家儿功番成罪累,后尧婆恩变为仇。"《蝴蝶梦》第二折:"不争前家儿尝了命,显得后尧婆忒心毒。""尧"与"幺"同音,均指继母。由于我国古代戏曲中的继母几乎都是被贬的对象,正如秦腔《香莲珮》中姚婆张氏自新说:"自古姚婆不善良。"因此就用历史上第一个恶毒的后娘姚氏称后娘,而忘记了"姚婆"的"姚"本应作"幺",即"小"之义。

【养娃娃】　西北方言谓生孩子谓养娃娃。明董斯张《吹景集》:"生子曰养,语亦有所本。《韩诗外传》:'王季立而养文王。'"《周礼·大宰》郑注:"生,犹养也。"生、养两义相成,生也有养之义,养也有生义。元王仲文《救孝子》楔子白:"我去本府推官家行医,我看上他家个梅香,被我拐将出来。到这半路里,他要养娃娃,他是个哑子,我怎么看得他。"《西厢记》第四本第二折:"我不合养了这个不肖之女。"高茂卿《儿女两团圆》第二折白:"怎么一时间就肚疼起来?敢是要养娃娃也。"《金瓶梅》第四十三回:"李大姐生的这孩子,甚是脚硬,一养下来,我平地就得些官。"《红楼梦》第二十回:"你们怕他,都和他好,都欺负我不是太太养的。"《官场现形记》第五十六回:"外国人不懂。通事又问了他,才晓得他们在旗的人,自小一养下来就有一份口粮,都是开支皇上家的。"萧红《生死》:"我没有见过,像你这样大户人家,把孩子还要养到草上。"

【漾】　丢、抛撒。原本作飏。张相《诗词曲语辞汇释》:"飏,犹抛也,丢也。"《景德传灯录》卷二十五"抛下操刀,便证阿罗汉果",到了《续传灯录》和《五灯会元》中,改成了"飏下屠刀,立地成佛"。周邦彦《南柯子》:"飏下扇儿拍手、引流萤。"《张协状元》第十九出:"老夫闻得那张解元飏了浑家,要去赴试。"《董西厢》卷三:"待漾下,又瞻仰;道忘了,是口强,难割舍我儿模样。"杜仁杰《般涉调·喻情》套:"铁球儿漾在江心内,实指望团圆到底。"乔吉《折桂令·荆溪即事》:"寺无僧狐狸漾瓦,官无事乌鼠当衙。"《魔合罗》第四折:"你畅好会使拖刀计,漾一个瓦块儿在虚空里怎生住的。"马致远《青衫泪》第三折:"我为甚将几陌黄钱漾在水里。"《水浒传》第八十一回:"两边都已会意,燕青便把索来漾将过去。"《警世通言》第十三卷:"把一大块石头漾在奉符县河里。"也抛洒粉状或液态物质。《聊斋志异·瞳人语》:"言已,掬辙土飏生,生眯目不可开。"今秦陇方言谓抛、撒、弃为漾,多以粉状或液态为主。如小孩吃奶太多或肠胃不合适,往往从嘴里吐出来,叫"漾奶",把洒点水叫"漾些水",给家畜、家禽撒食叫"漾料""漾食",农田里"漾肥""漾种"等,衍生的俗语有:说爱忘事的人是"拿不牢漾咧"。此字写成"扬"就错了。"漾"音 yàng,方言音 yāng。

【曳】　拖、拉,陇右方言或谓之为"曳",如:磻碡曳到半坡了。《说文·申部》:"曳,臾曳也。从申声。余制切。"《玉篇·曰部》:"曳,申也,牵也,引也。"《广韵·入声·薛韵》"曳,牵也。"又作拽。《字汇·手部》:"拽,曳。"《左传·襄公十八年》:"使乘车者左实右伪,以旆先,舆曳柴而从之。"《礼·曲礼》:"车轮曳踵。"疏:"曳,拽也。不得举足,但起前拽后,使踵如车轮曳地而行。"《五灯会元》卷十五"云门文偃禅师"条:"早朝牵犁,晚间拽杷。"卷十七"宝峰克文禅师":"执法修行,如牛拽磨。"亦作抴。"抴《说文》释之为"捈",从手,世声,余制切。《荀子·非相》:"接人则用抴。"注:"牵引也。"《广韵》音"羊列切",喻母山摄开口三等入声,羊列切,应该读 yè。

【一划】　划(chàn,方言音 càn):一概,统统,全部。张相《诗词曲语词汇释》:"一划,犹云一派或统统也;犹云一味也。"《董西厢》卷八:"许多财礼,一划是好金银。"《东堂老》第四折:"你看宅前院后不沾尘,画阁兰堂一产新。"元无名氏《争报恩》第四折:"则俺这眼儿边一划的愁,心儿上着甚些喜?"《救孝子》第三折:"你要我数说您大小诸官府,一划的木笏司糊突,并无聪明正直的心腹,尽都是那绷扒吊拷的招伏。"《李太白贬夜郎》第二折:"怕我连真带草,一划数黑论黄。"《朴通事》:"咳,今日天气冷杀人,腮颊冻的刺刺的疼,街上泥冻的只是一划狼牙也似,马们怎么当的?""那里见路,一划淅泥曲膝盖深。"《二刻拍案惊奇》卷十六:"既没有文券,有甚么做凭据断还得你? 分明是一划混赖!"《醒世恒言》第三十八卷:"怎么那来路一划都是高山陡壁,全无路径? 连称:'奇怪! 奇怪!'"《长生殿·复召》:"追悔,悔杀咱一划儿粗疏,不解他十分的娇殢,辜负了怜香惜玉,那些情致。"西北方言至今仍说全部完全为一划,也作"产"。如:浑身上下一产新。又如:一产是你的事情多。

　　【一俟】　俟,等待,一俟是等一等或等到意思。"俟"本作"竢"。《说文·立部》:"竢,待也。从立矣声。"《尔雅·释诂》:"竢,待也。"《汉书·贾谊传》:"竢罪长沙。"注:"竢,古俟字。俟,待也。"《玉篇·人部》:"俟,候也。"《字汇·人部》:"俟,待也。"《诗·邶风·静女》:"静女其姝,俟我乎城隅。"《仪礼·士昏礼》:"俟于门外。"《玉藻》:"在官不俟屦,在外不俟车。"《论语·先进》:"如其礼乐,以俟君子。"柳宗元《捕蛇者说》:"故为之说,以俟夫观人风者得焉。"《浮生六记》卷二:"此本留为亡荆扶柩之费,一俟得有乡音,偿我可也。"《老残游记》第十八回:"俟案子查明,本府回明了府台,仍旧还你。"《鲁迅书信·致李霁野》:"前新寄学生译文一篇,已去问过,据云已经排好,俟机会编入。"俟,《广韵》《集韵》《韵会》床史切,音仕:"待也。"今普通话读 sì,陇右方言与普通话同。《汉语大词典》失收"一俟",应补。

　　【引娃】　方言"引娃娃"有两种含义。①带领,牵挽。"引"的本义是开弓。《说文·弓部》:"引,开弓也,从弓、丨。"段注:"丨亦象矢形。"开弓是以弦带箭导向后方,所以引申出"导""领"的意义。《广雅·释诂》:"引,导也。"《集韵》:"引,导也。"《礼记·檀弓上》:"丧服,兄弟之子,犹子也,盖引而进之。"郑注:"牵引进之,同于己子。"《诗·大雅·行苇》:"黄耇台背,以引以翼。"郑笺:"在前曰引,在旁曰翼。"《吕氏春秋·察今》:"人方引婴儿而欲投之江中,婴儿啼。"《史记·魏公子列传》:"至家,公子引侯生坐上坐,遍赞宾客,宾客皆惊。"《敦煌变文集新书·维摩碎金》:"不将侍从,庄严而一且如常;不引家童,行李乃宛然依旧。"郑德辉《梅香》第一折:"今夜觉有些春寒,等我再添件衣服,你引的我去。"《水浒传》第六回:"是我不合引他上山,折了你许多东西,我的这一分都与了你。"《醒世恒言》卷十七:"老汉亡后,烦亲家引回,另选良配。"《歧路灯》第四十回:"春暖花开,我好引着孩子们园里做活。"今天陇右方言仍多用"引"表示带领,引导。如说:引孩子出去玩。给人引路。②抚养。《尔雅·释诂》:"引,长也。”《释训》:“子子孙孙引无极也。”《书 · 梓材》:“引养引恬。”《孔传》:“能长养民,长安民。”《跻春台》卷一《义虎祠》:“可怜娘从前把儿引,四岁上儿父丧幽冥。家贫寒时常都断顿,做常工盘儿费尽心。”卷三《心上人》:“舍不得爹妈辛苦将儿引,爱惜犹如掌上珍。”《蜀籁》卷二:“引儿引女要往上长,莫望土巴头闻。”山西民谣:爹娘你只管把钱花,那知你闺女多难活。哭声爹娘把儿引,你不心疼谁心疼。今天陇右常说:给别人引娃娃。就有给别人抚养孩子的意思。《大字典》“引”字无此义项。

【黶】（yìng）,雀斑。《广雅 · 释器》:“黶,黑也。”《玉篇 · 黽部》:“黶,余证切,面黑也。”《广韵 · 去声 · 证韵》:“黶,面黑子。以证切。”《类篇 · 黽部》:“面黑子谓之黶。”朱骏声《说文通训定声 · 升部》:“黶,面黑子。苏俗谓之雀子斑。”中医对此病发病机理有一套见解。巢元方《诸病源候论 · 面皯候》:“人面皮上,或有如乌麻或如雀卵上之色是也。此由风邪客于皮肤,痰饮渍于脏腑,故生皯黶。”《名医别录》:“(麝香可治)中恶,心腹暴痛胀急,痞满,风毒,妇人产难,堕胎,去黶,目中肤衣。”又作“䵴”。《字汇 · 黽部》:“黶同䵴。”四川方言称雀斑为“黶子屎”,徐州方言有时称“蝇子屎”,甘谷方言称为“苍蝇屎”,“蝇”并当为“黶”。

【瘿】（yǐng）,颈瘤,甲状腺肿大,俗称大脖子。《说文 · 疒部》:“颈瘤也。从疒婴声。于郢切。”《释名 · 释形体》:“瘿,婴也。在颈婴喉也。”《玉篇 · 疒部》:“瘿,颈肿也。”嵇康《养生论》:“颈处险而瘿。”《敦煌变文集 · 破魔变》:“娇容何处去,丑陋此时来,眼里睛如火,胸前瘿似魁。”以其系于颈两侧,正当甲状腺位置。故颈侧之动脉称“婴脉”,颈侧之肿症中医称“瘿气”。认为多因郁怒忧思过度,气郁痰凝血瘀结于颈部,或生活在山区与水中缺碘有关,可分为“气瘿”“肉瘿”及“石瘿”等。古人对于瘿病产生的原因作出较为科学的解释,指出瘿病的病因主要是情志内伤及水土因素。张华《博物志》卷一《五方人民》:“山居多瘿,饮泉水之不流者也。”慧琳《一切经音义》卷八十二引《文字集略》曰:“瘿,颈肿风水气结为病为。”《诸病源候沦 · 瘿候》认为:“诸山水黑土中,出泉流者,不可久居,常食令人作瘿病,动气增患。”《圣济总录 · 瘿瘤门》指出,瘿病以山区发病较多,“山居多瘿颈,处险而瘿也”,并从病因的角度进行了分类,“石瘿、泥瘿、劳瘿、忧瘿,气瘿是为五瘿。石与泥则因山水饮食而得之;忧、劳、气则本于七情”。并发现有许多植物和矿泉水可以治疗这种病。《山海经 · 西山经》:“(天帝之山)有草焉,其状如葵,其臭如蘼芜,名曰杜蘅,可以走马,食之已瘿。”《水经注》卷二十七:“沔水上谷道南出巴獠有盐井,食之令人瘿疾。”《千金要方》及

《外台秘要》记载了数十个治疗瘿病的方剂,其中常用的药物有海藻,昆布、羊靥、鹿靥等药,表明此时对含碘药物及用甲状腺作脏器疗法已有相当认识。秦陇方言称为瘿嗉子。嗉本是鸟的食嗉,位于脖子下面,这里指代人的脖子下部的瘿囊,其形状也与鸟的嗉囊相似。《明太祖实录》卷一百二十二有这样记载:"甲申,洮州十八族番首三副使汪舒朵儿,瘿嗉子,乌都儿及阿卜商等叛,据纳邻七站之地,命征西将军沐英移兵讨之。"也称颈瘤为"瘿瓜瓜",以"瘿"似瓜而得名,民谚说:一辈傻、三辈瓜(指瘿瓜瓜)、三辈出来是哑巴。秦腔《党阁老辞朝》第二场:"宝鸡人夫不缺少,怎么单要瘿瓜瓜。"又笔者从时常也听人称瘿为"棱登",今方了解"棱登"者,"瘿袋"之音转。

【有】 "有"表示"在"或"到",陇右方言凡晚辈应长辈之呼,或应上司问话,均答之曰"有",学校、部队操课点名,也应之曰"有"。这一用法在元曲中就有了,可能源于旧时官署点卯时,吏、役应之以"在"或"有"。武汉臣《老生儿》第二折:"(正末云)引孙! (引孙云)您孩儿有。"关汉卿《五侯宴》第四折:"(李嗣源云)'我唤他从珂,他不应;我如今唤他那旧小名王阿三。'(李从珂做应科,云):'阿妈,您孩儿有!'"高文秀《襄阳会》楔子:"庞德公云:'寇封安在?'(寇封上,云)'小将有! (见科)。"如今,这种用法仍在京剧及秦腔里仍存在。如京剧《穆桂英大破天门阵》:"这军士们! 众军士:(白)有!"《苏三起解》:"狱官:长解一名崇公道。崇公道:有。狱官:护解一名崇公道。崇公道:有。狱官:哎,你怎么一个人充当二役,是怎档子事情?"秦腔《三堂会审》:"王金龙:苏三上来。苏三:有。"还有的是在人名前加"有"表示存在。秦腔《辕门斩子》:"有焦赞和孟良禀儿知道,你的儿跨战马前往征剿。"《斩秦英》:"唐王:有寡人与你做主,三本、五本,尽管奏来。皇后:龙儿上来! 皇姑:龙母。有为娘与你做主,十本、八本,尽管奏来。"这与唐宋以来"有"作为名词前缀十分相似。杜甫《赠李白》:"亦有高粱游,方期拾瑶草。""有"一作"在"。《登岳阳楼》:"亲朋无一字,老病有孤舟。"谓老病在孤舟。

【鋊】 (yù),指器物磨损失去锋刃或棱。《说文·金部》:"鋊,可以句鼎耳及炉炭,从金,谷声,读若浴,余足切;一曰铜屑。"《俗书刊误·俗用杂字》:"金石久用无楞曰鋊,《汉书》磨钱取鋊,音御。"《蜀语》:"磨之渐销曰鋊○鋊音育,《说文》:'磨取铜屑也。'又见《汉书》。……今俗读作遇。凡牙齿老,木石诸物磨销,皆曰鋊。"《史记·平准书》:"有司言三铢钱轻,易奸诈,乃更请郡国铸五铢钱,周部其下,令不可磨取鋊焉。"《汉书·食货志下》:"今半两钱,法重四铢,而奸或盗磨钱而取鋊。"臣瓒曰:"许慎云:'鋊,铜屑也。'磨钱漫面以取其屑,更以铸钱。"

师古曰:"鎃,音浴。"明杨慎《丹铅总录》卷七《珍宝类·磨鎃》:"南宋孔觊铸钱,议曰五铢钱,周郭其上下,令不可磨取鎃。鎃音裕。《五音谱》:'磨礛渐销曰鎃。'今俗谓磨光曰磨鎃是也。往年中官问于外庭曰:'牙牌磨鎃,鎃字何如写?'予举此答之。"清曹寅《唐县开元寺》:"开元寺古北平西,石子甹甹鎃马蹄。"李恭《陇右方言发微·释地》:"陇南各县亦谓物因磨陇峇渐销曰鎃。"如:菜刀鎃了切不烂,剪刀鎃了剪不断;石磨已鎃了。也可用作比喻。如形容某人嘴能说:铁嘴都磨鎃了。李劼人《大波》第三部第一章:"你表婶的耳朵早听鎃了。"也读作"异"。民国《上海县续志》:"鎃,俗呼如异,物渐磨去也。"今青海地区方言就读"异"。其本字当作"勩"。《说文·力部》:"勩,劳也。从力贳声。《诗》曰:莫知我勩。"段玉裁注:"凡物久用而劳敝曰勩。明杨慎答中官问,谓牙牌摩损用'鎃'字。今按:非也,当用勩字。今人谓物消磨曰勩是也。"勩,《广韵》祭韵,馀制切:"勩,劳也。"

Z

【咂】 (zā),吸食。《集韵·八声·合韵》:"咂,唼也。"《篇海类编·身体类·口部》:"咂,子答切,入口也。"也作"帀"。《蜀语》:"帀之曰啐〇帀,俗作咂,啐音足。"按:咂与帀音义俱同。《札朴·乡言正字·杂言》:"儿含乳曰咂。"汉郭宪《别国洞冥记》三:"有升藻鸭,赤色,每止于芙蕖上,不食五谷,唯咂叶上垂露。"元佚名《陈州粜米》第一折【混江龙】:"都是些吃仓廒的鼠耗,咂脓血的苍蝇。"《红楼梦》第六回:"刘姥姥此时只有点头、咂嘴、念佛而已。"字也作"噆"。《说文·口部》:"噆,嗛也。从口朁声,子答切。"《玉篇·口部》:"噆,子合切,衔也。"《广韵·入声·合韵》:"子答切,蚊虫噆人。"《庄子·天运篇》:蚊虻噆肤,则通昔(夕)不寐矣。""噆"本作子荅切,音 zǎ,后转为子感切,今音 zǎn,属阳入对转。秦陇右方言至今仍用"砸"。如"推故呢灶火里咂一袋烟哪"(民歌《阿伯子搞弟妻》)。另外还有咂奶,(蚊虫)咂血等。

【馇】 (zà),食无味。《玉篇残卷·食部》引《仓颉篇》:"馇,无味也。"《广韵·马韵》兹野切,假开三上马精:"馇,无食味也。"周祖谟《校记》:"无食味,《集韵》作食无味,当据正。"今方言常谓食物因夹生或烹调不善而吃起来无味。如:馍没蒸熟,吃着馇得很;这个面没有揉好,擀的面条吃起来是馇的。也形容人吃饭不香,如:她吃饭波饵波饵的,看着让人着急。与"饵"音义相近的有"饕""饕"。《玉篇·食部》:"饕,子敢切,无味也。"《广韵·上声·琰韵》:"饕,食薄味也。"子冉切。《集韵·上声·琰韵》:"饕,……一日饕饕,味醮。或从渐。""饕"与"饵"义近,声母同属精母,韵为阴阳对转。

【槎】 (普通话读 zhà,方言读 zà),砍伐。《说文·木部》:"槎,衺斫也。从木差声。《春秋传》曰:'山木不槎。'侧下切。《国语·鲁语上》:"且夫山不槎蘖,泽不伐夭。"韦注:"槎,斫也。""槎蘖"即砍去树木后又生出的芽。《说文·木部》:"栞,槎识也。《夏书》曰:'随山栞木。'"段注:"槎,衺斫也。槎识者,衺斫以为表志也。"又通"柞"。《集韵·上声·马韵》仕下切:"柞,同槎。衺斫也。"《说文》"槎"字段注:"柞皆即槎字,异部假借,鱼歌合韵之理也。"《周礼·秋官·序》:"柞氏掌攻草木。"郑注:"柞,除木之名。除木者必先刊剥之。"《诗·周颂·载芟》:"载芟载柞,其耕泽泽。"《毛传》:"除草曰芟,除木曰柞。"《后汉书·马融传》载《广成赋》:"林衡戒田,焚莱柞木。"李贤注:"柞,斫也,音仕雅切。"也作"砟"。钱大昕《恒言录》卷二:"砟,读如作,吴人呼伐竹为砟竹。"民国《嘉定县续志·方言》:"砟,俗言伐也。"陆游《小筑》诗:"引泉浇药圃,砟竹树鸡栖。"《醒世恒言》第三十四卷:"只留一个人坐在船上看守,众男女都下田砟稻。"陈鳣《恒言广证》卷二:"砟即斸之俗字。《说文》:'斫也。'《释名》:'斸,诛也。主以诛除物根株也。'"今关陇一带称砍伐树木为"槎";劈开也作"槎",如:槎柴、把这半扇子猪槎成两半;剁成碎末也叫"槎",如:槎饺子馅、槎肉末等;又引申为一切断裂处,如称断裂口为"槎口",从断裂处拼合叫"合槎",不过这个"槎"读阳平,声如"碴"。

【摘楞】 摘(zè、zhāi)楞,侧、斜或侧倒、倾斜。如:这地方太窄,人只能摘楞着走过去。先把凳子摘楞子放下,一会儿腾开地方再横过来。元无名氏散曲《斗鹌鹑》:"摘楞的瑶琴弦断,不通的井坠银瓶,吉丁的碧玉簪折。"本当作"侧楞"。丁惟汾《俚语证古》卷十四:"侧楞,侧倾也。偏斜谓之侧楞,楞为倾之叠韵音转。"也作"仄"。《说文》:"仄,侧倾也。"《史记·平准书》:"公卿请令京师铸钟官赤侧。"索隐:"赤侧,钱名。即赤仄。"《汉书·鲍宣传》:"罢退外亲及旁仄素餐之人。"颜师古云:"仄,古侧字也。""侧"除了 cè 外,还有 zè 等读音,即《广韵》阻力切,《集韵》札色切,义均为"倾斜"。"侧""仄"皆职部精组字,精组有塞擦音和擦音两读,即读 zè、zhài 两音。《书·洪范》:"无反无侧。"注:"不偏邪也。"《诗·小雅·宾之初宴》:"侧弁之俄,屡舞傞傞。"笺:"侧,倾也。"《姑妄言》第十七回:"(水氏)向张三道:'你下来侧楞着弄,让他从头来。'张三就下来侧卧弄上了。"穆青《为了六十一个阶级兄弟》:"这个青年人好象是在那里侧楞着耳朵倾听什么。"临夏花儿:侧楞楞睡觉仰面听,听见哥哥的骆驼铃。也指人性情暴躁,怒目谓之侧楞眼。

【灒】 （zàn),"溅"的意思。《说文·水部》:"灒,污洒也。一曰水中人。从水赞声。则旰切。"段注:"谓用污水挥洒也……,此兼指不污者言。"清唐训方《里语征实》言赣语"溅水上衣曰灒"。"污洒"就是泼上了脏水,泼清水也用"灒"。《朱子语类》卷二:"如人掷一团烂泥于地,泥必灒开,成棱瓣也。"《西游记》第四十四回:"祝罢,烹的望里一捽,灒了半衣襟臭水。""灒"即今"溅"字。王筠《说文释例》:"今京师驱车者呼之其音如荐。"玄应《一切经音义》卷十八引《三仓》:"灒,污洒也,江南言灒,山东言湔。"又引《通俗文》:"水滂沾曰湔,江南音子旦反。"又作"湔"。《广韵》:"湔,水溅。"《集韵·去声·翰韵》:"灒,《说文》云:'污洒也,一曰水中人。'或作湔。"《线韵》:"溅,水激也。通作湔。"《俗书刊误·日用俗字》:"溅水上衣曰灒,音赞。"范寅《越谚》卷下:"灒,激洒水点上衣也。出《说文》。"是灒、湔、溅三字义同,为不同的方言字。"灒",《广韵》精纽寒韵开口一等,"湔""溅"亦为精纽,同为仙韵三等。三等有介韵 i,因而读细音,一等字无介韵,因而读洪音。南方方言多读一、二、四等洪音,北方常读三等为细音。甘谷方言"溅",也读如赞。为洪音。又作浐。明孙楼《吴音奇字·通用门》:"浐,音暂,水击起也。"

【襸】 是一个反训词,既表示衣服新,又表示补旧衣。《玉篇·衣部》:"襸,好也,妍也。"又:"襸,襸补。"《集韵·去声·翰韵》:"则旰切,音赞。衣好貌。"又:"襸,补也。"《类篇·衣部》:"襸,徂丸切,补也。又则旰切,鲜衣谓之襸。"桂馥《札朴·乡言正字·杂言》:"补曰襸补。"按:《类篇》襸,则旰切,今音 zàn,然陇右仍读"赞"。谓缝补衣服为襸补,如:这件衣服襸补襸补还能穿。又谓新衣服为襸新襸新的,俗作"斩",非。

【嗙嗙】 《北京方言词典》:"嗙嗙,ɑ 狗叫;b 不停地嘟囔。"《儿女英雄传》第三十三回:"(安老爷)一脚正端在狗爪子上,把个狗端得嗙嗙成一团儿。"今陇右方言也用"嗙嗙"形容狗的叫声,是一种让人心烦的叫声。如说:那是条"嗙嗙狗",即是条只会叫唤的狗,没有别的能耐。"嗙"的本字似为"奘"。《说文·犬部》:"奘,妄强犬也。从犬从壮,壮亦声。徂朗切。"《玉篇·犬部》:"奘,强犬也。"《类篇·犬部》:"奘,侧亮切,音壮。妄强也。"《汉语大字典》:"奘,狂猛的狗。"笔者认为"狂"应为"妄"。"奘"的读音,《玉篇》阻亮切,音壮;《广韵》在良切;《集韵》在朗切。在朗切(从母),全浊上声归去声,与今天北京音、陇右方音合。从狗的性格比拟引申到人,人们把不停地乱说而毫无实际意义的人也用"嗻"来形容。如说:你嗻嗻嗻的,烦死人了;那是个嗻嗻狗儿;这是个嗻闲话的人。

【夵】 (zhā),张开、伸开。《玉篇·大部》:"夵,竹家切,下大。"《广韵·平声·麻韵》:"夵,张也。陟加切。"《龙龛手鉴·大部》:"夵,陟加、陟嫁二切,张也,开也。"《集韵·平声·麻韵》:"陟加切,音咤。张也,开也。"《蜀语》:"阔口曰夵○夵,昌者切,车上声。《庄子》:'夵门而入。'"《庄子·知北游》:"神农隐几阖户昼瞑,妸荷甘日中夵户而入。"陆德明释文:"夵音奢,司马云:'开也。'"又引申为竖起、立起。清贪婪道人《彭公案》:"发根一夵,身上直冒冷汗。"口语说"夵刺"(伸出刺儿,比喻嚣张)。《施公案》一百〇一回:"压油墩子李四、小银枪刘虎,这些晚秧子扬风夵刺,身上未必有猫大的气力。""夵"还有朝外伸张的意思。口语说"衣服下摆太夵"也是这个意思。陆容《菽园杂记》卷十:"马尾裙始于朝鲜国,流入京师。……大抵服者下体虚夵,取观美耳。"字也作"揸"。《水浒传》第三回:"鲁达大怒,揸开五指,去那小二脸上只一掌,打的那店小二口中吐血。"也作"偧"。《篇海》:"偧,陟加切,音咤麻韵。张也。"《红楼梦》第四十一回:"只见刘姥姥扎手舞脚的仰卧在床上"。"扎"当为"夵"的借音字。

【煠】 (zhā),将东西放进沸水或油中暂煮即捞出,以去其苦涩或腥膻气味的做法。《广雅·释诂》:"煠,瀹也,汤煠也,音闸。"《广韵·入声·洽韵》:"煠,汤煠。士洽切。"《集韵·入声·洽韵》:"煠,实洽切,或作渫。"李实《蜀语》:"微煮曰煠○煠音栅闸,同渫。"桂馥《札朴》:"菜入汤曰煠。"翟灏《通俗篇·杂字》:"今以食物纳油及汤中,一沸而出曰煠。"《说文》"鬻"字段注:"故纳肉及菜于鬻汤中而迫出之,今俗所谓煠。玄应曰:江东谓瀹为煠,煠音助甲切。"北魏贾思勰《齐民要术》卷三《种胡荽》:"作胡荽菹法:汤中渫出之,着大瓮中,以暖盐水经宿浸之。明日,汲水净洗,出别器中,盐、酢浸之,香美不苦。"卷九《素食》:"当时随食者取,即汤煠去腥气。"可见"渫"与"煠"同。《东京梦华录》卷二"饮食果子":"炒蟹、煠蟹。"《朴通事》:"前面一遭烧鹅、白煠鸡、川炒猪肉。"鲍山《野菜博录》卷一:"食法:叶煠,水浸去苦味,油盐调食。"《金瓶梅》第八十九回:"蒸酥、煠饼馓、点心,各样菜蔬,堆满春台。"阳澄湖闻名天下的大闸蟹,原称应该叫"大煠蟹"。清顾禄《清嘉录·煠蟹》云:"汤煠而食,故谓之煠蟹。"今陇右一带吃凉菜多要放在开水中煠一下或煠熟,然后拌好再吃。还有一种叫煠酸菜,就是把芹菜、莲花菜等洗净切好,放入开水中微煠一会,然后拌入一点面粉,倒入事先盛有底料中的大缸中发酵,经过几天以后,底料中的乳酸菌大量繁殖,使缸中的菜变酸,夏天拌面吃清凉爽口,汤汁也可作清凉饮料,是当地人消暑的重要食物。"煠"也通"炸",指用油炸熟食物。苏轼《十二时中偈》:"百衮油铛里,恣把心肝煠。"

【蘸钢】 通过锻打、淬火等手段使刀刃变成钢刃。《说文》中并无"钢"字,钢铁之"钢"用"钜"表示。《说文·金部》:"钜,大刚也。"从金巨声。其吕切。吴善述《广义校订》:"大刚即今所谓钢,炼铁为之,以坚锋刃者。古无钢字,即刚是。其质至刚,故曰大刚,亦曰刚铁。"《荀子·议兵》:"宛钜铁钝,惨如蜂虿。"杨倞注引徐广曰:"大刚曰钜。"《史记·礼书》:"宛之钜铁,钻如蜂虿。"《正义》曰:"钜,刚铁也。"《说文》训"刚":"强断也。从刀,冈声。"朱骏声《说文通训定声》云:"刚,本训芒,刃之坚利。""钢"字始见于《玉篇》,释为"炼铁也"。《列子·汤问篇》:"炼钢赤刃,用之切玉,如切泥焉。"《文选·刘琨〈寄赠别驾卢谌〉》:"何意百炼钢,化为绕指柔。"又有"煱"。《玉篇·火部》:"煱,古浪切,音搁。刀也。"《字汇》:"坚刃也,凡兵经烧则坚,故今铁工烧刃曰煱。"《蜀方言》卷下:"炼铁曰煱。"可见古代的钢是在熟铁反复加热渗碳、锻打、淬火的基础上形成的,使刀枪刃部钢化的过程叫做蘸钢。《西厢记》第二本楔子【滚绣球】:"戒刀头近新来钢蘸,铁棒上无半星儿土渍尘缄。"《碧桃花》第三折【滚绣球】:"这一个饿金铠身上穿。那一个蘸钢鞭腕上悬。"明陈铎散曲《北中吕·朝天子·雕銮匠》:"木头儿白杨,刀尖儿蘸钢,敢做个雕銮匠。"俗话说:人吃饭,铁蘸钢。元无名氏《看钱奴》第三折:"你那里知道,我的骨头硬,若使我家斧子剁卷了刃,又得儿文钱钢。"作动词用作"钢"。张一弓《张铁匠的罗曼史》第十节:"钢一把镢头,也得跑四十里山路。""钢"也叫"钢火""钢水",说的是煅打或淬火的程度以及刀的锋利程度。宋华岳《翠微先生北征录》卷八"叉枪制":"三则诸军枪叉例皆用团钢打造,故倍费磨削,虚费钢火。"《说岳全传》第十回:"来到大街上走了一回,看着那些刀店内挂着的都是些平常的货色,并无好钢火的。"沈从文《会明》:"他另外还添制了一个火镰,钢火很好。"今陇右仍说:把刀刃蘸一下;给刀上蘸点钢。

【扠】 (普通话读 chā,方言读 zhā),略同摵,用拳头捶打。《广韵·平声·佳韵》:"扠,以拳加人。亦作摵。丑佳切。"《集韵·平声·佳韵》:"扠,摵佳切,与摵同。以拳加物也。"《韵会》:"扠,初佳切,音钗。打也。"慧琳《一切经音义》卷三十六"相扠"条:"扠,丑皆反。《考声》云:'扠谓以拳击人也。'或从虒作摵音训与上。"敦煌文书 P.3906《碎金》:"扠拳扠人,丑皆反。"后汉竺大力共康孟祥译《修行本起经》:"调达先生,见象塞门扠之一拳。"梁宝唱集《经律异相》卷四十三:"罗刹闻此,永不肯放。萨薄聊以两拳扨之,拳入鳞甲,拔不得出。"《太平广记》卷二百五十四"窦旉"条引《启颜录》唐窦旉嘲许子儒旉咏诗:"瓦恶频蒙擨,墙虚屡被权。"原注:"擨音'国',权音初皆反。""擨"为"掘"之异体,"权"为"扨"之误文。也作"搓"。《集韵》上平声十四皆韵:"搓,初皆切,音差。推(椎)击也。擨,忡皆切,以拳加物。"王梵志《贫穷田舍汉》诗:"里正把脚蹴,村头被拳搓。"在敦煌变文中,"搓"又作"差"。《敦煌变文集》卷三《燕子赋》:"雀儿出来,不问好恶,拔拳即差(扨),左推右耸,剟耳擨腮。"在陇右方言中,"扨"音变如"扎",如说:把某人"扎打一顿",找个人给"扎"一顿,其本字当为"扨"。"擨"音转如"捶",常说"捶打一顿"或"捶一顿"。

【縋】 在绳索上系重物使下坠或从后面拖着。《醒世姻缘传》第八十六回:"惠希仁合单完道:'你交下,快着来,我先坠着童氏,省的被躲了。'"黄肃秋注:"坠着,跟着、监视。"第八十六回:"另娶不另娶,可是累我腿哩,怕我泄了陶,使人缀住我,连我的衣裳都不给了!"黄又注:"缀住,同坠着。"黄注不确,坠住实际上是指拖住,不让他走开。坠、缀都是记音字,本字当为"縋"。《说文·系部》:"縋,以绳有所悬也。《春秋传》曰:'夜縋纳师。从糸追声。持伪切。'"段注:"以绳系物垂之是为垂。縋之言垂也。"《玉篇·系部》:"縋,悬索也。"《广韵·去声·寘韵》:"縋,绳悬也。"《左传·僖公三十年》:"(烛之武)夜縋而出,见秦伯。"注:"縋,悬城而下。"杨伯峻曰:"以绳系之垂而出城。"引申为拖住、坠住。今陇右方言常谓用手或绳子把人或物体拉住叫"縋"。如:他縋着绳子往上爬;你縋着我的胳臂,我把你拉上来;把绳子縋紧些,你就安全了。引申为"拖累""拖住"。如说:要不是娃娃縋住着哩,她早走了;俗话说:想上天,屎縋住着哩。比喻异想天开、不实事求是的想法。有的方言"縋"音如"垂"。

【绽】 (zhàn),反训词,衣缝裂开为绽,又缝补、缝纫也为绽。王国维、罗振玉《流沙坠简·器物类》第卅四简:"甲、鞈督、兰、服绽者,辄缝绽,为襟带负牵,勿令有举。"前一个"绽"义为破,后一个则为缝补。《礼记·内则》:"衣服绽裂,纫箴请补缀。"郑注:"裂犹解也,绽之言间也。"成语"皮开肉绽"中的"绽"就是这个意思。后一个"绽"当为缝补解。其本字当为"袒""组"。《说文·衣部》:"袒,衣缝解也。"《广雅·释诂》:"组,缝也。"《说文·糸部》:"组,补缝也。从糸旦声,丈苋切。"段注:"古者衣缝解曰袒,今俗谓绽也;以针补之曰组,引申之不必故衣亦曰缝组。"《广韵·去声·裥韵》:"绽,同袒、组。"《俗书刊误·日用杂字》:"衣缝解曰绽,音奠,俗音栈。"《正字通·丝部》:"绽,缝补其缝亦曰绽。"《乐府诗集·相和歌辞十四·古辞〈艳歌行〉》:"故衣谁当补? 新衣谁当绽? 赖得贤主人,览取为我组。"余冠英《汉魏六朝诗选》:"'绽',本裂缝的意思,补联裂缝也叫做绽。以上二句'故衣''新衣'是连类偏举。新衣本不需绽,下句不过是上句的陪衬,本身没有意义。"黄生《义府》卷下引此诗注曰:"古补绽为组。"并加按语:"组字当作糸旁旦,乃古绽字,古诗不嫌重押。由传写者二字古今互出,复讹为组,义遂不明。"杨树达《长沙方言考》六十一《绽》:"谓缝补为绽为组,今长沙犹然。又或读绽如定。"祖、组、绽同声相训。今陇右方言也是如此。绽或音阐。《说文·门部》:"阐,开也。"绽、定中古"绽"属澄纽、"阐"属"昌"纽、同属寒韵,可以通转。陈澧《悼亡诗》云:"琅琅清夜读书声,补绽曾分一角檠。"

【栈】(zhàn,方言音 zàn),本指储存货物或供旅客住宿的房屋,方言作动词用义为住宿。《说文·木部》:"栈,棚也。从木戋声。土限切。"《广雅·释宫》:"栈,阁也。"王念孙《疏证》:"《众经音义》卷十四引《三仓》云:'棚,栈阁也。'又引《通俗文》:'板阁曰栈,连阁曰棚。'棚亦阁也。"《广韵·去声·庚韵》:"棚,栈也,阁也。"《方言据》卷下:"灶旁阁物之所谓之栈。""栈"如"栈道"之"栈",所以架阁物品。今谓留宿客商或储存货物的房屋为货栈,就取义于庋物之栈也。在四川方言中连人在旅店住宿也叫"栈"。《跻春台》卷二《北川栈》:"说的好话!你那们体面,初来那们行市,估住我都要栈,好说无钱吗?"也作"站",是"栈"的同音借字。卷一《卖泥丸》:"王成说罢,辞别母弟,挑起泥丸,来到武康,住在三合店内。"卷二《北川栈》又说:"那杨客人住在你店,忽得痢症,店主不让站,你留他同房,垫钱请医。"卷三《贾先生》:"还魂又在何处站? 两年寻找费盘缠。"蔡敦勇先生《跻春台》整理本均改"站"为"住",所校非是。今陇右甘谷一带方言也谓临时住宿为"站"。如:亲亲来了就留着多站两天;今天晚上就站到我家。本字当为"栈"。

【攃】(zhài),把钮扣缝到衣服上。如:我衣服上的扣子掉了,帮我攃上去。《汉语大字典》"攃:方言。把衣服上附加的对象缝上去。如:攃钮扣儿。"《金瓶梅》第四十一回:"两匹大红官缎、一顶青缎攃的金八吉祥帽儿、两双男鞋、六双女鞋。"第七十四回:'你把李大姐那皮袄与了我,等我攃上两个大红遍地金鹤袖。'"攃"音寨,陇右方言音转读如"站",如说"站纽子","站"当用攃。

【奘】陇右方言谓粗大为"壮",本字当为"奘"。如:那根棍子一头奘一头细;身高腰奘。《说文·大部》:"奘,驵大也。从大,从壮。会意。壮亦声。徂朗切。"《方言》卷一:"秦晋之间,凡人之大谓之奘,或谓之壮。"《尔雅·释言》:"奘,驵也。"郭注:"今江东呼大为驵,驵犹粗也。"郝懿行《义疏》:"《说文》:'奘,驵大也。'奘与壮同,《释诂》曰:'壮,大也。'"《广韵·上声·荡韵》:"奘,驵大也。"李实《蜀语》:"大曰奘○奘,在朗切,音庄上声。"奘,《广韵》徂朗切;壮,侧亮切,两字同属阳韵,声母一个庄纽,一个从纽,从庄准旁纽,因而可通。《西游记》第五十回:"手足比毛更奘,星星眼窟明明。"《金瓶梅》第七十八回:"你买一钱银子果馅蒸酥、一盒好大好壮瓜子送进去。"《红楼梦》第六回:"我们也知艰难,凭他怎样,你老拔一根汗毛比我们的腰还壮哩!"也指强壮,茂盛。《考声》:"壮,多力也。健也,捷也。"(慧琳《一切经音义》卷一引)《广雅·释天》:"太岁在午曰敦牂。"《史记·天官书》司马贞《索隐》引孙炎:"敦、盛,牂,壮也。言万物盛壮也。"

【折割】 即摧残、折磨之意。此词源自"采生折割"。"采生折割"是古代一种巫术行为,有杀人祭鬼和杀人役鬼两种方式,后又出现一种"剜人脏腑及孕妇胞胎室女元红之类,以供邪术之用"(《大清律例增修统纂集成》卷二十六《刑律人命》)的形式。这一陋习最早见于元代。《元典章·刑部三·不道》:"(两湖地区)土人每遇闰岁,纠合凶愚,潜伏草莽,采取生人,非理屠戮,彩画邪鬼,买觅师巫祭赛,名曰采生。"由于元代"采生"之风大盛,严重影响了社会秩序的安定,所以明代刑律中才增加处罚"采生折割"的条款。《明律·刑律·人命》:"凡采生折割人者,凌迟处死。"注:"采生折割人是一事,谓取生人耳目脏腑之类而折割其肢体也。"《辞源》的解释:"采生折割,旧时迷信的一种罪恶行为。歹徒残害人命,折割生人肢体,采取其耳目脏腑之类,用来合药,以欺骗病人。"《二刻拍案惊奇》卷十八:"心里只疑心这一干人多不是善男子、好相识,眼见得吃狗肉、吃人肉惯的,是一伙方外采生折割、做歹事的强盗,也不见得。"后被借用为表示摧残、折磨之意。王夫之《读通鉴论》卷一九:"不然,徒取愚贱之小民,折割残毁,以唯吾制是行,而曰古先圣王之大法也。"《歧路灯》第九十一回:"从来后娘折割前儿,是最毒的,你没见黄桂香吊死在母亲坟头上么?"又:"大妇折割小妻,也是最毒的,丈夫做不得主,你没见《苦打小桃》么?"陇右方言现仍沿用后一种意义。如这几天把人折割死了。也作"折搁"。如:她是被人贩子卖到这地方的,被买家折搁得不成样子。

【鬒】 (zhěn),表示毛发稠黑。本作"㐱"。《说文·彡部》:"㐱,稠发也。从彡从人。《诗》曰:'㐱发如云。'"段玉裁曰:"凡㐱声字,多为浓重。""禾稠曰稹,发稠曰㐱,其意一也。"或从髟作鬒。今《诗·墉风·君子偕老》"㐱"作"鬒"。《毛传》:"鬒,黑发也。"鬒,《广韵·去声·震韵》章忍切,音轸。《集韵·去声·震韵》之刃切,音震。《左传·昭公二十六年》:"有君子白皙鬒须眉。"陆游《霜草》诗:"草衰有复荣,我发宁再鬒。"王仲文《不认尸》第二折【四煞】:"俺媳妇儿呵脸搽红粉偏生嫩,眉画青山不惯鞶,……小颗颗的朱唇,黑鬒鬒的乌云。"明汤式《一枝花·赠明时秀》套曲:"星厴厴花钿簇翠圆,黑鬒鬒云髻盘鸦小。"《水浒传》第四十四回:"石秀看时,但见黑鬒鬒鬓儿,……花簇簇鞋儿,肉妳妳胸儿,白生生腿儿。"《金瓶梅》第二回写西门庆初见潘金莲:"但见他黑鬒鬒赛鸦翎的鬓儿,翠湾湾的新月的眉儿。"《红楼梦》第二十四回:"(小红)穿着几件半新不旧的衣裳,倒是一头黑鬒鬒的好头发,挽着个鬐,容长脸面,细巧身材,却十分俏丽干净。"也作"鬒"。《左传·昭公二十八年》:"昔有仍氏生女,鬒黑而甚美,光可以鉴。"注:"美发为鬒。"正义曰:"鬒即鬒也。"今陇右形容头发多而且黑曰"黑参参",参音"沉",为"震"之音转。

【睁睖】 陇右方言谓直目而视或发呆曰"睁睖"。如:睁睖着眼睛、你眼睛睁睖着想干什么?"睁睖"即"睖睁"之倒文。《集韵·平声·蒸韵》间承切:"睖,睖瞪,直视貌。"《类篇·目部》:"睖,丑升切,睖瞪,直视貌。""睁""瞪"叠韵之变也。梁斌《播火记》:"她睖睖了严萍一眼说:'走!'"也作"睖睁睁睁"。《金瓶梅》第六十一回:"那胡秀起来,推揉了揉眼,楞楞睁睁跟着道国往铺子里去了。"《西游记》第五回:"好大圣,捻着诀,念声咒语,对众仙女道:'住!住!住!'这原来是个定身法,把那七衣仙女一个个睖睖睁睁,白着眼,都站在桃树之下。"《醒世姻缘传》第一回:"李成名昏了半晌,睖睖睁睁走到家来,面无人色,将鹞鹰拍面夺了狐皮去的事一一与晁大舍说了。"也作"拨挣"。《西游记》第三十八回:"行者揪着耳朵,抓着鬃,把他一拉,拉起来,叫声'八戒'。那呆子还打拨挣,行者又叫一声,呆子道:'睡了罢,莫顽!明日要走路哩!'"

【子肠】 陇右方言谓小肠为子肠,"子"的本字当为"訾",也作背、牚、胏等。《玉篇·肉部》:"訾,人子肠也。"《大戴礼·用兵》"六月忰背",孔广森补注:"背即訾字。凡出肉者,隶变为月。"《广韵·平声·支韵》:"訾,人子肠名。疾移切。"《集韵·平声·支韵》:"背,七支切,人子肠也。或作牚。"《集韵·上声·止韵》:"牚,祖似切,一曰牚肠。"《蜀语》:"小肠曰牚肠,牚音子。"《篇海类编·身体类·肉部》:"背,小肠也,亦作胏。"《改并篇海·肉部》引《龙龛手鉴》:"胏,小肠也。"

【支剌】 《勘头巾》第三折【幺篇】:"休则管我跟前声支剌叫唤因甚的?大古是脚踏实地,你从来本性我须知。""支剌",陆澹安先生《戏曲词语汇释》解释为"同'支吾',是随口拉扯,勉强分辩应付的意思。"这一说法有误。在《勘头巾》第一折的【混江龙】曲文里就有"脚趔趄,难支吾,荒冗冗,眼朦胧犹自醉醺醺"句,"支剌"与"支吾"同在一剧里出现,可见并非同语。《汉语大词典》"支刺"条:"形容词词尾,见于元曲。"也不尽确。按:"支刺"还是一个拟声词,表示叫唤的声音,它带有浓重的褒贬色彩,言其叫唤的声音尖厉刺耳,令人讨厌。钟嗣成《骂玉郎带过感皇恩·采茶歌·恨别》:"支刺地搅断离肠,扑速地淹残泪眼,吃答地锁定愁眉。""支刺""扑速""吃答"都是象声词。比如天津人对某人大声喊叫不满,就说:喊嘛! 也不嫌支刺得慌! 也可以重迭使用:这是什么声音,支支刺刺的,怪难听! 你支支刺刺的喊什么呀? 也作"支刺刺"。元无名氏《马陵道》第三折【离亭宴带鸳鸯煞】:"看庞涓躲到那里,我将他活剥了血沥沥的皮,生敲了支刺刺的脑。"也作"只留支刺"。元无名氏《争报恩》第三折:"那妮子一尺水翻腾做一丈波,怎当他只留支刺信口开合。"只留支刺,话多的意思。《神妇儿》第一折:"丈夫的失了尊卑,媳妇儿不贤慧。他两个一上一下,直留支刺,唱叫扬疾。"陇右方言音转为"支支刺刺""支哩支刺"。如:戏场上,人嘈杂,支支刺刺的几把二胡一直在拉,真是没意思。支刺又指女了嗓音尖厉。如:她的嗓了有点支刺,不太好听。

【骓】　(zhì),性格乖戾。《淮南子·修务训》:"胡人有知利者,而人谓之骓。"高诱注:"忿戾恶理不通达也。……骓读似质,缓气言之,在舌头乃得。"王夫之《九昭·悼子》:"鸥鹧骓戾于阴雨兮,吟公旦于东国。"《读通鉴论》卷二十:"五胡之后,元、高、宇文骓戾相踵,以导民于浇,非民之固然也。"也作"恎""鏊"等。《广雅·释诂》:"恎,很也。"王念孙《疏证》:"言很戾也。"《孟子·离娄》:"好勇斗很,以危父母,五不孝也。"朱熹注:"很,胡恳反。……忿戾也。"很戾义为执拗,不听从。《说文·至部》:"鏊,忿戾也。从至,至而复逊。逊,遁也。《周书》曰:'有夏氏之民叨鏊。'"鏊,读若挚。丑利切。《今文尚书·多方》作愦。《集韵》:"愦,脂利切,音至。忿戾也。"也作"忮"。《说文·心部》:"忮,很也。从心支声。"段注:"很者,不听从也。"《集韵》入声屑韵丁结切:"《博雅》:很也。"《汉书·酷吏传·周阳由传》:"汲黯为忮,司马安之文恶。"颜注:"忮,意坚也。""意坚"也就是"执拗"之义。陶渊明《读史述九章·韩非》:"巧行居灾,忮辩召患。"所谓"忮辩"也就是"固执地争辩"。秦陇方言则谓反应迟钝、固执己见为"骓",说人"骓呆呆""骓人"。

【胾】　(zì),切成大块的肉。从戈、从肉,像以戈割肉之意。《说文·肉部》:"胾,大脔也。从肉戈声。侧吏切。"段注:"胾,大脔也。"《广雅·释言》:"胾,脔也。"《正字通》:"切肉曰胾。"《诗·鲁颂》:"毛炰胾羹。"《毛传》:"胾,肉也。"《仪礼·士虞礼》:"胾四豆,设于左。"注:"胾,切肉也。"《礼记·曲礼》:"左殽右胾。"注:"殽,骨体也;胾,切肉也。殽在俎,胾在豆。"《汉书·周勃传》:"召条侯,赐食,独置大胾。"师古注:"胾,大脔也。"一说,胾,肉之细切者。《管子·弟子职》"羹胾中别"尹注云:"胾,谓肉而细切。"甘谷有一种名吃叫腊胾肉,胾音置,也就是大块的酱肉,带着浓浓的汤汁,吃起来肥而不腻,香味满口。

【质】 陇右方言谓验证物品的重量、尺寸、大小为"质一质"。如:你可以到公平称上质一质,看看有没有五十斤?"质"即复称。"质"的这一含义起源很早。《仪礼·士冠礼》:"质明行事。"注:"质,正也。"《曲礼》:"质君之前。"注:"质犹对也。"《周礼·大司马》"质明"郑注:"质,正也。"《大戴礼记·文王官人》"质不断"王聘珍解诂:"质,谓人有所质正也。"《庄子·徐无鬼》"吾无以为质也"成玄英疏:"质,对也。"《资治通鉴·魏纪》"晔可招质也"胡三省注:"质,证也,验也,对问也。""质"也通"致"。《左传·成公十七年》"侯獳为质",《经典释文》:"质音致。"可证致、质古音同。《礼记·曲礼》:"献田宅者操书致。"王引之《经义述闻》卷十四按:"致,读为质剂之质。"朱骏声《说文通训定声·夂部》:"致,假借又为质。"江淮方言有"撉"。撉,音致。《集韵》去声至韵直利切:"撉,持物使相当也。"撉儿,显示长短之标识。如:掐个撉儿划玻璃。其本字当为"质"。方言"质"读如 zí。

【知客】 本是寺院里专司接待宾客的僧人。唐释怀海《勒修百丈清规》卷四:"知客,职典宾客。凡官员、檀越、尊宿、诸方名德之士相过者,香茶迎待,随令行者通报方丈,然后引上相见,仍照管安下去处。"宋洪迈《夷坚丁志·嵩山竹林寺》:"度桥百步,大刹金碧夺目。知客来迎,示以所持书。"《董西厢》卷一:"秀才看了寺外景,早喜;入寺来谒,知客令一行童引随喜,陡然顿豁尘俗之性。"杨景贤《西游记》剧第一本第三出:"昨日伽蓝相报,有西天毗卢伽尊者,今日早至。分付知客侍者,撞钟焚香迎接者。"《水浒传》第六回:"知客又道:'你听我说与你:僧门中职事人员,各有头项。且如小僧做个知客,只会管待往来宾客、僧众。'"《钟馗斩鬼传》第二回:"知客引了钟馗,拜了佛祖,参了菩萨。"后来民间将帮助操办婚丧大来的人也称为"知客"。《二十年目睹之怪现状》第四十三回:"不一会,继之请的几位知客,都衣冠到了。"李劼人《天魔舞》第二十二章:"就由那位表叔担任了赞礼和知客。"从前的机关团体、大户人家举办盛大宴会,有时要请来一些人,专管招待宾客,叫做知客或知宾。今兰州人办酒席时,也专门请亲友招待客人,这些人也叫知客。"知"的含义则为主特,主管。《易·系辞》:"乾知大始。"《左传·襄公二十六年》:"公孙挥曰:'子产其将知政矣。'"魏了翁《读书杂抄》:"后世官制上知字始此。如知府、知县。"

【膱】 (zhí),头发因油腻粘结不可梳通。《玉篇·肉部》:"膱,之力切,黏也。"《广韵·平声·职韵》之翼切,《集韵·平声·职韵》质力切,并音职。《周礼·冬官·考工记》"相胶"注:"脂膏䐈败,䐈,黏也。"疏:"今人头发积有脂膏谓之䐈,䐈,亦黏也。"《诗·小雅·采绿》:"予发曲局,薄言归沐。"注云:"䐈也。"即头发因油腻而卷曲。陶宗仪《南村辍耕录》卷六:"今妇人头发有时为膏泽所黏,必沐乃解者,谓之䐈。按《考工记·弓人》注云:'䐈,亦粘也,音职。'则发䐈之䐈,正当用此字。"《蜀语》:"发膏垢结难梳谓之䐈〇䐈音职。"《本草纲目·草部·兰草》:"夏月采置发中令头不䐈。"乾隆《吴县志》:"发久不梳而不通曰䐈。"蒋礼鸿《义府续貂》:"今嘉兴谓黏为䐈,如云黏䐈,音为致。"《齐东野语》卷十"明真王真人"条记载一个姓王的道妪善符咒之术,"一日至西陵桥茶肆,适其邻有陈生,隶御酒库,其妻见之,因扣以妇人头䐈不可梳者,还可襄解否,妪曰:'此特细事。'命市真麻油半斤,烧竹沥投之,且为持咒,俾之沐发。"所说"头䐈不可梳"即指头发油脂粘腻不可梳通。又毛奇龄《越语肯綮录》:"《周礼》注今人头发又脂膏者谓之䐈,音职。今越人亦有称发腻为发䐈者,《广韵》作昵,又作腻,音同。"今陇右也谓头发粘结为汁住了,本字当为"䐈"。

【膱】　(zhí,方言音 zí),油、肉腐败而变味。《广雅·释器》:"膱,臭也。"《玉篇·肉部》:"膱,油败也。"《古今韵会举要·职部》:"膱,一曰肉败也。"明焦竑《俗书刊误》卷十一《俗用杂字》:"脂油留久败坏曰膱。"也作"䐈""殖"。《正字通·肉部》:"䐈,通作殖,《说文》:'脂膏久殖也。'徐曰:膏脂久则浸润也。"《新方言·释器》:"《说文》:殖,脂膏久殖也。常职切。今谓膏坏为殖,湖北读如字,江、浙转平如蚩。烛久而败亦如之。"《五灯会元》卷二十"天童昙华禅师":"直饶拈却膱脂帽子,脱却鹘臭布衫,向报恩门下,正好吃棒。"宋葛长庚《永遇乐》:"鹑衣百结,膱脂垢腻,犹是小蛮针指。"油,"膱脂"指油污腐败散发出异味的。"膱"之音,《广韵·入声·职韵》常职切,音职。段玉裁说:"今俗语谓膏油久不可用,正读职之平声也。"陇右方言常说肉、油腐败后有"孜孜味","孜孜"即"膱脂"之音变。

【纣棍】　(zhòu),架鞍时系在驴、马尾下的木棍或皮带。俗话说:驴不快,怨纣棍;驴乏了赖纣棍,脚大了赖后跟。都是指胡乱赖人的意思。有人说"纣"字是贬词。殷纣王的"纣",也包含了"最后一个"的意思,故借来表示置于驴骡尾下的东西,有些地方音转读作"臭",还有人认为是动物尾后气味的描写(刘勋宁:《陕西民俗与方言本字》四《纣》,载邢向东主编《西北方言与民俗研究论丛》,中国社会科学出版社2004年版)。这些说法都不可信。"纣"是"绪"之别称。《说文·糸部》:"纣,马绪也。从系,肘省声。除柳切。"段玉裁《说文》"鞧"

字注:"鞃,《方言》:'车纣自关而东、周洛汝颍而东谓之鞧,或谓之曲绹,或谓之曲纶,自关而西谓之纣。'《系部》曰:'緧,马纣也。''纣,马緧也。'《考工记》:'必緧其牛。'后郑云:'关东谓纣为緧。'"《周礼·考工记·辀人》"必緧其牛后"郑玄注:"緧者,譬络之类,一曰马纣。"《六书故》:"马后勒为緧。"緧、纣互训,音也相近。纣定母幽部、緧清母幽部,定清邻纽,幽部叠韵,二字可通。亦作鞧、緧。《释名·释器用》:"鞧,遒也。在后遒迫,使不得却缩也。"《玉篇·系部》:"牛马緧。亦作鞧、緧。"清梁同书《直语补证·纣棍》:"驴后络以横木,俗名纣棍。""纣王"的"纣",是其本名,无贬义。《史记·殷本纪》云:"帝乙崩,子辛立,是为帝辛,天下谓之纣。"郑玄云:"纣,帝乙之少子,名辛。帝乙爱而欲立焉,号曰受德,时人传声转作纣也。史掌书,知其本,故曰受。"孔安国曰:"受,纣也。音相乱。"《尚书·牧誓序》:"今商王受惟妇人言是用",《史记》作"今殷王纣";《尚书·牧誓序》:"与受战与牧野",《说文》引作纣;《尚书·泰誓》,"受有亿兆夷人",《左传·昭公二十四年》作"纣有亿兆夷人"。可见他本名辛,又名受,纣、受音近通假。受为禅纽字殖酉切,纣为除柳切,澄纽,《封神演义》也曾提到他的本名,甚至更好听一些,是以介眉寿的"寿","寿"也音近"纣"。"寿",承咒切,禅纽。上古船禅多与端、知、章纽相通,故"寿""受""纣"多音近相通。可见,"纣"并非恶名。孔颖达《尚书正义·西伯戡黎》说:"殷时未有谥法,后人见其恶,为作恶义耳。"可见,"贱仁多累曰纣"(《吕氏春秋·功名》)、"残义损善曰纣"(《蔡邕·独断》)的恶义都是后来的引申,并非"纣"的原意。

【啜】 陇右方言谓强意让人多吃饭叫缀,如说:这家人真热情,硬给人缀着吃饭。其本字应为"啜"。本义是吃、喝。《说文·口部》:"啜,尝也。从口叕声。昌说切。"《尔雅·释诂》:"啜,茹也。"注:"啜者拾食"《礼记·檀弓下》:"子曰:'啜菽饮水尽其欢,斯之谓礼。'"《墨子·节用中》曰:"饮于土塯,啜于土形。"汉枚乘《七发》:"搏之不解,一啜而散。"韩愈的《送穷文》中也说:"子饭一盂,子啜一觞。""啜"字在古代有多个读音,如《广韵》尝芮切,《集韵》称芮切,音近缀。又通"餟"。《方言》卷十二:"餟,馈也。"也有连续馈送食物之义。《玉篇·食部》:"祭酹也,馈也。"《史记·武帝纪》:"其下四方地,为餟食群神及北斗云。"《索隐》:"餟谓联续而祭之。"正义曰:"谓绕坛设诸神祭座,相连缀也。"也就有了强意让人多吃之义。《新方言·释言》:"扬州责儿食曰啜饭,音如揣。"也作"惴"。《醒世姻缘传》第七十八回:"每遭拿着老米饭,豆腐汤,死气百辣的揣人。"黄注:"惴人,拼命给人吃东西。"或作"餰"。《聊斋俚曲集·姑妇曲》:"冬里餰猪五口,夏里养蚕十箔。"也作"饡"。蒲松龄《日用俗字·庄农章》:"炑糊大料把猪齸(揣),敊(捅)杀抚吃还醃。"蒲先明注:"齸,给吃使肥的意思。"

【嗺】 有两个读音,一个念 zuō,指鸟兽及蚊虫的叮、咬或聚缩嘴唇而吸取。《韩非子·说林下》:"于是乃相与聚嗺其母(体)而食之。"《孟子·滕文公上》:"狐狸食之,蝇蚋姑嗺之。"《酉阳杂俎·续集》卷四:"相传江淮间有驿,俗呼露筋。尝有人醉止其处,一夕,白鸟蛄嗺,血滴筋露而死。"宋狄遵度《凿二江赋》:"蛟鼍鳌蟹呀以相濡兮,何允蠢缘延。嗺肤吮血沸以咀嚼兮,咸饮腐而饱膻。"《菜根谭》:"膻秽则蝇蚋丛嗺,芳馨则蜂蝶交侵。"《清史稿·列女四·陈潜聘妻传》:"仇生瘊秋,以蜜傅其面,引蚁嗺之,秋至死,骂不绝。"又如嗺水、嗺奶、嗺瘊子(比喻受窘为难)。"嗺"《广韵》去声彻母夬韵:楚夬切,《集韵》楚快切,并音 zuō。另一个音念作 chuài。《玉篇》解释"一举尽脔",就是"吞食"之义。《六书故》:"嗺,初怪切,大餐也。"《礼记·曲礼》:"濡肉齿决,干肉不齿决,毋嗺炙。"孔颖达正义:"嗺,初怪反。"嗺炙,一口把大块烤肉吞食下去。扬雄《太玄·翕》:"次三,翕食嗺嗺。"范望注:"嗺嗺,食疾之貌也。"陆游《饭罢戏作》:"况予齿日疏,大脔敢屡嗺?"《严复集·拟上皇帝书》:"譬之树之有虫,人一身之有蛊,聚而嗺之,以为得计,而不念及其已其,则树殪人亡,而己亦与偕尽。"(中华书局1986年版)今陇右方言中"嗺"的这两个意思都有,如常说嗺水、嗺奶,还称味涩为"嗺",盖由涩之味使人口唇收敛而来。后一意思,方言音转为 zhuāi,如常说:一口嗺上、嗺到嘴里。

主要参考文献

1. 徐锴:《说文解字系传》,中华书局 1998 年版。

2. 行均:《龙龛手镜》,中华书局 2006 年版。

3. 李诩:《戒庵老人漫笔》,中华书局 1982 年版。

4. 顾起元:《客座赘语》,中华书局 2002 年版。

5. 方以智:《通雅》,文渊阁《四库全书》影印本。

6. 李实:《蜀语校注》,黄仁寿、刘家和校注,巴蜀书社 1990 年版。

7. 段玉裁:《说文解字注》,上海古籍出版社 1988 年版。

8. 朱骏声:《说文通训定声》,中华书局 1998 年版。

9. 王筠:《说文释例》,中华书局 1998 年版。

10. 王筠:《说文解字句读》,中华书局 1998 年版。

11. 桂馥:《说文解字义证》,齐鲁书社 1994 年版。

12. 王念孙:《广雅疏证》,江苏古籍出版社 2000 年版。

13. 王念孙:《读书杂志》(高邮王氏四种之二),江苏古籍出版社 2000 年版。

14. 王引之:《经义述闻》(高邮王氏四种之三),江苏古籍出版社 2000 年版。

15. 王引之:《经传释词》(高邮王氏四种之四),江苏古籍出版社 2000 年版。

46. 钱大昭等:《迩言等五种》,商务印书馆 1959 年版。

17. 钱大昕、陈鳣:《恒言录·恒言广证》,商务印书馆 1958 年版。

18. 翟灏:《通俗编》,世界书局 1963 年版。

19. 吴文英:《吴下方言考》,北京中国书店影印乾隆四十八年刊本。

20. 张慎仪:《续方言新校补·方言别录·蜀方言》,张永言点校,四川人民出版社 1987 年版。

21. 俞樾等:《古书疑义举例五种》,中华书局 2005 年版。

22. 丁惟汾:《俚语证古》,齐鲁书社 1983 年版。

23. 唐训方:《里语徵实》,岳麓书社 1986 年版。

24. 章太炎:《新方言》,《章太炎全集》(七),上海人民出版社 1995 年版。

25. 黄侃:《文字声韵训诂笔记》,上海古籍出版社 1983 年版。

26. 黄侃:《黄侃论学杂著》,上海古籍出版社 1980 年版。

27. 孙锦标:《通俗常言疏证》,中华书局 2000 年版。

28. 杨树达:《长沙方言考》、《长沙方言续考》,载《积微居小学金石论丛》(增订本),中华书局 1983 年版。

29. 姜亮夫:《昭通方言疏证》《姜亮夫全集》(十六),云南人民出版社 2002 年版。

30. 朱起凤:《辞通》(上下),上海古籍出版社 1981 年版。

31. 朱居易:《元剧俗语方言例释》,商务印书馆 1956 年版。

32. 张相:《诗词曲语辞汇释》,上海古籍出版社 2009 年版。

33. 徐家瑞:《金元戏曲方言考》,商务印书馆 1956 年版。

34. 黎锦熙:《黎锦熙语言学论文集》,商务印书馆 2004 年版。

35. 王力:《同源字典》,商务印书馆 2002 年版。

36. 陆宗达:《训诂简论》,北京出版社 2003 年版。

37. 陆宗达:《说文解字通论》,北京出版社 1981 年版。

38. 陆宗达、王宁:《训诂与训诂学》,山西教育出版社 1994 年版。

39. 陆宗达:《陆宗达语言学论文集》,北京师范大学出版社 1996 年版。

40. 徐复:《后读书杂志》,上海古籍出版社 1996 年版。

41. 徐复:《徐复语言文字学论稿》,上海古籍出版社 1996 年版。

42. 徐复:《徐复语言文字学晚稿》,江苏教育出版社 2007 年版。

43. 蒋礼鸿:《敦煌变文字义通释》(增补定本),上海古籍出版社 1997 年版。

44. 蒋礼鸿:《蒋礼鸿集》,浙江教育出版社 2001 年版。

45. 蒋礼鸿:《义府续貂》,中华书局 1981 年版。

46. 郭在贻:《郭在贻文集》,中华书局 2002 年版。

47. 周祖谟:《周祖谟语言学论文集》,商务印书馆 2001 年版。

48. 邢公畹:《语言论集》,商务印书馆 1983 年版。

49. 张永言:《训诂学简论》,华中工学院出版社 1985 年版。

50. 张永言:《语文学论集》,语文出版社 1991 年版。

51. 蒋绍愚:《汉语词汇语法史论文集》,商务印书馆 2001 年版。

52. 王问渔:《训诂学的研究与应用》,内蒙古人民出版社 1986 年版。

53. 陆澹安:《小说词语汇释》,上海古籍出版社 1979 年版。

54. 陆澹安:《戏曲词语汇释》,上海古籍出版社 1981 年版。

55. 李恭:《陇右方言发微》,兰州大学出版社 1988 年版。

56. 李鼎超:《陇右方言》,兰州大学出版社 1988 年版。

57. 香坂顺一:《白话词汇研究》,江蓝生、白维国译,中华书局 1997 年版。

58. 李新魁、林伦伦:《潮汕方言词考释》,广东人民出版社 1992 年版。

59. 齐如山:《北京土话》,北京燕山出版社 1991 年版。

60. 王利器:《金瓶梅词典》,吉林文史出版社 1988 年版。

61. 王福堂:《汉语方言语音的演变和层次》,语文出版社 1999 年版。

62. 龙潜庵:《宋元语言词典》,上海辞书出版社 1985 年版。

63. 顾学颉、王学奇:《元曲释词》,中国社会科学出版社 1983—1990 年版。

64. 王学奇、王静竹:《宋金元明清曲辞通释》,语文出版社 2002 年版。

65. 王锳:《语文丛稿》,中华书局 2006 年版。

66. 王锳:《诗词曲语辞例释》(增订本),中华书局 1986 年版。

67. 王锳:《唐宋笔记语辞汇释》(修订本),中华书局 2001 年版。

68. 江蓝生:《中年语言学家自选集》(江蓝生卷),安徽教育出版社 2002 年版。

69. 江蓝生:《魏晋南北朝小说词语汇释》,语文出版社 1988 年版。

70. 江蓝生:《唐五代语言词典》,上海教育出版社 1997 年版。

71. 王雪樵:《河东方言语词辑考》,山西人民出版社 1992 年版。

72. 江蓝生:《近代汉语探源》,商务印书馆 2000 年版。

73. 袁宾:《宋语言词典》,上海教育出版社 1997 年版。

74. 李崇兴:《元语言词典》,上海教育出版社 1997 年版。

75. 黄征:《敦煌语文丛说》,台北新文丰出版公司 1997 年版。

76. 黄征:《敦煌俗字典》,上海教育出版社 2005 年版。

77. 黄征:《敦煌语言文字学研究》,甘肃教育出版社 2002 年版。

78. 黄征、张涌泉:《敦煌变文校注》,中华书局 1997 年版。

79. 张涌泉:《汉语俗字丛考》,中华书局 2000 年版。

80. 张涌泉:《汉语俗字研究》,岳麓书社 1998 年版。

81. 王云路、方一新:《中古汉语研究》,商务印书馆 2004 年版。

82. 王云路:《汉魏六朝诗歌语言论稿》,陕西人民教育出版社 1997 年版。

83. 王云路:《中古汉语词汇史》(上下),商务印书馆 2010 年版。

84. 王云路:《词汇训诂论稿》,北京语言文化大学出版社 2002 年版。

85. 董志翘:《〈入唐求法巡礼行记〉词汇研究》,中国社会科学出版社 2000 年版。

86. 董志翘:《训诂类稿》,四川大学出版社 1998 年版。

87. 董志翘:《中古近代汉语探微》,中华书局 2007 年版。

88. 蔡镜浩:《魏晋南北朝词语例释》,江苏古籍出版社 1990 年版。

89. 蒋冀骋:《近代汉语词汇研究》,湖南教育出版社 1991 年版。

90. 李维琦:《佛经释词》,岳麓书社 1993 年版。

91. 李维琦:《佛经续释词》,岳麓书社 1999 年版。

92. 汪维辉:《〈齐民要术〉词汇语法研究》,上海教育出版社 2007 年版。

93. 周志锋:《明清小说俗字俗语研究》,中国社会科学出版社 2006 年版。

94. 张安生:《同心方言研究》(修订版),中华书局 2006 年版。

95. 殷寄明:《语源学概论》,上海教育出版社 2000 年版。

96. 黄怀信:《小尔雅汇校集释校释》,三秦出版社 2003 年版。

97. 李申:《金瓶梅方言俗语汇释》,北京师范学院出版社 1992 年版。

98. 方龄贵:《元明戏曲中的蒙古语》,汉语大词典出版社 1991 年版。

99. 吴连生:《吴方言词典》,汉语大词典出版社 1995 年版。

100. 邢向东:《神木方言研究》,中华书局 2002 年版。

101. 管振邦:《颜注急就篇译释》,南京大学出版社 2009 年版。

102. 林宝卿:《闽南方言与古汉语同源词典》,厦门大学出版社 1999 年版。

103. 蒋宗福:《四川方言词语考释》,巴蜀书社 2002 年版。

104. 陈修华:《〈客方言〉点校》,华南理工大学出版社 2009 年版。

105. 刘伶:《敦煌方言志》,兰州大学出版社 1988 年版。

106. 姚永铭:《慧琳〈一切经音义研究〉》,江苏古籍出版社 2003 年版。

107. 郭芹纳:《训诂学》,高等教育出版社 2005 年版。

108. 孙毕:《章太炎〈新方言〉研究》,华东师范大学出版社 2006 年版。

109. 任克:《关中方言词语考释》,西安地图出版社 1995 年版。

110. 朱正义:《关中方言古词论稿》,上海古籍出版社 2004 年版。

111. 王克明:《听见古代——陕北话里的文化遗产》,中华书局 2007 年版。

112. 邓章应:《〈跻春台〉方言词语研究》,巴蜀书社 2006 年版。

113. 曹小云:《〈跻春台〉词语研究》,安徽大学出版社 2004 年版。

114. 张生汉:《〈歧路灯〉语词汇释》,河南大学出版社 1999 年版。

115. 孙立新:《西安方言研究》,西安出版社 2007 年版。

116. 崔山佳:《宁波方言词语考释》,巴蜀书社 2007 年版。

117. 崔山佳:《近代汉语词汇论稿》,巴蜀书社 2006 年版。

118. 雷汉卿:《近代方俗词丛考》,巴蜀书社 2006 年版。

119. 纪国泰:《〈蜀方言〉疏证补》,巴蜀书社 2007 年版。

120. 张绍诚:《巴蜀方言浅说》,巴蜀书社 2005 年版。

121. 侯友兰:《〈越谚〉点注》,人民出版社 2006 年版。

122. 刘敬林:《金瓶梅方俗难词辨释》,线装书局 2006 年版。

123. 王光汉:《庐州方言考释》,安徽大学出版社 2008 年版。

124. 董遵章:《元明清白话著作中的山东方言释例》,山东教育出版社 1985 年版。

125. 褚半农:《金瓶梅中的上海方言研究》,上海古籍出版社 2005 年版。

126. 徐时仪:《玄应〈众经音义〉研究》,中华书局 2005 年版。

127. 宋金兰:《训诂学新论》,首都师范大学出版社 2001 年版。

128. 张哲生:《古方言词语例释》,江苏教育出版社 1999 年版。

129. 高葆泰:《兰州方言音系》,甘肃人民出版社 1985 年版。

后　记

　　这是我的第一部学术著作,以前虽然也出过两本书,但都是参编或翻译,不像这部书倾注这么多的心血,这么费时费力。其实早就该在两年前出版的,迟迟拖到现在,除了自身拖拉散漫个性之外,心里没底,觉得拿不出手是一个主要原因。不过,丑媳妇终究要见公婆,不论为评职称还是完成科研任务,如今一定得出了,不能再拖下去。

　　搞语言我是半路出家,二十年前上本科时我学的是历史,毕业以后又考取兰州大学历史文献学(敦煌学)硕士研究生,师从著名敦煌学家齐陈骏教授学习隋唐史及敦煌学,毕业后到甘肃省博物馆工作,从事佛教文物的保管与研究工作。期间自学法律,获得律师资格,办过几个案子,终觉得自己不是干律师的料,想从事法学研究,几次报考法学博士未果。就转向报考考古学,也未如愿,不得不再转向老本行敦煌学,于2002年考取南京师范大学黄征老师中国古典文献学博士研究生。于是负笈南下,在清凉山下、虎踞关前的随园校区开始了三年的求学生涯。俗话说四十不学艺,快“奔四”的我,到这里才发现搞上另外一种学问,以前自诩古文基础与中文系同学不相上下,真正搞上中文才知道水有多深,本科时上历史文选课学的那点古汉语太浮浅了,音韵、训诂学起来有多难,可是没有这方面的知识,从事文献研究就无从谈起。所以只好硬着头皮苦读。在读李鼎超先生的《陇右方言》时发现,有些词语虽然训释很复杂,但是如果跟方言联系起来,某个意思是自己方言里已有的,从方言往上推,别的意思就很好理解了。于是又找来乡先贤李恭先生《陇右方言发微》,这本书中多数词是我自己方言里有的,读起来更容易懂。以后慢慢又读了章太炎先生的《新方言》,黄侃先生的《蕲春语》,杨树达先生的《长沙方言考》、《长沙方言续考》,姜亮夫先生的《昭通方言疏证》等书,对以今方言证古,今语释古语有了比较浓厚的兴趣。想在李恭先生的基础上,对陇右方言重新做些训释。一是因为李先生是在20世纪二三十年代写的这部书,当时语言学理论还不是很成熟,有许多训释不一定很准确。二是随着社会突飞猛进的发展,方言演变的速度也很快。随着人们生活方式的转变,许多方言词语,特别是和农业、手工业相关的都在快速消亡。上一代人普遍使用的一些用具、农具,我们这一代人还用过,但是下一代人只能到博物馆去看了,有必要把这些词记录下来,把它们的意思考释出来,以免后人无法考证。但是由于当时忙于学业,这一想法就被搁置起来了。

2005 年,我博士毕业后来到烟台,在鲁东大学学报编辑部工作。工作之余,就又重新开始陇右方言的研究工作。我先读了黄仁寿、刘家和等校注的《蜀语》,张永言先生点校《续方言新校补·方言别录·蜀方言》等书,从中摘抄部分跟陇右方言相关的词条。随后又大量阅读了有关训诂学、方言学的著作,发现有与陇右方言相关的词语训释就摘录出来,慢慢地有了自己的观点。但是最大的困难是研究陇右方言的人太少,这方面的资料更少。除了李鼎超和李恭两位先生的著作,几十年来没有出版一部系统研究陇右方言词语的书,李荣先生《现代汉语方言大词典》陇右方言区只有西宁、银川两个点,甘肃一个点也没有,在期刊网上检索发现单篇论文也很少。网上有关各地方言的帖子倒是不少,但都是没有语言学背景的人写的,错误很多。我身在外地,不可能去靠个人力量作方言调查,只能从这些帖子中寻找一些有价值的,为我所用。这样用了三四年时间,写出了与方言和俗语有关的考释文字近 60 万字。从中抽取了与陇右方言关系较为密切的 20 多万字,就成了本书的初稿。从初稿到定稿,又经过了两年时间,经过了两次大的修改。特别第二次修改,由于在这两年里我恶补音韵学,从过去一知半解到现在略知一二,所以在修改书稿时能大量运用音韵学知识说明从通语到方言的音变过程,使得方言词语考释更为可靠、更有证据力。

当然,本书正如黄征师在序言中所说:"些条目需要继续考证的,有的可能也还不够精确。"毋庸讳言,本书缺点和错误还很多。第一,由于本人是半路出家,对于语言学理论了解不少精深,本来在绪论中应该讨论陇右方言形成和发展的过程及其特点,已经从历史的角度写了几万字,但因为头绪太多,一时梳理不清,很多东西无法阐明,只好割爱,留待时日再做深入研究。第二,许多方言考释书籍都用国际音标标注读音,本人对于国际音标不是很精通,很多读音不是田野调查得到的,加上电脑打不出来,最初一个都没有用,后来用了一些,但还是以拼音标注为主,留待修订时再补。第三,有些词条归类不太妥当。本来词条是按照方言读音的音序排列的,但有的是以普通话读音为序,中间注了方言读音,有的按照方言读音应该放在此,而误放在彼,这样的情况很多,几次修改调整过一些,仍有许多没有调整。第四,本书讨论的是陇右方言词语,但包括的只是很少的一部分,大多数词语没有被收录进来,个人能力有限,不可能到各处去调查,期待更多的人都能将自己所在地的方言词语考释出来,汇总起来就会较为全面。俗话说:"前修未密,后出转精",如果将本书作为引玉之砖,会有更多的精品出现。

最后，我首先要感谢导师黄征先生，他不但阅读了本书样稿，指出了许多谬误，还为本书写序，给予高度评价，说我傻人有傻福。我这个人又傻又懒，出手很慢，弄得很多事情都很被动，但认认真真干事倒是真的。其次感谢鲁东大学科研处为本书提供出版经费，使得本书能够顺利出版。甘肃省政协常委、港澳台侨和外事委员会主任张炳玉先生，中国社会科学院哲学研究所姜守诚博士，为本书联系出版提供帮助，张先生还多次询问本书的进展情况，表现出极大的关切，在此深表谢忱。本书编辑詹素娟女士对本书倾注了大量的心血，她能容忍我在样稿上大量改动，将写的密密麻麻、杂乱无章的修改内容输入电脑，后一遍又一遍地修改。由于她的辛苦劳动，使本书增色不少，实乃一大功臣。我还要感谢昔日在南京上学时的好友郭锋博士、杜正乾博士，他们为我复印了不少资料，才能使本书资料较为详实。鲁东大学文学院李士彪教授、秦跃宇老师也都对本书的写作提供了帮助，一并表示谢忱。最后感谢我的家人，感谢家兄安仲宝老师的无私帮助，他将自己所写的一些手稿给我看，使我受到很大的启发；感谢内子强生斌和女儿安歌，她们不仅给我家庭温暖，还为我做学问提供各种条件，给了我无尽的力量。此刻，我更思念远在千里之外的家乡亲人，是他们将我抚育成人，就将本书献给他们及生活在黄土地的每一位父老乡亲。

安忠义

2011 年 2 月 14 日写于烟台鲁东大学